国家社科基金
GUOJIA SHEKE JIJIN HOUQI ZIZHU XIANGMU
后期资助项目

管理范式的后现代审视与本土化研究

Postmodern Reflection and Indigenous
Research of Management Paradigms

胡国栋　著

中国人民大学出版社
·北京·

国家社科基金后期资助项目
出版说明

    后期资助项目是国家社科基金项目主要类别之一，旨在鼓励广大人文社会科学工作者潜心治学，扎实研究，多出优秀成果，进一步发挥国家社科基金在繁荣发展哲学社会科学中的示范引导作用。后期资助项目主要资助已基本完成且尚未出版的人文社会科学基础研究的优秀学术成果，以资助学术专著为主，也资助少量学术价值较高的资料汇编和学术含量较高的工具书。为扩大后期资助项目的学术影响，促进成果转化，全国哲学社会科学规划办公室按照"统一设计、统一标识、统一版式、形成系列"的总体要求，组织出版国家社科基金后期资助项目成果。

全国哲学社会科学规划办公室

2014 年 7 月

学者荐语

胡国栋博士勇敢地走在为中国本土组织和管理研究"寻根"的路上。这本书是他在这方面的最新成果，将哲学与管理的知识体系连贯起来，并根植于中华民族的文化脉络和学术传统之上，尝试建构系统的本土化管理理论。这是管理哲学领域中的一部重要学术著作，同类作品极少，管理研究应当鼓励多元范式，百家争鸣，百花齐放。我认可本书的研究价值，支持作者打破学科壁垒，执着于问题和信念的学术追求。人生有限，心安即好，心静即乐。

——周南（香港城市大学商学院教授，武汉大学长江学者讲座教授）

在实证主义主导的管理研究中，本书从"人性"与"权力"等哲学社会科学的基础概念出发，以后现代主义视角和本土化立场来透视和分析管理思想的演化脉络及组织的逻辑悖论等重大理论问题，承载了作者巨大的理论勇气和学术信念。本书对管理范式的研究有助于矫正目前中国管理学术研究存在的一些弊病；从"无为而治""礼治秩序""泛家族主义"等中国社会的特殊文化脉络出发，尝试发展高度嵌入情境的组织、控制与领导理论，亦是建构本土管理理论的一种有益尝试。

——齐善鸿（南开大学商学院教授）

基于当下由于技术理性的强势而造成管理学"意义迷失"的局面，本书以整体性诠释现实人性的"人性结构"概念取代先前抽象的、片面性的"人性假设"，通过积极挖掘后现代主义的合理思想，尝试性地提出了整合当今陷入分裂状态的管理学范式，进而以人性救赎为鹄的重构现代管理学的一条研究思路，同时在东西方对话中为管理理论的本土化开辟出新的视角。纵观全书，结构谨严，论证周密，观点新颖，是一部不可多得的学术佳作。

——彭新武（中国人民大学哲学院教授）

序："良知理性"是儒家人文主义的坚实基础

这本书的作者胡国栋博士是山东人，出生于离孔子故乡不远的鲁西南。成长过程中亲身经历了改革开放后中国社会的巨大变化，"寻梦依稀故园情"，使他决定以中国儒家思想和西方科学哲学为理论基础，在企业中根植人文精神，并建构中国管理的精神家园。在过去七年中，他孜孜不倦地往这个方向努力，这本《管理范式的后现代审视与本土化研究》所收集的诸篇论文，代表了这个阶段的科研成果，他努力的大方向是值得嘉许的。

德国古典社会学大师马克斯·韦伯在他所著的《基督新教伦理与资本主义精神》一书结论部分指出：西方的工业资本主义制度正如一具"铁牢笼"，人类社会一旦采取了资本主义机制，在工具理性的驱使之下，一定要烧光最后一吨煤，才会停下来。胡博士想要以儒家的"良知理性"（实践理性）矫正西方的工具理性，使组织的运作秩序建构在人文主义的坚实基础之上，这个大方向也是正确的。

根据我在《尽己与天良：破解韦伯的迷阵》一书中的分析，先秦儒家诸子开启出以"仁、义、礼"作为核心的伦理体系，《大学》和《中庸》则试图找出它在"性"与"天道"方面的形上学基础，两者相辅相成，构成一套支撑住华人生活世界的"先验性形式结构"，形成了儒家的文化形态。

到了宋明时期，儒者对于儒家文化传统的诠释，衍生出以"道问学"作为主要内容的程朱一系，和以强调"尊德性"为主的陆王一系，中国人的"良知理性"也分裂为二，后者主张"致良知"，前者则被人视为"理学正宗"。

今天我们要想整合中国人的"良知理性"，一方面要以"后实证主义"的科学哲学为基础，建构"含摄文化的理论"，说清楚儒家伦理与道德的结构；另一方面要用荣格心理学的核心概念，阐明儒家伦理与道德的形上学基础。更清楚地说，"礼制秩序"只能说明中国本土组织的"控制机制"，我们要想了解中国本土组织的人文特质，必须先在理论上整合中国人的"良知理性"不可。

组织管理的现代性研究固然有主题分化与范式分裂之弊，然而，只要对西方科学哲学的发展有相应的理解，懂得如何用"多重哲学典范"恰当地解决我们在社会科学本土化上所遇到的难题，则现代性的研究也是整合"良知理性"的必要手段。唯有先经过彻底的"现代化"，能够客观地了解中国人自己的"良知理性"，所谓后现代的论述，才不至于落入浮游无根的漫谈，而能够进入源源不绝的创生化境。这是一条漫长而艰辛的学术路径，"任重而道远"，以胡博士求学之诚、用功之勤，只要能够持之以恒，必定能走出自己的一条光明大道！

黄光国

台湾大学终身特聘教授

亚洲心理学会会长

2016 年 9 月 13 日

自　序

"科学管理"和后继的"工业工程"是由美国开始并席卷全球的重要思潮，对全世界的影响力远甚于美国宪法和联邦制度。过去一个世纪内，全世界只有一个思潮能与之抗衡，就是马克思主义。

——彼得·德鲁克

现代技术并不一定破坏美学的、精神的或社会的价值观，但除非管理我们技术的个人坚定地维护这些价值观，否则多数会是这样。

——约翰·加德纳

科学和技术在塑造商业的本质方面愈是深入，管理学作为一门科学愈是失败和无效，在不断变化的市场环境中，管理需要在混沌中寻找意义。

——大卫·弗里德曼

此夜曲中闻折柳，何人不起故园情。

——李白

中国历史上有丰富的组织实践和高超的管理智慧，但现代学科意义上的管理学则诞生在百年前的西方世界。30多年来，中国对西方组织与管理理论大力引进，无数学者以科学、规范和国际化的严谨态度投入到管理研究，成为西方管理理论在世界范围内扩展与繁荣链条中的重要一环。然而，如同在全球产业链扩张与产业转移过程中，中国严重依附于西方企业及国际需要而成为"代工"的"制造工厂"，模仿性、依附性和碎片化、情境化的中国管理研究在沾染了西方管理理论诸多内在痼疾的同时，逐步丧失自身的学术主体地位。当组织考察与管理研究日渐远离本土企业实践和民族历史情感时，中国的管理学界正不断滋生文化乡愁，在管理研究的"实践效力"的拷问之下濒临自我迷失的边缘。

管理学经过百年发展，在学科规范和科学化方面已经取得长足进步，强调效率和效用的管理理论在价值中立原则指导下大大提高了管理作为一种生产力的地位，但管理学的技术化和科学化倾向也使之在以知识经济为表征的后现代社会里遇到诸多价值迷思。知识经济时代的管理与以往时代不同的是，环境中不确定性因素的增长使标准化的控制难以维系，员工教育程度和知识水平的提升使其自主性增强而难以接受被动的约束，多元文化的繁荣要求组织发展宽容和尊重的伦理精神。目前，以实证研究为基本方法的科学主义范式坚持效用最大化的价值中立原则，强调管理的精确性、规律性和可控性。这种研究取向往往使伦理、价值和情感等无法精确度量的要素游离于管理考察之外。管理作为一种由人而非纯粹物质性技术构成的特殊实践，需要在各种关系中寻找人类所特有的意义指向而无法从根本上回避价值问题，由此价值无涉的管理理论就同时面临着与实践相脱离的问题。面对价值方面的非人性化问题和实践方面的无效问题，未来的管理理论需要在价值反思中重新确立其以实践为依归的效用导向。

强调价值重塑和非理性解放的后现代管理恰恰能够为解决现代管理理论的上述弊端提供一种理论支撑和智慧来源，但后现代管理理论精于解构而拙于建构的弊病使之不可能取代现代管理理论而成为一种新的研究范式，因而未来的管理理论走向应该是在多元理论中进行范式整合与重建。这便出现本书欲解决的第一个核心问题：如何实现管理学的范式整合？对此问题，本书尝试借鉴后现代管理理论中的智慧，从非理性解放和生物性权力两个角度来提炼其建设性价值。但此价值仅仅提供一种思路，如何将此思路导入管理之中却非拙于建构的后现代管理本身所能解决。为此，我们将视角投向与后现代主义具有契合之处而同时精于建构和具有丰富历史经验的中国古代管理智慧，沿此脉络，我们发现中国管理的人性基础是具有东方色彩的德性因素，这与支撑西方主流管理理论的技术理性截然不同。在国际学者反思主流管理学自身内部的范式危机的同时，国内学者还面临和承担着另外一种时代赋予中国管理研究者的历史责任，即如何摆脱多年来西方管理学对中国管理研究的主导局面，建构适应中国社会与文化情境并能直面中国管理实践的本土化管理理论。这便出现本书欲解决的第二个核心问题：如何在管理学的范式整合中推进管理研究的本土化？

根据以上分析，本书欲解决的核心问题是：管理学的范式整合及其本土化。解决这一问题的统合性逻辑主线是：历史渊源深厚并对中国管理实践产生深远影响的中国德性因素能否对管理理论的范式分裂、意义虚无及价值危机提供具有建设性意义的东方智慧？沿此主线抽丝剥茧所直接解决的是管理学的范式整合与重建问题,而根据此逻辑建构的整合性管理理论自然又是具有本土契合性的管理知识。本书对此主要做了以下三个方面的研究:其一,将儒家德性导入理性与感性二元对立的西方人性观之中,构建三位一体的完整人性结构以取代经济人、社会人和文化人等各种片段性的人性假设,并以此对管理学理论体系进行拓展性重构;其二,发掘德性因素在组织管理中的逻辑展现,厘定组织的情感价值系统,并根据中国传统社会整合机制的历史经验构建情感价值系统与理性计算系统的组织内耦合机制,在组织管理的微观领域发展以伦理为核心的意向性"干预"或"教谕式调解"等自我技术;其三,以东方德性因素为文化基质,深化对理性与感性融通的传统和合精神的研究,在此基础上与礼治秩序、伦理本位和家族主义等中国特殊的情境脉络结合,构建直面中国管理实践的本土化理论体系。为完成以上研究目标,本书共以十章内容层层进行理论推演。本书主要研究内容如下:

(一)现代管理学的批判研究

以往的现代管理批判多从管理的原则、技术及方法等层面进行,缺乏从人性这一哲学层面的反思。管理学的每一次跳跃性发展几乎都与对人性的理解有关。后现代管理对现代管理的批判开启从基础假设上系统反思整个现代管理理论体系的先河。从人性出发,透视现代管理学演变的逻辑脉络,我们可以清晰地发现,现代管理学的分裂及其造成的弊端从根源上都始于对人性的不同理解。泰罗开启的科学主义管理范式及马斯洛开启的人文主义管理范式是现代管理理论的两大哲学基础。两大范式的对立是管理理论丛林出现的深层原因,而理性的僭越及其构筑的科学主义话语霸权使两大理论范式未能均衡发展,则是现代管理学的主要弊端。范式的分裂直接导致理性与情感在组织管理中的逻辑悖论,范式的非均衡发展则导致管理学意义世界的虚无。以管理学服务于人性发展的角度观照管理学的价值意义系统,我们发现管理学具有经验管理、科学管理、伦理管理与审美管理四种境界。当前的管理学研究需要由功利境界向道德与审美境界提升,寻求管理学科学主义范式与人文主义范式的整合,发展管理学的伦理维度并将之由管理学研究的边缘推向核心地带尤为必要。

(二)后现代管理的理论价值研究

后现代管理目前展现的主要功能是从根源上对现代管理的批判与反思,而其蕴含的巨大潜力和真正理论价值在于对现代管理的重建。解构现代管理虽然是大多数后现代管理者的主要论域,但这仅仅是其理论发展初期的主要使命。后现代管理也正因为初期阶段的解构使命，而未能建立具有内在统一性逻辑的理论体系，因而其理论内部矛盾频现，甚至难以作为一种整体性的思潮来清晰地说明自身，这也是其往往被现代管理学者所诟病的原因。但是，后现代管理的强大批判功能对于加强现代管理的深刻反省、自我理解和自我超越具有很大指导意义，而其对非理性因素、不确定因素及边缘性因素的尊重和关注，则对克服现代管理由于理性的僭越而造成的非人性化弊病具有现实意义。目前，后现代管理应该在建构专属于自己的理论体系方面努力，后现代社会的管理需要后现代主义者提供一种能够克服现代管理弊端，并且更好地服务于知识经济时代复杂性管理的系统化并具可操作性的管理理论。但是目前，研究后现代管理并不是要放弃现代管理，而是借鉴其提供的理论智慧和分析视角将现代管理学分裂的两大理论范式整合在一起，并以此为契机使每个民族能够利用自己的文化历史经验，关注本土特殊的管理实践，把现代管理的科学规律和本国社会情境结合起来，形成本土化管理理论以展现出本民族的管理特色及管理精神，更好地服务于本土管理实践。

（三）基于人性结构的管理学范式整合研究

以马克思"主体性"命题与康德的"目的性"命题来考量管理研究中的人性假设演进脉络发现：将管理建构在截取人性某个片断并将之放大、抽象而成并且无法通约的各种人性假设之上，无论对人性还是管理，无论对管理理论还是管理实践，都造成了巨大损害，更无法确保人在管理中的主体性与目的性。基于此，我们对人性进行整体性审视和经验观照，结合中西方不同的人性观并融合认识论与价值论，提出更具完整性和现实性的"三位一体"人性结构。以人性结构替代人性假设，来考察管理活动的基本性质与管理理论体系的构成，我们能够建构更加符合人性并确保人之主体性与目的性的管理理论。在智力、意志与审美构成的三维人性结构观照下，管理实践具有科学性、道德性与艺术性三重属性，管理学科是管理科学、管理伦理与管理艺术"三位一体"的以解决现实管理问题为导向的综合性知识，对跨学科知识的吸纳使之成为自然科学、社会科学与人文学科综合交叉的以问题解决为导向的应用学科。基于人性结构的管理实践属性分析及管理理论重构确立了管理观察的三个维度，拓展了管理的伦理之维及审美之维，使探寻管理之中的道德价值及其审美价值具有了坚实的哲学基础和正当性，这样管理就走出了科学主义范式的话语霸权，整合了科学主义与人文主义两大范式。

（四）基于微观权力的管理学范式整合研究

以后现代主义者提出的微观权力及与之紧密连接的地方性知识为分析视角，对组织管理的分析就由宏观转向微观，由组织结构转向员工行为，由静态的结构化知识转向动态的地方性知识，由普适性的原则转向具体的经验。一方面，澄清组织目标与个人目标之异质性，解构组织原则、组织结构等结构化知识决定员工具体行为的传统观点，揭示组织行动的真实逻辑并尝试在微观领域建构两大逻辑的耦合机制。另一方面，综合利用哲学、组织行为学、社会学、法学、史学与管理学等跨学科知识来研究组织内管理问题，使之聚焦于范式分裂所诱发的"管理逻辑悖论及其整合"这一宏大而又现实的问题。为此，本文考察了作为中国古代思想精髓的和合精神的哲学根基及其历史经验，从古代社会秩序的生成过程及司法审判特色中提炼出了和合精神的社会运行机制，并将之导入了 Friedberg 等组织社会学者提出的"局部秩序"之中，建构了和合精神的组织内运行机制，即情感逻辑与计算逻辑的耦合机制，从而在管理所依据的逻辑知识层面建构了科学主义与人文主义两大范式整合机制。

（五）中国管理理论的文化自觉及其本土化创新研究

管理理论与意识形态息息相关，无论是科学主义还是人文主义都在管理学研究中构筑了各自本身的话语权，现代管理的问题是这两种话语未能取得同等重要的地位，科学主义以其宏观叙事的话语权剥夺了人文主义管理合理发展的空间。因而，管理学范式整合的一个基本要义或前提条件是深化对人文主义范式的研究，客观揭示科学管理一元决定论、机械控制论的牛顿物理学范式的诸多弊端，恢复人文主义范式在管理研究中的话语权，使之取得与科学主义范式同等重要的地位。而中国本土的文化资源、制度属性及成功经验恰恰提供了构造一种具有鲜明人文主义色彩而又兼顾科学主义精神的整合范式的可能性，由此建构中国管理学或管理学的中国话语就具有了合法性。因此中国管理研究应当实现文化自觉，根植于本土文化土壤基础之上，结合具体的管理情境推进管理理论的本土化创新。在此，本书以和合精神、礼治秩序、家族主义及伦理本位等本土历史、文化及社会脉络为情境要素，从治理、控制、组织、领导及协调等角度尝试大体构筑中国管理学的整体性轮廓。

（六）中国本土企业管理范式创新的经验研究

成熟的本土管理理论应该达到历史与逻辑、理论与实践、宏观与微观三个层面的统一。为验证本书在后现代主义背景下构建的本土管理学的理论框架，选取在管理模式创新领域积累了丰富本土经验的海尔集团与李锦记集团作为两个案例企业，挖掘其在发展具有"本土契合性"和"后现代前瞻性"的中国管理理论方面提供的宝贵实践资源。在与西方企业主流管理模式进行对比的基础上，研究了以海尔与李锦记为代表的本土企业在化解效率与人性悖论问题上所采取的关键举措。

该研究围绕专题展开：其一为"互联网思维下的平台型企业、自组织机制与价值观管理：海尔的管理范式创新"；其二为"儒家伦理与经济理性的融通：李锦记集团的家族经营智慧"。通过对两个案例企业的经验研究，将后现代主义、中国传统文化与当代信息网络技术背景结合，验证并细化前文提出的管理范式本土化创新与后现代整合的理论框架。

本书属于理论建构性基础研究类专著，因所涉问题较为宏观、抽象，需要对百年来管理思想史上的诸多重大问题做出自己的判断和理解，尽管笔者将理论建构、模型分析、逻辑推理、隐喻研究、比较研究以及经验研究等方法综合运用，尝试对管理理论范式重建和本土化问题的解决能够提供具有一定说服力的理论观点或某些具有启发的研究思路，但在逻辑论证和理论求证方面依然存在许多不足。因而，本书是在管理理论基础研究领域中进行的探索性尝试，尽管有不成熟之处，但它同时也开启了诸多颇具价值的后续研究空间。

目　录

图表目录

第一章　绪论：寻觅管理的精神故园

1.1　研究背景

自 1911 年泰罗《科学管理原理》一书问世以来，管理学作为一门独立学科已经走过百年历程。现代管理学已经形成庞大的科学体系，使管理实践日益科学化和规范化，也极大地提高了人类的生活水平。但是，在效率提高和财富增长的同时，管理也遭到了非人性化的诘难。管理者在实践中往往面临着效率与人性之间的两难选择而无所适从。在"价值中立"的科学原则指导下，管理学提供了提高管理效率的诸多途径，却极少涉及如何服务于人性之需要这一价值问题。那么，管理学在科学化的道路上如何回应现实中的人性化诉求？在科学化与人性化之间，管理学如何在日益繁荣的理论"丛林"中厘清其未来走向？

围绕这一问题，目前管理学界存在使管理更有效率的科学主义和使管理更具人性的人文主义两大范式。前者在 20 世纪初由泰罗对工人动作、时间的精确化、标准化的研究开启，而后经法约尔、韦伯等人的古典管理理论到当今流行的运筹学与管理科学学派，一直是管理学研究的主流范式。后者则可追溯到玛丽·帕克·福莱特，她在 20 世纪初就开始讨论合作和责任问题，最早开启管理学研究的人文之维，但由于与主导当时社会思潮的社会达尔文主义及工具理性观相悖而被人遗忘，直到 30 年代梅奥的"霍桑试验"，管理学研究才真正放射出"人性的光芒"。科学主义范式以"任务"为核心，将人机械化、符号化、标准化以增强管理中的可控性；人文主义范式以"人"为核心，重视情绪、关系、士气等因素对管理的作用。围绕不同的目标追求，管理学内部不同的"科学共同体"及其发展的管理理论之间难以进行知识的自由流动而产生隔阂与分离，并且各种理论之间互相批判，以简单的对立思维看待其他异己理论，由此产生了孔茨所谓的"管理理论丛林"局面。在知识经济时代，随着管理环境中复杂性及不确定性因素的增加，管理理论"丛林"更加庞杂，新的学派和思潮不断涌现。这一方面反映了管理学百家争鸣的蓬勃生机，同时理论的混乱及隔阂也使管理者面临实践问题时在理论"丛林"中盲目而无所适从。因此，为走出管理理论的分裂状态以更好地指导管理实践，同时解决效率与人性之间在管理中的冲突与悖论，我们迫切需要为现代管理中的科学主义与人本主义两大范式寻求整合性路径。

后现代管理思潮则为我们的整合努力提供了丰富的哲学智慧和恰当的分析视角。面对管理的非人性化问题，兴起于20世纪80年代的后现代管理对整个现代管理的理性主义哲学基础及基本假设进行了猛烈批判。后现代管理反对现代管理学中的机械论范式及实证主义分析方法，认为一方面它们难以适应当今日趋复杂的、动态的全球环境，另一方面则极大地贬损了管理中的人性。后现代管理强调在现代管理科学化过程中被剥离的直觉、情感、情绪及想象等非理性因素的价值，希望通过感性的解放使人性在管理中得以真正实现。同时，后现代管理批判现代管理中的"宏观叙事"模式及其话语霸权，主张重视地方性知识以恢复他者的话语，并强调管理学研究方法的多元性及差异性。后现代管理思潮对现代管理学产生很大冲击，为克服现代管理弊端提供了很多启发。但遗憾的是，后现代管理精于批判而拙于建构，真正体系化并具可操作性的理论建树不多，由此而被现代管理学者批评为管理中的"噪音"。因而，后现代管理未能提供一种新的管理范式。但后现代管理提供了重视非理性的哲学智慧及其独特的微观分析视角，为我们整合现代管理中日益分裂的两大范式提供了重要启发。

与此同时，中国学者从事管理研究还承担着文化自觉与文艺复兴的历史重任。2011年10月15日至18日召开的中共十七届六中全会通过了建设社会主义文化强国的纲领性文件，体现出对文化创新和文化创造前所未有的重视，文化自觉和文化创新成为未来国家发展的长远战略，这从政策层面为在管理研究中弘扬优秀民族文化以创新管理理论的本土化模式提供了重要支撑。而在管理学两大范式的整合中，后现代主义对地方性知识的关注，则为我们在知识经济时代创新中国管理理论，实现管理学的本土化提供了科学依据。另一方面，管理学范式之争背后的深层逻辑是科学主义与人文主义的文化抉择与整合问题，跳出以科学主义见长的西方文化传统，将之与以人文精神见长的中国文化传统有机结合起来，则提供了一条与后现代主义共通的整合之道。因此，管理学范式的后现代整合为管理理论的本土化创新提供了重要契机，而基于本土历史、文化及社会脉络的中国管理理论创新也为管理学范式的整合开辟了一条新的路径并提供了诸多支撑性资源。总之，在管理学百年反思与重建的宏观背景下，借助后现代主义视角，提炼本土优秀文化因素，对日益分裂的管理学两大范式进行整合性重构并推进中国管理理论的本土化创新是一项亟待解决的时代命题。

1.2　框架结构

1.2.1　研究目标与研究任务

在综合已有相关文献资料的基础上，拟完成以下研究目标和研究任务：

（1）梳理现代管理与后现代管理的关系，尝试挖掘后现代管理对现代管理的建构功能；以人性结构与微观权力两个视角建构科学主义与人文主义两大管理范式的整合机制，缓解现代管理学的内部危机，提升管理学可能具有的境界。

（2）澄清管理与人性的内在关系，客观评价管理研究中的人性假设，并以人性结构替代人性假设来考察管理活动的基本性质与管理理论体系的构成，建构更加符合人性并确保人之主体性与目的性的管理理论。对管理学道德维度及艺术维度进行拓展，并从逻辑知识层面，将社会心理学中的情感价值系统导入管理研究并清晰界定其内涵及作用，提升情感、情绪、直觉、信念等非理性因素在管理研究与管理实践中的价值，由此将"人类的价值与意义"这一科学无法解决的根本问题导入管理学考察之中，深化管理理论研究的人文主义维度。

（3）将 Foucault（1977）提出的"微观权力"与 Geertz Clifford（1983）提出的"地方性知识"导入组织与管理分析之中。这种微观权力与知识有利于揭示组织管理中更为真实的问题，从而为未来管理研究提供更加切合现实的新分析路径。此外，由于员工是地方性知识的具体承载者与微观权力博弈的主体，我们试图通过这种研究取向将员工推向组织管理的核心地带，消解现代管理中管理者与员工的对立立场及对抗情绪并解决员工边缘化问题。

（4）在范式整合的过程中建构管理学研究的中国话语，确立中国管理学存在的合法性，并从以和合精神、泛家族主义、礼治秩序、伦理本位等中国儒家学说为主流的文化脉络出发，结合管理研究的后现代潮流，大体构筑中国管理理论创新的整体性轮廓。

（5）选择典型的案例企业，揭示中国本土优秀企业在化解效率与人性悖论，探索组织与管理范式创新方面的成功经验。将儒家伦理、后现代主义与互联网思维相结合，挖掘中国优秀传统文化在现代企业经营中的管理智慧，以企业经营的实践经验来细化和检验本书提出的管理范式本土化创新与后现代整合的理论框架。

1.2.2　框架结构和逻辑脉络

本书主要研究思路是：以后现代主义为理论视角，梳理和检视管理思想演化的基本规律，揭示管理理论范式分裂及其生发的"效率与人性"的逻辑悖论和理论困境。接下来，以效率与人性两条逻辑主线所形成的科学主义范式与人文主义范式为分析对象，以反思和批判"现代性"基础假设的后现代主义为分析视角，以儒家学说为代表的中国本土优秀文化传统为理论资源，以管理悖论的化解和管理范式的整合为目标，以建构中国本土化的管理理论为归宿，深刻描绘管理思想百年演化的内在规律及未来趋向（见图1—1）。本研究的理论旨趣是发展具有立足本地"生活世界""意义系统"和具有"本土契合性"的中国管理理论，从而解决全球化背景下管理研究的"文化乡愁"和"学术殖民"问题，开启为中国本土组织和管理研究"寻根"和建设"精神故园"的思想之旅。

本书第一章、第二章通过对研究背景和管理思想史的梳理，揭示"管理范式的后现代审视及本土化研究"的必要性、重大意义及研究思路、逻辑脉络、内容体系、研究立场、研究方法等基本问题。接下来围绕研究主题，析出三个方面的研究：研究一是管理理论的后现代审视（第三到六章），审视的结果是管理理论存在范式分裂（科学主义与人文主义），由此尝试以后现代主义智慧（"非理性解放"与"微观权力"）从人性结构和权力逻辑两个角度对之进行整合；研究二是管理理论的本土化研究（第七到九章），从本土化的缘起、理论框架和思想范例三个维度进行剖析，目的是建设本土化的管理理论并挖掘其对于（研究一提出的）管理范式创新

第一章　绪论：寻觅管理的精神故园

第二章　西方管理思想演化的逻辑脉络及学术争议

现代管理学批判与整合的基本脉络　　　管理理论的范式之争

本土化研究与中国管理学问题　　　后现代管理的理论论域及价值分析

管理范式的整合研究

范式整合的缘起

第三章
管理学的范式分裂及
意义迷失

范式整合的视角

第四章
人性救赎：管理学范式整合
的后现代视角

基于人性的管理理论整合

第五章
人性结构、管理性质与管理学
理论体系的重构

基于权力的组织逻辑耦合

第六章
情感与计算：组织管理的逻辑悖
论及耦合机制

研究思路及逻辑脉络

管理学本土化研究

本土化的缘起及意义

第七章
后现代主义视域中管理学的
本土化研究

本土化的理论框架

第八章
文化传统与本土管理学的理论向度

本土化的思想范例

第九章
"鞍钢宪法"：管理思想本土化
创新的历史范例

经验与案例

第十章
中国本土企业化解管理悖论的经验研究

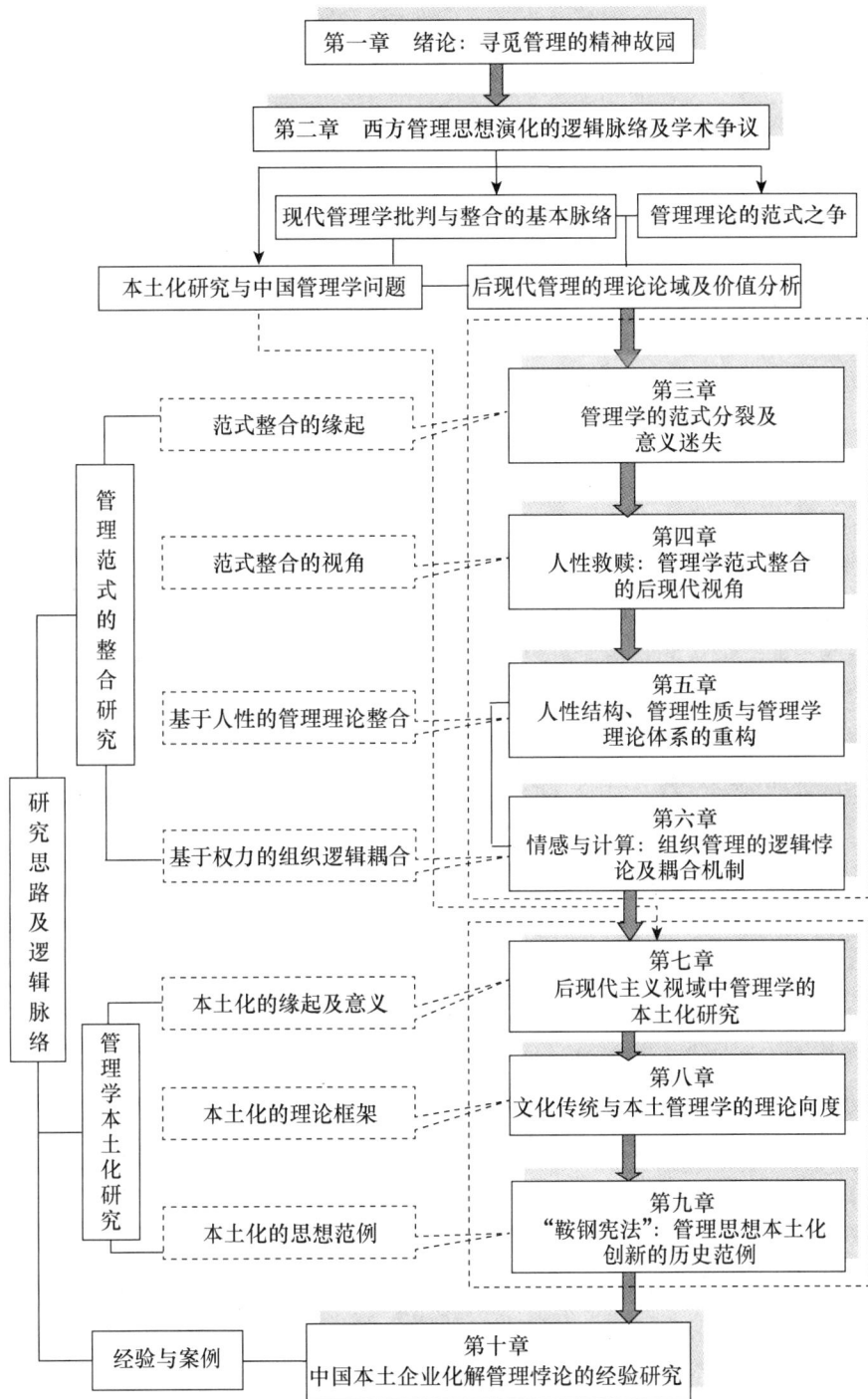

图1—1　本书的框架结构及逻辑脉络

和整合的意义；研究三是经验与案例研究（第十章），结合中国领先企业（海尔、李锦记）的成功管理经验，揭示中国本土企业管理范式创新的当代经验，研究其对于化解效率与人性悖论以及管理范式创新和整合（研究一）的本土价值，挖掘其对于构建本土管理理论和发展中国企业管理模式（研究二）提供的经验智慧和理论启示。

本书从人性假设、分析层面、理论范式等多个角度对西方管理思想史的百年演化进行梳理（第三章），从现代性的主题（"理性化"）分化及其在组织中的延展出发，揭示西方主流管理理论的科学主义、行为主义、系统论、文化论等各种思潮背后存在着两大问题（第三章）：一是围绕效率与人性形成科学主义与人文主义两大范式，并且这两者呈现日益分裂的趋势，这是管理理论难以走出"丛林"状态的深层次原因；二是两大范式分裂的结果是科学主义成为主导性的研究范式，人文主义精神在管理研究中日渐式微，效率逻辑压倒人性逻辑，管理研究的方法论是逻辑实证主义，主流研究方法是定量的实证研究。科学主义范式的垄断地位进而导致管理研究中的意义虚无（需要为组织和管理赋予意义和建构精神故园），以及管理的学科合法性与其实践相关性日渐脱节（需要面向本土企业实践）等诸多问题。也就是说，对西方管理思想史进行后现代主义审视的结果是：主流管理理论呈现"分裂"的"块茎"状态；人性在组织管理中出现"异化"问题，情感、伦理、价值、信念等非理性因素在管理研究中被边缘化；管理理论与管理实践相脱节，完全移植复制式的中国管理研究无助于指导和改善中国企业的管理实践，需要建立在本地人的"生活世界"和"意义系统"之中。

那么如何解决管理理论发展的这些复杂的元问题？从第四章开始，本书尝试以后现代主义视角解决上述两大问题。第四章分析了"非理性解放"与"微观权力"两者分别在人性结构（第五章）和组织逻辑（第六章）层面对于现代管理范式提供的整合视角。第五章将东方的德性元素（对应第八章"文化传统与本土管理学的理论向度"）嵌入西方理性、感性二元人性论中，与后现代主义者倡导的"非理性解放"相结合，建构了理性、德性、感性三位一体的人性结构，替代旧有"片段化"的人性假设，在剖析管理学的学科属性基础上，对其理论体系进行了整合性重构。第六章则借鉴中国本土的和合精神、实用理性等思想资源和组织运作的历史智慧（对应第八章"文化传统与本土管理学的理论向度"），与后现代主义者倡导的伦理技术相结合，从微观的生物性权力视角观察组织及其管理逻辑，揭示组织存在理性计算系统与情感价值系统两种行动系统，在组织多元主体微观博弈的具体场域中构建两种系统的组织内耦合机制。

以上主要以后现代主义理论解决了管理范式的分裂与整合问题。接下来，从第七章开始尝试解决第二个问题，即管理理论的本土化问题，同时从本土范式创新层面深化解决第一个问题。第七章集中论证后现代主义与中国儒家思想等文化传统之间的契合之处，揭示在后现代视角下管理学进行本土化研究的必要性、可能性以及对于解决第一个问题的特殊价值。本章指出，中国本土的文化资源及其组织运转的管理智慧具有鲜明的人文主义特质，提供了管理范式创新的思想资源（第八章）、历史经验（第九章）和当代实践（第十章），将本书第一个问题（后现代整合）与第二个问题（本土化研究）的解决有机且紧密地贯通起来。第八章集中对和合精神、家族主义、礼治秩序及伦理本位等中国独特的文化/历史/社会脉络进行深入分析，以"文化自觉"和"主位研究"的立场，以根植于本地生活形式的意义网络来发展中国管理的组织、领导和控制等各个维度（并非新瓶装旧酒，使用这些西方概念仅仅是为了能够与主流管理理论进行对话），勾勒出既具本土特色又能与世界管理知识接轨的本土化管理理论体系的基本轮廓。本章指出，本土化管理理论体系是具有自然系统特质和后现代管理意蕴的人文主义范式，但并不与西方技术理性主导的科学主义范式相冲突，在和合精神指导下能够发展出一种融通科学和人文的整合性组织治理范式，从而将第二个问题（本土化）的解决与第一个问题（范式整合）的解决更进一步地结合起来。第九章则以新中国成立后的"鞍钢宪法"为例，研究了管理范式进行本土化创新的思想典范和历史经验。选择"鞍钢宪法"是由于它是传统与现代交汇下的管理理论自主创新时期产生的管理思想精华。本章建构了管理移植的动态演化模型，揭示了管理思想的发展是中西方交叉影响、互相作用的过程，中国的管理研究完全可以通过本土化创新为世界管理理论发展做出贡献。第十章则是对上述两个问题的解决提供现实的经验支撑，同时对为解决上述问题而建立的理论框架进行实践检验。

本章选择海尔、李锦记为当代中国企业成功范例，研究其对于化解效率与人性悖论以及管理范式创新和整合的本土价值。本章尝试在儒家学说与后现代主义的对话下，深刻揭示海尔的平台型企业、价值观管理的变革机理和运作机制，以及李锦记运用家族主义智慧进行公司治理和自动波领导的过程。研究指出，海尔的组织变革和李锦记的家族经营，借鉴了西方后现代主义"去中心化""去权威化"和"价值返魅"等思想提供的前沿管理理念，根植于中国本土的特殊情境，嵌入中国人的文化心理结构之中的儒家思想对其具有深远影响。儒家伦理能够与现代市场经济和组织理性结合起来，对互联网时代实施价值观管理和在公司治理中节制资本的消极力量具有建设意义。

1.3　研究方法

第一，质性研究方法。反思性（reflective）、诠释性（interpretative）的质性研究（qualitative research）是一种非量化研究方法，注重从人与人之间的意义理解、交互影响、生活经历和现场情景来解释研究对象的本质。目前管理学的学术共同体对组织管理问题的研究多采用定量的实证分析方法，这种方法对于管理理论的检验及推进管理研究的规范性、严谨性以形成统一的研究范式有重要作用。但实证分析的局限是缺乏对理论要素的详细阐述（Barley，2006），其对管理知识的增加做出的贡献可能是有限的，最受尊重的管理理论往往来源于（或被验证于）书籍中的章节或理论性的研究文献（Per Darmer，2000）。并且"标准化的、定量的方法，对于强调同情、强调行动者主体性重构这种解释性态势并不那么适用"，"针对发现丰富的释义的考虑而言，有关描述和证实的考虑可能会变成制约理论创造的因素"（Erhard Friedberg，1997）。因此，结合我们的研究对象和研究目的，本研究采取探索性、诠释性的质性研究方法，"探索（discovery）始终比'验证'（verification）更令人感兴趣，更让人有积极性，探索性的研究能够生产出完全透彻的、具有深度的诸种成果"（Erhard Friedberg，1997）。对管理的历史经验及其承载的知识进行"反省性思考"（reflective thinking），进而诠释和建构现实组织运作的深层机理，就不会局限于组织中的某些变量而忽视其复杂的现实联系；同时，这种研究取向也更加有利于管理知识的生产与创新，而不是仅对某种现有知识进行重复性验证。

第二，多元话语分析法。多元话语分析是后现代主义者倡导的一种分析技术，它是多元主义与话语分析的结合，它的基本理念是试图否认话语存在着某种唯一的原意或者本意。多元话语分析主张应该允许多种分析结果同时存在，它尝试使用一种多元的立场，并不认为自己通过一套程序、方法得到的结果就是唯一的真理（谢立中，2009）。多元话语分析方法在管理研究中有两层对管理学能够产生深远影响的积极意蕴：其一，倡导多元化，发现并关注组织中被边缘化的"他者"的存在，对于抵制现代管理研究中的科学主义话语及其宏观叙述有积极作用。现代管理的研究方法深受牛顿物理学范式影响，将管理中的复杂要素简约化，以"宏观叙事"（grand narratives）模式构筑了诸多管理原则和规则并形成了理性化、一元化、中心性的话语霸权，忽视或剥夺了组织中无数的"他者"的参与权、多样性及话语权。多元话语分析将管理中的"他者"——员工、女性等弱势群体推到管理分析的核心位置，使他们与管理者一样成为管理的主体而非完全被控制的消极客体。其二，话语分析则强调了"事实"是由情境化、地方性的知识进行的主观建构，它重视不同的人对同一文本（组织原则、管理制度等）的不同理解和建构。因而，话语分析方法使"实体性组织"变得模糊并对管理行为影响甚微，真正影响组织员工行动的往往是经验的、观念中的组织。正如 Weick（1995）所指出的，"客观的"组织边界是不存在的——管理中只有个体从社会的、符号化的构建中衍生出的行动偏好。为此，话语分析方法要求将研究视域由组织的宏观结构延伸到微观的具体行动领域，将研究视角由宏观转向微观，由结构转向行为，由静态的理论原则转向动态的经验知识。多元话语分析对消解科学主义"宏观叙事"模式在主流管理理论中的主导地位及由中国本土"地方性知识"建构管理理论有很强的针对性，对管理分析中的"他者"的重视有利于增强人文主义范式在管理中的地位，因而与本书的研究目的十分契合。

第三，跨学科研究法。本书的基本观点之一是，管理学科不是一门纯粹的科学，而是一种以解决实践中的管理问题为导向的综合性知识，因而主张管理学吸纳各学科的知识来解决管理实践中的复杂问题。在分析技术上本书就采用了跨学科研究方法，聚焦于管理学范式的分裂和整合，综合运用哲学、社会学、历史学、政治经济学等多学科知识分析管理问题。其中，对管理范式的界定及对人性结构的研究借鉴了大量的哲学知识，对组织内管理的逻辑悖论及其耦合机制的建构则运用了组织社会学、历史学中的知识，对中国管理学的建构则运用了文化人类学、社会学及伦理学等跨学科知识。

第四，演化分析法。近年来，随着生物学中的演化分析方法被逐渐导入经济学与管理学领域，探讨演化分析方法在比较管理研究中应用路径的文章也已出现（蔡立新，2010）。生物学中由遗传、变异及选择三种机制

文化等情境化脉络或具体的管理实践问题来建构更具有本地效用的管理理
论体系。

(四)"人性""人性假设"与"人性结构"

人性是本书反思、批判和建构管理与组织理论的一个核心概念。将管
理坚实地建立在现实而完整的人性基础之上,在管理增强物质改造及生产
之功效的同时,发掘其精神故园和厘清其价值航向,使之符合人性并服务
于人类的长远福祉是本研究的核心目标。作为哲学社会科学中的基本概
念,本书将人性界定为"人与其他动物相区别的质的规定性,是人之所以
为人而固有的、特殊的、本质的属性之集合,是一切社会实践活动的终极
价值依归"。

"人性假设"则是哲学社会科学研究在理论建构过程中所形成的关于
"人性是什么"这一基础和根本性问题的"假设"或"设定"。"假设是经
验科学建构的起点之一。我们对于可观察的世界发问。发问以后,接着就
试着提出解答,这一尝试的解答就是假设"(殷海光,2004)。"假设"是
科学观察与研究的基本参照点和进行理论建构与推导的起点,提出假设的
能力及由假设构建的系统知识是衡量人类文明程度的重要标志。在哲学、
经济学、社会学、政治学、法学、教育学等哲学社会科学中,曾出现"经
济人""理性人""有限理性人""社会人""自我实现人""文化人""德性
人"等人性假设。这些人性假设都对组织与管理理论的发展产生巨大的推
动作用,是相关管理学派理论建构的深层次基础。

"人性结构"是本书着重发展的一个用以替代"人性假设"来审视管
理理论建构逻辑的基础概念。"人性假设"是学者出于理论建构的方便而
对人性进行的简化处理,具有片段性、抽象性的特征,管理中的人性不可
能被人为地分裂为一个个片段,更不能以其某些部分去限制或压迫人性的
其他部分。基于各种"人性假设"之上的管理学理论在科学化的进程中不
断走向封闭、狭隘和盲目,由此使管理理论与管理实践相脱节,管理也日
益背离人性的需要及发展。基于此,本书融合中西管理中人性的合理成
分,尝试将管理建构在"完整丰富的人性基础"之上,超越"人性假设"
片面性、静态性、超验性的理解,对管理中的人性进行基础性反思,以对
管理进行"整体性"观察和建构。本书认为"人性结构"是完整的、丰富
的、系统的人性的集合,是以"和合共生"思维而不是"非此即彼"思维
来整体地把握人性丰富内涵的基础概念。通过梳理中西方关于人性的经典
理论,本书将"人性结构"进一步阐释为"由'知、情、意'三种心理要

素生发的，由智力结构（理性）、意志结构（德性）与审美结构（感性）构成的三位一体的完整人性系统"。该概念将以儒家为代表的东方"德性人"的伦理观与西方经典的"理性＋感性"二元人性观结合起来，并将"德性"视为沟通"理性"（以及在此基础上建构的科学管理理论）与"情感"（以及在此基础上建构的行为科学与后现代管理理论）的"桥介"。由此进一步在人性基础上，确立儒家伦理的管理内涵以及管理伦理在组织与管理理论体系中的核心位置。

（五）"范式"与"管理范式"

本书的直接研究对象是哲学与思想史层面的"管理范式"。"范式"是美国科学哲学中的历史主义学派的创始人库恩（Kuhn，1970）提出的概念，其基本含义是："在科学实际活动中某些被公认的范例——包括定律、理论、应用以及仪器设备统统在内的范例——为某一科学研究传统的出现提供了模型"。某一学科的学科属性便由该学科领域的理论范式所决定。本书将"管理范式"界定为，从事管理学科的研究者所共同拥有的关于管理的世界观、基本假设与研究方法的共识或约定。本书围绕"管理范式"开展研究的两条逻辑脉络是"人性——管理范式——学科属性——理论体系"以及"范式分裂——范式的后现代整合——范式的本土化创新"。首先，本书从"现代性"的理性预设出发，揭示管理研究的"科学主义范式"与"人文主义范式"分裂的根源及历史（第三章）。其次，借助后现代主义的人性与权力观（第四章）尝试对两大管理范式从宏观管理理论（第五章）与微观组织理论（第六章）两个层面进行整合。再次，厘清文化自觉背景下，管理范式进行本土化创新以及开拓中国本土化管理学的根由（第七章），依据以儒家为代表的中国文化情境搭建本土化管理学的理论框架并阐释其对于管理范式整合的理论意义（第八章）。最后，对中国本土企业进行管理范式创新的历史经验（第九章）及当代企业实践（第十章）进行深入揭示，以论证和细化前文构建的相关理论。

1.5　研究立场与相关问题说明

（一）管理研究的东西方文化立场问题："文化自觉"与"主位研究"

本书欲解决的一个关键问题是以后现代主义思潮和中国儒家学说为理论资源，从对西方主流管理范式的省视与批判中，发展中国本土的管理理论并发掘其承载的范式意义，这必然难以回避东西方两种异质性文明的关系问题。一方面，中国传统管理中的许多核心概念与西方管理的核心概念分属两种不同的文化体系，不能直接等同或混用，需要避免简单地以西方概念来解释中国传统管理思想，否则便有"迷失自我"之失。另一方面，欲发掘和展现中国传统管理思想的现代价值，与西方主流管理范式进行必要的对话和沟通同样不可避免，否则便有"闭门造车"之失。问题的关键在于，这一研究过程中我们采取何种文化立场。为实现管理"寻根"的研究目标，本书对上述问题采取的研究立场是：对西方科学管理理论进行"本土化创新"，对以儒家为代表的中国传统管理智慧在知识经济时代进行"创造性转化"；在东西方管理思想交流中坚持"文化自觉与平等对话"，通过"创新"和"转化"厘清中国本土管理研究的"意义之网"和"大体轮廓"；杜绝"以西方解释中国"的客位研究立场以及"复制、模仿与验证"的研究方法取向。

欲实现上述研究立场，需要进一步明确本书在研究方法及研究策略上的取向。目前强调"情境嵌入"的管理学研究依然存在复制和检验西方理论的倾向，缺乏真正本土化的研究成果，同时相关研究成果呈现碎片化状态。其深层次原因在于学者大多采取"客位研究"立场，在研究过程中难以深入理解本民族的历史文化传统和厘清中国特殊的制度特征，也未能在运作原理和实施效应方面建立完整且系统的理论体系，以致影响到本土理论的构建，这是导致学者在进行理论研究与建构时陷入重复检验和复制怪圈的深层次原因。所以，在进行中国本土管理研究时，应采取立足本土和扎根地方性知识的"主位研究"立场，避免以"西方解释中国"式的牵强附会之说。

"主位/客位研究"（emic/etic research）是肯尼斯·派克（Pike，1967）提出的研究策略。客位研究是研究以外来人和旁观者立场建构理论，注重建构具有文化普适性的管理理论。主位研究则强调从当地人的视角理解和发掘文化的特殊概念和意义，并运用这些概念来建构此特定文化中的人的行为理论，注重本地性的意义而非建构客观性的知识体系。本书研究主旨是寻找"意义"而非验证、再现"规律"，或者说是界定管理"规律"的"边界条件"，因而立足中国社会和华夏民族本地、本民族的特殊历史文化脉络，尝试建构更具本土契合性的管理理论，并与西方后现代管理思潮进行平等对话。由此立场观之，近年来，徐淑英、樊景立等海外学者推动的"情境化"研究，无论其对情境的嵌入程度深浅如何，大都是

采取"科学主义"思潮影响下的客位研究立场。本书则以费孝通先生
(1997)主张的"文化自觉"为基本立场，采取一种主位研究策略，以确
立管理研究的文化自觉和文化自信为基本导向，这是本书对管理进行"寻
根"之旅的前提。

（二）跨学科的概念沟通问题：桥介式对话与元理论建构

本研究所属的学科领域定位为"管理哲学"，本书争取能够达到"有
哲学思辨的管理思想"与"有管理透析的应用哲学"的双重标准。目前我
国管理哲学发展并不成熟，该学科领域特有的原创性的基础理论十分匮
乏。管理哲学类的相关学术专著，要么重哲学而轻管理（哲学领域研究
者），要么重管理而淡哲学（管理领域研究），真正在知识体系上实现两者
深层次勾连和进行原创性的管理哲学元理论建构的著作十分少见。本书则
尽量利用笔者跨学科的知识背景，搭建管理与哲学进行深层次沟通对话的
桥介，致力于跨学科的重大基础理论的建构，而非简单地引入各学科的概
念进行堆砌。

本书在组织与管理领域中导入了"人性""范式""科学主义""人文
主义""和合精神""后现代主义""礼治秩序""家族主义"等诸多哲学、
社会学领域的经典概念。考虑到一些概念本身存有诸多分歧，加之管理学
者对这些概念可能有些生疏，本书在相关章节**对诸多外来概念都在管理学
中进行了转化和清晰界定**，但本书更主要的工作在于通过这些概念对管理
进行深层次的省视、批判，并建构中国管理哲学的元理论。

例如，本书导入**"人性"**概念，其目的并非将**"人性"**与**"管理"**简
单堆砌而重复研究所谓的**"人性化管理"**，而是以**"人性"**作为**"管理"**
批判与重构的逻辑线索，以实现**"管理范式的后现代整合与本土化研究"**
和为中国管理理论"寻根"这一既定研究目标。具体来说，首先以人性为
基点，通过梳理百年管理思想史演变的逻辑脉络发现，以制度化、标准
化、普适性及物质技术为导向的现代管理，其深层次的人性困境源于工具
理性的片面弘扬使人类将本是人性之一部分的理性因素作为人性的全部，
即理性等于人性，唯有理性才是人之为人的标志。其次，本书进一步发掘
后现代主义的人性观，后现代主义强调发现人性中被现代管理边缘化的情
感与价值部分，管理中的人性解放必须要从根本上挑战和动摇现代管理中
的理性主义基础，其途径则是将被现代管理压抑和边缘化的非理性因素
（情感与伦理）解放出来，使之与人的理性因素平衡发展（同时，笔者也
深入解释了理性与情感两种人性元素在组织管理中的逻辑悖论），主张通

过建构理性计算与情感价值两种逻辑的耦合机制来实现人性在管理领域中自由而全面的展现。再次，本书结合中西方的人性理论，建构"理性、德性与感性"三位一体的"人性结构"，以之取代经济人、社会人和文化人等各种片段化、抽象性的"人性假设"，对管理理论从"范式"层面进行整合性重构。在此过程中，将东方的"德性"元素导入理性与感性二元对立的人性观及管理考察之中，这一方面厘清了管理学的学科属性，并将其理论体系扩展为管理科学、管理伦理与管理艺术三个部分；另一方面也确立了以德性为核心的中国本土文化资源参与管理知识重构以及进行中国本土管理理论研究的合法性。最后，聚焦于中国文化对人性提炼的"德性"元素，本书以和合精神、礼治秩序、家族主义、伦理本位、无为而治等具体而细致的儒家与道家文化脉络为基础，在文化自觉立场与主位研究策略下，通过与西方管理理论中的控制、领导、组织等知识体系进行沟通和碰撞，以此提出更具有本土契合性的中国管理理论的大体轮廓，同时发掘了其对于世界管理理论发展所具有的范式整合与范式创新的重要意义。此外，本书对"鞍钢宪法"等历史经验及对海尔、李锦记等企业案例的经验研究也依循上述由"人性"设定的"管理范式的整合与本土化"这一主导逻辑。

当然，在组织与管理领域驾驭这么多宏观、抽象的哲学概念十分不易，加之本书研究目标较为宏大，作为初创性研究，本书局部章节可能存在理论初创时论证不够细致的逻辑瑕疵，笔者尽可能在后续研究中予以弥补。

（三）宏观理论与微观理论对接、理论建构与经验分析结合问题

目前多数管理哲学类学术作品专注于宏观抽象的一般管理学理论或应用哲学理论，较少涉及组织与制度层面的"中观理论"及员工行为层面的"微观理论"，并且大都缺乏对具体企业的相关经验分析。为体现理论体系的完整性与创新性，本书在两个方面进行探索性尝试，尽管这种尝试未必十分成功。一是将宏观的一般性管理理论与中观的组织理论、微观的组织行为理论对接，构建从哲理到机理、从组织结构到员工行为、从思想史到当代企业实践的完整理论体系；二是将理论建构与经验分析相结合，注重对所建构的理论框架进行经验论证，实现逻辑与历史、理论与实践的统一。

关于第一个尝试，本书将抽象的人性理论逐步落实到微观权力，在人性结构的基础上对管理学的理论体系进行整合性重构之后，紧接着进一步分析了微观权力在组织内部的微观运行机制，从中揭示理性计算与情感价

值两种人性逻辑在组织中的悖论及其耦合机制。在此过程中对组织局部秩序中的多元博弈及游戏互动规则有较为细致的分析。在其后本土化管理理论的建构过程中，进一步与管理范式整合的理论框架进行对接，结合历史的经验，尝试描绘出家族主义、礼治秩序、伦理本位等本土元素所生发的组织、控制与领导模式的微观运行机制。为体现这种理论层次的对接和直观展示理论框架，本书尽可能地增加逻辑框图，将宏观抽象的哲理清晰地展现为概念间的逻辑关系。宏观与微观理论的对接，以及大量框图及表格的运用，是本书在内容体系及写作体例上与同类管理哲学作品不同的特色所在。当然作为一种尝试，本书难免疏漏的是，个别地方在理论层次上意欲兼顾但未能实现严密的逻辑对接，在后续研究中需要细化的地方依然很多。

关于第二个尝试，本书原稿在理论求证方面存在的一大遗憾就是只对相关主题提出了一些理论框架和研究思路，理论建构和研究结论较多地依赖文献梳理和逻辑推演而未结合具体的企业案例进行经验分析。在新修改稿中，笔者下大功夫对中国历史经验（如古代双轨制组织的运作、宋代司法过程、"鞍钢宪法"的产生及传播）及当代企业经营实践（富士康连环跳事件、海尔的"倒三角"组织变革及管理创新、李锦记的家族经营等）进行资料搜集，并从中提炼理论，进一步梳理、细化、论证和完善前文建构的相关理论框架。由此，使本书不仅哲学色彩厚重，对诸多管理的元理论进行形而上的反思和重建，同时也具有较强的现实针对性和丰富的经验素材支撑。

（四）关于"和合精神"与中国管理诸学派

中国传统管理思想学派众多，难以用和合精神来统摄一切。历史上的一切管理流派及当代中国管理研究的合理成分都可以成为中国本土管理学建构的理论资源，只不过本书以"管理范式"为对象，属于管理研究的元理论，所能解决的问题有限，无法对法家、儒家、道家、兵家等管理思想一一探究。为集中完成本书研究目的，笔者的处理方式是，对丰富多彩的传统管理思想不分派别细究其具体方法，转而提炼其"元精神"与总体性特征，以与后现代管理进行范式对话。为此，本书聚焦于儒家学说及其"和合精神"所阐发的管理理念，凸显中国管理的伦理与情感特质并发掘其后现代价值。鉴于儒家思想同样博大精深，我们进一步将范围限定于孔子、孟子和荀子的先秦儒家学说，而较少涉及理学与较为复杂的王阳明心学体系，以含摄理性与情感融通关系的和合精神作为儒家学说的基本特质，由和合精神导出情理融通的德性元素，其核心是建立在自然情感的经验基础之上并经由理性凝聚而成的"仁"。进而探索德性元素在组织管理中的逻辑展现，并从礼治秩序、家族主义、伦理本位等具体的文化脉络来诠释和细化这一思想，以此进一步建构中国本土管理理论的基本轮廓。中国人民大学孔子研究院张立文教授（1998）对"和合精神"有较为精深的研究，并将之视为中华民族的元精神。本书提炼李泽厚《中国古代思想史论》、劳思光《中国哲学史》中的相关论述，对和合精神进行了更为全面的阐释（详见本书第七章），使之更具有文化包容性和解释力。本书尝试由和合精神导出德性（实践理性），进而确立儒家伦理在本土管理理论建构中的核心意义，开启为中国管理学"寻根"（精神故园）的关键步骤，进而将管理伦理推演至管理理论探讨中的核心位置。

1.6　研究结论及理论贡献

（一）科学主义与人文主义两大管理理论范式的厘定和探源

作为现代性自我确证的理性主题分别沿着形式理性与价值理性两条路径分化为科学主义与人文主义两大对立思潮，进而使现代性分化为注重物质形态与功利取向的科学现代性和注重精神形态与终极价值的人文现代性两大主题。这对包括管理学在内的一切社会科学均产生极为深远的影响，是这些学科内部范式争论与矛盾冲突的深层根源。管理学的产生及其百年发展受到现代性及其主题分化这一哲学命题的重大影响：泰罗之后的管理学沿着泰罗制确立的理性逻辑基础，在继承与批判之间逐渐演化出两条清晰的逻辑主线，即以效率作为管理终极目标的科学主义范式和以人性作为管理终极追求的人文主义范式。科学主义范式继承和发扬泰罗制的效率主义追求，以"任务"为核心，追求效率至上原则，将人机械化、符号化、标准化以增强管理中的可控性；人文主义范式则批判泰罗制的效率主义目标及物本主义逻辑，以泰罗制本身所欠缺的精神因素来构建理论硬核，以"人性"为理论宗旨，重视情绪、情感、价值等非理性因素对管理的作用，强调人在工作中的尊严和快乐。秉持科学主义立场的学者力争以实证主义方法来研究管理而强调管理学的自然科学属性，持人文主义立场的学者则强调管理研究中的价值要素而倾向于视管理学为一门人文学科。两大范式对管理学的学科基础和基本假设的理解隔阂造成管理理论体系内部分化。

本书从"现代性"这一所有哲学社会科学均无法回避的根本问题出发，厘清了现代管理学理论分化的哲学本源和历史演化过程，对管理理论"丛林"的成因有了更深层次和整体性的解释，并从中梳理出两条最基本的逻辑主线，为未来管理理论的整合发展提供了较为合理和基本的逻辑起点，弥补了以往围绕组织、行为、人员和结构等不同管理研究层面进行物理拼凑式整合的不足，同时也使现代管理理论批判在哲学层面有了新的进展。

（二）科学主义范式主导下管理学的意义虚无及其四大境界的确证

由于追求效用最大化的技术理性深深根植于管理研究之中，以奉行价值无涉原则的"实证研究"为主要方法的科学主义范式成为目前主流管理理论的主导范式。以科学主义为导向的管理研究使情感、伦理和信仰等无法精确度量的价值因素被逐渐剥离于管理考察之外，价值危机和意义虚无成为主流管理理论所固有的隐患，并进一步导致管理学与管理实践相脱节的问题。这种状况自然导引出"管理学在应然状态里具有哪些价值与意义？"这一问题。以冯友兰的人生四大境界来观照管理学发展演化历程及其未来走向，可以发现，管理学应有以下四大境界：经验管理之自然境界、科学管理之功利境界、伦理管理之道德境界、审美管理之天地境界。

管理学四种境界的确证使我们对目前管理理论的发展程度及其存在的问题有更深刻的认识，并使我们对管理理论的未来走向有更清晰的认识。面对功利性导向的科学管理主导当今管理学研究的局面，管理研究者只有清楚管理学所能具有的意义境界，才能顺应时代潮流将之推向更高境界，以使管理学理论为谋取人类的最高福祉而不断完善。通过管理学的境界分析，本书进一步推衍出以下结论：管理学不能只重逻辑而忽视目的、只重规律而忽视意义、只重科学性而忽视艺术性；管理学的终极意义不是生产高质量的产品而是生产高质量的人；目前的管理研究需要由功利境界向道德与天地境界提升，发展管理理论的伦理之维是管理研究最迫切的任务之一；提升管理的伦理与审美境界并非要否定其科学境界的合理性，而是在总体上寻求科学主义与人文主义两大管理理论范式的整合和平衡。

（三）非理性解放与生物性权力凸显了后现代管理对于管理理论范式整合的建设性意义

后现代管理理论是当代管理前沿理论之一，上世纪90年代曾在欧美顶尖管理学刊物上引起诸多讨论和争鸣，但多年来它作为管理基础理论领域一个新的研究分支一直未能被主流管理理论所接受和认可，其中原因既有其跨学科研究的复杂性和高壁垒，更根本的原因则是后现代管理的某些过于激进的主张使其难以为现代主流理论理解和接受，而它本身又缺乏系统而统一的理论体系。在作为一种边缘理论存在的同时，后现代管理的某些主张却在管理实践领域引起很大的轰动，德鲁克、圣吉、彼得斯和汉迪等一些具有实践导向的管理咨询大师对后现代管理的推崇可以为此佐证。这一方面说明科学主义范式主导的现代主流管理理论存在与实践相脱离的问题，另一方面也说明后现代管理理论具有很强的现实意义和建设性作用。那么如何在主流管理理论所能认可的前提下挖掘后现代管理的建设意义呢？本书从管理所立足的人性基础和管理所依托的权力形态两个视角对此问题进行了解释。

后现代管理非理性解放的人性观及其将伦理、审美元素导向人之自由、解放这一终极性价值之上的主张，批判与超越了现代管理的理性主义预设及其引起的诸多人性困境，为在管理中重建现实而完整的人性提供了重要启发。后现代主义人性观对我们的真正启发是整合理性与感性两种对立性力量，在管理中重建现实而完整的人性，使管理不仅符合人性之理性标准，同时也要符合人性之感性需求，只有这样的管理才是真正人性化的管理。在权力形态方面，针对现代管理以强制性控制为中心的结构化宏观权力，福柯等人发展出一种具有关系性、流动性、分散性及生产性生物学特征的微观权力，并将之纳入了"自由—自治"主题之下。微观权力的提出开辟了权力研究的生物学空间或视角，提供了一种独特的、非经济的权力分析模式，极大地拓展了传统权力研究的思路。此外，对权力的生物学解读意味着权力具有不同于压迫与控制系统这种纯粹物理学范式的运行机制，它将权力还原到了人的生物本能，彰显着权力在管理活动中的积极功能。微观权力服务于后现代主义者反抗现代压迫，重建人之自由生活的基本主张，它对于管理研究的最大贡献是拓展了权力在组织中的解放功能，弥补了权力在控制这一单维度发展上的不足，改变了权力作为一种禁忌的消极面貌。

（四）以现实而完整的人性结构取代人性假设，确立管理活动的三重性质并对管理学理论体系进行拓展性重构

本书以马克思"主体性"命题与康德的"目的性"命题来考量管理研究中的人性假设演进脉络发现：将管理建构在截取人性某个片断并将之放大、抽象而成并且无法通约的各种人性假设之上，无论对人性还是对管理，无论对管理理论还是对管理实践，都造成了巨大损害，更无法确保人

在管理中的主体性与目的性。基于此，我们对人性进行整体性审视和经验观照，结合中西方不同的人性观并融合认识论与价值论，提出更具完整性和现实性的"三位一体"人性结构。以人性结构替代人性假设，来考察管理活动的基本性质与管理理论体系的构成，我们能够建构更加符合人性并确保人之主体性与目的性的管理理论。在智力、意志与审美构成的三维人性结构观照下，我们得出两大重要结论：第一，管理实践具有科学性、道德性与艺术性三重属性；第二，管理学科是管理科学、管理伦理与管理艺术"三位一体"的以解决现实管理问题为导向的综合性知识，对跨学科知识的吸纳使之成为与自然科学、社会科学和人文学科综合交叉的、以问题解决为导向的应用学科。这样我们就建构了管理观察的三个基本维度："理性—智力结构—科学性—管理科学"层面的科学维、"德性—意志结构—道德性—管理伦理"层面的伦理维、"感性—审美结构—艺术性—管理艺术"层面的艺术维。这些研究结论对于我们讨论近年来管理研究中的相关重大理论问题具有很多启发。

基于人性结构的管理考察，使管理理论走出了"管理科学"的遮蔽，拓展了其道德属性与审美属性两大维度，使探寻管理之中的道德价值及其审美价值具有了坚实的哲学基础和正当性。一门学科的合法性问题，应该指其被社会及公众从内心承认的程度，这不单单是一个科学问题，因此对管理学的合法性问题不能单单在科学主义范式内部来理解从而将合法性降低为合理性。为提高管理学的合法性，我们需要发展出一种以问题为导向的、能够指导人们在管理中追求合理、合德、合情的理想生活状态的管理学科。基于人性结构的管理性质的三维建构，将中国传统的伦理精神与文化脉络植入了管理考察之中，并使管理伦理成为管理学科理论体系中的重要构成部分。这种思维方式与理论体系的拓展使中国本土管理理论的研究具有高度的正当性与合法性。

（五）以生物性的微观权力视角来厘定组织的理性计算系统与情感价值系统，并结合中国社会整合的历史经验构建两种系统的组织内耦合机制

本研究由静态的结构化知识转向动态的地方性知识，由普适性的原则转向具体的经验，由此澄清了组织目标与个人目标之异质性，解构了组织原则、组织结构等结构化知识决定员工具体行为的传统观点，发现了组织行动的真实逻辑，并在微观领域建构了两大逻辑的耦合机制。另一方面，综合利用哲学、组织行为学、社会学、法学、历史学与管理学等跨学科知识来研究组织内管理问题，使之聚焦于"管理的逻辑悖论及其整合"这一难题。在中国古代社会秩序的控制体系及司法审判过程中提炼出了社会系统耦合的运行机制，并将之导入费埃德伯格（Erhard Friedberg）等欧洲组织社会学者提出的"组织场域"和"局部秩序"之中，建构了两大管理逻辑的组织内耦合机制。通过这两个方面的创新，我们得到以下具有一定理论价值和现实意义的结论。

其一，组织管理中存在情感与计算两大逻辑，两者分别建构了组织的情感价值系统及理性控制系统。前者是一种网状的非线性秩序，依靠地方性知识的互动而自生演化；后者是一种人为设计的线性建构秩序，依靠线性的因果关系将理性知识结构化为组织制度和组织原则。情感价值系统在管理中的导入及其清晰界定，对目前日益理性化的管理理论与管理实践是一个重要补充，同时也提升了情感、情绪、直觉、信念等非理性因素在管理研究与管理实践中的价值。其二，组织成员的真实行动逻辑是一种基于混合性游戏规则的具体行动体系，此体系是组织成员根据各自所具有的禀赋及资源进行协商性交换的行动场域，构成了具有策略性、局部性及暂时性特征的组织局部秩序，组织成员的真实行为更多地是由局部秩序中的混合规则决定的，而非结构化的组织等级和规章制度。由于员工是地方性知识的具体承载者与微观权力博弈的主体，该研究取向有利于消解现代管理中管理者与员工的对立立场及对抗情绪，对解决员工边缘化问题具有现实指导意义。其三，当组织的具体行动领域受到有意识的或有目标定向的规则机制支配时，博弈的所有参与者都能够发展出一种意识程度更高的、定向性的合作意识，使系统朝着有意识地集体行动的方向发展，由此就出现了管理的两大逻辑的耦合形态，表现为围绕聚合目标上下波动、螺旋上升的耦合曲线。组织管理的使命就是对组织内无数个局部秩序进行审慎干预，激发群体的合作意识，使其各种分散性的目标产生定向性聚合。其四，工作场所精神性是组织目标及员工目标体系中的一个重要维度，但在组织管理中不能单独追求它而忽视其他功利性的目标。本研究结论使工作场所精神性的建构融入主流的组织结构与管理逻辑之中，从而更具现实性和可操作性。本研究对耦合机制及目标聚合过程的分析，为工作场所精神性如何与其他功利性目标结合以聚合为主导性管理逻辑提供了许多具体启示。

（六）在管理理论范式整合性重建和中国本土文化自觉的背景下，确立中国管理研究的本土化研究取向

管理学的范式危机及其转换诉求为以人文精神见长的中国发展真正契

合本地人管理情境的本土化管理理论提供了重要契机和理论支撑，而管理理论的本土研究取向则可能为管理学提供一种整合性范式的样本，从而对实现管理学范式的顺利转换也同样具有重要的理论价值。西方学者对主流管理范式的反思与批评为中国管理研究的本土化取向提供了外部契机，中国独特的文化基质对西方理性主义文化传统的补充及救赎价值则构成了本土管理理论的内生性资源。以中国特殊的情境脉络为基础，创造中国管理研究的本土化知识体系，拓展管理考察的华人知识维度，发展区域均衡和更具世界代表性的一般管理学，在丰富世界管理知识的同时提升中国学者在管理研究中的话语地位，使之能够平等地与世界其他管理研究者进行对话，共同为全球管理实践的健康发展做出知识贡献，是时代赋予目前中国管理研究者的历史使命。

（七）在管理移植的动态演化模型考察下，管理思想的发展是中西方交叉影响、互相作用的过程，中国的管理研究完全可以通过本土化创新为世界管理理论发展做出贡献

以西方理性精神、东方和合精神为两种决定管理思想遗传的文化基因，以东西方管理的情境要素为两种影响管理知识转移的调节变量，可以建构遗传与变异中西互动的管理知识选择机制，即管理移植的动态演化模型。本书以此模型考察了 20 世纪中西方管理移植的演化历程，确立了中国本土产生的"鞍钢宪法"在其演化路径中的重要地位，表明管理思想的发展是中西方交叉影响、互相作用的过程。这便改变了当今中国管理理论研究的一种流行观点，即中国的管理学完全移植西方管理思想。本研究表明自管理学诞生百年来，管理思想的演进并非完全是"西学东渐"的过程，在上世纪后期，以"鞍钢宪法"为标志的东方和合精神的植入，改变了管理移植的基本形态及演化方向，中国和日本本土产生的管理思想对欧美世界的管理发展同样产生过巨大影响。这同时也说明，中国的管理学研究没有必要完全移植西方的管理理论，只要条件具备，我们完全能够创造更加符合自身实践需要的本土管理理论并推动世界管理思想的发展。

（八）从人情主义、家族主义、礼治秩序及伦理本位等文化/历史/社会脉络出发，以根植于本地生活形式的意义网络来发展中国管理的组织、领导和控制等各个维度，本书勾勒出既具本土特色又能与世界管理知识接轨的本土化管理理论体系的基本轮廓

第一，和合治理是组织在动态的开放系统中，确立物质性目标（效率）与精神性目标（人性）双重价值体系，通过整合内外多元力量，构造理性计算系统与情感价值系统相互耦合的双重控制体系，在和谐、合作的人际关系中根据具体情境需要进行教谕式调解，共同达到组织自身目标并满足组织内外利益相关者社会期望的治理模式。第二，礼治秩序的管理学内涵是：以自然伦理为宗旨和基础，以等级序列为表征，来源于组织经验、传统和习俗并被参与者认同，能够对组织行为及其员工行为进行准确预期和控制的规则系统。礼治秩序与法治秩序的一个基本区别是，它所凭借的"礼"来源于组织经验、传统和习俗等历史积淀的约定性价值，更多地表现为非成文的组织文化；而法治秩序则主要来源于基于理性计算的组织权力等级和职位权利义务的清晰界定。第三，本土组织的家庭隐喻冲击了将组织类比为机械化运行的"机器"、争权夺利的"竞技场"、奴役与被奴役的"牢笼"等传统消极的组织隐喻观，整合了组织的物理学隐喻与生物学隐喻，赋予组织温情和伦理色彩，将之改造为一种积极存在。中国本土组织的家庭隐喻及对组织运行的情感价值系统的重视，可能是克服西方组织工具性取向弊端的一股积极力量。第四，德性领导是领导者秉持以人为本理念，以伦理为本位，在特定的领导场景之中与被领导者达成某种心理契约，在无形中自然形成群体的价值观和凝聚力，上下同心协力共同实现领导目标的过程。总之，基于中国特殊情境脉络的本土化管理理论在扬弃经典管理理论的"计划、组织、领导和控制"框架之时，承接了中国伦理、直觉、体验等非理性思维传统，在与西方现代管理知识对接的同时又富有后现代主义意蕴，因而它不仅能够更好地指导中国本土的管理实践，而且能够更好地适应知识经济时代全球管理的需要。

（九）本土化管理理论体系是具有自然系统特质和后现代管理意蕴的人文主义范式，但此种人文主义范式并不与西方技术理性主导的科学主义范式相冲突，在和合精神指导下能够发展出一种融通科学和人文的整合性管理范式

以和合治理为代表的本土化管理模式兼有现代管理范式与后现代管理范式的属性，是现代主义与后现代主义、科学主义与人文主义两种对立性范式在管理中融通的整合性范式。此外，和合治理作为整合性范式并非呈现出理性与情感、科学与人文平衡发展的均衡态势，而是情感主导理性，人文主义压过科学精神的一种非均衡范式，这对于矫正"祛魅"的主流管理中工具理性清除情感价值、科学主义压过人文主义的非均衡态势有更为现实的补充与救赎作用。中国许多既有管理经验、制度资源及组织文化具有某种程度的后现代性，其对情感价值系统和非正式规则的强调及其

在运行过程中的自组织特质与后现代管理具有契合之处，这为"精于解构而拙于建构"的后现代管理发挥积极建设作用提供了经验性依据和范本。在后现代思潮中建构具有本土优势的特色管理理论以克服西方管理的现代性弊端，这是在中国社会的情境脉络中研究管理的一大理论特色。

（十）新科技革命的发展推动人类快速进入后现代社会，互联网思维、后现代管理与儒家学说的综合互动可以汇合为一股推动中国本土组织向网络化、平台化结构变革和实行价值观管理的重要力量

海尔的平台型企业、价值观管理与李锦记的家族经营、自动波领导，是全球化背景下中国企业组织整合上述各种力量，从中国本土管理情境出发，将儒家伦理与组织理性相结合、中国传统管理智慧与西方前沿管理理论相结合、互联网技术与传统伦理价值观相结合，进行组织与管理创新的产物。中国企业弱组织化的社会架构与具有悠久历史传统的泛家族主义关系思维能够在大数据时代转化为一股"去科层化"的积极因素，对组织的家庭隐喻使本土企业可能走在新一轮组织变革的前列。大数据时代的技术变革引发新一轮的组织变革，传统组织的内涵、功能及其治理都面临新的挑战。在理性与非理性的两难选择中，未来的中国管理研究应结合大数据时代的技术制度环境，发掘礼治秩序、泛家族主义对于组织运行的积极作用，研究一般性的组织整合及其治理问题，致力于将组织塑造为一个高信任度的合作领域，恢复人类在组织生活中的创造力、主动性和革新能力，这同时也是礼治秩序、泛家族主义等儒家伦理思想对于组织和管理研究最有价值之处。本研究延续和丰富了近年来对"关系""人情"和"面子"等中国本土管理理论的讨论，以泛家族主义等儒家伦理厘清这些特殊情境要素背后运行的深层逻辑。本研究的另一理论贡献是，从微观的组织治理领域，揭示了作为文化传统的经济伦理对于30多年来中国组织演变及经济增长的潜在影响，佐证了马克斯·韦伯有关经济伦理影响和塑造经济组织形式的观点，但突破了韦伯关于儒家伦理阻滞中国资本主义发展的结论。对李锦记的经验研究表明，儒家的家族价值观及忠恕伦理，与资本主义基于计算的经济理性并不完全相斥，只要具备高超的经营智慧，中国本土企业完全可以将儒家伦理转化为推动企业运营的特殊优势。

1.7　未来研究展望

本书聚焦的核心问题有两个，一是管理理论的范式反思与重建问题，二是中国特殊情境下管理学的本土化问题。这两个基础性问题都是多年来管理学术界颇有争议和亟待攻克的重大理论难题，笔者目前的学识水平远未达到能够澄清其中所关涉的一切问题并予以圆满解决的地步。在梳理大量中西方经典文献的基础上，笔者将理论建构、模型分析、逻辑推理、隐喻研究与跨文化比较研究综合运用，尝试为两大问题的解决提供具有一定说服力的理论观点或某些具有启发的研究思路。尽管笔者竭尽所能尝试在理论创新方面有所建树，但由于研究能力和创作时间的双重限制，该研究依然存在一些逻辑瑕疵和研究局限，这些问题同时也是笔者今后拟进一步展开的研究空间。

其一，理论建构方面，本书第五章从理性、德性和感性三位一体的人性结构出发建构了管理科学、管理伦理与管理艺术构成的管理理论体系并以此整合管理理论的两大范式，第六章则继续将由此抽象的管理哲学层面问题落实到组织管理中的逻辑问题，厘清了组织的理性计算系统与情感价值系统，其中前者对应第五章"理性—智力结构—科学性—管理科学"层面的科学维，后者则是"德性—意志结构—道德性—管理伦理"层面的伦理维和"感性—审美结构—艺术性—管理艺术"层面的艺术维两者的合一。那么，组织管理的情感价值系统是如何体现管理伦理与管理艺术的呢？尤其在中国独特的社会情境中，组织非正式的情感价值系统在管理过程中发挥着至关重要的作用，这一问题更加值得探讨，并且同时推衍出另一问题：如何在中国特殊情境中规范设计组织的情感价值系统以发展中国特色的管理伦理和管理艺术理论？对此问题的深入研究不仅是对管理理论范式整合性重建的深化，同时也是进一步推进中国情境下管理理论本土化创新的需要。

其二，本书指出目前的管理理论在总体上处于功利境界的科学管理时期，拓展和深化管理的伦理之维以提升其道德境界，是目前管理理论发展的迫切任务。也就是说，管理科学与管理伦理的融通是近期管理理论发展的基本走向。西方主流管理理论的人性根源是具有工具性和经济性导向的技术理性，而中国本土管理理论的人性基础是和合精神所蕴含的具有伦理化特征的实用理性。技术理性是一种韦伯所谓的形式理性，而实用理性则接近于韦伯所谓的价值理性。那么，如何在技术理性与实用理性结合的基础上融通管理科学与管理理论以发展具有实践效用导向的管理理论？对此问题的研究也是管理学范式重建与本土化研究的双重需要。

其三，本书从中国独特的文化/历史/社会脉络中大体构建了由和合治理的治理模式、礼治秩序的控制模式、家庭隐喻的组织模式和德性领导的领导模式组成的本土化管理理论框架，但由于时间所限，相关理论的建构尚比较粗糙，诸如礼治秩序与法治秩序的关系及其在中国特殊情境中的整合、家庭式组织中的专断倾向与现代企业管理的民主精神之间如何调整、德性领导中的教谕式调解如何促进组织中的理性计算系统与情感价值系统的耦合等理论问题都需要进一步深化和拓展。

其四，作为以问题为导向的跨学科研究，本书借用了哲学、社会学、伦理学、政治学乃至美学中的诸多概念和术语。由于不同学科有不同的学术规范和表达规则，作为一种探索性的初始研究，本书在以严谨性和规范性著称的管理学中难免存在诸多不足。尤其在一些强调管理学作为一门"科学"之纯洁性的学者看来，在管理理论中引入其他学科的基础概念和研究范式需要慎之又慎。本书的基本观点之一是，管理学是服务于管理实践的应用学科，凡涉及人之"文化—心理"结构部分的知识体系，均难以用量化的自然科学标准来衡量之，因而未来的管理理论应该鼓励多元研究范式，在"学科"而非"科学"的范畴中发展其理论体系，使管理研究中的人文精神与科学精神并行不悖，构建能够更好地服务管理实践并以此来提升人之生活质量的新理论。但无论何种研究范式，规范性与严谨性都是学术研究的基本要求，作为探索性的初始研究，本书在此存在的不足也是今后持续努力之方向，不同学科之间恰当和审慎的对话和融合需要积数年之功，在管理学范式理论及本土化理论的后续研究中，本书将着力阐释并完善"德性""生活世界""家族主义""和合精神""人性结构""礼治秩序"等术语在组织与管理理论中的内涵界定及相关理论框架，以使管理理论的跨学科研究取得更加令人信服的成果，同时深化和拓展具有中国特质的管理哲学理论体系。

第二章 西方管理思想演化的逻辑脉络及学术争议

2.1 现代管理学批判的基本脉络

现代管理学自产生始就面临着各种批判和质疑，每次对批判的回应都催发出新的管理思潮而成为管理学发展的巨大动力。回顾百年来管理思想演变过程，现代管理的批判主要有两种：来自内部的自我批判以及来自后现代管理的整体性解构与基础性反思。现代管理学的内部批判沿着两条路径进行：一是理论聚焦的分析层次推移，二是理论前提之人性假设的变迁。20 世纪 80 年代之后，文化管理、流程再造、学习型组织等新兴管理思潮不断涌现，现代管理学的理论"丛林"变得更加繁杂。此外，随着后现代主义思潮的兴起，现代性及其基本预设遭到批判与质疑，到 20 世纪90 年代，逐渐在组织及其管理领域形成一股对现代管理学的基础假设进行批判的后现代管理思潮，对西方现代管理理论的研究范式形成强烈冲击（西松，2005），从而使管理理论的丛林更加支离破碎。

管理理论丛林的出现一方面反映了管理学的迅速成长与蓬勃发展，另一方面也表明目前学界对管理学这一新兴学科尚缺乏基本的共识。众多的管理理论及其相互之间的矛盾及批判，往往使管理实践者无所适从，同时也使管理学作为一门独立学科面临着合法性危机。因而，在丛林之中寻求各管理理论的整合路径以获得对管理知识的基础共识，一直是管理学健康发展的内在要求。回顾百年来管理思想的演变过程，管理理论丛林的产生与其内部理论分化态势直接相关，而这种理论分化也有其深层的逻辑脉络。针对管理理论的分化及其引起的诸多争议，管理学界也曾出现三次较大的整合尝试。澄清管理理论分化与整合的逻辑脉络并分析其百年演化的理论进路，是未来管理理论走出丛林状态的重要铺垫。

2.1.1　分析层次的推移与管理理论聚焦点的分化

管理学诞生伊始的主要任务是批判传统经验管理，以科学的方法取代主观判断与任意行为，此时的管理理论主要聚焦于管理的工艺技术层面。工艺技术是"为了达到某些实际目的而对知识的组织与应用。它既包括具有物质的表象的工具和机器，同时也包括那些为解决问题和获取某种所期望的结果而使用的智力技巧和方法"（Jacques Ellul，1964）。聚焦于此的管理理论的核心是一些科学方法与物质设备结合的技术体系，即生产符合需求产品的机器和手段的特定结合（Sproull & Paul，1990）。泰罗的科学管理学派（"泰罗制"）（Taylor，1911）及伯法的管理科学学派（Buffa，1961）是关注技术体系的代表性学派。泰罗制建立在对时间、动作准确测量的基础上，先在"设备、螺丝、螺母和螺栓"，后在"生产中的人的因素"方面推行标准化（Noble，1977），以制定用最少的资源和能量投入获得最大产出的工艺程序。早期的科学管理理论主要来源于经验观察，二战后兴起的管理科学理论则加入了统计技术与数学工具，博弈论、决策树、运筹法及模拟装置等理论盛极一时并沿用至今。管理科学理论是对科学管理理论的延续，它依然聚焦于生产—运筹管理中的工艺技术。正如雷恩所指出的，它的主体由对变量和关系进行量化的具体技巧构成，它的顶端是表示各变量及其关系的一个模型，其目的是进行预测和控制（Wren，2005）。科学管理学派与管理科学学派的集大成者多为从事技术工作的工程师或科学家，两种理论体系都追求管理工艺技术的最优化，管理科学学派只不过"通过数学手段的深化，在更高的程度上继承了科学管理学派对科学方法的追求"（李涛，2000）。工艺技术层面的管理理论既不关心人又不关心组织，主要分析组织微观层面具体问题的解决与控制手段，对宏观与高层的管理问题涉及甚少。科学方法和数学模型在某些管理问题中的运用能够为决策者提供更好的信息，其提供的更先进的技术提高了生产运筹管理的学术可信度，但是这些工具过多地强调了如何解决问题，却对如何发现问题强调得不够（Wren，2005）。

泰罗之后，以具有丰富管理、咨询经验与学术背景的法约尔（Fayol，1949）及马克斯·韦伯（Weber，1924）为代表的古典管理理论学派将管理分析的层面推向组织结构。法约尔通过对四种管理职能及十四点组织原则的剖析，创建了第一种系统化的管理理论；韦伯则通过将官僚制度视为发挥技术效率的完美形式，开创了最具影响的组织理论（Wren，2005）。两人均对组织进行了宏观性分析，对分工、协作、等级化、统一性等管理原则进行了详细阐释，聚焦于组织的规范结构，对其目标的具体化和规章、角色的形式化进行了理性设计，奠定了现代管理学的基本框架，对管理实践至今尚有深远影响。但是，他们往往以"虚假的简单化原则，掩盖了根本性的含混"（Simon，1976），更为突出的问题是，古典管理理论片面强调了组织的结构特征而忽视了参与者的行为而被本尼斯等人批评为"没有人的组织"（Beninis，1959）。

20 世纪 30 年代，梅奥的霍桑试验及其人际关系学派将管理理论的分析焦点转向参与者的心理及行为，实现了管理思想史上由技术、组织等物质性实体向"人"这一社会性存在的革命性转变。人际关系理论发现了非正式组织的存在及其对组织和管理的价值，指出工人的工作满意度及其人际关系状况更能影响管理的效能（Mayo，1945）。霍桑试验之后的 30 年，行为科学成为管理研究的主导性理论。马斯洛（Maslow，1943）最早提出系统的需要层次理论，指出人具有生存、安全、情感、尊重及自我实现五种递进的需求。随后的双因素理论、期望理论、成熟理论以及研究群体行为的各种领导理论将行为科学推向高峰。行为科学使人们认识到，人并不是现代组织齿轮中的一个零件，而是一个有着价值、需求和自身动机的独立个体（Jamil E. Jreisat，1999）。但是，对人之行为的关注并没有取代对组织结构分析的古典管理理论，它只是拓展了组织及管理研究的一个新的分析层面。在矫正传统理论不足的同时，新的学派使管理分析走向了另一个极端，正如 Eddy（1981）所说，人际关系与行为科学理论逐渐犯了与古典管理理论完全相反的错误，即只考虑人而忽略了组织。

20 世纪 60、70 年代以后，随着系统论的出现及兴起，管理分析的层面逐步推衍到组织外部环境。批判者指出，古典管理理论与行为科学大都将组织与其所处的环境割裂，将组织与管理视为具有稳定的、容易认同的参与者的封闭体系（Scott，1998）。开放系统的视角强调组织结构、参与者行为和支撑它的环境之间的紧密联系（Jamil E. Jreisat，1999），认为环境影响、支持且渗入了组织，组织是依赖于外界人员、资源和信息的开放系统（Scott，1998）。聚焦于环境与系统分析的管理理论视组织管理为一种输入、转换与输出的过程，在每一个阶段均强调了组织与环境的相互关系（Kast & Rosenzweig，1985）。这种分析改变了传统的内部控制思维，在传统管理分析框架的基础上拓展了环境维度并导入系统思维，其基本分

析框架如图 2—1 所示。以环境及系统分析为核心的代表性管理理论主要
有 Swinth（1974）、Khandwalla（1977）、Mintzberg（1979）等人的系统
设计理论以及 Lawrence & Lorsch（1967）、Galbraith（1973）等人的权
变理论。管理分析的开放系统视角使人们认识到，以前的管理理论建立在
封闭系统基础之上，需要结合环境的变迁进行大幅度的修正，这使后继的
管理理论大都无法回避组织对环境的开放性特征。

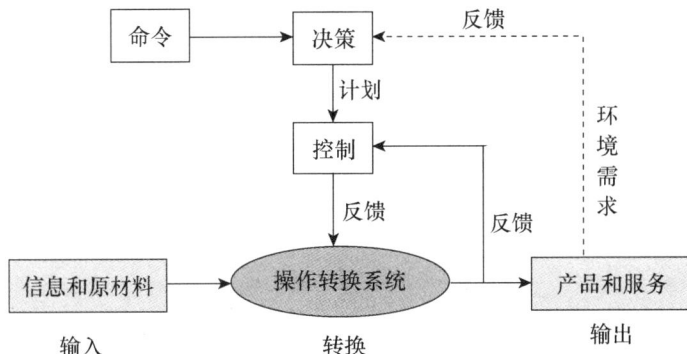

图 2—1　面向环境的系统论管理分析模式

资料来源：根据 Swinth（1974）系统控制的抽象模型修改而成。

20 世纪 80 年代以来，随着日本经济的崛起，对东方管理的关注引起
西方管理学界对组织目标价值层面的分析。其实早在 1954 年，德鲁克就
将目标分析推衍到管理研究的核心地带并提出目标管理理论（manage-
ment by objectives）（Drucker，1954）。上世纪 90 年代，受日本质量管理
的影响，目标管理、全面质量管理（Robert Handfield & Soumen Ghosh，
1994）与工作团队（Antoni，2005）等先进的管理理念相结合，对企业管
理实践发挥着越来越重要的作用。与此同时，针对以往管理过于重视控制
过程而不关注管理价值的弊端，一些学者集中研究了管理的价值层面的问
题，这方面最具代表性的是威廉·大内（Ouchi，1981）的 Z 理论对中西
方管理文化不同的价值导向及其作用的研究及圣吉（Senge，1990）学习
型组织理论对共同愿景的探讨。这些研究促使组织文化及文化管理理论成
为当代管理理论的重要热点问题。

由以上分析可知，管理学沿着分析层面的推衍不断在自我批判中完善
和壮大，最终形成图 2—2 所示的基本分析框架。面对蓬勃发展的各种管理
理论，孔茨于 1980 年修改了他的"管理理论丛林"观点，将当时的管理理
论概括为管理过程学派、人际关系学派、群体行为学派、经验学派、社会

协作系统学派、社会技术系统学派、系统学派、决策理论学派、管理科学学派、权变理论学派与经理角色学派等 11 个学派，并指出"形成一种适用的管理理论和科学的进程是缓慢的，无疑我们仍旧未能就管理的科学基础获得明确的认识，也还不能清楚地表达合格管理者的确切含义"（Harold Koontz，1980）。加上 20 世纪 80 年代之后的文化管理、流程再造、学习型组织等管理流派，现代管理学的理论"丛林"无疑变得更加繁杂。每一个学派都聚焦于管理分析的一个或多个层面，而批判或试图整合其他分析层面，但至今未能取得有关管理学基本分析框架的整体性认识。众多的管理理论及其相互之间的矛盾及批判，往往使管理实践者无所适从，同时也使管理学作为一门独立学科面临着合法性危机（韵江、林忠，2007）。

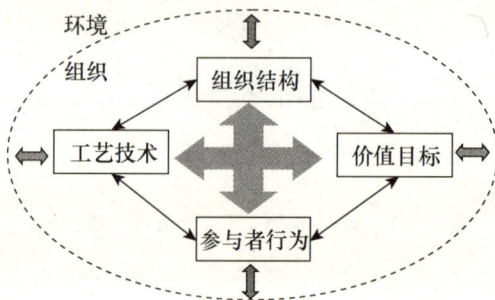

图 2—2　管理分析维度的框架结构

资料来源：作者绘制。

2.1.2　人性假设的变迁与管理理论依据的分化

现代管理学内部批判的另一种视角是以人性假设为理论基点，探讨管理理论的内部逻辑关系及其演化进程。自泰罗《科学管理原理》问世百年来，管理学界对人性曾有"经济人""社会人""自我实现人""复杂人""文化人"等基本假设，这些人性假设的设定及变迁反映了管理思想演进的基本脉络（如图 2—3 所示）。很多学者探究了人性假设与管理之间的这种内在关联。行为科学研究者对管理中的人性问题较早地进行了探索，如梅奥（Mayo，1945）的"社会人"假设、麦格雷戈（McGregor，1960）的"XY 理论"、约翰·莫尔斯和杰伊·洛希（Morse & Lorsch，1974）的"超 Y 理论"、威廉·大内（Ouchi，1981）的"Z 理论"等。他们均将管理理论、原则及方法建立在人性假设之上，对人性的不同预设将管理理论导向不同的路径。

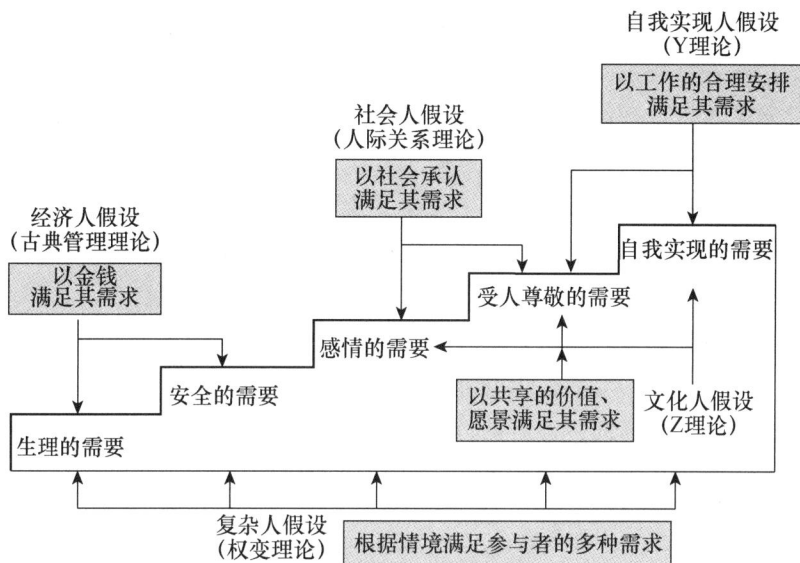

图 2—3　人性假设与管理理论的分布

资料来源：作者根据宋培林（2006）整理。

Gibson（1966）指出，组织研究者及实践者必须明确表达他们对人性的基本假设；Arunoday Saha（1990）也指出，由于管理者必须处理有关人的事务，关于人性的基本假设在管理中具有重要地位，西方文化与日本文化对人性的不同假设使其在管理理论与实践中发展出不同的社会控制途径。Urwick（1967）对此提出疑问，他认为某一时期组织难以接受的复杂性社会伦理及哲学可能会随着时间的变化而演进为组织管理的标准，过多的对理论假设的关注可能会使组织理论失去与新形式不断适应这一要义。William G. Scott 与 David K. Hart（1971）则指出，估价与界定当代组织中的生活质量必须反省人类固有的道德本性，研究人类的道德性对提高组织管理的水平具有重要意义。管理与人性的关系也是近年来国内学者进行管理反思的重要方面。黎红雷（2001）回顾了中西方历史上出现的划时代的人性假设，探索了其与人类社会的管理活动及管理理念之间的深层关系。高小玲、刘巨钦（2003）对管理思想流变的内在逻辑进行了系统梳理，将管理思想的精髓与现实经济生活的最新进展联系起来，指出"管理思想在时间维度上逐步人性化、在空间维度上由中方向西方再向中方回归的内在历史逻辑"。朱华桂（2003）则明确指出，"不同的人性假定有不同的管理学理论……对人性的认识是管理思想形成的重要理论依据"。宋培林（2006）持同样观点，认为"人性假设是研究管理与执行管理的逻辑前提，基于不同的人性假设，有不同的管理理论，不同的管理理论在实践中便衍生出各具特色的管理原则"。林志扬（2005）从人之需求的角度研究人性及其对管理理论的影响，指出"认识人的本质需求，认识人类自身，是管理理论研究的一项重要的基础工作"。于晓霞、秦廷国（2008）从中西方存在的不同人性假设出发，考察了管理存在的可能性及必要性，并指出管理是人与人性的产物，人性化管理要以人性为基础实现管理主体与客体的双赢。

这些研究充分说明目前学界已普遍意识到探寻管理与人性之内在关系的重要性，其对于我们认识管理之中的人性展现历程及管理如何随着人性假设的变迁而不断演进很有助益。但问题是，这些研究均理所当然地把每一时代诞生的人性假设作为管理理论的合理起点，除了 Urwick（1967）之外，鲜有学者质疑管理研究中的人性假设本身的合理性。人性假设本身是否合理的判断标准是，以人性假设为起点来建构管理理论能否真正体现人在管理之中的主体性与目的性地位以确保管理与人性不断内聚和趋合。反观当代管理理论及管理实践，我们认为，单单主张管理以人性假设为起点而未能深究由人性假设建构的各种管理理论是否真正有利于人性的提升与发展以及人类的长远福祉，难以澄清管理与人之深层关系，也无法确保人之主体性与目的性在管理实践与管理理论之中的实现。相反，片面、抽象而分裂的人性假设及其导向的势不两立、无法通约的理论"范式"（paradigm）及各种不平衡发展的管理理论不但没有很好地使管理真正服务于人的需求，而且造成了人性在管理实践中的异化及在管理理论中的分裂，使管理背离了人性的需要及发展。以人性假设探讨管理与人之内在关系的弊端使我们寻求管理与人性聚合的其他观察视角，以使管理实践及管理理论建构在现实、完整而全面的人性基础之上，进而使人之主体性与目的性在管理之中充分彰显。

2.1.3　后现代管理与管理理论范式的分化

后现代管理发轫于后现代主义哲学与社会理论，其基本使命是对现代管理进行整体性、基础性反思与批判。后现代主义观点早在 20 世纪 80 年代已经开始进入组织及其管理领域（Clark，2000），但直到 20 世纪 90 年代中期，一种对现代管理学基础形成严重挑战的后现代管理理论才得以出现，对当今西方现代管理学形成强烈的冲击和回响（Ann Taket & Leroy White，1993；罗珉，2005a）。后现代管理内容庞杂且没有形成统一的学派和共识，不同学者之间的分歧及矛盾颇多。从后现代管理与现代管理学之间的内在关系及其批判态度看，后现代管理大体可以区分为两种流派：建设性批判学派与解构性批判学派（如表 2—1 所示）。

表 2—1　　　后现代管理对现代管理的两种基本立场及代表性理论

	代表人物	主要理论	基本态度
建设性批判的后现代管理理论	Peter F. Drucker（1954；1999）；Antoni（2005）；罗珉（2009）；Erik Lindberg & Wilson（2011）	目标管理；基于知识与知识型工人的"管理新范式"	继承、超越与改良——建构与改造
	Harvey（1989）；Smith（2000）；Jessop（2001）	后福特制	
	Peter M. Senge（1990）	学习型组织	
	M. Hammer & J. Champy（1993）	企业流程再造	
	Cooper & Burrell（1988）；Berquist（1993）；Boje, Gephart & Thatchenkery（1996）；R. L. Daft（2009）；罗珉（2008）；刘晓善（2007）	后现代组织	
	Charles Handy（1989，1995）	组织创新：三叶草式组织、联邦组织、3I 组织	
解构性批判的后现代管理理论	Clegg（1990）	从福特制向后福特制的转变没有改变权力压迫的基本格局	断裂、摧毁与革命——解构与再造
	Burrell（1994）	现代组织与管理理论忽视了资本主义对农民的暴力统治	
	Parker（1992）；Thompson（1993）；Hassard & Parker（1993）；Alvesson & Deetz（1996）；Kilduff & Mehra（1997）	构建关于后现代组织形式的理论是幼稚的，只会导致困惑和错觉	
	Mills & Simmons（1995）	现代管理和组织理论对于阶级、种族和性别歧视问题没有给予足够的重视；后现代管理要彻底反抗这些压迫与歧视	
	Boje & Dennehy（1994）；Boje（2006）	后现代组织的存在具有可能性，但需对之进行解构以防止现代主义鸠占鹊巢。后现代管理是批判现代管理黑暗面的运动，是一场公开宣告冲破现代剥削与奴役之镣铐的管理革命	
	Peters & Waterman（1982）	在组织与管理中摧毁现有的一切不合理设计，进行重新想象	

资料来源：表格上半部分由作者绘制，下半部分根据 David Boje & Tom T. H.（2006）整理。

　　建设性批判的后现代管理理论预设了一种与现代社会具有异质性特征的后现代社会（后工业社会、知识经济时代、信息社会等）的存在，其批判性理论聚焦于后现代社会对组织及管理所带来的各种可能的挑战。它们对现代管理学的基本态度是继承、超越与改良，虽然对现代管理学有整体性反思与批判，但不主张从根本上动摇其理性主义根基，从一定程度上也可以说，它们是现代管理学的某种超越性延续。这方面的代表性人物及理论主要有：其一，Drucker（1954）的目标管理具有丰富的后现代管理意蕴。Antoni（2005）探讨了其与工作团队之间的内在关联；罗珉（2009）研究了目标管理中的主体离心化及自我控制等后现代思想；Lindberg & Wilson（2011）则剖析了目标管理在瑞典的高级中学中的运用状况，强调了目标管理在知识型组织的管理中的特殊意义。另外，Peter F. Drucker（1999）还提出了基于知识与知识型工作的"管理新范式"概念，对整个现代管理学的内部逻辑在 21 世纪面对的挑战进行了反思并对其发展趋势进行展望。其二，Harvey（1989）、Smith（2000）与 Jessop（2001）等人集中研究了"后福特制"问题，提出了一种与现代管理学的主流生产形态截然不同的新的生产组织形式，对现代管理学中的精细化分工及责任分割进行了批判，强调了合作意识与整体观念等后现代思维的重要性。其三，Senge（1990）的学习型组织理论是后现代系统思维及价值观念在组织管理中的成功运用，其对系统思维、共同愿景及心智模式的研究都是组织与管理对后现代社会变革的集中反映。其四，M. Hammer & J. Champy（1993）的企业流程再造理论整体反思了现代管理流程的弊端，运用后现代整体性思维对其进行了重新规划，促使管理实践界掀起"再造"高潮。其五，Charles Handy（1989，1995）宣告后现代社会人类进入了一个"非理性的时代"，组织与管理需要进行创新，并提出三种创新型组织形态：三叶草式组织（由内部的专业核心及外围的专职自我雇佣者构成）、联邦组织（强调成员自治的联合结构）、3I 组织（即 Information×Intelligence×Idea＝Added Value）。其六，对后现代组织的研究与设想（Cooper & Burrell，1987；Berquist，1993；Boje, Gephart & Thatchenkery，1996；Daft，2009；罗珉，2008；等等），对现代组织的弊端进行了集中批判，并尝试设计一种与现代组织截然不同的新组织形态。

　　后现代管理的解构性批判学派是后现代管理的主流理论，对现代管理学产生了强大的冲击。该派中的多数代表人物都从现代管理学的理论根基及其深层哲学命题着手，批判其理性主义与普遍主义的哲学前提，进而宣告与现代组织管理理论分裂，摧毁现代管理中一切不符合人性的教条，以掀起一场反抗现代管理剥削与压迫的管理革命。这方面的代表性人物主要有 Peters & Waterman（1982）、Clegg（1990）、Parker（1993）、Hassard & Parker（1993）、Boje & Dennehy（1994）、Burrell（1994）、Kilduff & Mehra（1997）、Boje（2006）等（其具体观点见表2—1）。这些学者对现代管理学中一些流行观念和管理方式进行了细致的解构，挖掘了其存在的各种深层次弊端，叙说了现代管理中的一个个统治与压迫的"故事"，揭示了许多难以探察而不为人知的现代管理的"黑暗"及"罪恶"。这派学者对现代管理的批判是后现代管理最富理论价值的部分，但遗憾的是他们精于解构而拙于建构并且内部相互矛盾和攻讦，因而被部分学者批判为管理学中的"终极噪音"（Mintzberg，1999），致使其理论价值未能充分彰显。

2.2　管理理论整合的相关尝试及其理论进路

2.2.1　管理理论整合的必要性

从以上的文献述评可知，无论是基于分析层面的内部批判，还是基于人性假设的内部批判，现代管理学都走向了分裂，而来自后现代管理的根本性冲击则加剧了这种分裂并加深了其存在的合法性危机。由此，管理学在当代面临的一个重要使命是，如何走出管理理论"丛林"而获得有关管理的统一性认识以更好地服务于管理实践。每一时期的管理理论均有其合理性，后一阶段的批判与超越只是开启了管理研究的新维度，而无法取代前一阶段分析层次或人性假设的合理地位，这为我们进行管理分析提供了多元的视角和多种可选择的余地。但是，作为一种系统的理论，管理学需要走出各自为政、自我封闭的分裂状态，综合各流派的有益成果并使之融为一体。正如罗珉（2002b）所说，管理理论学派的分化，在一定程度上导致了各个学派单打独斗、互相排斥，阻碍了管理学的深入研究与探索。只有寻求整合，各管理学派才能取长补短，并通过实践来解决各种流派的纷争，使之成为一门经得起实践检验的、普遍适用的管理学科。因而，对各种分裂的现代管理理论进行综合性和现实性的整合，以形成统一的管理理论，将会对管理学的系统化及更好地服务于人类社会具有巨大的推进作用。

2.2.2　现代管理学整合的三种路径

自 1961 年哈罗德·孔茨《管理理论的丛林》一文发表之后，管理理论学界一直在思索如何"走出丛林"的问题，"走出丛林"实质上就是对管理理论各个学派进行更高层次的综合，即丹尼尔·雷恩所谓的"对结合的探求"（罗珉，2002b）。面临管理理论分裂的"丛林"局面，许多学者对其进行了整合的努力。根据现有的组织与管理方面的文献，我们大体可以梳理出三种较有影响的有关管理理论的整合途径：系统论的整合、权变论的整合及过程论的整合。

20 世纪 60 年代以后，随着组织面向环境开放及系统论在管理研究中的导入，一些学者尝试以系统论进行管理整合，这方面的代表性理论主要有依佐尼（Etzioni，1964）的结构主义模型、汤普森（Thompson，1967）的层次模型以及卡斯特与罗森茨韦克（Kast & Rosenzweig，1985）的系统模型。依佐尼的结构主义模型试图将古典学派和人际关系学派综合起来，指出两者都对组织控制体系有重要而独特的见解，前者关注权力在组织职位中的差异性分配，后者关注权力的来源与关系认同。结构主义模型对组织的正式结构与非正式结构给予同等的重视，并特别关注两者之间的关系、非正式群体的范围及组织与环境之间的互动（Etzioni，1964）。汤普森的层次模型借用了帕森斯的组织层次分析方法，认为组织存在生产运作的技术层、设计和控制生产体系的管理层、面向环境开放并确定组织范围与边界的制度层三个层次。汤普森认为不同的层次需要不同的观察视角，古典管理的理性系统视角与技术层次相适应，注重人际关系的自然系统视角与管理层次相适应，强调组织与环境互动的开放系统视角则与制度层次相适应（Thompson，1967）。卡斯特与罗森茨韦克则运用系统观点对以往的管理分析层面进行了更具综合性的整合，他们认为组织是由目标与价值分系统、社会心理分系统、结构分系统、技术分系统、管理分系统五个分系统构成的一个整体性系统，组织从外部环境接受材料、能源和信息的投入，经过组织转换并输送到环境之中，五大组织内分系统与环境超系统共同构成分析组织与管理的系统整合分析框架（如图 2—4 所示）。

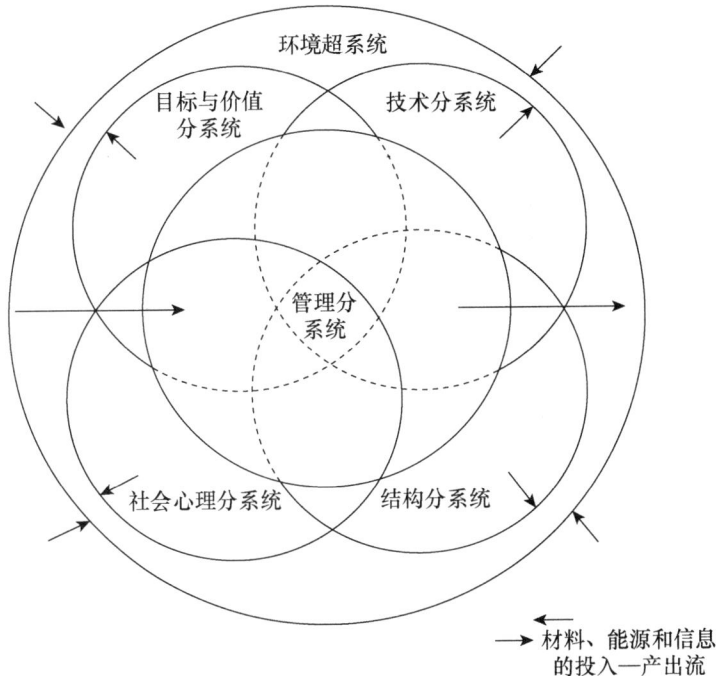

图 2—4　组织与管理的系统整合分析框架

资料来源：转引自 Kast & Rosenzweig（1985）的组织系统模型。

20 世纪 60 年代末至 70 年代，管理的权变观点盛行，权变管理学派尝试用权变观点来整合各管理理论学派。权变论的整合主要有两种代表性观点：劳伦斯和骆奇的权变模型及卢桑斯的权变理论。劳伦斯与骆奇（Lawrence & Lorsch，1967）认为，如果采用开放系统视角，任何组织都与其特定环境相互联系，那么，理性和自然系统就可以用来界定变化着的、不同的组织类型。对组织的理性系统和自然系统的不同强调，是组织形式两极现象的反映。两极中一端的组织高度形式化、集中化并寻求清晰具体的目标，另一端的组织形式化程度较低，主要依赖于个人的素质和参与者的创造性，而且不能清晰地界定其目标。组织的适应性取决于组织形式与环境需求之间的匹配程度。与这种整合努力相呼应，卢桑斯则旗帜鲜明地提出通过权变观点来走出管理理论"丛林"的可能性，他在《权变管理理论：走出丛林的道路》一文中指出：权变的路径有时被称为情境的路径，尽管现在只是刚刚兴起，但也许在 1980 年后，这条路径将引导我们从管理理论丛林中开辟一条新路（Fred Luthans，1973）。

过程论的整合继承了法约尔对管理职能的分析，从管理活动的基本过程及各过程的主要职能出发，将目标设定、结构设计、人员调动及资源配置等分析层面整合在管理的整个过程之中。这方面的代表人物有管理过程学派的孔茨与韦里克（Koontz & Weihrich）、罗宾斯（Stephen P. Robbins）等人。孔茨等将管理过程概括为计划、组织、人事、领导及控制五个方面，罗宾斯则将管理过程概括为计划、组织、领导、控制四个方面。两者均与法约尔的"计划、组织、指挥、协调、控制"五种职能密切相关，可谓法约尔理论的当代延续。但两种整合理论均在法约尔的基础上增加了"领导"这一职能，表明了其对参与者行为这一分析层面的重视，弥补了法约尔过于强调组织结构层面的不足，有力地整合了管理分析中的"组织与人"两大层面。国内外的其他相关学者对管理过程的概括大多是对这种理论框架进行局部调整。这种基于过程论的管理理论整合也是目前对管理学教育影响最大的学派之一。

2.2.3　管理理论整合的迷途及其未来趋向

管理概念及理论的多样性根源于研究者所选择分析层次的不同（Scott，1998）。以上三种理论整合的努力都是沿着现代管理学分析层次的内部批判路线进行的，使我们对管理理论及管理实践获得了某种整体性的认识和观察角度，有利于管理理论的健康发展。但从1961年理论"丛林"中的6个学派增加到1980年的11个管理流派来看，所有这些整合努力都是失败的，它们不但没有使管理走出"丛林"状态，而且其本身也大多成为"丛林"中的一部分，从而使"丛林"更加繁茂。

系统论整合失败的原因在于，系统分析仅仅是"一系列态度和一种思维框架，而不是一种确定的和精致的理论"（Simon，1960），因而它难以提供整合性的实质理论；另外，系统论整合理论本质上具有保守性而倾向于对现状表示认同，并且在很大程度上缺乏实用性与操作性（Jreisat，1999）。权变论的整合路径曾被寄予厚望以引领管理学走出"丛林"状态，但其不足是理论框架简单化而难以穷尽所有的管理变量，并且权变理论容易陷入相对主义的泥潭，因而权变论整合理论的实践价值令人质疑；另外，权变理论关心组织变动的结果而非过程，变动的根源在组织外部而非内部，变动的过程在高层管理者而非一般员工（俞晓军，1999），因而也具有一定程度的保守性。管理过程学派的整合尽管已成为当代管理学教育的主导性理论，但它对管理各要素之间的关系及企业各单元进行了机械分割与刚性联系，并且热衷于控制与预测，难以应对复杂多变环境中的管理问题，并且将管理严格区分为一个个相互衔接的步骤也与管理实践相脱节，现实中的管理事务往往需要同时解决整个问题而不是对其各个阶段与职能进行分割和界定。

总之，三种现代管理学整合路径的失败各有其理论自身的原因，但从整体来看，三种整合尝试的失败也有着共同的深层根源。其一，三种整合理论都是对管理过程、职能或以往的分析层面进行物理拼凑式整合，使之熔炼为一个整体性理论，但只是在形式上或物理层面整合了各种管理要素，而没有探索深层管理逻辑层面的结合问题，即没有使异质性的各管理要素实现深层次的生物学或化学层面的有机反应式的整合，因而是肤浅且难以经受住考验的整合理论；其二，多是西蒙（Simon，1976）所谓的"事实要素"层面的整合，未探索哲学层面的价值整合问题；其三，均未能走出理性主义的基础预设，将人的情感、情绪及直觉等非理性因素视为一种消极力量而加以控制，从而面临着人性化问题的诘难。这三大根本性缺陷是现代管理学难以走出自身悖论与分裂局面的深层根源。我们认为，现代管理学欲实现真正的整合，需要纠正这三大缺陷，对自身的深层逻辑问题及价值预设进行系统反思。后现代管理理论恰恰为我们提供了一种从哲学与价值层面对现代管理学进行深层次考量和整合的契机。深入研究后现代管理的理论价值，尤其是发掘其建构性整合价值，以对现代管理学进行深层次的哲学透视，是现代管理学实现有机整合与统一的迫切命题。

2.3　后现代管理的理论论域及价值评判

2.3.1　后现代管理的基本论域

后现代管理是对现代管理学批判的延续和深化，它在本体论（含主体性与人性论）、认识论、方法论、价值观及组织范式等哲学层面对现代管理学进行了基础性、全面性的批判并提出了自己的基本理论主张。具体来说，这些批判及理论主张主要包括以下六大方面。

（一）人性批判：反对理性霸权，倡导非理性解放

现代管理学承袭了启蒙运动以来的理性解放传统，高扬理性主义旗帜，将管理中的一切因素置于理性主义的评判台之上，将一切与人之理性标准不相契合的因素标示为"非理性"而加以批判。随着新教伦理的世俗化及普遍化，对利润和财富的理性追求逐渐嵌入社会的各种制度之中，而官僚制与资本主义的结合则使理性主导了社会生活的每一个方面，由此，现代管理学以技术的、科学的理性作为管理之根基而取代了前现代社会的亲情式家长制（Robert P. Gephart Jr, 1996）。聚焦于人之理性的现代组织被美国当代组织管理学家摩根隐喻为"心理囚室"，即组织是各种理性化关系约定的总和（Gareth Morgan, 1986），它限定了人的情感、价值等非理性需要的自由表现及合法发展，使管理参与者被自己约定的各种关系所控制从而成为自我奴役者。韦伯对此提出：官僚组织能以自身的逻辑不可阻挡地发展，将组织权力集中于主人之手而将其他个体参与者贬低为"齿轮"，并有把人囚禁在"铁笼"中的危险（马克斯·韦伯，2002 年中译本）。"齿轮"与"囚室"隐喻的深层逻辑是理性在管理中剥夺了情感与想象等非理性因素，组织日益脱离人的情感生活，仅仅成为人类为了生存而不得不接受外力控制和压迫的谋生场所。

现代管理在"祛魅"的过程中不仅仅剥夺了一切不易控制的神性因素，而且将神性赖以寄存的人的感性因素一并剥夺了，从而使理性因其人文色彩的丧失而逐渐蜕化为工具理性。正如 Cooper 与 Burrell（1988）所指出的，西方社会现代化过程是追逐经济利益而把激情、冲动等非理性因素驯化的过程，并使这些因素在管理领域始终处于被压抑的边缘状态。感性被清算在管理之外导致人性在现代管理中的分裂与异化，对物的过度依赖使得人的力量和价值被物所吞噬，温暖的情感被冰冷的理性所遮蔽，管理中的人受制于物并在工具理性逻辑中丧失其本质（蒋兴旺，2010），成为没有灵魂，没有心灵的专业人士（马克斯·韦伯，2002 年中译本）。在某种程度上，现代组织管理的效率和效能的提高是以牺牲人性为代价的（罗珉，2002a）。后现代管理猛烈批判现代管理构筑的理性主义话语霸权，对现代组织与管理中的人际关系紧张和人性异化进行批判并呼吁重视直觉、灵感和情感等非理性因素在组织管理中的意义。在后现代主义者那里，组织的控制不再是理性的专利，不是由理性规则产生，而是来自组织成员协商的、基于情感认同或价值观的行为（Ogilvy, 1990；Parker, 1992），规则的产生从传统的等级关系转向行为者通过协商而达成的价值共识（Barker, 1993）。后现代管理的目的就是解放被现代管理边缘化的非理性因素，以使管理更好地服务于人性之需要。如果说作为现代管理开端的科学管理运动是运用人的理性把人从经验束缚中解放出来的话，那么后现代管理就是运用人的感性把人从理性的束缚中解放出来。

（二）主体性批判：反对中心性主体，倡导主体离心化

人的主体性确立是现代主义思潮的核心内容之一，而对主体性的消解则构成后现代主义的重要内容。主体性一直是现代哲学的重要基石，但现代主体性往往培育着一种别具一格的个体主义，它把自我作为理论认知的中心，也将其作为一切人类活动的中心，从而使现代主体性具有人类中心论和"占有性的"内涵（多尔迈，1989 年中译本）。占有性主体创造了一种"中心—边缘"格局，不但加剧了人与宇宙的分裂，加剧了有权者与无权者的分化，而且"个体主义的占有性与操纵性日益突出，以至于自己也被逐渐占有"（Dallmayr，1981）。由此，树立"人类中心主义"并使人不断傲慢与扩张的主客二元分裂的理性同时也将人（主体）本身降低到物（客体）的层面而成为对象性的异己力量（蒋兴旺，2010）。德里达与福柯等具有后现代倾向的思想家宣称"人的死亡"与"主体的终结"，对现代主体性理论进行了深刻批判。后现代主义者"主体终结"的真实意蕴是"主体离散"基础上的主体重建。他们并不是真正要否定人和人的主体性，而是批判现代哲学中体现统治关系的占有性主体和以自我为中心的专横性主体，重建一种自由创造的非控制形式的多元化的"离散的主体"，即"离心化的主体"。福柯"人的死亡"与德里达"主体的终结"都是要消解中心性的主体及其构造的统治性关系，使主体向四周离散并成为一种无中心的无统一性的多元化的存在，以此实现主体的真正自由与解放。离散后的主体是相对的、社会的、历史的、零散化的、非占有性和多元平等的微观主体（蒋兴旺，2010）。

现代管理学承袭现代主体性逻辑，使组织中的参与者人在管理系统中都被整合进一种"中心—边缘"谱系的链条之中，被边缘化的人受中心权威者的控制与压迫。具有后现代倾向的管理研究者猛烈批判中心性专制权威所形成的话语霸权，他们将"主体离心化"观念导入后现代社会的管理之中，强调倾听现代管理学中的另类声音，关注被现代管理学边缘化的弱势群体的利益（Clegg & Rouleau，1992）。他们认为，现代管理片面张扬工具理性使管理者成为占有性与中心性的主体，并构造了一种统治与控制关系，剥脱了职工、女性与少数民族等边缘化的弱势群体的主体地位，使之远离管理之外，成为与标准化的机器同等的被控制对象。他们要求消除

现代管理的中心主义与霸权主义，主张去中心化（de-centralizing）与去总体性（de-totalizing），实施自主性（autonomous）的、尊重差异性与多元化的自主管理与参与管理（Cooper & Burrell，1988；Boje & Robert，1994）。

（三）认识论批判：反对普遍主义，强调差异性与偶然性

对规律性及普遍主义的追求是现代主义认识论的主导性逻辑。通过建立组织各相关要素的因果关系而寻求管理过程中的普遍规律，将所有相关要素置于精确性控制之下，是现代管理学的一个基本出发点。后现代主义者对此提出疑问，反抗管理中的统一性与普遍性取向，强调管理研究中的偶然性与多样性，从而使现代管理学的认识论基础发生根本转向。以利奥塔为代表的后现代主义者认为，现代科学总是试图寻找一些不证自明的具有某种终极性与普遍性的观念或出发点作为基础，进而追求知识的确定性和统一性。自笛卡尔以来，主客二元对立的认识论的确立与发展使这种基础主义在哲学中占据支配地位，认识论被提升到本体论的高度而构筑了其自身的话语霸权。由此，现代西方认识论把对真理的"普遍有效性"的追求看成了认识的根本任务。后现代主义者不承认权威和主宰的存在，不承认高于其他话语、具有特权、可作评判一切之用的元话语存在，转而用多元性反对统一性，用不确定性和模糊性等取代确定性（刘啸霆，1998）。利奥塔（Lyotard，1984）认为，现代认识论中的普遍主义原则构成了一种"宏大叙事"（grand narratives），这类叙述模式及其宏观话语霸权赋予其遮蔽之下的组织管理理论及实践合法性，它们能够筛选和评判其他所有的话语，而其自身却不会受到偶然性和多元化的干扰。针对这种话语霸权，后现代主义者试图用"小型叙事"取代"宏大叙事"，用局部秩序消解总体秩序，用非线性关系消解机械决定论。在利奥塔看来，多数人所共有的"话语"和少数人的"话语"是平等的，不应该按照统一性的标准来破坏这种平等而让少数人服从多数人（欧阳谦，1996）。

后现代管理者放弃对管理统一性的追求，强调给管理中的不同意见者留有席位以尊重差异性的另一派支撑意见来自对环境中的偶然性与不确定性的关注。后现代管理者强调企业环境的"混沌"特征。所谓"混沌"，是指确定性系统产生的一种对初始条件具有敏感依赖性的回复性的非周期运动，其实质是各要素之间相互影响、相互制约和相互依存的一类非线性反馈系统（刘式达、梁福明，2003）。混沌呈现的基本特征是非重复性、

非线性、非确定性与非预测性，依靠传统的管理制度与管理技术，企业根本无法存续与发展。因而，企业"需要将混沌当作一种既定条件，学会在混沌之中求生存"（Peters，1988），"学会与偶然一起生活"（Hoy & Carthy，1994）。这种对偶然性与不确定性的关注解构了现代管理学中的线性因果律，与利奥塔的"差异哲学"一样，对现代管理学的普遍主义原则造成极大冲击。

（四）价值批判：反对价值无涉，倡导价值介入

价值中立（value neutrality）是现代管理学的基本原则之一，倡导者认为科学是追求纯粹真理的客观性事业，与人的主观因素及价值观念互不相关（韦伯，2002 年中译本）。管理科学的从业者认为，管理是人类理性的集中表现，服从理性表现为服从管理。这是由于理性符合组织及管理发展规律，因而是中立和客观的，信仰、情感、情绪等则是盲目而不确定的。"在二者发生冲突的时候，放弃你的信仰，服从理性，这是最基本的组织成员责任"（罗珉，2002a）。后现代管理者质疑现代管理学的这种价值无涉取向。他们指出，西方企业界正在发生一场"返回基点的革命"，而基点就是价值观的重新塑造（Peters & Waterman，1982）。Ginés Santiago Marco Perles（2002）则指出，权力在管理中难以单独运行，权威更多地与信任而非权力相伴而生，因而管理中的权力运行需要考量领导过程中的伦理与价值维度。2006 年 5 月 18 至 19 日，第 14 届国际管理论坛在西班牙 IESE 商学院举办，论坛主题是"伦理、商业与社会"，对伦理与管理之整合进行了更广泛与深入的讨论（Domenec Mele，2008）。此外，要求商学院与管理学院的 MBA 课程增加商业伦理教育的研究（Swanson，2004；Halbesleben，J. R.，Wheeler，A. R. & Buckley，M. R.，2005）也大量出现。这一切都说明价值介入与伦理考量已经成为管理研究与教育必不可少的一部分。另外，由于管理学家自身固有的文化背景、价值观念、思维方式和思想渊源对于管理理论构建的影响不容忽视，管理学家不可能或很难做到"价值无涉"（高静美，2007）。可见，发现或恢复被现代管理祛除的伦理、信念等价值因素以建立组织的文化认同是后现代管理理论的基本诉求。

（五）方法论批判：反对逻辑实证主义，倡导多元话语分析

方法论是认识论在操作层面的延伸。在普遍主义与科学主义认识论的影响下，现代化研究文献中最重要的一种分析模式是实证主义，其基本目标就是"以一套客观有效的程序和方法来揭示某一给定的客观事实进程背后规定着、支配着这一进程的'客观规律'"（谢立中，2009）。逻辑实证主义是实证主义的进一步发展，通过将对事实要素的信奉延伸到对事实逻辑的信奉而在一定程度上严密化了归纳问题，但它本身并没有完全解决逻辑的严密性问题而在 20 世纪 40 年代衰落下去。而逻辑实证主义在思想界衰败之时，经济学和管理学却极力把它引入本学科并最终使之成为理论研究的主导性方法论（朱富强，2008）。进行定量分析和实证研究，探求管理中普遍的、科学的规律，就成为现代管理学者的主要思维模式。在后现代管理者看来，充斥在各种管理学教材和论文中的数字图片和各种符号等形式化的东西不可能解决复杂多变的管理实践问题，更无益于人的精神满足。注重数理分析的这种方法论局限于"合理性的狭隘形式"，只能将人们对管理问题的研究引入歧途（Peters & Waterman，1982）。这种歧途在朱富强（2008）看来，则是除了为管理学自身发展提供了一套更为圆滑的自我辩护技巧以及一些琐碎的统计资料之外，并没有对理论的发展和知识的增长产生实质性作用。正如波普尔（2000 年中译本）所说，如果我们在经验科学领域坚持严格的证明（或严格的证伪），我们就决不会从经验中获得益处并且不会懂得错在何处。此外，逻辑实证主义将计量实证和数理模型联系起来，但这种分析工具存在逻辑内在一致性的缺陷，并且在理论与经验上难以保持一致性。现代经济学与现代管理学过于注重数学工具，其方法论聚焦的是物与物之间的"数字联系"而忽视了真实世界中"人"的因素（朱富强，2008）。

　　后现代管理者试图以德里达的"延异"观来解构现代管理学的"逻各斯中心主义"。"延异"是"将概念、语词的意义解释为处于时间之中的、其意义随着时间的'延'伸而不断生变成'异'的东西"（陈嘉明，2006）。这种"延异观"对现代管理学方法论之批判具有两重理论意蕴：其一，以生成演化观替代理性建构观；其二，以多元话语分析替代逻辑实证分析。演化观认为，人类有限的理性在复杂的社会系统中微不足道，社会发展是一种自然演化的过程（哈耶克，2000 年中文版），而不是现代科学按照线性因果关系进行理性建构的过程。这就打破了现代管理科学的主导性方法论的认识论基础而使其丧失存在之合理性，并且确立了多元化方法论的合理地位。多元话语分析是后现代主义者倡导的一种新型方法论，它是多元主义与话语分析的结合，它的基本理念是试图否认话语存在着某种唯一的原意或者本意。多元话语分析主张应该允许多种分析结果同时存在，它尝试使用一种多元的立场，并不认为自己通过一套程序、方法得到的结果就是唯一的真理（谢立中，2009），这对现代管理学中依靠数理逻辑而寻求统一性和唯一性的逻辑实证主义方法论带来了巨大冲击。

（六）组织范式批判：反对现代组织隐喻，倡导后现代组织

除以上对现代管理学进行哲学层面的批判之外，后现代管理者还就组织这一管理活动承载的实体进行了后现代反思。与以往现代管理学内部组织批判不同，后现代组织批判与其所倡导的后现代主义哲学一脉相承，这种组织层面的批判也是对现代组织理论的基础性、整体性的哲学反思。组织隐喻是具有后现代倾向的管理学者进行组织批判的一种重要视角，在他们看来，泰罗和韦伯将组织隐喻为机器，而组织中的人则被隐喻为螺丝钉和齿轮，人际关系学派则将组织隐喻为网络，社会系统学派将组织隐喻为有机体（organism），这些隐喻的逻辑结果是组织为实现效率必须牺牲参与者的个性（罗珉，2005b，2008），结果组织成为约束参与者的"心理囚室"（the psychic prison）（Morgan，1986）。

在批判现代组织隐喻的基础上，后现代管理者倡导一种后现代组织范式。巴纳德较早地在组织研究中提出道德因素的重要性，他将价值观和道德隐喻为组织的"血与肉"，在他看来，"组织表现或反映了人的习惯、文化模式、对于世界的沉默的假说、虔诚的信仰、无意识的信仰，而这些则使组织成为一种自律的道德制度"（Barnard，1958）。德鲁克倡导的扁平组织及柔性组织等组织形态在罗珉等人看来则预示着一种新型组织范式——自组织，即事物通过自行创生、自发演化、自我组织而走向组织化或有序化的过程（罗珉，2008）。Clegg（1990）认为发轫于日本的后福特制是后现代组织的一种可能形态，因为它蕴含着一种去分化（de-differentiation）倾向而与以韦伯官僚制为代表的现代组织形成鲜明对比。刘晓善（2007）认为后现代组织是具有复杂性、非线性、不可预知性和动态性的有机体。Daft（2009）则对现代组织与后现代组织两种不同范式进行了详细比较（如表2—2所示），指出了现代组织与后现代组织在组织环境、组织文化、组织规模、组织目标及领导、计划、控制、沟通等关联维度中的具体不同之处。无论是自组织还是非线性有机体，后现代组织的出现都对现代组织范式带来严峻挑战，由此曾引起有关组织的现代性与后现代性的一系列论战，讨论了福柯、德里达、哈贝马斯等具有后现代倾向的思想家对组织理论与管理学界的贡献（Cooper & Burrell，1988；Burrell，1988；Cooper，1989；Burrell，1994）。

表2—2　　　　　　　　　现代组织范式与后现代组织范式的比较

关联性维度 （contextual dimensions）	现代组织范式 （paradigm of modem organizations）	后现代组织范式 （paradigm of postmodern organizations）
组织环境	稳定	不确定性和动荡
资本形式	货币、建筑物和机器	信息和知识
组织技术	常规性技术	非常规性技术
组织规模	大	小到中
组织目标	成长、效率性	学习、效能
组织文化	雇员接受命令	授权雇员
组织结果	现代组织范式	后现代组织范式
组织结构	刚性和集权化，边界明显	弹性和分权化
领导	独裁	服务式领导
沟通	正式、书面	非正式、口头
控制	官僚制的	分权化与自我控制
计划和决策	管理人员	每个人
指导原则	家长制	人人平等

资料来源：Daft（2009）。

2.3.2　后现代管理的理论价值

与后现代主义思潮的遭遇相似，学界对后现代管理的研究与介绍主要侧重于其对现代管理学的解构、摧毁与否定性向度方面。但是后现代管理作为对现代管理研究进行基础性反思的一场学术运动，其价值绝不在于否定现代管理学。那么，后现代管理理论与现代管理学之间到底有何种关系？它是现代管理学研究中的"噪音"（Mintzberg，1999）还是"革命者"（Peters & Waterman，1982；Boje & Dennehy，1994）？为此，我们需要对后现代管理的理论价值进行审慎的考察和评判。

后现代管理折射了以西方话语为主导的现代管理学裂变的征兆，对现代管理学具有强大的解构与反思功能。后现代管理对于解决现代管理的诸多弊端有重要理论价值，同时对于人的自由与全面发展这一人类至高无上的核心价值的实现有重要理论意义。作为现代管理学中的"他者"，后现代管理强大的价值批判功能是现代管理不断自我扬弃、自我超越的绵绵动力，可以促使现代管理进行深刻反省、自我理解和自我修复与扬弃，使现代管理在更高的层面回归自身（殷国强，2008）。此外，通过对后现代管理六大理论论域的剖析，我们发现，后现代管理不仅仅给现代管理学带来挑战和冲击，它在动摇现代管理学的根基的同时也有自身明确的理论主张，尽管这些主张缺乏统一的内在逻辑和理论整合框架。因而，研究后现代管理，我们不能单单局限于其理论解构与反思方面，而更应该关注其建构价值，发掘其对现代管理学的批判性建设功能。

但另一方面，我们需要清晰地认识到，后现代管理不可能成为现代管理的"替代物"而只能是其"互补物"。批评者认为，"后现代理论的视角过于倾向于文化主义"（Best & Kellner，1991），其对普遍主义及因果规律的批判也容易陷入相对主义与虚无主义的境地。其对非线性思维及偶然性因素的强调也往往与管理实践不符，因为管理作为一种有组织的人类集体活动必然蕴含着某种确定性秩序要求。此外，后现代管理多是一些思维性或概念性的探讨，没有形成结构化的理论和统一的宏伟纲领（罗珉，2006），甚至因缺乏逻辑的内在一致性而不能清晰地界定自身；后现代主义倾向的管理研究自身还具有很多矛盾之处而备受批评，哈贝马斯就曾指出这种研究取向存在"操作性矛盾"（格里芬，1997 年中译本），即后现代主义一方面宣称抛弃理论的有效性与普遍性，另一方面又将自己的理论视为有效的并尽力推广。由于这些弊端的存在，后现代管理在当代管理学研究中往往并不是一个受欢迎的概念。

因而，我们研究后现代管理，并不是要完全抛弃现代管理学而寻求一种与之截然不同的理论形态，而应该寻求现代管理与后现代管理两者之间的整合路径，克服各自的弊端而进行优势互补。后现代管理"极力消解科学主义和人本主义对立的倾向，代表了科学主义和人本主义思潮合流的一般趋势"（罗珉，2005），因而对于整合日益分裂的现代管理理论，使之走出理论"丛林"具有重要意义。也就是说，**后现代管理的真正价值不是解构而是重建现代管理学，而有意义的重建之前提则是寻求两者的整合之道，即现代管理学的后现代整合路径，这也是本书研究后现代管理的基本出发点和最终目的**。后现代管理理论与现代管理学只有在和睦相处之中方可彼此完善和提高，这样后现代管理才可能真正确立和提升自身理论在管理学研究中的合法性地位。但作为一种基础性批判与重建的理论形态，后现代管理这种地位的获得不会一帆风顺，正如 Clegg（1992）所指出，旧有的现代主义组织与管理模式受到各大社会科学研究的"正当性"支撑，后现代管理的理论地位及实践应用性依然是其存在的一大公开难题，管理学研究中的后现代工程任重道远，但随着人类追求的提升及环境的变迁，组织与管理研究的后现代之路必将日渐开阔，后现代主义会逐渐成为管理学研究、教育与实践的重要议题。

2.4　管理理论的多元范式争论

那么，如何对日渐分裂的现代管理学进行后现代整合呢？前文已经指出，管理思想史上三种对管理理论的整合路径失败的根本原因之一是仅在理性主义的范式之内就不同的分析层面展开争论，而未探索哲学层面的价值整合问题。因而，走出管理学"丛林"状态的一个重要前提条件是厘清"丛林"产生的深层次原因，为此我们需要从哲学层面考察现代管理学分裂背后的范式问题，即不同学科背景与学术旨趣之间的研究范式之争。

科学研究中的"范式"概念由美国学者托马斯·库恩于 1959 年最早提出，1962 年在《科学革命的结构》一书中，"范式"一词被库恩广泛采用并引起学界的普遍注意。库恩（Kuhn，1970）赋予"范式"（paradigm）的基本含义是，在科学活动中为促进某一科学研究传统的确立而被公认的范例。范式是一种"意会的直觉知识"或"隐性知识"（Kuhn，1977），是关于"现实的基本假设"，"在很大程度上决定了学科设想的现实"（Drucker，1999）。国内学者罗珉对管理学范式进行了清晰界定，认为它是在管理研究和管理实践中能够被广泛接受和具有典型意义的理论模式，是日常生活中每个个体赖以观察、分析、理解和解决问题的预设前提和基本假设，是一种支配、引导人们如何思考和行动的信念和世界观（罗珉，2005b）。

范式理论导入管理学研究之后曾出现多种管理理论范式。段钊（2004）认为从范式层面研究管理思想的发展逻辑问题有助于突破时间序列中纷繁的管理学派的限制，更好地概括各种管理理论的特质；进而将管理学理论范式概括为基于"经济人"假设的古典管理学范式、基于"社会人"假设的行为科学范式、系统科学范式与企业文化范式等种类。这种观点表明将范式理论导入管理学研究中的意义，但将学派与范式等同，认为不同的学派即有不同的研究范式，未甄别不同管理学派背后共同的范式根源，也就难以突破现有管理思想史的叙述模式。罗珉在《管理学范式理论的发展》及相关论文（2005b，2005c，2006b，2008）中认为，按照范式追求的目标来分，管理学理论范式有以效率为中心的科学主义范式（scientist paradigm）及以人性为中心的人文主义范式（humanist paradigm）两种；根据范式所发挥的作用，管理学有解构性理论范式、诠释性理论范式与行为性理论范式三种范式；根据范式之方法论区别，管理学范式可以分为职能主义范式、诠释型范式、激进的人本主义范式和激进的结构主义范式四种（如表2—3所示）。罗珉对管理学范式理论的研究上升到了哲学层面，并甄别出科学主义与人文主义两大现代管理学中互相竞争的范式，对管理学范式理论的推进有巨大贡献；但遗憾的是其介绍性胜过研究性，提出管理学范式的整合需求却未能提供管理学范式整合的理论分析框架。

表 2—3　　　　　　　　　方法论考量下的管理学范式种类

	稳定的社会科学	急剧变革的社会科学
客观	职能主义（functionalism）范式	激进的结构主义（radical structuralism）范式
主观	诠释型（interpretive）范式	激进的人本主义（radical humanism）范式

资料来源：罗珉（2005b）。

国外学者发现管理学术研究与商业实践在道德问题上存在显著裂痕（Stark，1993；Soule，2002），伦理始终未能成为解决企业伦理困惑的指导原则而融入库恩所说的"支配性范式"（overarching paradigm）之中（Collier，1998）。Crockett（2005）为此专门对管理学理论范式进行了伦理考量，从文化的视角将当今管理学研究中存在的竞争性范式概括为四种：主流的利己主义范式（亚当·斯密）、康德主义范式（Bowie，2000）、社会—经济范式（Etzioni，2003）及德性范式（亚里士多德）。Crocket对四种范式在道德框架、思想类别、组织目的、个体目的、商业本质、理论焦点、人的观念、基本假设、描述符号、类比格言、普通标签、变革发动、社会理念及商业信条等维度进行了精细的比较（如表2—4所示）。在对四种范式进行跨案例比较研究的基础上，Crocket对利己主义主导范式进行了批判，提倡借鉴亚里士多德的古典德性理论建构管理学研究的德性范式（virtue paradigm）。这些研究对于我们从哲学尤其是价值观层面透视管理学研究中的范式问题，并对其进行伦理反思很有助益。

表 2—4　　　　　　　　　伦理考量下管理学的竞争性范式

特性	主流的利己主义范式（亚当·斯密）	康德主义范式（Bowie, 2000）	社会—经济范式（Etzioni, 2003）	德性范式（亚里士多德）
道德框架	利己主义（斯密）	义务论（道义论）（康德）	快乐＋责任（功利主义）	德性理论（亚里士多德）
思想类别	结果主义	非结果主义	非结果主义	传统目的论

续前表

特性	主流的利己主义范式（亚当·斯密）	康德主义范式（Bowie, 2000）	社会—经济范式（Etzioni, 2003）	德性范式（亚里士多德）
组织目的	股东利益最大化	提供员工有意义的工作	可承受的竞争	卓越（美德）
个体目的	追求自我利益与欲望	自我实现	集体中实现个人利益	卓越（美德）
商业本质	竞争性个体系统	界定的权利义务系统	竞争性的社会亚系统	拥有高贵抱负的共同体
理论焦点	决策者自发的理性行为产出	正确行动的理性原则	社区、政府和社会决定个体价值	基于社会—道德的公民属性
人的观念	人是在特定知识与目标支配下追逐个体利益的行为者	人具有自由意志和自发做出正确判断的理性能力	人做决策之时更多地依赖于道德和情感而很少依据非理性产出	人是有责任发展理性和道德品质的社会性动物
基本假设	市场为理性的个体提供了追逐个体目标的环境	通行的道德准则要求个体必须自动地遵守	社会为个体提供了实现个人目标的途径	实践、直觉和传统为个体提供了实践判断的环境
描述符号	竞争、效能	有意识的美德、责任、尊重和公平	可承受的竞争；负责任的自治	有目的的美德；实践才智；个性
类比格言	"死亡之时拥有最多的是胜者"	"做你该做之事"	"让我们打一场干净漂亮仗"	"得失成败不重要，重要的是你怎么做以及为什么做了那件事情"
普通标签	效率	道德义务	"我和我们"	卓越（美德）
变革发动	N/A	公司管理者	公共政策	企业家
社会理念	成功的社会	公平的社会	稳定的社会	繁荣的社会
商业信条	利己的、理性的成功个体	"目的王国"；平等的义务下有平等的自由	竞争性的个体受到集体道德的抑制	高尚的公民诚实、正直地追求集体目标

资料来源：Carter Crockett（2005）。

以上研究均剖析了现代管理学内部存在的各种竞争性范式，除此之外，一些学者还对管理学研究中的现代范式与后现代范式进行了比较研究，使管理学的范式研究拓展到更深刻、更广阔的视野。这方面的代表性学者是国外学者 Boje & Dennehy（1994）与国内学者罗珉（2005）。Boje 等人对计划、组织、影响、领导、控制等管理的基本职能在现代性与后现代性之间进行了比较研究（如表 2—5 所示），并指出管理需要从现代范式转向后现代范式，进行反抗现代管理压迫的革命（Boje & Dennehy，1994）。罗珉从范式载体、方法论、管理思维、研究方法、研究者角色等维度比较了管理学研究中存在的两种世界观（如表 2—6 所示）。他认为知识经济时代的企业面临着复杂多变的组织及管理问题，需要重新确立新的管理学世界观，并指出管理学后现代范式的主要特征是过程思维、关系思维、整体思维及非线性思维（罗珉，2005b）。

表 2—5　　　　　　　　　　管理学的现代范式与后现代范式比较

	现代范式	后现代范式
计划	短期盈利目标 规模生产 员工是成本 垂直计划 自上而下的内部核心 秩序导向	长期利润目标 弹性生产 员工是投资 横向计划 以内外部顾客为核心 计划导致混乱与迷惑
组织	以职位确定人员并将工作去技术化 劳资冲突 部门分割 推崇等级 权力同质性 顶端拥有话语权，对多样性持忍受态度 专业化、形式化、秩序化、碎片化及劳动分工带来高效率	实行工作小组并丰富工人技术 劳资合作 灵活网络与边界渗透 推崇扁平 权力多样性 存在多种话语，视多样性为财富 专业化、形式化、秩序化、碎片化及劳动分工只能降低效率
影响	高层管理者拥有权威 外部性的报偿与惩罚 遍布监控机制 女性获取男性 68% 的薪水，少数民族也获得较少的收入 白种男人掌控话语权 个体激励	权威授权给团队领导 内在性的授权与工作程序控制权 参与者自我规训 女性与少数民族获取与白种男人同等的薪水报酬 话语权多元分布 团队激励
领导	X 理论或 Y 理论 层级与规则的集中化 以雇主为中心 白种男人的职业展望 直接命令员工做什么	S 理论（仆从型领导） 管理去中心化（减少层级，增加幅度） 以员工为中心 女性与少数民族的职业展望 通过愿景来领导

续前表

	现代范式	后现代范式
控制	集中化控制 终端控制 微观监视 众多监督程序、技术与规则 培训高层管理人员 结果导向 信息规避 威吓式控制	去中心化控制 全员参与质量控制 双重监督 抛弃程序 培训员工 过程导向 信息公开 自我控制

资料来源：Boje & Dennehy（1994）。

表 2—6　　　　　　　现代性与后现代性两种管理学世界观的比较

	现代管理学的世界观	正在发展的（后现代）世界观
范式的载体	管理学家集团或科学共同体	实践社群
方法论	决定论、还原论、机械论、构成论、目的论、实体论	非决定论、整体论、有机论、生成论、过程论、关系论
对管理学的看法	客观的科学	生成的、演化的和视野中的科学
对组织及其管理事物的看法	组织及其管理事实的发现和描述独立于一切理论化程序；组织及其管理都是离散的实体和事件	组织及其管理是复杂、异质的历史过程，不能用这些精确的、固定的逻辑范畴来刻画，组织及其管理事实的描述不可能独立于理论
管理思维	机械性思维、成效或结果思维、还原思维、线性思维	有机性思维、过程思维、整体思维、非线性思维
组织及其管理事物的关系	线性因果关系	互为因果关系
对组织及其管理问题的看法	组织及其管理是可预言的，时间具有可逆性	组织及其管理是新奇的和或然的，时间是不可逆的
对组织及其管理现实的反应	强调预测和预言	强调理解、感受、分析和说明
研究方法	独白式研究方法，主客体截然划分，单向循环过程	对话式研究方法，没有主客体的截然划分，强调双向循环过程
研究者的角色	中立的观察者	参与者身份的观察者
对组织及其管理的关注点	关注管理的职能	关注管理的过程
对组织及其管理的追求	集中于成效或结果	集中于正在进行的过程或行为
组织及其管理的隐喻	物理学隐喻，强调平稳、稳定性和确定性动力学	生物学隐喻，强调没有明显结构、混沌模式、自组织和生命周期

资料来源：罗珉（2005b）。

　　以上研究对于我们从哲学层面考察现代管理学的内部矛盾及其未来走向极有助益，但总体上它们存在的共同问题是未能提供不同范式之间的整合性分析框架。这些研究同时说明管理学的范式之争并不完全是一个科学问题，管理思想的演化过程也不是已有管理知识在逻辑上的科学延伸，而应被视为基于不同信念和假设的学术共同体之间相互博弈的结果，正如Foster 所指出，研究者"选取何种范式，要由他的情感投入、教育及其体验来决定，而不能由理性的、中立的评价和选择来决定"（Foster，1993）。那么，面对众多竞争性的管理学范式，我们能否又如何走出管理理论的"丛林"局面？

　　彭新武（2007）认为欲走出"管理学丛林"，我们需要将理性主义、实证主义等现代机械论管理学范式转换到后现代有机论管理学范式（包含自组织、非平衡、共同进化、复杂性和不确定性五大原理）。国外学者Gunn（1995）也指出，管理学必须随着时代的变迁重视人力资本以实现范式转换。但我们认为，且不论范式转换是否具有可能性，即使新的理论范式替代了旧有范式，管理学理论依然难以走出"丛林"状态，因为新的范式极有可能造就新的管理流派而成为管理理论"丛林"中的一员而非统一整个"丛林"。其实，管理学各种范式之间并不是完全排斥与对立的关系，一些管理学范式可能在与其他范式的竞争中被吸收与融合（段钢，2004）。也正如罗珉（2005）所说，过分强调不同范式之间的不可通约性，可能导致管理研究的思维方法走向极端，即一种范式把另一种范式视为假想敌而加以盲目拒绝，这便忽视了范式之间的本来联系而具有主观主义（subjectivism）与相对主义（relativism）的危险（罗珉，2005b）。因而，对待不同的管理学范式，我们应该**寻求其整合路径而非摒弃或替代**。我们认为，现有的任何一种管理学范式都不能替代其他所有范式以统一所有管理流派，学界的当务之急是汲取各自的优点对竞争性的管理学范式尤其是管理学的现代性范式与后现代性范式进行整合性重构。

　　此外，由于范式之间基于信念之别而难以通约，在寻求范式整合路径之中，我们需要跳出旧有范式来观照范式本身之问题，而不能以一种既有范式来削足适履地评判其他管理学范式，以完全追求管理科学化的理性主义范式来评价其他非理性范式也就不可能真正实现两者的有效整合。为此，我们尝试从人性根源及其管理的深层逻辑的生成中来整合理性与非理性因素，并以此来建构管理学理论范式的整合路径。

2.5　中国管理研究的本土化问题

西方现代管理学的主导性范式是理性主义范式，而要跳出此固有范式思维模式的限制，实现管理学不同范式之间的有效整合，需要导入与理性主义模式具有异质性并且能够发挥整合功能的新管理观念。为此，我们将研究视野投向与西方社会异质的中国社会，考察其本土诞生的各种管理资源和管理理念，并借助管理学范式整合的契机，尝试发展中国本土化的管理学理论，在范式整合的同时尝试建构管理学研究的中国话语。

从上世纪 80 年代始，中国的管理研究已经走过了近 30 年的历程。席酉民等（2010）指出，经过多年的"无知"和"模仿"之后，今天的中国管理研究已经走到了学科发展的十字路口，面临着三种可供选择的研究路径，如图 2—5 所示。

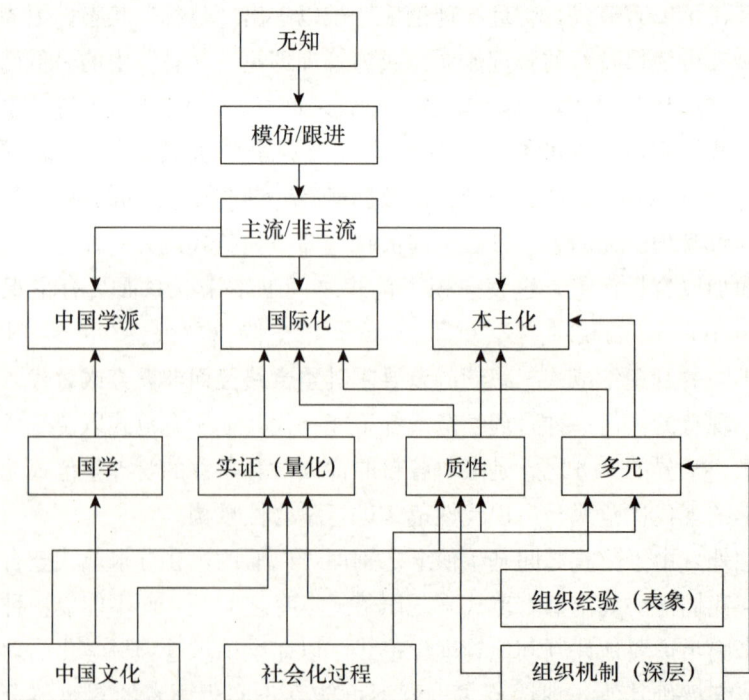

图 2—5　中国当代管理研究的学术进程

资料来源：席酉民、韩巍（2010）。

第一条路径是，与国际主流管理理论接轨，以实证主义研究方法来检验西方国家提出的管理模型在中国的适用性，在西方现有理论的基础上做些"修补性"工作，继续走"复制检验"道路，这是中国管理研究主流学者所选择的路径。第二条路径是，从中国传统文化出发演绎出一套具有中国特色的理论系统，开创管理研究的中国学派，这是苏东水"东方管理学"（2003）、曾仕强"中国式管理"（2003）、黄如金"和合管理"（2006）、齐善鸿"道本管理"（2010）等所走的路子。第三条路径是，在扎根于中国文化传统、社会情境及组织经验的基础上，重新归纳出具有本土经验支撑的管理理论，这是席酉民"和谐管理"（2002）及黄光国（1988、2013）、徐淑英（2006）、樊景立（1998）、李平（2010、2014）、罗家德（2008）、李鑫（Li，X.，2014）等一些具有海外研究背景的学者选择的研究路径。纵观这三种取向，第一种研究路径在中国的管理学术界占据绝对主导的地位，目前国内关于管理学理论的研究大多还是借鉴西方的研究范式。虽然科学性的理论具有广泛意义上的普适性，但是发端于欧美背景下的西方管理理论在传统文化底蕴浓厚的中国并不适应，如果毫不区分地把西方管理理论应用到中国情境下的管理实践，理论界和企业界会遇到一些难以克服的困难和障碍，这也是中国的管理理论发展和实践水平与西方存在着很大差距的一个深层次原因。在此背景下，一些具有反思精神的中国学者开始尝试建构一种既有普适性又兼具本国文化特色的管理思想理论体系——中国管理学。但对中国管理学的建构出现了两种研究路径的分歧，走第二条路径的学者一般具有较深厚的国学功底，从中国历史文化资源中汲取智慧，抛开西方主流管理理论的干扰开创中国的管理学派，这种研究取向深得中国管理实业界的欢迎，但在学术界却无法与世界管理知识对接并与西方管理学界进行有效交流，很容易走向自圆其说的封闭式研究路径。第三路径深得具有海外学术背景或受到规范化学术训练并关注中国管理情境的学者青睐，而在事实上它也能将主流管理学提供的现有理论、方法与本土化管理知识结合起来，但批评者会认为这种研究取向与第一条路径没有实质区别，仍然在走复制检验的路径，只是程度有所区别而已（翟学伟，2005）。

虽然现代意义上的管理学研究在中国已有30多年的历程，但中国管理理论的自觉性建构仅仅是21世纪以来的事情。尽管时间十分短暂，目前学术界已涌现出一些关于中国管理理论创新的研究著作和文献，如苏东水的"东方管理学"（2002）、曾仕强的"中国式管理"（2003）、席酉民的

"和谐管理"（2002）、黄如金的"和合管理"（2006）、齐善鸿的"道本管理"　（2010），以及徐淑英等学者对人情（Li & Tsui，2002；Tsui，2006）、关系（Yadong Luo，1997；Meiling Wong，2010；Zolkiewski & Junwei Feng，2012；Chao C. Chen et al.，2013）、面子（Hu，1944；黄光国，1988）等特殊管理因素进行的情境化研究。另外近十年来，国内诸多学者围绕中国管理理论创新及本土化研究等相关问题在《管理学报》等学术期刊展开激烈讨论（郭重庆，2008；席酉民等，2010；谭劲松，2007，2008；罗珉，2008；齐善鸿，2010；陈春花，2010；李平，2010，2013；葛荣晋，2007；罗纪宁，2005，2010；王学秀，2006；韩巍，2008，2010，2011；吕力，2009，2011，2015；彭贺，2010，2011；周建波，2008；黄如金，2008，2009；邹国庆等，2009；戴国斌，2010；高婧等，2010；武亚军，2015），对管理理论与实践的脱节、实证主义一元研究范式、管理研究的价值中立原则等基础问题进行了反思性批判，在管理学应当直面中国实践以解决中国现实问题，以及管理研究范式的多元化等方面已经达成某种共识。尽管这场由中国部分管理学者自觉参与的学术思潮在学界影响尚十分有限，但它标志着中国管理研究者已经产生文化自觉意识，并对本土优秀文化在管理研究中的范式意义及其与国际主流研究范式的对接或整合方面做出开拓性尝试。

　　中国管理学研究面临的首要问题是概念界定。但"中国管理学"本身是一个富有争议的问题，倡导者往往强调管理知识的特殊性，批评者则强调管理原理的普适性（刘文瑞，2007）。依据费孝通（1997）提出的"文化自觉"精神，以中国优秀传统文化建构符合国情的中国管理理论来看，"中国管理学"是一个非常正当和必要的概念，因为它是"文化自觉"理念在中国管理学科发展中的合法追求和正当探索。从寻求普适意义的管理科学层面来看，不同的国家和地区应有基于相同规律的管理科学，也就不存在所谓的"中国管理学"，但从管理哲学层面来看，契合民族特色的"中国管理学"则有存在和研究的价值（章玉贵，2009）。近年来学界围绕"中国管理学"的概念问题，曾提出"中国式管理"（曾仕强等）、"管理学在中国"（席酉民等）、"东方管理学"（苏东水等）、"中国管理学"（苏勇等）以及"管理学的中国学派"（罗珉等）等多种概念。这些概念分别着眼于价值观、实践导向及文化属性等不同分析层面，在对待"科学"及其效用问题方面有不少分歧，但其共同的地方是都强调了从中国本土的管理问题或文化脉络来建构直面中国管理实践的管理理论，本书统一以"本土化管理学"或"管理学的本土化"指称这一概念及其研究取向，并不对本土、本土化、情境化等概念进行具体的区分，认为本土化管理学是依据中国本土的社会、历史、文化等情境化脉络或具体的管理实践问题来建构更具有本地效用的管理理论体系。

学界近年来围绕中国管理研究的本土化进程、概念及方法的讨论，对于我们深入研究中国管理学问题的理论体系具有巨大助益，但其也存在一系列问题：其一，未探究管理学本土化研究对于管理学范式整合所蕴含的意义，即中国管理理论的本土创新可能意味着一种新的整合性范式的出现，从而为世界管理学研究做出开创性贡献；其二，学术自觉性依然不足，很多学者还为中国管理学的存在依据进行争论，以科学性、普适性等问题对中国管理学的意识形态等问题进行质疑和批判，忽视了中国管理学研究的真正价值所在；其三，相关争论的背后是管理学的学科属性以及何为"科学"等重大哲学问题的缺位；其四，学界从本土经验、传统文化等视角分别描述了中国管理学的建构路径或基本特征，但尚缺乏一种能够对中国管理学全貌进行概述的成熟理论框架。基于此，我们认为，**未来中国管理理论的研究需要在以下方向努力**：管理学本土化研究的学术目的是提升管理学研究的中国话语并为世界管理知识的增长做出贡献；中国管理研究需要放在世界管理学范式危机与重建的背景下进行考察，彰显其在现代管理学批判与整合中的范式价值；管理学本土化研究需要借鉴后现代管理理论中的合理部分；中国管理研究需要以中国本土的文化/历史/社会脉络为基础，尤其要对以儒家思想为主流的中国传统文化的精神实质有深刻的把握；管理学本土化研究需要总结数千年来延续至今的管理思想演进规律及其实践经验，包括中国古代丰富的管理实践智慧及近 30 年市场经济体制下成长的优秀企业的管理创新经验；管理学本土化研究需要借助跨学科知识尤其是科技哲学、社会学知识来解决其面临的一系列重大管理哲学问题。这些研究取向同时也是本书相关研究的基本立场及所努力体现之精神。

第三章　管理学的范式分裂及意义迷失

3.1　科学与人文：现代性的主题分化与管理学的范式分裂

管理学百年演化的历程表明，管理学依然面临着诸多深层次的问题而未能走出派别对抗的"丛林"状态。从哲学层面考察管理内部逻辑的一个基本起点是"现代性"问题。现代管理学之所以是"现代"的，源于其从产生伊始一直深受"现代性"的主导逻辑支配。因此，现代管理学的深层次弊端在根源上亦当追溯到"现代性分裂及其弊病"这一哲学问题上。从现代性命题出发，考察管理学得以确立的逻辑脉络，并分析现代性主题分化为科学主义与人文主义两大思潮对管理学发展的深层影响。笔者认为，正是现代性的主题分化造成了管理学内部出现效率与人性两大逻辑主线并形成无法通约的科学主义与人文主义两大研究范式。以批判与解构现代管理为学术旨趣的后现代管理思潮在给这场范式之争带来了诸多外部冲击的同时，也提供了管理学两大范式整合的理论进路。

3.1.1　科学主义与人文主义：现代性及其主题分化

目前，许多后发展国家将推进管理的现代化作为管理学的一项重要使命，但管理学者对"现代化"及其相关问题的认识却十分模糊，甚至将现代化简单地等同于科学化。为弄清现代管理学的深层逻辑，我们应该深入分析"现代化"及"现代性"等基础性问题。现代化被社会科学研究者视为一种过程，而其结果及支配其发展的逻辑则是"现代性"这一价值问题。"现代性"主要是一个哲学范畴，同时覆盖政治学、社会学、经济学、文学、艺术学等诸多研究领域，因其在学科发展中的基础性与重要性，成为一个哲学社会科学中观点纷呈的焦点论域。哈贝马斯认为，就现代性的话语而言，从 18 世纪后期开始，"就已经成为哲学讨论的主题"（尤根·

哈贝马斯，2004）。"现代性"的基本内涵是，从哲学的高度审视与批判文明变迁的现代结果，通过对传统与现代的对比，抽象出现代化过程的本质特征，着眼于从思想观念及行为方式上把握现代化社会的属性，反思"现代"的时代意识与精神（陈嘉明，2006）。因而，现代性是衡量现代社会现代化程度的标志，也是现代化进程中的价值驱动，是现代社会得以确立的基本依据。探索现代管理学自身得以确立的基本逻辑及其未来的演化趋向需要明确"现代性"的来龙去脉。

　　理性是现代性自我确证的基本话语。尽管现代性的起源可以追溯到文艺复兴，但学界普遍认为高扬理性精神的启蒙运动哺育了现代性的产生。启蒙运动的使命是从中世纪神学的统治与束缚中将人解放出来，其批判的武器自然就不能从神学中获得价值支撑，为结束蒙昧之"神性"而彰显"人性"，启蒙主义者将批判神学的力量之源诉诸人之理性（理智）。英国哲学家赛亚·伯林曾将启蒙运动的核心理念概述为，"宣扬理性的自律性和以观察为基础的自然科学方法是唯一可靠的求知方式，从而否定宗教启示的权威，否定神学经典及其公认的解释者，否定传统、各种清规戒律和一切来自非理性的、先验的知识形式的权威"（赛亚·伯林，2002）。"思想除了'理性'的权威外不服从任何权威"（迈克尔·欧克肖特，2003），人的理性成为一切权威的来源及一切事物存在价值的评判标准，也成为人之所以为人的依据，这是笛卡尔"我思故我在"哲学命题的延续与扩展。这样，理性就成为人的自我意识觉醒的体现，同时也成为现代性自我确证的话语主题或现代性之"根"。

　　但是，现代性的原罪是其自我确证的理性依据在现代性产生伊始就扭曲了古希腊的传统理性精神。在亚里士多德论著中，理智是一种"善"，是美德的重要组成部分。在他看来，美德是一种适度，而适度则是由逻各斯（logos）①确定的，因此，灵魂分为有逻各斯的和没有逻各斯的两部分，灵魂的德性则相应地包括道德德性和理智德性（亚里士多德，2003中译本）。也就是说，古希腊的传统理性服务于"善"的要求并且对其作用范围有明确的限定，人通过这种理性在追求善的过程中同时领悟到自己的有限性。这种理性不包含"统治"和"控制"的内在要求，恰如其分地

---

① "逻各斯"是西方哲学的核心概念，在近代被演绎为一种形式逻辑而成为由数学化的自然科学理论主导的哲学范畴，由"逻各斯"发展出了具有西方特色的逻辑学、修辞学、自然科学和理性主义的知识论。

理解人与上帝、人与世界的关系，被认为是真正的理性行为，所以，"理解"而非"力量"是古希腊理性的要义（吴国盛，2001）。而现代性确立的理性精神服务于力量的运用与控制，由此确立的现代科学也必然要求预测的有效性和普适性。这种传统可以追溯到弗兰西斯·培根对理性附加的功利性原则，培根认为科学应该增进人类的物质福利，否则就是些空洞的言辞游戏。此外，现代理性梳理了科学的知识标准——客观性、普遍性、必然性和确定性，这种知识观曾被伯林视为"启蒙运动的中心法则"（赛亚·伯林，2002）。现代性理性的这种无限扩张及其对力量和控制的强调就剥离了古希腊理性对"善"之追求的价值意蕴而蜕化为功利性的技术理性。

马克斯·韦伯对理性的这种蜕变有更明确的论述。马克斯·韦伯认为理性是现代社会的基本特征并将理性区分为价值理性（value rationality，也称实质理性、规范理性、目的理性）与形式理性（formal rationality，也称技术理性、工具理性、科学理性）。价值理性奠基于某些价值信条之上，以某种特定的终极立场为依归，它注重行为本身所承载的价值意义，强调从某些具有实质的、特定的价值理念的角度来看行为的合理性，而不计较手段和结果之间的因果关系。所谓形式理性，则是指有实质经验支撑并以普遍的、抽象的规则和能够计算的程序为依归的理性，数学符号和逻辑定律等自然科学研究领域所具有的推理和计算的手段是形式理性的重要表现，因而它也常被视为工具理性。韦伯将现代资本主义、法律和官僚制以及清教徒的职业伦理观（新教伦理）的本质归结为形式的合理性。"这种理性之所以是形式的，乃由于依据这种合理性所引导的后果具有最大程度的可计算性，能够达到预期的、可能的目标"（陈嘉明，2006）。正是形式理性的这种优势，使其成为人类战胜"神"之后征服其他一切的工具。

价值理性与形式理性的区分标志着作为现代性主题的理性精神的分化，它使现代性的研究在诸多哲学社会科学中出现了两大传统的分化，分别形成了科学主义（scientism）与人文主义（humanism）① 两大思潮。技术理性支配下的科学主义思潮，集焦点于自然，把人看成是自然的一部分并可以通过对其自身规律的发掘与运用来控制行为，因而力图用自然科学的研究范式与专业术语的简洁性与严密性来改造哲学社会科学，其中实

---

① "humanism"在中文体系里有三种翻译：人文主义、人本主义及人道主义，三者在哲学上的内涵不尽相同，但其理论之硬核具有一致性，均强调人的价值及尊严的至上性。本文的基本出发点是以哲学视角观照管理之研究，人文主义、人本主义及人道主义作为哲学思潮对管理的影响具有相似性，因而本文不对三者进行细致区分，统一以"人文主义"概括。

证主义是其代表性方法。价值理性支配下的人文主义思潮，集焦点于人，以人自身作为对自我、上帝、他者及自然探索的出发点并从中确立人的价值。具体而言，科学主义精神主要是指尊重事实、实事求是的求实精神以及勇于怀疑、自我否定的批判精神，其基本任务是对事物进行确定性的预测与控制，其主导逻辑是追求事物本身固有规律之"真"。人文主义精神则是指以人为尺度、高扬人性、揭示人的生存意义、体现人的尊严和价值、追求人的自由全面发展的文化精神，其主导逻辑是追求客体之于主体之"善"与"美"的价值意义。

实证主义是科学主义中最强劲的思潮并成为当今诸多社会科学的主导性研究方法。19世纪中期，孔德最早提出以研究自然现象的方法来研究人类社会的实证主义思想。实证主义在迪尔凯姆那里得到极大发挥，迪尔凯姆明确指出他的研究目的在于"把科学的理性主义原则扩展到人们的行为中去，即让人们看到，把人们过去的行为还原为因果关系，再经过理性的加工，就可以使这种因果关系成为未来行为的准则，人们所说的实证主义，不外是这种理性主义的一个结果"（迪尔凯姆，1995中译本）。在形式理性支配下，实证主义认为自然科学和社会科学在研究方法上具有同一性，强调价值中立原则，认为研究者不应该将其偏见加于事实之上。这种将价值剥离于社会科学研究之外的做法受到价值理性支配下的人文主义思潮的强烈批判。人文主义思潮以德国哲学家海德格尔、萨特等为代表的存在主义最为显赫。与科学主义针锋相对，存在主义反对主客二分基础上的形式理性基础，转而张扬意志、欲望、直觉、情绪、本能等非理性因素，认为非理性是世界的本原，同时也是人的本质，它倡导建立一种人学本体论，即把人本身看成是世界的本体（杨天平，2005）。也就是说，人的价值是人文主义考察的核心，并且对人的价值的认识不诉诸人的理性因素，转而从非理性因素中确立人之所以为人的本质。

由此，作为现代性自我确证的理性主题分别沿着形式理性与价值理性两条路径分化为科学主义与人文主义两大对立思潮。尽管这两大思潮从根源上都可以追溯到启蒙理性之中并具有某种同一性，两者共同构成了现代性的理论基础，但分化之后的二者在不同的逻辑主导下沿着不同的方向愈行愈远，现代性专业化和学科分化的原则更加剧了两者的隔离，这样两者终成为各自为政、互相对峙的两大现代性思潮。现代性分化为注重物质形态与功利取向的科学现代性和注重精神形态与终极价值的人文现代性两大主题，对包括管理学在内的一切社会科学均产生了极为深远的影响，是这些学科内部范式争论与矛盾冲突的深层根源。管理学的产生及其百年发展均受到现代性及其主题分化这一哲学命题的重大影响。

3.1.2　泰罗制：现代性的逻辑扩展与管理学的产生

现代管理学第一个系统化的知识体系或理论形态是泰罗及其追随者发展的科学管理理论。因泰罗本人的开创性贡献，科学管理理论体系也被后人称为"泰罗制"。尽管自产生伊始就备受质疑，但泰罗制及其蕴含的思想张力却孕育着其后诸多管理理论的思想萌芽及其矛盾发展。管理学的各个流派，无论是采取何种研究范式，都要在对泰罗制的继承抑或批判之间做出选择或回应。在某种意义上，泰罗制为管理思想的发展提供了百家争鸣的基础平台，是管理学百年演化的历史起点与逻辑基础。那么，泰罗制何以产生？它的历史起源与逻辑起源各是什么并且有何内在关联？如果我们考察当时的社会背景及其哲学基础，就会发现泰罗制的历史渊源及其理论本质均与现代性的逻辑扩展息息相关。

启蒙运动所塑造的理性精神迅速成为一种激烈的政治诉求并率先改造了欧洲的政治制度。启蒙之后，人们依照自身的理性而非中世纪的神性来重建政治生活。18世纪欧美各国通过轰轰烈烈的资产阶级革命使由政教分离、天赋人权、法制观念、契约精神、三权分立等启蒙理性设计的现代政治文明成为国家制度的核心部分。政治生活的理性化为经济生活的理性化提供了重要支撑，资产阶级政权的确立、巩固为经济领域中的工业化运动铺平了道路。18世纪中期，工业革命从英格兰中部兴起并迅速向欧美大陆蔓延。尽管现代性的逻辑几乎同步地在社会生活的各个方面取得突破，但依照人类历史的经验，我们依然可以大体梳理出现代性思潮与现代化运动推衍的历史脉络，即现代性的逻辑从思想领域，经由政治领域逐步向经济生活推衍。1776年，处于工业化高潮中的英国出版了亚当·斯密的《国民财富的性质与原因的研究》（《国富论》），这是当时经济生活理性化的标志性理论成果，并且为其后工业革命的进展与深化提供了更坚实的理论基础。《国富论》提出了理性追逐个人利益最大化的"经济人"假设，并依据无数个体利益活动的最大化自动导致社会利益实现的"个体利益—社会利益"法则，确立劳动分工、经济自由、有限政府等对后世产生深远影响的诸多基本原则。工业化运动的蓬勃开展与"经济人"假设的理论升华分别代表了当时经济生活理性化的实践方面与理论方面，而这两者分别成为催生现代管理理论的最重要的历史条件与逻辑基础。

工业革命催生了现代大型企业。19世纪50年代至60年代，铁路公司作为第一类现代工商企业出现在历史舞台之上，随后至20世纪的头10年内，轮船公司、邮政公司、电话电报公司等运输及通讯行业的大型企业蓬勃发展。这些现代大型工厂与营销企业的出现提供了迅速、定期及可靠的运输及通讯方式，为大量生产和分配提供了基本条件，进而为技术与组织的革新提供了基础，更重要的是，这些变革使管理作为一种职能显得愈发重要。铁路及电报公司最早雇用专职经理人员来协调、管理和评估分散于各地的营业单位的工作，这些经理人员带动了会计与统计工作的发展。对于中、上层管理人员来说，经由精确化的统计资料来管理监督的方法很快便成为一种科学和艺术（小艾尔弗雷德·钱德勒，2004年中译本）。这些早期管理人员的工作实践及其理论探索为未来管理革命的发生与管理学的历史性飞跃提供了重要的经验基础和理论铺垫。

大型企业的发展及其管理诉求，使对利润和财富的理性追求逐渐渗透于企业的各种制度设计之中，而官僚制与资本主义的结合则使理性主导了经济生活的每一个方面。由此，以技术的、科学的理性作为管理之根基的科学管理取代了前现代社会的亲情式家长制（Robert P. Gephart Jr，1996）。19世纪70年代，美国长期的经济萧条使金属加工企业的需求持续下降并出现大量未被利用的生产能力，制造业者开始把注意力从技术领域转移到组织与管理领域。"这种新的兴趣促成了美国工业界科学化管理的开始。如何改进组织和管理成为新近成立的美国机械工程师协会探讨的主题"（小艾尔弗雷德·钱德勒，2004年中译本）。1895年，机械工程师弗雷德里克·温斯洛·泰罗发表了第一篇其后被称为"科学管理"的论文。文章以亚当·斯密的"经济人"预设为基础，主张对工人运用棍棒加胡萝卜的手段实施管理，一方面以物质刺激来满足其经济需要，一方面实施严格的控制与监督以保证产量的持续增长；此外，由于降低成本而产生的盈余，不应该以过去的经验而应以标准工时和产量作为分配基础。1911年，泰罗出版《科学管理原理》一书，泰罗制由此产生，标志着管理从一种传统的经验活动独立成为一门现代性的经验科学。

泰罗制推崇效率、分工、组织化、标准化、系统化等控制标准，这些无疑都是现代性的理性逻辑在经济生活与管理领域的逻辑推衍。在理性逻辑主导下，铁路、电话、邮政等现代大型企业将当时最先进的技术迅速产业化并大量使用机器，这就形成了一种强大的技术逻辑，工业生产及其监控必须在严密而精巧的制度中进行，这就需要纪律和奖惩机制；为满足产量的持续增加以保证足够高的生产效率，实施更为精准的控制，必须通过计划与执行的分工来造就强有力的管理者和温顺的操作工。这一切都需要通过实验观察来确定量化、程序化的时间表和管理规则。从泰罗文本中的内容可以清晰地发现，以科学的方法和标准取代主观武断的经验判断的泰罗制是现代性之理性逻辑在经济与管理领域的自然推演，泰罗本人的实践与研究不过是对这一推演与过渡做了系统化的总结以使之完成了理论升华。

泰罗的历史性贡献是将现代理性精神根植于管理之中，确立了管理的效率至上原则，从而实现了管理的现代性飞跃，并极大地改变人类社会的生存形态。彼得·德鲁克对此曾评价说，"'科学管理'和后继的'工业工程'是由美国开始并席卷全球的重要思潮，对全世界的影响力远甚于美国宪法和联邦制度。过去一个世纪内，全世界只有一个思潮能与之抗衡，就是马克思主义"（彼得·德鲁克，2000 年中译本）。这一切都是对科学管理所创造的物质财富而言，它得益于泰罗制对效率主义的推崇，但也恰恰正是这一点使泰罗制遭到非人性化的质疑。持批评意见的主流观点认为，泰罗的科学管理理论过于强调客体的作用，将管理的主体（人）降低到客体的位置，并将之隐喻为"机械人"，使其整个理论体系"见物不见人"，这是典型的以物为本的管理理论（王德中，2006）。但也有学者（刘译阳，2005；谢水明，2002；等等）反对将泰罗制看成物本管理的典型，而是认为，科学管理中隐含着大量朴素的人本主义管理思想和方法论。如：泰罗强调企业内部和谐的人际关系，发挥人的潜能，强调资方尊重、同情、关心工人，强调消除工作环境中的不愉快因素等。此外，泰罗本人多次强调科学管理的实质是在管理者和工人之间进行一场彻底的"精神革命"（mental revolution），是劳资双方对其各自的责任和各自的对手在精神状态上的一次彻底变革，这种变革可以将对立情绪转化为协作意识。

在关于泰罗制的各种争议中，王德中（2006）指出，泰罗在创立和宣传科学管理理论时考虑了人的因素，表露出善良的愿望和理想，但这一理论的实际运作却走向了他的愿望和理想的反面，遭到各种社会力量的强烈抵制；而且，无论就其学术理想还是实际运作来说，都还称不上是人本管理思想。[①] 笔者认为，泰罗制是管理学第一个也是至今居于主导地位的研

---

① 对于泰罗制的理论本质到底是人本还是物本，我们认为应该从泰罗文本自身的内在逻辑中寻找，本章第二节将对此做深入剖析，此不赘述。

究范式，对泰罗制人本还是物本的争议本身同时也反映了现代性逻辑在管理中的扩展的深化，泰罗制本身的这种思想张力对以后管理学的演化路径产生了深远影响。罗珉（2006c）指出，管理的现代性主要是指，近代以来发展资本主义工厂制度造就的现代组织及其所确立的以人为主体中心的理性主义与个体主义、集权主义等基本价值，即西方管理启蒙思想所强调的科学精神和人文精神。从人们对泰罗制在效率与人性之间的争执可以看出，泰罗制本身已经孕育着现代性的主题分化在管理学中的诸多矛盾，现代性及其分化在管理学产生伊始就打上了深深的烙印。也就是说，现代性在促使管理成为一门科学的同时，也埋下了管理学今后发展中的一切矛盾与危机。

3.1.3 效率与人性：管理学发展的两条逻辑主线及其范式分裂

对泰罗制产生的历史基础与逻辑起点的剖析，使我们明确了现代管理学的产生与现代性自我确证的理性主题之间的内在关联。泰罗以后的管理学沿着泰罗制确立的理性逻辑基础，在继承与批判之间逐渐演化出两条清晰的逻辑主线，即以效率作为管理终极目标的科学主义范式（scientism paradigm）和以人性作为管理终极追求的人文主义范式（humanism para-digm）。科学主义范式继承和发扬泰罗制的效率主义追求，以"任务"为核心，追求效率至上原则，将人机械化、符号化、标准化以增强管理中的可控性；人本主义范式则批判泰罗制的效率主义目标及物本主义逻辑，以泰罗制本身所欠缺的精神因素来构建理论硬核，以"人性"为理论宗旨，重视情绪、情感、价值等非理性因素对管理的作用，强调人在工作中的尊严和快乐。持科学主义立场的学者力争以实证主义方法来研究管理而强调管理学的自然科学属性，持人文主义立场的学者则强调管理研究中的价值要素而倾向于视管理学为一门人文学科。两大范式对管理学学科基础的这种理解隔阂造成管理学理论体系的内部分化。两大范式之争的结果是以实证主义方法为代表的科学主义范式压倒人文主义范式成为管理学研究的主流范式。

管理学的科学主义范式发端于泰罗制本身。19世纪末20世纪初，泰罗在费城的米德维尔钢铁厂与伯利恒钢铁公司的工厂车间里先后进行了一系列有关科学管理的试验，对工人的动作、时间进行精确化测量，制定标准化、最优化的控制规则和程序，率先以自然科学中的分析—还原方法替代管理者专断无常的行为来考察人类的管理活动，将基于形式理性的计算逻辑导入管理之中并使之成为可以通过试验来还原和预测的科学，由此奠定了管理学科学主义范式的基础。泰罗制超越了意识形态之争，使管理成为一种提高生产效率和对人类活动进行控制和预测的有效工具，它以标准化与去技术化的劳工取代技术性的工艺师傅而成倍地提高了生产率，但也因此大大缩小了工人的自治空间而付出了极大的人性代价（Gareth Morgan，1986）。泰罗制对效率的关注被巴思、吉尔布雷斯、甘特、爱默森及穆尼等后继者推崇到极致，到 20 世纪 20 年代则与大规模生产结合产生了福特制这一影响人类百年进程的生产组织形式。福特制起源于 1913 年亨利·福特在底特律海兰公园汽车组装厂所创建的自动生产流水线，其突出特点是依靠大规模生产，通过规模经济来降低生产成本。具体途径则是将泰罗制运用到生产流水线上，在以下方面改进了组织生产方式：零部件的标准化和完全的互换性、非熟练劳动力的广泛使用和劳动管理的简单化、生产线及其设计的刚性化、创新和生产的分离（刘刚，2004）。

在计算逻辑之下，泰罗制与福特制完成了管理形式化的关键步骤，对工作活动的细分和对组织与协作的关注是形式化结构的标志，而形式化则使参与者或观察者能够描绘组织结构及其运作流程，描绘它们与合理操作之间的关系和过程，包括责任分工的设计和修订、信息和物质的流转以及参与者之间的互动（Scott，1998）。这是科学主义范式在管理中的奠基与定型的初始阶段。如果说泰罗与福特的管理研究主要聚焦于生产车间中的个人效率，法约尔、马克斯·韦伯、厄威克和古利克的组织理论则聚焦于更为宏观的组织效率，使工具理性由操作层扩展到组织的战略层或概念层，由对个体行为的约束到嵌入组织结构之中并固定化，进一步完成了组织管理的形式化与理性化，马克斯·韦伯按照理性化原则设计的官僚制理论是反映这一进程的标志性理论。这些推崇形式理性并注重结构和整体的组织理论是科学主义范式在管理研究中的第二阶段。二战后，西蒙（Simon，1947）提出了"有限理性"（bounded rationality）预设，取代了此前管理理论中的"完全理性"假设，为管理研究中的理性主义传统开辟了解释力更强的理论基础，使科学主义范式在主导管理研究的进程中不断地对自身的基础假设进行改进和完善。与此同时，数量模型、统计方法和计算机信息技术不断成熟并迅速普及，早期以生产为核心的管理理论整体地向科学主义的方向发展，产生了决策理论、运营管理、控制理论、交易成本理论、运筹学与管理科学学派（Greenwood，1974）。这些以经验主义、实证主义为哲学基础，按照自然科学的方法论范式来重塑管理的科学化思潮是科学主义范式在管理研究中的第三阶段，它们使科学主义思潮进一步在思维模式及研究方法方面固定化与系统化，从而奠定了科学主义范式成为管理学主导范式的基本格局。上世纪 90 年代以来，管理学界出现强调在成本、质量、服务和速度等关键指标上取得显著提高的企业流程再造理论（Michael Hammer & James Champy，1993）及德鲁克等人强调追求经济、效率和效益"3E"（economy，efficiency，effectiveness）目标的新管理主义（Peter F，1991）等前沿理论，它们均以工具理性的计算逻辑来设计效率至上的管理模式，因而都是科学主义范式的最新发展，为此也被个别学者（罗珉，2006a）称为"新现代泰罗主义"（The Neo-Modern Taylorism）。

管理学的人文主义范式最早可以追溯到管理哲学家福列特（Mary Parker Follett，1868—1933）。福列特在 20 世纪第一个十年就开始讨论合作和责任问题，她提倡参与式管理，强调管理者与雇员之间和谐关系的重要性。在推崇生产技术的科学管理时代，她指出，"对工商领域中人际关系的研究与对生产技术的研究密不可分"（Mary Parker Follett，1941）。福列特的研究最早开启了管理学研究的人文之维，但由于与主导当时社会现代化进程的工具理性观相悖而久久被人遗忘。20 世纪 20 年代末 30 年代初，梅奥等人在芝加哥郊外西部电力公司的霍桑发电厂进行了一系列著名的试验研究，对科学管理运动所倡导的理性系统的单一单机假设提出了挑战，开辟了管理研究的崭新路径。霍桑试验发现了单调感、疲劳感等工人的态度与生产效率之间的联系，雇员在工作中表现出比个体私利更为强烈的忠诚和义务，企业中除了制度、规则与职位构成的正式结构之外还存在基于情感与兴趣的非正式组织，从而拓展了工业文明中的社会问题，并提出"社会人"假设，为组织中的合作行为提供了坚实的人性基础。福列特与梅奥等人的早期研究发现了管理学科学主义范式的原罪，即管理考察中的人性缺失，这也构成了此后管理研究中人文主义范式的逻辑起点。他们将价值理性导入了管理研究之中，由此奠定了管理研究中人文主义范式的雏形。

人文主义范式在管理中作为一种影响深远的哲学思潮则始于心理学家马斯洛（Abraham Harold Maslow，1908—1970）。1965 年，马斯洛出版了《良好精神的管理》（*Eupsychian Management*）一书，被认为是管理学人文主义范式的发微之作。马斯洛理论的革命性意义是用人性、生命的力量取代了片面追求效率的非人性、制度化的压抑，以人的自我实现的话语摒弃了将人当作物品或者工具的传统话语（罗珉，2005c）。如果福列特与梅奥的研究是管理学人文主义范式的原始萌芽，马斯洛则是以人本主义心理学来自觉建构新的管理形态，从而将强调价值理性的人本主义哲学根植于管理考察之中，奠定了管理学人文主义范式的哲学基础。在梅奥与马斯洛等人的努力下，二战后工商管理领域掀起了由行为科学驱动的"工业人道主义"（Scott，1998），将管理的人性化诉求推衍到理论考察的核心地带。工业人道主义批判泰罗制忽视员工自主性及创造性的弊端，强调管理必须顾及员工的个体尊严，满足其复杂多样的现实需求；组织的目标除了生产利润之外，还有参与者的满足感，并且不断增长的满足感能够促进组织效能目标的实现（Kast & Rosenzweig，1985）。

上世纪 70、80 年代以后，随着组织文化理论的产生及推广，管理学的人文主义范式蓬勃发展。70 年代，强调文化比较的 Z 理论与强调团队协作的后福特制使人文主义范式得到广泛传播。1982 年汤姆·彼德斯和小罗伯特·沃特曼出版的《追求卓越》一书，1985 年查尔斯·汉迪（Charles Handy）出版的《非理性的时代》一书，共同凸显了人之非理性因素对于管理的意义，使人文主义成为风靡全球的管理潮流。1995 年彼得·圣吉出版的《第五项修炼》，融通中西方的哲学精髓，提出了人性化管理的学习型组织模式。1997 年，克里斯托弗·巴特列特（Bartlet）和舒曼特拉·高沙尔（Ghoshal）出版了《个性主义公司》一书，指出组织的基本任务在于营造员工主动创新、学习和合作的企业环境。21 世纪以来，伦理领导（ethical leadership）理论与工作场所精神性（workplace spirituality）理论则将伦理、价值观等精神性因素推衍到管理考察的核心位置，并将对"善"与"美"的追求视为组织管理的基本目标，标志着管理学人文主义范式不断走向纵深并与人性的实现和自由发展这种人类的终极价值紧密结合起来。

那么，管理理论在百年演化过程中何以出现这种分化？罗珉（2005）认为管理学之所以分化到科学主义范式和人文主义范式两面旗帜之下的根本原因是不同的学者对管理学的目标追求及本质属性的认识差异。如果我们超越于管理学之外，从整个人类近代史演化的思想历程考察这一问题，就会发现以上仅仅道明了管理研究者的主观原因，而更深层次的客观原因是现代性在近代人类思想史中的主题分化，即科学主义与人文主义的二元对峙。正是这种两大思潮的对峙，才为不同学术旨趣和专业背景的管理研究者提供了截然不同的分析框架，从而使其对管理学的本质属性及终极目标产生完全不同的认识。理性裂变为形式理性与价值理性，现代性主题分化为科学主义与人文主义则决定着以解决现实问题为导向的管理学之演化方向只能在科学主义与人文主义两者之间徘徊。在片面强调经济增长与社会进化的现代社会里，科学主义思潮压倒人文主义思潮，有立竿见影之效的形式理性成为强势逻辑而在社会的各个领域遮蔽或祛除了价值理性的存在。现代性两大思潮的失衡使功利性与应用性极强的管理学被科学主义范式所主导，这是科学主义范式成为当今管理学研究的主流范式的根本原因。总之，现代性逻辑根植于管理知识之中使现代管理学得以诞生，现代性的主题分化则内在地决定着管理学范式的分裂，而现代性两大思潮的内在失衡则决定了科学主义范式成为管理学研究的主导范式这一现状。

科学主义与人文主义、理性与人欲本来是一枚硬币的两面，统一于启蒙运动中的"理性精神"，完全可以在管理学中并行不悖，相互补充，相互促进。但由于形式理性的强势逻辑及"效率"和"力量"的科学的本质，科学与人文不断分化在不同的知识体系中，两者的"分裂是技术筹划的必然结果"（吴国盛，2001）。形式理性的僭越与技术筹划的扩张，使人文学科的领地日渐狭窄，而运用自然科学的方法来解决社会问题的社会科学研究思维则进一步挤占了人文学科的地盘；此外，重视培养专业人才的教育体制人为地造成了科学与人文之间的疏远和隔绝，再者，自然科学自诩的价值中立原则使其拒绝人文关怀。这一切导致科学主义与人文主义两大思潮日益分裂与失衡。在工业社会功利性追求效率的时代，人欲自然成为被控制的对象，人的价值与情感也逐渐被清除在管理学之外。科学主义与人文主义的严重失衡是当前管理学理论内部的痼疾。总之，现代性的主题分化所造成的管理学两大范式的分裂与失衡严重影响了管理理论的健康发展，它是造成管理学意义世界的荒芜与人性在管理实践中被异化的根源。[①]

3.1.4 范式转换与整合：后现代管理带来的冲击与契机

无论是科学主义范式还是人文主义范式，都在管理学百年演变的过程中源远流长，并深刻影响着未来管理学的发展方向和人类的管理实践。形式理性主导下的科学主义范式展现了管理塑造人类生活的巨大能量，它极大提高了人类的自我组织、预测与控制能力并促进了生产效率的成倍增

---

① 本节主要考察管理学范式分裂的深层次原因及其过程，对于管理学的范式分裂所造成的恶果，本章第三节进行了专门剖析，此不赘述。

长，为人类物质财富的增长做出了卓越贡献，但它却只在"物质—技术—效率—利润"单一维度中考察管理问题，忽视或贬损了人类"精神—文化—价值—自由"等另一高层次的也更为本质的需求在管理之中的发展或实现。价值理性主导下的人文主义范式则将人的尊严与自我实现这一价值要素摆在管理考察的首要位置，将科学主义范式所激发的巨大能量导向人类自由生活与长远福祉，为管理之发展厘定了正确的航向，但片面强调精神因素的人文主义范式却容易将管理导向虚无主义、相对主义和人类自我中心主义的泥潭，同样无法单独医治现代管理的诸多弊病。当务之急是在管理学的科学主义范式与人文主义范式之间搭建恰当的桥梁，在不贬低任何一方的基础上促进两者的沟通、对话和整合。

但必须明确的是，在寻求范式整合路径之中，我们不能在旧有范式之内部来观照范式本身之问题，"当我们必须将范式引入对选择范式的争论中时，范式的作用必然是循环论的，因为每个团体都采用自己的范式来进行保护其范式的争论"（Kuhn，1970）。因此，以完全理性化的分析思维，在现代性主题之内来评判现代管理学的两大范式之争，只能削足适履、非此即彼地从范式的一个极端走向另一个极端。也就是说，现代性主题支配下的管理学两大范式的整合必须寻找第三方力量，而倡导非理性解放与整体性思维的后现代管理则为管理考察注入"后现代性"，走出了现代管理学的理性思维模式，为我们客观地批判和整合现代管理学的两大范式提供了宝贵的思想资源。

国外学者 Boje & Dennehy（1994）与国内学者罗珉（2005a，2005b）研究发现，后现代管理学提供了一种与现代管理学截然不同的后现代范式。Boje 等人（1994）指出，后现代管理是一场反抗现代管理剥削与压迫的革命，它提供了一种以员工为中心、参与者自我规训、通过愿景来领导的"去中心性"的管理新范式。罗珉（2005a，2006c）同样也指出，后现代管理在范式载体、思维方式、研究方法等维度提供了一种与现代管理学截然不同的世界观。被誉为"后现代企业之父"的汤姆·彼得斯的《追求卓越》《解放型管理》《重新想象》与《超越混沌》等系列著作在管理业界引起的巨大轰动，说明后现代管理所蕴含的新世界观对现代管理学的基本范式带来了强大冲击。后现代管理紧紧抓住了知识经济时代的不确定环境及知识型员工自我实现的高层次需要，受到很多管理研究者与从业人员的欢迎，在很大程度上代表着管理学的未来方向。

面对后现代范式对现代管理学范式的超越与对抗，一些学者主张摒弃

管理学的现代范式，以更加契合时代特征的后现代范式取代之（Boje &
Dennehy，1994；Gunn，1995；彭新武，2007）。我们认为，后现代管理
目前远未形成系统化的理论并且内部矛盾丛生，经过百年演化的现代管理
学无论是对效率的重视还是对人性的强调都具有极强现实合理性，后现代
管理范式不可能完全取代现代管理学范式。但是，后现代管理反对现代管
理学所倡导的主体性观念及人类自我中心主义，强调沟通、对话与整体
性、关系性思维等基本观点，为我们整合现代管理日益分裂的两大范式提
供了有益的理论基础和重要契机。

　　具体来说，后现代管理学向我们展示了现代管理学范式整合的权力基
础和人性基础。[①] 其一，无论是科学主义范式还是人文主义范式，都客观
上在管理系统中构筑了一个"中心—边缘"谱系，管理者与官员、男性职
员与女性职员以及其他不同民族或种族特征的人在这个体系中都处于不同
的地位，从而使管理秩序的维持必须依靠一种"控制"与"反控制"的消
耗机制，这种机制对效率和人性都十分不利。后现代管理的一大贡献是发
现了微观权力的存在，主张在微观场域之中恢复被现代管理边缘化的他者
话语，这就为我们在组织之中整合效率与人性两大目标，构筑科学主义与
人文主义相互融合的管理机制提供了新的权力视角。其二，效率与人性在
哲学中并不能成为对立的范畴，严格来说，效率在本质上是人类运用工具
理性能力对管理中的投入与产出进行计算的结果，它本身是人性实现的一
个重要构成部分。目前管理学科学主义与人文主义两大范式的对立表面上
是人性与效率、人与物之间的对立，而本质则是以理性控制为基本逻辑还
是以情感解放等非理性实现为基本逻辑，即理性与感性这两种不同的人性
要素在管理中的对立。而科学主义与人文主义两大范式的失衡本质上则是
理性压抑或祛除感性因素的结果。后现代管理强调从整体上把握研究对
象，提出非理性解放的主张就是要恢复被现代性边缘化的情感因素在管理
中的价值，在价值重塑的基础上还原现实而完整的人性，以实现人性的自
由与全面发展。因而，后现代管理为我们整合科学主义与人文主义两大范
式提供了坚实的人性基础。[②]

---

① 后现代管理所倡导的"人性观"与"权力观"将在第四章详细论述，对于管理学如何沿
　着人性与权力两条路径实现两大范式之间的整合，则分别是本书第五章与第六章论证的
　重点。
② 关于后现代主义的微观权力观及后现代管理的人性观，详见本书第四章。

3.2　管理学范式分裂探源：泰罗文本的
目的—手段系统及其悖论

当代管理理论流派众多，各执一端，互相争锋。每一理论的存在都有其时代意义和时代局限。自科学管理诞生始，批评与赞赏之声从未间断。管理目的和实现手段的关系问题是管理学批判与建构的核心问题，从此视角探求科学管理理论的内在逻辑，并对其历史地位做出科学合理的评价，是对诸多管理流派进行后现代整合的有益尝试。

对于科学主义与人文主义两大范式在管理学中的历史溯源，郭英等（2009）认为整个管理理论体系科学主义范式和人文主义范式之间的矛盾在本源上是泰罗文本与泰罗主义（泰罗制）之间矛盾的深化。那么，泰罗主义能够完全脱离泰罗文本而独立存在吗？考察这一问题必须弄明白泰罗的原始文本及其内部逻辑体系到底是什么。泰罗文本自身就存在科学主义范式与人文主义范式相分裂的源头，泰罗制并非是一批效率专家在继承和传播科学管理原理时扭曲泰罗文本原意的产物，它之所以成为与泰罗文本不同的存在物，更多地在于它仅仅继承了泰罗文本中的科学主义成分（手段系统），而忽略了其人文主义成分（目的系统）。

3.2.1　科学管理的目的系统

泰罗的科学管理理论以其理性工具系统历来为人所诟病，其强调管理的工具性是不争的事实。但人们由于简单思维及偏见的束缚抑或为了认识上的方便，往往给某一理论打上一个时代的烙印而使之成为一个符号，由此，在审视这一理论时难免"一叶障目，不见森林"。其实，任何一种理论都有其目的、价值所在。泰罗一生呕心沥血、孜孜以求，秉承新教伦理精神，在各种压力下开拓这一理论体系，不可谓其毫无目的；科学管理至今仍在世界各地各个行业中发挥着不可忽视的作用，不可谓其毫无价值。人们对泰罗科学管理理论的曲解和偏见往往源于对这一理论的目的系统认识不清，深入探究科学管理的目的系统也是相关研究者往往忽视的一个重要问题。

稀缺的资源与无限的需求决定了管理存在的必然性，而现实世界的复杂性、资源与需求的多样性则决定了管理的目的不可能是单一的，泰罗的科学管理（"泰罗制"）亦是如此。尽管人们将其归为传统机械性的理性范式——或称科学主义范式（scientist paradigm）——并将泰罗视为这一范式的杰出典范（"泰罗范式"），但泰罗制的目的远非人们想象中的那么单纯和机械。从对泰罗科学管理的文本解读中，我们可以将其目的系统分为组织目的子系统和社会目的子系统。而前者有根本目的与直接目的之分，后者又有初始目的和次生目的之分。

（一）组织目的子系统

在组织的内部，泰罗立足组织整体，首先从管理者与被管理者的角度来定位科学管理的根本目的，即在协调中实现雇主与雇员"最大限度的富裕"。《科学管理原理》一书开篇第一章便指明："管理的主要目的应该是使雇主实现最大限度的富裕，也联系着使每个雇员实现最大限度的富裕"。"雇主的富裕联系着雇员的富裕应该是管理上的两个牵头的目的，这看来是不言而喻的，毋庸赘言"（泰罗，1984：157）。在泰罗看来，如果管理得当，雇主和雇员发挥其最大能力，组织可以得到最大盈余，从而可以同时满足双方的物质财富需要。难能可贵的是，泰罗认识到并强调，这种双方的富裕并不是对立冲突的，而是在利益一致基础上的共同富裕。"科学管理的真正基础在于相信两者的利益是一致的；除非雇员也一样富裕起来，雇主的富裕是不会长久的，反之亦然"（泰罗，1984：157）。在泰罗之前，劳资双方追求的是各自成本的最小化和效益的最大化，从而导致劳资双方长期对立。泰罗则在管理中转变了这一观念，主张现代科学管理的精髓是管理双方的利益协调一致，应该在合作中实现各自的目的：工人取得他需要的高工资，雇主获得他需要的低成本和高利润。

那么如何实现这一根本目的呢？泰罗提出了科学管理的直接目的：提高劳动生产率。只有当组织取得高工作效率时，才具有实现双方"最大限度富裕"的基本条件。在具体的管理中，普遍存在的"磨洋工"现象对劳资双方都是有害的，因为产量上不去，组织就没有足够的财富去分配给雇主和雇员。"就任何一个个人来说，只有当这个个人达到他的最佳工作效率时，也就是说，当他做出他最大限度的日产量时，才会有最大的富裕"，"只有在企业能做到以最小量的综合支出完成企业的工作，才能实现工人最大的富裕，同时也结合着雇主的最大富裕"（泰罗，1984：158）。这样，效率便是管理追求的直接目的，"工人和经理人员双方最重要的目的应该是培训和发掘企业中每一个工人的才干，使每个人尽他天赋之所能，干出最高档的工作——以最快的速度达到最高的效率"（泰罗，1984：159）。

由此，我们也可以看出，提高效率并非泰罗制的终极目的，它为满足组织管理的主体——劳资双方的物质需要这一根本目的服务。

（二）社会目的子系统

泰罗制的组织目的子系统——无论是其根本目的还是直接目的——都将视线聚焦于物质经济利益方面。然而，泰罗的视野远远不局限于此，他开启的科学管理不仅仅关注组织管理，还有更宏观的社会、文化方面的目的，这便是科学管理的社会目的子系统。泰罗不是一个目光狭隘的管理者，他的科学管理理论同样对其所处时代的社会问题做出了必要的理论回应和哲学层面的思考，尽管这些思想在他的整个理论体系中显得十分薄弱。

工业革命确立了资本主义文明在全球的统治基础。一方面工业文明推动了科学技术的空前发展，也促使工业资源不断集聚，传统的经验管理已经难以适应新涌现的大型制造工厂的管理需要；另一方面，在资本主义经济的快速增长中，资本主义弊病也逐渐凸显出来。1848年，马克思、恩格斯发表《共产主义宣言》，科学社会主义诞生并迅速和无产阶级运动结合；1858年，查理斯·达尔文发表了《物种起源》，其后不久，赫伯特·斯宾塞把"适者生存"原理扩展到广泛社会学领域，形成社会达尔文主义并逐渐成为主导的资本主义观念。社会达尔文主义认为，有能力者总能也应该居于社会高层，社会总会分化为贫富阶级，这完全符合自然规律。随着这一资本主义伦理及其工具理性向整个社会蔓延，弱肉强食、贫富分化、人的异化、道德沉沦等"现代性分裂"问题凸显。在这种形势下，科学社会主义指导下的劳工运动在世界主要资本主义国家蓬勃发展，其目的直指资本主义制度。到20世纪初泰罗创立科学管理时，劳资矛盾已经成为资本主义国家一个主要的社会问题。工人磨洋工、罢工，甚至捣毁机器，直接伤害资本家，给资本主义生产造成严重影响。泰罗科学管理的初始目的便来源于此。

缓和劳资矛盾，促使雇员和雇主从对抗走向合作是泰罗制的初始目的。泰罗曾反复针对劳资矛盾来论证他的理论，并指出："它（指科学管理）不是去驱赶人工作，而是一种好意，是一种教育"（泰罗，1984：256）。这便是泰罗的初衷，通过管理变革，实行一种全民性的教育，来解决劳资矛盾和阶级斗争这一社会问题。在美国国会的证词中，泰罗明确说明："用和平代替斗争，用全心全意兄弟般的合作代替争吵和冲突，用向同一方向的努力代替背道而驰，用相互信任代替相互猜疑，双方成为朋友而不是对头，我认为科学管理必须沿着这条路线发展。……如果不能用合作与和平的新见解来代替旧的对立与斗争的观点，那么就谈不上科学管理"（泰罗，1984：240）。泰罗的逻辑是，劳资双方只有在合作和协调一致的基础上，才能真正实现双方"最大限度的富裕"，即劳资双方可以在合作中实现共赢，进而更加改善双方关系，促进双方合作。基于这种目的，泰罗进而指出资方要关心、尊重工人。"新的方法就是把工人看作兄弟一样进行教导和帮助，教他学会最好的工作方法，即最容易完成这种工作的方法。这就是管理人员对待工人的新的思想态度"（泰罗，1984：257）。列宁站在工人阶级立场上分析泰罗制的二重性时，首先认定泰罗制是一种资产阶级实施剥削的最巧妙的残酷手段，就是针对泰罗这一目的而言的。但撇开意识形态问题，我们可以认为泰罗在管理中较早地引入了人道主义思想，尽管这与我们今天所谓的人本管理并非完全相同。

那么如何缓和劳资矛盾，并真正提高劳动生产率促进国民财富的增长呢？泰罗进一步提出了科学管理社会目的子系统中的次生目的，即劳资双方实现一场伟大的"心理革命"（mental revolution）。当然，次生目的不是次要目的，而仅仅是在目的序列中居后。在国会证词中，泰罗郑重声明："科学管理不是任何一种效率措施……不是一种新的成本核算制度；不是一种新工资制度；它不是一种计件工资制度……也不是普通工人在提到科学管理时就会想到的各种措施。……科学管理的实质是一切企业或机构中的工人们的一次完全的思想革命"（泰罗，1984：237～238）。"由于它的确是劳资双方的一次思想革命……我希望你们要了解这是个态度上和观念上的伟大转变，它将对劳资双方产生重大的作用，对双方产生同样有利的成果"（泰罗，1984：238）。虽然泰罗在理论体系中很少深入论述这一观点，但无疑他在这里将"心理革命"视为科学管理的精神实质，并使科学管理摆脱了车间生产实践的缠绕，而具有了哲学层面的思考。

泰罗进一步指出，劳资双方的心理革命有两方面内容。"劳资双方必须实现这样的思想态度的改变：双方合作尽到生产最大盈利的责任；必须用科学知识来代替个人的见解或个人的经验知识"（泰罗，1984：240）。具体来说，首先，传统的管理中，劳资双方的兴趣是如何合理分配组织的盈利，资方想获得更多的利润，劳方想取得更高的工资，而泰罗则提醒人们要把注意力从盈余分配上转向增加盈余的数量上，"使盈余增加到使分配盈余的争论成为不必要"（泰罗，1984：239），即我们今天所说的，将发展的思维从"分配蛋糕"转向"把蛋糕做大"。其次，转变传统的经验管理思维，树立科学管理思维，以科学的方法取代不可靠的经验，"将科学与工人相结合"（泰罗，1984：246）。

（三）目的系统评析

从科学管理的目的系统看，泰罗制远不是人们想象中那样制造二元对立，以一套冰冷的控制系统取代人性中富有温情的一切。这远非泰罗创立科学管理的初衷。Weisbord（1991）认为，泰罗实际上是他所在时代的改革者，他被强烈的道义（因为泰罗是教友派成员与和平主义者）和增进工人和管理层之间的合作这一目标所驱使。通过他所倡导的管理改革，他希望提高的不仅仅是劳动生产率，还包括工人的工作、生活水平和生活质量。可以说，泰罗制的目的系统是富有人本主义意蕴的，他的科学管理终极目的是为了人，只不过他强调的是人的物质需要；提高效率这一直接目的也是为根本目的服务的；而其社会目的子系统中，无论是缓和劳资矛盾还是心理革命，都进而观照到了人的精神层面。在科学管理的手段系统中，他提出的一些方法与制度也有一些零散的人本管理思想。对此，我们必须有客观的认识和评价。

彼得·德鲁克曾指出，"泰罗虽然明显的是以一个十九世纪的人来对待工人的，但他却是从社会的观点，而不是从工程或获利的观点出发的。使泰罗从事其工作并激励他坚持下去的，首先是一种要把工人从繁重的劳动和身心的伤害中解脱出来的愿望。……泰罗的希望是，通过提高劳动的生产率，能够使工人享有更好的生活"（张福墀、杨静，2003）。但据此认为人本管理是泰罗制的实质（谢水明，2002）同样是不妥的。目的与初衷是一回事，而其整个思想体系的历史影响及其倾向是另一回事；局部思想的价值不可忽视，但据此来定位整个思想体系的实质则未免过于主观。

3.2.2　科学管理的手段系统

（一）理性工具盒

科学管理的手段系统即泰罗提出的一系列管理原则、制度、规定、方法、技术等，也就是众所周知的科学管理的主要内容。泰罗以科学的理念，围绕提高效率这一目标，设计了一系列他在国会证词中称为"科学管理的有用附件"的东西，即由一系列管理工具构成的理性工具盒。如果将科学管理的手段或工具视作一个完整系统，则可以从中识别出制度子系统、技术子系统和方法子系统。

制度子系统即泰罗提出的一系列科学的管理制度,包括工作定额制度、标准化制度、员工职业培训制度、差别计件付酬制度等。泰罗认为工人的工作定额可以通过调查研究的方法科学地加以确定,而只有给每个工人制定出有科学依据的工作量定额,工人的潜力才能得到最大发挥;标准化制度即工人在工作中采用标准化的操作方法,其使用的工具、机器、材料和工作环境都应该有明确的标准和规定;泰罗是较早倡导在管理中对工人进行培训的管理学者,他认为对工人进行科学教育和培训以扩展其知识技能是发掘工人潜力的有效途径;差别计件付酬制即达到定额的工人按高工资率计算工资,不能达到定额的工人按低工资率计算工资,以此来鼓励工人尽可能地完成工作定额。技术子系统包括时间研究(如秒表测时)、动作研究(如具体动作分解)、确定统一的标准工具等。这些都是技术性较强,可以定量衡定的管理技巧,往往结合制度子系统配套使用。方法子系统是管理中未被制度化的非技术性的一些管理观念和规定。具体包括用科学的、标准化的管理方法代替传统的经验管理方法;计划与执行相分离,思考与行动相分离;能力与工作相适应;管理控制上实行例外原则等。

(二)手段系统评析

科学管理的手段系统是其理论的主要部分,它将重点放在作业层改进人的努力方面,最大程度地运用科学理性来规范管理,以便以最小的投入取得最大的产出。泰罗在人类历史上首先将系统的、科学的、理性的方法、制度和技术运用到管理之中,从而使管理真正成为一门科学,实现了管理学理论和实践上的首次革命性飞跃。科学管理的原理、制度和方法使现代科学技术知识与管理实践相结合,这较传统的经验管理是一种巨大的进步。从此,人类管理开始真正脱离了散漫、无章和低效的经验管理阶段。从这层意义上看,泰罗科学管理的手段系统开启了人类管理现代化的篇章。

科学管理的很多方法至今仍发挥着极为重要的作用,这些手段系统中的大部分在今日仍然是实施其他管理制度的基础。例如,泰罗对现代意义上的劳动培训制度产生了巨大影响。彼得·德鲁克曾指出,20世纪早期的美国劳工绝大多数未受过教育,不善于表达自己,也对工厂体系不习惯;对他们来说,严格规定的工作步骤是切实有用的。美国正是由于把泰罗的方法系统地运用于工人培训,才能开展战时生产,最终在战场上打败日本和德国。战后，这一制度迅速扩展到全球，至今仍然是世界各工厂、企业管理中的一项重要的常规制度。

泰罗制对管理现代化的建构，是通过牛顿物理学范式，将自然科学的研究方法运用到管理中来实现的。这种物理学范式认为，世界像一架运营良好的机器，原因和结果之间的联系是简单、明晰和线性的，人们可以发现其间的规律，从而实现精确的、可还原的、具有普遍意义的预测和控制。泰罗直接汲取的是笛卡尔理性主义和赫伯特·斯宾塞社会达尔文主义，将基于理性的强制和控制规范性地引入管理之中。其基本思路是，"将操作分为最基本的机械元素并进行分析，而后再将它们最有效地加以组合"（罗珉，2005b）。例如，他将某一项活动（搬运生铁或砌砖）进行动作分解，给每一个动作制定标准，最后对整个活动的操作进行统一规定，这完全是一种物理学研究方法。管理学自其真正成为一门科学之始，就深深植入了理性主义、实证主义的传统，并影响了整个管理思想史的发展进程。科学管理之后的社会技术系统学派、管理主义学派、运筹学派乃至今天的诸多管理学派都深受此理论范式的影响。

3.2.3　目的与手段之间的科学管理悖论

科学管理自诞生后经历了近一百年的发展历程，无论人们对它是赞赏推崇，还是指责批判，它已经渗透到人类管理生活的方方面面，并映射到整个管理思想史中的各个阶段，在现代管理理论的"丛林"中留下难以抹去的痕迹。今天生活在知识经济时代的我们面临着一个巨大的悖论：我们每天都在享受泰罗制的高效率所带来的物质利益，正是高工资和高福利使当代人成为泰罗所希望塑造的"快乐的工人"，但另一方面我们却始终痛恨、反抗和抵制效率崇拜带给所有劳动者的心理枷锁（罗珉，2006a）。之所以有此悖论，是由于科学管理存有内在的悖论，即其手段系统与目的系统之间的冲突。正是这种冲突使泰罗制目的系统中的大部分，尤其是社会目的子系统中的劳资合作和心理革命几乎从来没有实现过。泰罗开列的"理性工具盒"带来的也许仅仅是效率的提高和财富的增长，而这远不是管理的全部。

（一）理论体系的内在不平衡性

科学管理悖论首先表现在它的目的系统与手段系统严重失衡。科学管理的目的系统十分不明确，且缺少必要的系统论证，只散见于泰罗的《科学管理原理》与《在美国国会的证词》等若干著作中，无论是在逻辑上还是内容上，它都远远逊色于精雕细琢的手段系统。这点在泰罗的理论体系中十分明显，以至于人们常常把手段系统作为科学管理的主要内容，而看不到还有一个模糊的目的系统。泰罗本人在国会证词中也说道："科学管理也不过是一种节约劳动的手段而已。也就是说，科学管理只是能使工人取得比现在高得多效率的一种适当的、正确的手段而已"（泰罗，1984：232）。这就导致泰罗制目的系统本身十分薄弱，科学管理的目的、价值层面的论述缺少哲学性的思考，而将整个理论重心放在基于效率之上的手段系统。当人们诘难科学管理的目的，泰罗在国会为其理论进行辩解时，才被迫对其理论进行系统、理性的思考，提出了心理革命这一哲学层面的问题，但这一思考在他的整个理论体系中的分量微乎其微。

泰罗这种理论体系的内在不平衡，导致科学管理在实践中往往忽视其整体的目的系统，专注于机器、材料、工具等物质层面的问题，对人的关注也仅仅服务于其理性控制体系。这种过分注重手段而轻视目的的管理，自然导致管理的盲目和机械，其设定的诸多目的也就难以实现。另外，科学管理的目标系统虽然薄弱，但其视野十分高远，尤其是其社会目的已突破了组织的场地，然而其手段系统却几乎仅仅限于车间管理这一微观层次。科学管理专注于作业层的控制，缺乏对整个组织的宏观审视和价值思考，当然也顾及不到工厂或企业的社会责任等问题。面对一个个操作标准和控制、监督程序，工人们极难想到他们工作的目的是劳资合作和心理革命。这种手段与目的系统在关注层面上的脱节，也是其理论内在不平衡的一个重要表现。

（二）手段与目的的内在冲突

科学管理的悖论最突出地表现在手段与目的之间的内在冲突，它的手段系统背离了目的系统，或者导向局部目的而违背其他目的。科学管理在组织层次上的直接目的是提高劳动生产率，它处于目的系统的低层，但在理论和实践中却成了科学管理的核心目标。科学管理的手段系统主要是围绕着效率这一核心展开的，为此，人们为泰罗制贴上"效率至上主义"的标签。泰罗开列出的"理性工具盒"的确对提高企业的生产率有直接推动作用，基于此人们才有管理就是生产力的观念。但这些手段和其他目的之间很难有因果关系甚至是背离的。

令泰罗想象不到的是，致力于使劳资双方获得"最大限度富裕"的科学管理投入实践后，却遭到了来自劳资双方的双重反对。雇主反对用科学的方法和技术来取代他们自以为是的判断和自行决断权，把科学管理看作对其管理特权的不正当干预；工人则认为，标准化的工作定额加重了其劳动负荷，时间研究和动作分解无疑把他们当作机器对待，而以此节省下来的资金和获取的盈余则很可能大多被资方获取，由此工会的领导人员认为科学管理是对工人工作的挑战和对其自由的侵犯。这种双重不满的结果是，劳资双方的矛盾不但没有缓和，甚至可能在对立中更加激化，劳资双方协调一致基础上的心理革命更是不可能实现。

泰罗的效率手段主要着眼于可以定量的经济成本，如节约资金、时间，增加生产量等。然而这种效率观忽视了无形的不易量化的社会成本。因为"经济效益一般比社会收益更容易量化，效率往往驱使组织向经济意义上的道德前进，而这可能意味着一种社会意义上的不道德"（明茨伯格，2004）。科学管理成功地创造了并非人的唯一需要的物质和财富，却在这一过程中损害了人之精神性需要，给人戴上心理枷锁，这样泰罗设想的心理革命只能是一厢情愿。其实，这也是泰罗未曾想到的由手段对目的背离而引起的一个效率悖论：提高效率是为了满足人的某种需要和进步，而"倘若为了某种效率而牺牲人类独具的心灵特征，会使人类一切进步尽归枉然"（查尔斯·汉迪，2006：9）。

（三）手段—目的链的断裂

在任何一个理论体系和组织管理实践中，手段与目的之间的关系都是分层次的，某一层次目的需要一定的手段来实现，而这些手段则成为下一层次的目的。可见，目的与手段不是界限分明的，较低层次的目的相对于高层次的目的来说具有手段属性，这样按层级推进，手段与目的之间，及其各个子系统之间就形成一个手段—目的链条。在泰罗的科学管理中，手段与目的缺少直接因果联系（上文已有说明），目的子系统之间缺少因果联系（例如组织目的与社会目的之间）。这种断裂是导致科学管理的目的难以实现的一个重要因素。因为，它的手段系统没有完全指向目的系统，而低层的目的子系统又没有指向高层的目的子系统。这样，实践中的科学管理就很容易分散目的，其理性工具之力因无明确方向自然就会在相互抵消中削弱。

西蒙曾指出，"组织活动与最终目标之间的连结通常是模糊不清的，或者这些最终目标制定得不完整，或者在最终目标之间，或者在为达标而选择的手段之间有内在的冲突和矛盾"（赫伯特·西蒙，2004）。泰罗制几乎同时存在以上问题。首先，它的目的系统是模糊的，它理论中的较大篇幅均围绕效率这一直接目的来对其手段系统展开阐释，而没有系统梳理其目的系统；其次，提高劳动生产率等组织目的很难与劳资合作、心理革命这些社会目的直接联系起来，它们之间缺乏必然联系。这种手段—目的链的断裂与分割注定科学管理只能实现其局部目的。

（四）目标置换——手段与目的的变异

科学管理在理论和实践中还存在目标倒置这一问题，即手段与目的的局部颠倒。科学管理的手段系统宏观指向目的，但在具体实施过程中对目的的损害甚至高于目的本身的价值，即在局部领域手段高于目的，手段的工具性价值变成了最终价值。西尔斯指出，"为了达到自己的目标，组织建立起一套程序或手段。在遵循这些程序的过程中，那些受到职权或职能委派的下属或成员常常把这些程序或手段看作他们本身的目的，而不是看作实现组织目标的手段。作为这一过程的结果，组织的实际活动变成组织程序中某些特有的组织活动，而不是针对基本目标去进行的活动"（弗里蒙特·E·卡斯特、詹姆斯·E·罗森茨韦克，1985：189）。科学管理的手段系统中设定了一系列的规章制度、衡量标准和控制程序，这些原本被设想为手段的东西，很可能在实践中就变成了工人们对资方控制做出反应的直接目的。这种目标置换问题，颠倒了手段与目的的价值，手段高于或掩盖了目的，从而将科学管理的目的系统束之高阁。事实上，为应付监督和检查，完成标准化的操作和定额任务本身常常是工人们追求的直接目标，心理革命等高远目的对机械地执行任务的他们来说也许是一些虚无缥缈的事情了。

（五）基本假设问题与价值冲突

科学管理悖论还来自其手段、目的系统之间的价值冲突。从上文分析中可知，泰罗的目的系统富有人本主义意蕴，即把人作为目的，不仅关注人的物质需要，也关注人的精神问题。而其手段系统却建立在理性经济人的基础上，认为人都追求自身利益的最大化，按照科学的方法可以实现对工人的机械化的控制，因为工人的经验、情感因素都是不可靠的而应该在管理中予以剥离。可见，科学管理目的系统的价值导向是人本主义的，而其手段系统的价值导向是物本主义的，两者有着内生的哲学层次上的价值冲突。

人是目的与手段的统一体，目的高于手段，目的与手段在任何时空中都不应分裂，即便在管理的手段系统中，人也应该是目的。科学管理的手段、目的系统之间的价值冲突导致了管理中的对立和紧张，它赖以存在的经济人假设不可能实现人的全面进步，损害了人的精神和道德层面的发展和需要，也就难以实现其具有人本意蕴的目的系统。事实上，管理中的情感因素不可能完全祛除。"在实行科学管理的组织中，被管理者没有选择余地而只能按规定的程序去适应机器，逐渐也就成为正在运转着的大机器系统中的一个部件，这样人们在劳动中便失去了乐趣。……要求人像物一样被摆布，人们会逐渐厌烦这种管理方式"（高文武、张西林，2004）。无视员工自由与尊严的管理在情感上会引起工人们的反感及与资方的对立，劳资双方的协调合作与心理革命也就不可能发生。

3.2.4　科学管理悖论的生成原因及其破解路径

（一）生成原因

科学管理悖论的产生不是某一个人的问题，任何一个有长久生命力的科学理论，无论其本身是否完善，都是时代的产物。我们必须还原历史，将科学管理悖论放在其生成时代的宏观背景中，并从其整个发展演化历史来审视这一问题。当然创立者及其追随者的主观因素也不应忽视，为此我们需要从主、客观两个角度予以全面考察。

首先，时代主题及其主导诉求。泰罗所在的19世纪与20世纪之交，新教伦理和社会达尔文主义盛行，经济理论与工程实践中的理性主义大行其道。在这样一个思想氛围中，要泰罗等人关注管理中人的自由、尊严及其自我实现，具备今天存在的"工业人道主义"是难以想象的。因此，泰罗不可能对其目的系统进行以人为本的系统论证。另外，纵观整个19世纪，工人的生活水平极其低下，谋生成为当时工人的第一需要和主要目的，提高效率并尽可能地增加财富就成为时代的主导性诉求。泰罗以经济人假设为基础，以效率为核心来展开其理论，开列出一系列理性工具是完全符合其时代背景的。这种人性假设和分析工具在当时确实能够成为强大的驱动力，促进劳动生产率的提高。

其次，技术知识局限。科学管理诞生之时，心理学和行为科学理论的发展很不成熟，人们尚不清楚人的行为产生的主要动因，知识和技术的局限使泰罗没有发现或忽视了调动人之积极性的情感和心理因素，因此很难发展出实现其目的系统的另外一套手段体系。

再次，个人经历及价值观。泰罗不同于后来的法约尔、巴纳德、梅奥等人，他们有着深厚的学者背景和高层管理经历，因此能够从整体性视角宏观审视管理活动并可以进行哲学、心理学方面的理论升华和深化。泰罗当过机工学徒、制模工、工长、机械师和总工程师，他深刻了解操作层工人的种种问题和态度。另外，他本人深受严格的新教伦理影响，笃信勤奋、竞争、个人主义等当时盛行的基本价值。这种车间、工程实践背景和新教伦理深深影响了他的理论体系，使其聚焦于车间管理和工程控制等微观管理层面，并极为强调理性主义思维方式。

最后，科学共同体的影响与后人曲解。人们想起科学管理，脑海中往往浮现出泰罗提出的科学管理原理、方法、技术等手段系统，而没有识别出他的目的系统，这其实看到的只是一个局部的、片断的、不完整的泰罗制。事实上，我们今日常说的泰罗制并非泰罗一人的理论，泰罗的追随者及其整个科学共同体对泰罗制有很大影响。泰罗的追随者亨利·甘特、弗兰克、吉尔布雷斯、哈里森·埃默森、桑德福·汤普森等人多是一些技术专家，他们大都从其工作经验和信奉的价值观出发推崇效率至上主义。这个技术专家群及其拥护者就是一个科学共同体，他们是由一门学科的从业者所形成的封闭性专家集团，有着共同信念、范式、价值标准和技术手段（罗珉，2005b）。正是这种科学共同体将泰罗制中的理性主义推向极致，以至于泰罗制成为科学主义范式的典型代表。

（二）破解路径

泰罗科学管理是顺应时代、应运而生的产物。尽管科学管理诞生伊始遭到了来自资方、劳方和政府的多重诘难，但仍以势不可当的步伐在主要资本主义国家大规模地迅速扩展，使得管理与现代科技一道成为推动生产力发展的两大动力，共同促进了资本主义财富的迅猛增长。但是，人们也为此进步付出了沉重的代价，无论其目的是多么的善意，它对人性的压抑和扭曲是不可否定的事实。时至今日，在广大的发展中国家，很多工厂、企业依旧把工人当作机器看待，为了经济利润，而强迫工人从事超负荷的各种劳动。科学管理悖论使人们逐渐在物质财富与精神灵魂、道德伦理之间陷入两难选择。

面临悖论所带来的矛盾和分裂，我们不应也没必要恐惧退却。因为，悖论"非但不可避免，且是万事万物与生俱来、恒久延续的。时代越是波涛起伏，世界越是错综复杂，悖论也就越多"。在日益复杂并多元化的现代动荡环境中，剧烈波动乃是创造力和新秩序出现前必须有的前奏。因此，"面对悖论时，我们既有能力也有必要减少矛盾与不和谐，并认清困惑所在"。"在新秩序建立之前，我们不可能完全解决或逃脱。悖论像天气，只能设法缓和最糟的部分，掌握最好的部分，并以此为前进的线索"（查尔斯·汉迪，2006：12～13）。科学管理悖论造成的分裂与紧张催生了霍桑实验，对科学理性的过度依赖促使人文主义思潮强烈反弹，科学管理开始了自我否定的加速过程。

此外，悖论使我们面临的世界不是单纯、简单的机械体，而是非线性的、丰富多彩的人生网络。由此，"悖论使我们的人生趣味盎然。假如每件事情都只单纯地带来正面影响，我们很快就会觉得人生乏味，再也没有必要进行改变"（查尔斯·汉迪，2006：13）。正是科学管理悖论的内在冲突与张力，促使管理学在科学主义与人文主义、理性主义与非理性主义的较量中，出现了职能主义范式、激进的结构主义范式、诠释型范式、激进的人本主义范式，并滋生出日益繁茂的"管理理论丛林"。这也是工业文明之后的后现代社会里，我们对管理学理论进行新的整合的起点和重要基础。

在这种整合中，我们需要用人本主义范式提升、改善科学管理的目的系统，并配以新的更加符合现实并富有人性的手段系统。在目的上，管理应该有更加明确的人本指向。管理因人的需要而存在，它不应是对人的奴役和控制，而应该为人的自由而全面发展这一崇高目的服务。我们希冀管理能够"给身在其中的每个人提供实现自己、发展并运用自己的潜在能力的最大机会，从而让每个人都作为一个有尊严的人而劳动"，"这个完美的社会能给其人民以最大的自由，即实现人的更大价值的机会"（罗洛·梅，1991）。这应该是管理的终极目的，在实践中，根据各个组织的性质和环境，管理应该有一个更加明确的目的系统。在此系统中，人之精神呵护与提升和人之物质满足同等重要。

在管理的手段系统中，我们应该发展出一个逻辑与情感、技术与伦理、理性与非理性和谐兼容的工具系统。必须明确的是，在作为管理手段的这一系统及其实践中，人是手段与目的的统一，而不仅仅是手段。泰罗制的管理手段系统强调技术而忽视了关系，强调逻辑而忽视了情感。其实，"纯粹的技术根本不存在，而是技术始终与关系同在，如同实用知识技术的决策领域始终在诸种结合的部位得以形成"（埃哈尔·费埃德伯格，2005：395）。技术理性与人际关系两者互相影响、彼此促进、不可分割，两者交织在一起，任何一方都不能代表组织的整体。在组织中，事实上存在两个相互缠绕的、重叠的世界："一边是绩效、利益和计算的冰冷的世界，另一边是文化、情感和礼赠的温暖的世界。"然而，这两个世界不是截然对立，而是彼此依赖、互相缠绕的。"功利的动机和道德的动机，在真正的行动条件中总是纠缠在一起"（埃哈尔·费埃德伯格，2005：217）。

　　在这样一个"冰"与"火"混合的组织世界中，如何探寻并建构两者的合理结合是相当艰难的，也是管理理论与实践需要努力克服的一大难题。[1] 但可以肯定的是，我们对泰罗制的手段系统不仅仅是消解和批判，在一定的限制条件下，科学管理的手段系统在局部行动领域依然有效并且十分必要。组织其实是一个理性、自然与开放的系统。帕森斯（Parsons，1960）曾将组织分为生产、管理和制度三个层次。在巨变的环境中，制度层需要密切跟踪环境的变化，因此是完全开放的；而为了有效运作，生产环节应该尽可能免受环境波动的影响，为此组织需要发展大量机制来缓冲过度的外部扰动对其"技术核心"的影响，从而人为地将系统封闭，在此系统中，理性可以发挥最大程度的作用；管理层则起到媒介和沟通的作用。在人为封闭的生产管理层，科学管理的手段系统可以充分发挥技术理性的作用。因而，在知识经济时代的制造企业或其他产业的生产作业层，在可预见的未来时期，泰罗制依然是主导性的管理方法。

3.3　管理学意义世界的荒芜及其境界考察

　　自1911年泰罗发表《科学管理原理》至今百年以来，伴随着工业化进程的推进，管理学中的工具理性不断张扬，科学主义的话语霸权逐渐主导了管理学中各个层面问题的研究，由此导致的一个严重后果是管理学人文维度的缺失及其意义世界的荒芜。目前学界对于管理学的学科属性达成的一个基本共识是：管理学既是一门科学，又是一门艺术。然而，百年以来管理学的演化基本沿着科学主义的路径，逐渐形成工具理性的宏观叙事，其科学性得到充分彰显并成为当今管理学的主导范式。而学界对于管理学的艺术方面仅仅就其实践性泛泛而论，尤其对其意义与价值系统缺乏深入的思考与探究。如果我们承认管理学必须以人为本，那么对当今管理学的研究就极有必要观照其意义世界。意义世界其实涉及境界问题，管理学理论的不同意义指向使其具有不同的境界。基于人文主义立场，以人生境界观照管理学的不同境界及其演化路径，并探求其未来演进趋势，对于

_____

　　① 本书对此问题的解决详见第六章第二、三节。

我们拓展管理学的艺术方面，深入透视其艺术属性，修复或重建管理学的意义世界具有重要理论价值。

3.3.1　管理学人文维度的缺失与意义世界的荒芜

自泰罗的科学管理始，管理学作为一门学科就与经济学难以分离并深深打上主导工业革命的工具理性观的烙印。随后虽然经由人际关系学派与行为科学的努力，管理学不断修正和超越脱胎于经济学的人性假设，但理性范式基本主导了至今百年以来的管理学研究，进行实证与定量研究以追求研究范式的科学性仍是当今管理学主流刊物的关注所在。始自"霍桑试验"的"人性之光"在管理学中始终未能形成"燎原之势"。科学主义范式所构筑的理性霸权从多个层面逐渐剥夺了管理中的人文情感与价值关怀。

首先，管理学中的人性假设导致人的异化。管理学在人性假设方面出现的偏差是只重视人性中的理性，轻视或忽视感性的意义。人性假设是管理理论的逻辑起点，建立在不同的人性假设之上的管理理论具有不同的价值导向和研究方法。"经济人"假设凸显了人性中的理性部分，认为人的一切行为都是为了最大限度地满足自己的经济利益，基于此的管理理论必然强调逻辑与计算的力量，致力于发展最佳的管理技术、程序或制度，以尽可能地控制懒惰而逐利的员工。"社会人"假设出现后，人们发现并重视管理中的情绪、尊严、士气等非理性因素，注意到了人性中的感性方面，但其主导逻辑却是力求以理性抑制感性，目的仍然是增强管理的可控性。如果满足员工的情感需要，让员工参与管理，调动员工的士气等管理方式的目的只是增强员工对组织的依赖和组织对员工行为的控制，那么这些理论的人性假设仍然强调了人的理性与自利方面，它与"经济人"假设并没有本质区别。当今流行的管理学科更是充分发挥科学的力量，综合运用数学、逻辑学、统计学、运筹学等计算工具对管理进行实证与量化研究，以使管理学尽可能成为一门科学。理性的张扬使情感、情绪、直觉等一切温情的东西被剔除出管理之外，人被降低到"物"的层面，成为组织管理众多因素中的一个客体和对象，同时也成为组织这个庞大"机器"中的一个零件或齿轮，如此，理性的人被理性异化为"机器"的一部分而在管理活动中过着"非人"的生活。

其次，管理学中的理性假设导致目标异化与倒置。现代管理学将人性聚焦于理性，以此发展出系统而具普适性的管理知识，使管理学真正成为一门科学。问题是，人们对理性的认识有一个动态的变化过程，而在管理学研究中人们弘扬的是完全被剥离了价值关怀的工具理性，因为"这种合理性所引导的后果具有最大程度的可计算性，能够达到预期的、可能的目标"（陈嘉明，2006）。管理学在诞生伊始承继了主流经济学中的"完全理性"（perfect rationality）假设，认为管理的目标是明确的并可以排列次序，决策者可以找到解决问题的所有方案并能正确地选择最大程度地实现预期目标的方案。这种假设因与复杂的现实严重不符而很快被 Simon 的"有限理性"（bounded rationality）假设取代。"有限理性"假设认为：行为主体在主观上追求理性，但只能在有限程度上做到这一点，在决策成本的约束下，管理者只能选择"令人满意"的决策方案（Simon H.，1956）。这种假设无疑具有更强的解释性与现实性。但无论是"完全理性"还是"有限理性"假设都是一种逻辑推演工具，它们都追求"效率至上"并要求最大程度上消除价值因素的干扰，尽量消减不确定性，以保证整个理论解释与描述的清晰与客观。结果，"人的行动被从人身上剥离，并使之成为抽象的东西。企业中的科学，使工人处于被动和依附的地位，而且从他们的工作中抽掉了一切思想"（丹尼尔·雷恩，1984）。价值中立立场导致管理学只重视逻辑，不关心目的，进而导致管理目标的异化。管理因其实践性非常强调目的性，管理目的体现在具体的组织目标之中，在工具理性预设下，管理主体各自追求个人效用最大化，组织目标就会异化或分裂为一个个独立的而又相互冲突的目标。而且，丧失思考能力与价值判断的管理主体往往将为实现管理目标而设定的程序、规则等手段作为目标本身，从而发生"目标倒置"现象。

再次，对立与控制思维导致组织的破碎与冷漠。对人性的理性抽象与放大并进而将之归结为工具理性导致的一个逻辑结果是，在管理过程中化人为物、化不确定性为确定性。抱持简单的因果律，现代管理学研究者认为一切抽象出的普遍知识均具有可还原性，由此发展出管理学中的一个主导性逻辑：将对人的行为的研究还原为对物的研究，通过对物的实验，从大量的数据中通过概率统计抽象出普遍性的规律，将之简单地应用到人的身上。因为这样就可以发现并建构一套能够使人的思想被剥离，人的动作和行为被标准化和规范化的方法、程序、规则和制度。如此一来，管理者就可以最大程度地控制被管理者和环境中的不确定因素，以尽可能地提高管理效率。由此，机械化的人成为一个个独立的原子，而"当人们越来越原子式地看待他们自己时，当与他们的伙伴公民在共同项目和忠诚中的联系越来越少时，破碎就出现了"（韩震，1996）。理性与强权控制之下的员工"在组织中没有个人成长的机会，每天将大量的时间消耗在他们既不赞成也无兴趣的工作之上，与此同时，组织也丧失了创造性和智慧之源"（Gareth Morgan，1986）。因为，"破碎"的人只能构成"破碎"的组织，无论这种组织建构起了多么强大的统治体系。另外，在理性与控制逻辑之下，组织部门被分割，劳动有明确分工，任务与职责有明确界定，员工只需要按部就班地关注自己被分派的任务，在被界定的狭隘领域内活动。在危机来临时，员工只能"冷眼以对"，否则可能遭到制度的惩治。由此控制造就"冷漠"的人。"破碎"的组织、"冷漠"的人与"冰凉"的控制链条一起，给组织与管理预设了潜在的危险：一旦环境发生激烈变化，组织就有瘫痪的可能。标准化的程序与控制体系、管理方法都是基于预设的确定性和抽象的规律而提前计划的，当环境变化时，组织在开始往往没有回应，当问题积聚到一定程度时，组织方有缓慢的行动，久而久之，复杂性事物变化大量涌现，致使信息混乱，原有的控制路径中断，如不及时进行改革，组织只能产生习惯性和滞后性的多余行为并成为管理的累赘，管理所追求的高效率也就不可能达到。

最后，定量研究与实证分析导致管理学艺术性与管理个性的消失。艺术属于人文学科，与科学不同，它在研究对象方面强调主体与具体情境的交融，在研究目的上强调价值与意义，在研究方法上强调想象与直觉的思辨方法。艺术性突出表现在独特性、创造性、想象性以及价值介入。而当今管理学研究受实证主义的影响，大量采用数学、运筹学与统计学等数理知识，公式、数字、符号充斥于管理学主流刊物，似乎只有这些才能表明管理学的科学性，稍有想象性与模糊性的艺术语言，便被主流管理学者斥之为语言欠规范。如此一来，我们彰显了管理学的科学性，同时也泯灭了管理学的艺术性。另外，管理学基于概率抽象出的一些普遍知识只重视共性与规律，而在管理实践中，面对各种不同的具体情境，管理是个性很强的创造性活动，一味地使用定量研究与实证分析忽视了管理实践的情境依赖性，将管理学束之高阁，日益脱离了管理实践。

3.3.2　意义追问与管理学的四种境界

欲改变目前管理学意义世界荒芜的局面，重建其意义与价值系统，我们有必要考察管理学演化历程中可能具有的意义指向与价值层次，这就自然引出管理学的境界问题。"境界"一词由王国维在《人间词话》一书中提出，境界分析常见于艺术与哲学研究领域。冯友兰认为境界是宇宙人生对于作为主体的人的意义，"人对宇宙人生的觉解的程度，可有不同。因此，宇宙人生，对于人底意义，亦有不同。人对于宇宙人生在某种程度上具有底觉解，亦即宇宙人生对于人所有底某种不同底意义，即构成人所有底某种境界"（冯友兰，1986）。即，境界为人觉解出的某种意义世界。如果我们承认管理学必须以人为本，那么对当今管理学的研究就极有必要立足于人的境界来观照管理学的境界问题。

人的行动有明确的目的性，对目的的觉解和自觉追求就赋予其所做之事某种意义，对所做之事的不同的追求就具有不同意义，各种意义的集合体就构成人生的境界。冯友兰认为，"就不同方面看，人所可能有的境界，可以分为四种：自然境界，功利境界，道德境界，天地境界"（冯友兰，1996）。在自然境界中，人对他所从事的活动的性质缺乏清晰的了解，其行为依据是个人的习惯或社会习俗，这是一种原始的主客体不分的混沌状态；功利境界中，人意识到自我的存在，并且主动地把自己当作主体，视他人或他物为客体，并依靠其理性的认知能力积极寻求外在的客观事物的规律，以服务于自身的利益需要；道德境界是指人摆脱了功利境界中的自我中心观念，意识到主体与客体（社会或他人）的统一性，并主动地做出利他行为；作为人生最高境界的天地境界是一种物我不分、天人合一的境界，人不仅仅是社会中的一员，更是宇宙之一部分，人对道德的遵循已无任何勉强之意，而是一种顺天而行的自然行为。

以此人生四大境界观照管理学发展演化过程，我们发现，与人的成熟与发展程度类似，管理学也应有以下四大境界：经验管理、科学管理、伦理管理和审美管理（如表3—1所示）。因为现实的复杂性与管理对象的多样性，管理的四种境界可能同时共存于某一时代或某一地域，但更重要的是，四种管理境界具有继时发展性与空间差异性。不同的时代，管理有不同的任务，管理主体与管理对象也有很大差异，因此就有不同的价值诉求和不同的管理境界。不同的国家或地域，由于文化的差异与管理情境的不同，管理学所达到的境界也可能不同。观照人生境界，我们可以从时间与空间两个维度——分析管理学的四大境界。但必须注意的是：第一，时代与地域的区别并非截然分明，我们只是为更便捷、清晰地说明问题而对其简单区分。第二，以下分析与叙述以"境界"为中心，没有明确的时代或空间线索。

表 3—1　　　　　　　　　　管理学四种境界的多维比较

人生境界	天人关系	价值观	自我问题	基本内容	管理媒介	管理学境界
自然境界	畏天	自保	形躯我	生理、心理欲求	传统与习俗	经验管理
功利境界	制天	自利	认知我	知觉理解及推理	技术与制度	科学管理
道德境界	化天	利他	德性我	价值自觉与关怀	文化与伦理	伦理管理
天地境界	合天	利天	情意我	生命力、生命感	艺术与情感	审美管理

资料来源：作者整理。

（一）自然境界与经验管理

工业革命以前的古代社会，无论东方还是西方，人类大体上处于自然境界状态。这一时期人类的理性智慧尚未充分发展，对外在的"天"及未知的领域尚存畏惧心理，因"畏天"而"敬天""顺天"以求自保，而对自我的关注也多在"形躯我"层面，其主要活动是为了满足基本的生理与心理欲求。处于这一境界的管理是经验管理。管理虽然出现了完整的理论体系，如儒家与法家的治国方略、亚里士多德的家庭管理思想、乔家字号的经营管理思想等，但具体的管理方法与知识多是停留在经验层面。劳动分工没有细化，操作没有标准化，管理的随意性很强，多是以代代积累与传递的经验为指导。与混沌状态下的无知息息相关，主导管理经验的是强大的传统与习俗，因此经验管理进展十分缓慢，其演化历程也最为久远。

经验管理是农耕文明的产物。在农业社会，强大的等级系统与土地固定在一起形成了超稳定的社会机制，经济与社会发展十分缓慢甚至停滞，管理的任务与对象也相对十分简单而明确，使得技术传授及日常管理依据经验和习俗就完全可以胜任。在人的自我意识不强，而传统与习俗的力量强大的社会背景中，管理者与被管理者的关系、基本管理制度、管理方式与途径都由文化传统所规定，无论管理者与被管理者都必须"法古人先例"，从历史的经验中汲取有限的智慧。经验管理限制了人在管理过程中的创造性，使管理理论以近乎平衡的路线缓慢演进而难有突破。但在人类社会高度发达的今日，我们也不能完全否定经验管理的价值。无论在任何时代，经验都是管理实践中的重要参考因素。德鲁克的经验研究或案例研究在当代社会凸显了经验对于管理的价值，其基本依据是"管理学者和实际管理工作者通过研究各色各样的成功和失败的管理案例，就能够理解管理问题，自然地学会有效地进行管理"（Harold Koontz，1980）。全球化背景下的跨国管理更不能忽视其他国家的文化传统与风俗习惯对管理的影响。经验在一定条件下能够被总结升华为科学理论，因此经验管理发展到一定程度就上升到科学管理境界。

（二）功利境界与科学管理

工业革命以来，人的主体性日益增强，理性的力量被放大并被认为是人的存在标志。人对自身的关注也上升到"认知我"层面，凭借理解与推理能力，人对客观世界不再因畏惧而顺从，而是"制天"以利己，"大写的人"被确立，主客二元对立思维形成，近代科学诞生并获得突飞猛进的发展。在这一阶段亚当·斯密提出"经济人"假设，经济管理深受其影响，追求个人利益的最大化成为管理者与被管理者的基本出发点。18世纪末至19世纪初，泰罗将工业革命以来的管理经验总结加工，利用人的逻辑推理能力，从中抽象出普遍的管理规律和标准化方法，使管理学上升到科学管理阶段，现代意义的管理学诞生。科学管理明确界定管理主体和客体，雇主与员工有了明确分工，管理等级正式结构化，管理任务被量化，管理方法和动作被标准化，基于合理性与合法性的组织机构和规则、程序与制度出现并不断强化，以物质刺激与职位晋升为主的激励方式被制度化，这一切均导向效率至上和个人效用最大化。

对管理效率的功利性追求是现代管理学的核心问题。泰罗科学管理理论产生以后，相继出现的法约尔经营管理思想、韦伯的科层制组织理论、人际关系学派、行为科学学派、管理过程学派、社会协作系统学派、决策理论学派和管理科学学派等管理理论都是功利性极强、以效率和利润为基本追求的科学管理形态。马斯洛等人的行为科学学派虽然重视了管理中的人性方面，但对人性的关怀、对心理和行为的研究都是为了从中寻找可以控制的规律性的东西，其基本立场不是站在他者的角度，而仍是一种利己导向，只不过将对纯粹效率的追求改为对复合性效用的追求。科学管理不相信人的精神、信仰与道德等非理性因素的作用，它们往往被视为对效能、效率或效用的干扰性因素而必须尽可能地予以祛除。它假定人除了对自身利益的追求之外，没有其他更崇高的社会关怀或利他动机。因此，它在使管理学科学性大大增强、管理效率极大提高的同时，也极大地降低和贬损了人性。人在管理中的物化、冷漠与"破碎"是这一管理形态的消极产物。

（三）道德境界与伦理管理

在近代理性主义思潮大行其道并深深影响管理理论范式的同时，反对抽象的思辨理性和主客二元分裂，从生存的价值和意义的角度来理解人的主体性的现代人本主义思潮不断兴起。人本主义重视直觉、情感和信仰等非理性因素的价值，反对价值中立的工具理性观，主张人对社会与他者的"介入"和"关怀"。面对科技与工业化推进过程中出现的道德与信仰危机，重视伦理的呼声日益高涨，人类开始出现向道德境界迈进的征兆。在道德境界，人认识到与社会的和谐统一的重要性，由单纯的利己动机转向利他动机，或通过利他行为来获取长远的利己结果。此时的人类对"天"（自然）抱以人文化成的态度，对自我的关注达到"德性我"的层面，产生价值自觉意识并重视关怀他者和保护自然环境。

　　20世纪80年代文化管理逐渐兴起，它开拓了管理学研究的伦理维度，认为人在追求物质需要的同时，具有并能够承担对组织与社会的道德责任，经营者追求的目标除了利润与效率之外，还有对社会的责任与对人性的关怀等更为远大的使命。管理伦理学、领导伦理学及道德资本的研究开始出现。由此，管理学出现向伦理管理迈进的势头。伦理管理在中国古代就已存在，不过它在农业社会与人治传统紧密结合在一起。经由对农业文明否定（工业文明）之否定的现代伦理管理是对自然境界中的经验管理的一种回归与超越，它同样重视文化传统与道德习惯的作用，但更加凸显了人的自主性与独立性。伦理管理超越了技术与制度对人的管理方式，转而重视基于伦理的自律作用，提倡一种领导者塑造"共同愿景"与员工实施自我管理相结合的自主式管理。伦理管理与经验管理阶段忽视制度建构不同，也与科学管理阶段一味地依赖技术与制度不同，它寻求的是管理技术与制度的伦理化，以此作为主要的外控方式。同时伦理管理重视情感、直觉、情绪、信念等非理性因素的作用，依靠非权力影响力的道德感化作用来实施管理。虽然当今伦理管理已经出现，但在科学管理主导的现代社会，它对整个管理学的影响还十分微弱，基本处于边缘化的地带。

（四）天地境界与审美管理

　　天地境界是"天人合一"的最高境界，是人类超越利己、利他之分，做出恰当而自然的利天、事天行为的境界。天地境界是天、地、人之合，是人与自然、社会之和，同时也是理性与感性之合，合目的性与合规律性的统一。在此境界的人关注"情意我"层面，以观赏的态度来对待宇宙、自然、社会、他者与自我，从中彰显人之为人的生命力与生命感。中国古代的道家思想与西方后现代思潮均有此倾向。与此境界相对应的管理是一种无为而治与自我控制相结合、科学与人文水乳交融、技术与伦理并行不悖、理性与情感和合共生的审美式管理。此时的管理学更是一门艺术，管理实践则是管理者与被管理者共同的艺术作品，双方原初的情感都得到恰当而充分的考察并成为管理的主要媒介，而融入管理这一艺术之中。管理主体双方平等、和谐相处，彻底打破了科学管理阶段的对立与控制局面，管理者与被管理者已没有明确的界限，双方彼此成就对方并以此成就自己。审美境界中的管理不再仅仅是完成一项约定的任务，更不是一种谋生的手段，而是双方为了共同的美好目标选择的一种共同体中的生活方式，是为了完成一件艺术品而进行的合作。按照美的规律来实施管理，观照管理中的任务、目标、对象与管理主体，以解决管理问题。通过有序、和谐的审美管理来创造美好生活既是人类生存和发展的最高目标，也是管理学的最高境界。

20 世纪 80、90 年代兴起的后现代管理在批判理性的话语霸权时，主张在管理中充分释放人的想象力、创造力和生命力。后现代管理者要求在管理中消除理性的暴政，恢复感性的权利；消除"人类中心主义"，宣告"主体死亡"，其实是主张管理主体与管理客体的和谐统一。在他们看来，工作是消遣而不是在别人监督下遭罪，"在一种真正人道的文明中，人类生存将是消遣，而不是苦役，人将在表演中而不是在需要中生活"（马尔库塞，2005）。在这种管理中，管理者与被管理者实现了物质与精神上的双重解放，他们获得的不仅仅是物质上、心理上与情感上的需要，还获得了自由愉悦的体验之美。可见，后现代管理已具有审美管理的端倪和基本趋向。但到目前为止，管理学界对审美管理的研究尚微乎其微。

3.3.3　境界考察下管理学的价值沉思与未来趋向

从以上对管理学境界的考察，我们可以得知管理学的任务不是如何使之成为科学，而是如何更好地指导管理实践，以改进人的生活质量，提高人的境界。因此，管理学的发展演化应该导向人之上升。管理研究者只有清楚管理学所能具有的意义境界，才能顺应时代潮流将之推向更高境界，以使管理学理论为谋取人类的最高福祉而不断完善。通过以上分析，面对功利性导向的科学管理主导当今管理学研究的局面，我们应做以下理论反思。

第一，管理学不能只重逻辑而忽视目的、只重规律而忽视意义、只重科学性而忽视艺术性。管理学是一门实践性极强的应用性学科，以解决现实问题为导向，而实践是目的性极强的人的能动性活动，因此由实践驱动并用于指导实践的管理学知识不能只重逻辑而忽视目的、只重视规律而忽视意义。这样做的严重后果是管理学日益脱离实践并走向迷途。主流管理学范式深受价值中立原则的影响，片面发展其科学方面，而忽视了其在实践中的艺术性。在情感祛除之后，对逻辑和规律的强调确实使管理学日益科学化，但同时也使管理学沦落为一种纯粹追逐效率的工具，而看不到其中可能蕴含着的对于管理实践及人之发展的丰富意义。由此才导致了管理学意义世界的荒芜，这也是科学管理对经验管理矫枉过正的一个恶果。对管理学目的与意义的淡漠，有可能导致管理学家对现实问题的理论敏感性的丧失。因此，今后的管理学研究必须要重视对其意义世界与目的—价值系统进行研究。管理学家不可能也不应该完全做到价值中立，既然如此，管理学者就不应讳言自己的价值观和情感偏好，管理学家完全可以公开阐明自己的价值立场、文化背景和研究目的。管理学家在为自己的价值观而奋斗、提升管理学的境界以谋求人类的福祉的同时，也提升了自己的人生境界，使自己成为一个真正可敬的、有社会良知的学者，而非一个冷漠的科学工作者。

第二，管理学的终极意义不是生产高质量的产品而是生产高质量的人。在马斯洛看来，"管理学理论强调两种结果：一是经济生产力、产品品质和创造利润；二是人性产品，包括员工的心理、健康、自我实现、安全感、归属感和忠诚的提升"（马斯洛，2003）。两者之中，前者是管理学追求的直接目的，后者才是根本目的和终极意义所在。无论是古代的孔子、亚里士多德还是近代的边沁、穆勒、马歇尔都认为，人类一切行为的最终目的皆在满足精神快乐需要。管理本身不是目的，而是改善人的生活质量的一种手段或途径，假如管理学者一味地追求经济效率和在逻辑游戏中阐释管理科学的完美，而忽视管理学对于人的终极意义，只能导致管理学研究出现本末倒置的状况。

第三，管理研究需要由功利境界向道德与审美境界提升。纵观管理理论"丛林"的各大学派，现代管理学从整体上还处于科学管理阶段的功利境界。尽管我们对泰罗创立的科学管理一再超越与回归，并从马斯洛开始形成了注重人性的人本管理范式，但当今管理学主流还是科学主义范式，后者在管理学研究中的影响还十分有限。管理学者大多从资方的角度为其如何通过管理过程增加物质财富而出谋划策，迎合管理方的偏好也为管理学者带来很多好处，如获得公司的内部数据和科研资料，较为便利地发放调查问卷，获得更多的企业资助，发表更多的科研论文等。如果管理学研究长期处于科学管理阶段而走不出功利境界，管理学者就会日益丧失道德良知和对现实问题的解释与判断能力，管理学也就沦落为制造社会不公的工具。上世纪 80 年代出现的文化管理与后现代管理思潮，显露出管理学向伦理管理与审美管理提升的迹象。但管理学的伦理与审美之维因不够实用和难以操作而很少为人重视，加之后现代管理存在材料搜集难度大、涉及学科领域广、见效慢等研究困难，持续对此领域进行跟踪研究的学者更是凤毛麟角了。

第四，发展管理学的伦理之维是当今管理学研究最迫切的任务之一。科学管理对功利的过分追求导致的突出问题就是管理学伦理维度的缺失，由此给管理实践带来很多消极影响。各国政府官员和工商企业领导者因为道德腐化而引起的管理失败层出不穷，美国的安然与安达信事件，中国的三鹿奶粉事件，以及各国普遍存在的环境恶化问题，所有的这一切均与管理一味功利性地追求物质财富和个人利益最大化而忽视道德责任有关。目前管理学研究必须慎重考虑的问题是，管理如何提升人的道德境界并以此实施更好的管理（伦理管理）。理性官僚制理论的集大成者马科斯·韦伯也承认，人有乐于从事工作并在工作中获得生活乐趣和精神追求的一面（Max Weber，1954）。人的这种积极进取天性和责任感，为管理寻求个人与组织、社会的和谐统一关系找到了道德基础与现实可能。虽然管理伦理学与领导伦理学研究在近年来取得很大进展，但它们从未真正撼动科学管理的主导地位，伦理仍然处于管理学研究的边缘地带。使管理学由功利境界提升到道德境界，我们迫切需要解决以下问题：伦理在管理实践中的可操作性、制度的伦理化、管理价值系统中人性与效率的整合问题、管理与伦理的内在逻辑以及管理的个人目标、组织目标与社会目标体系的统合性建构等。

第五，管理学的研究范式必须寻求科学主义与人文主义的整合，当下尤其要重视后者。欲改变科学管理的功利境界状况，我们必须从管理学理论范式的转化与整合出发。支撑科学管理理论大厦的是科学主义范式，"现代管理发展演变的历程，就是一个运用科学特别是自然科学为管理开辟道路的历程：科学管理阶段与近代机械力学联系特别密切"（罗长海，1999）。人文主义范式强调把人放在管理学研究的核心位置，认为管理学与自然科学有很大差异，组织及其管理现象的本质是人的主体精神的外化或客体化，是"精神世界"和"文化世界"。加强人文主义范式在管理学研究中的运用对提升管理学的境界有重大意义。管理学需要由功利境界（科学管理）提升到道德境界（伦理管理）与天地境界（审美管理），但并非意味着要完全忽视管理的功利方面。作为实践性活动，管理必须以变革世界、满足人的某种需求为目的，因而功利性与科学性是其不可缺少的维度。需要转变"非此即彼"的思维为"和合共生"思维，两大范式只能寻求整合而不能彼此替代，而当下的迫切任务是重视并加强对管理学人文主义范式的研究。

第四章　人性救赎：管理学范式整合的后现代视角

　　后现代管理的思想源头是"后现代主义"（postmodernism）。"后现代主义"一词本身颇具争议，目前多数学者主张后现代主义应有两种界定。其一为历史的界定，笔者称之为断代性后现代，以德鲁克的"后资本主义社会"、丹尼尔·贝尔的"后工业社会"、阿尔温·托夫勒的"信息社会"、罗尔夫·詹森的"梦想社会"等为代表。这些学者针对现代社会的不同表征提出了形形色色的后现代社会概念，在他们看来，"后现代社会"就是指历史时期中的"现代之后"，而后现代主义即为表征后现代社会特性的意识形态。其二为理论的界定，笔者称之为反思性后现代，主要以存在主义、后结构主义、批判主义、现象学、语言学与诠释学为理论基础，以对现代主义弊病的反思与批判为标志，主张重建人类文明及未来世界。反思性后现代发端于尼采对现代性虚无主义的批判及其价值重估的呼吁，奠基者主要是寻找人类生存意义的晚期海德格尔与标志哲学出现语言学转向的后期维特根斯坦，集后现代主义之大成的思想巨匠主要有德里达、利奥塔、福柯、伽达默尔、格里芬、吉登斯、詹姆逊等人，具有反思性后现代主义思想倾向的大师则有哈贝马斯、马尔库塞、霍克海默、罗蒂等人。从哲学层面对现代主义进行批判的反思性后现代主义，因其思想的博大精深及深远的学术影响力而成为后现代主义研究的主流学派，也是本书批判与重建相关管理问题的主要思想来源。

　　全面系统地研究后现代主义的理论主张及其内部关系是哲学、社会学领域的一项艰巨任务，但这并不是聚焦于管理学范式问题的本书之研究目的。后现代主义被学界视为一种激进的人文主义思潮，是西方自由主义传统在后现代社会的延续，其理论宗旨可以归结为真正实现人的"自由—自治"生活，这对以"效率—控制"为主题的现代管理是一种巨大的超越。问题的关键是，后现代主义的这一终极性追求如何在管理领域得以展现？

解释由人构成的社会现象不可能脱离人性，"不能用'人性'的某些倾向来解释的事件是极少的"（卡尔·波普，1987），人性是一切实践考察与理论研究的逻辑起点与基础假设；此外，权力作为政治学、管理学与社会学中的核心术语是建构一切人类秩序的基础，正如罗素所说，"权力作为社会科学的概念，就如同能量之为物理学的基本概念一样"（詹姆斯·麦格雷戈·伯恩斯，2006）。在此，我们选择"人性"与"权力"两大哲学社会科学的核心概念，来系统剖析后现代主义的人性观与权力观，并以此来考察后现代主义者如何在组织与管理中推衍其"自由—自治"主张。

4.1　非理性解放：后现代管理视域中的人性救赎

在科学主义思潮与功利主义观念的影响下，现代管理在极大提高人类生产与组织能力的同时，也面临着愈演愈烈的人性化困境。后现代主义者在对现代管理的批判中发现了其人性困境，由于人性在实践观察与理论建构中的基础性地位，它自然成为后现代管理批判与建构的聚焦点。Robert Cooper 和 Gibson Burrell（1988）在考察德里达的哲学思想对于组织与管理研究的理论意蕴时指出，理性化运动的经济后果就是，对个人经济利益的片面强调将冲动、欲望、激情等非理性因素驯化并长期在管理领域处于边缘化状态。这就预示着，管理中的理性化过程将人的一系列自然欲求剥夺在经济系统之外，而这些自然欲求同样是人之所以为人的重要方面。因而，理性对现代管理的塑造实质是以一种压抑性文明将人简单化、机械化，使之成为没有灵魂和欲望的机械个体，只有这样才能通过计算来增强管理的可控性与可预测性，从而提高管理系统的生产效率与运转能力。后现代主义者试图通过情感、欲望、直觉等非理性因素的解放来消解理性的偏执在管理中对人性造成的损害，由此他们重点探讨了管理中的伦理与审美问题，并将之导向人的"自由—自治"境界，以期救赎现代管理中的没落人性。

4.1.1　现代管理的文化乡愁及人性困境

科学主义与人文主义两大范式的分裂与失衡造成了管理学人文维度的缺失及其意义世界的荒芜，管理理论的这种痼疾反映了管理实践中的人性扭曲，同时也进一步影响或塑造着管理实践的非人性化倾向。20 世纪 70

年代以来，虽然理论界出现呼吁人性化管理的组织文化学派等人文主义思潮，但对管理实践产生更为深远影响的是一股强劲的新管理主义运动，它强调制度、规则、流程等去人格化的管理途径，以经济、效率、效能为基本目标，是传统科学管理运动的当代复兴，并将泰罗制扩展到政府与其他非营利组织之中。80 年代，美国的里根政府与英国的撒切尔政府在新右派的支持下大量削减福利政策，以传统企业管理领域的泰罗制来塑造政府组织及其管理，与此同时，市场导向的企业型政府、新公共管理运动、无缝隙政府、企业流程再造、后官僚组织等成为管理时尚。新管理主义使科学主义思潮主导下的泰罗制由营利性的企业组织向非营利性的公共领域迅速扩展，理性化设计之下的机械化控制形式逐步渗透到人类生活的方方面面，它在极大地提高人类组织运作效率的同时，也使管理中的人性问题更为突出。

在后现代主义者看来，现代管理中的人性困境突出表现为人之精神性因素与管理个性的消逝。新管理主义运动强调制度、规则与程序是唯一可靠的管理途径，人类应该用制度和规则来约束和规范个人的行为，而不是让具有不同个性和能力的人来任意地变动制度与规则。由此，为了增强管理的可控性与制度、契约的普适性，人的伦理与信念等精神性因素在管理中不但成为不可靠因素，而且是必须予以剥离的不确定性因素。也就是说，管理为达到科学主义者设定的规范与高效的目标，必须实现马克斯·韦伯所谓的"祛魅"（disenchantment），即将一切魔力从世界中排除出去以使世界理性化的过程（马克斯·韦伯，2002），由此，祛魅之后的管理"再也没有什么神秘莫测、无法计算的力量在起作用，人们可以通过计算掌握一切"（马克斯·韦伯，1998）。自人类用理性将神灵清除出自己的内在世界后，信仰危机和道德危机成了现代社会所固有的隐患（胡国栋，2009）。正如约翰·加德纳所说，"现代技术并不一定破坏美学的、精神的或社会的价值观，但除非管理我们技术的个人坚定地维护这些价值观，否则多数会是这样"（弗里蒙特·E·卡斯特，詹姆斯·罗森茨韦克，1985）。因此说，缺乏伦理与价值考量的现代组织管理的效率和效能的提高，在某种程度上是以忽视人的非理性、忽视人的经济以外的需要和牺牲人性为代价的。此外，科学主义思潮支配下的管理模式内在地具有普适性与去特殊性的要求，因而政府组织可以采用企业组织中高效率的管理制度与规则，同样发展中国家也完全可以模仿发达国家所谓的先进管理制度与方法。也就是说，全球依照科学的标准采用符合规律的同一性制度与管理方法便可高效率地完成管理任务。片面照搬发达国家的管理经验和概念、模型与分析方法，使当地人语言在管理中严重缺失，由于人是一种社会性动物，人类的"语言本身便承载了一种源自于其文化传统的意义体系"（杨国枢、黄光国、杨中芳，2008），群体的社会历史及其文化脉络是某一民族自我认同的符号，全球化运动中当地人语言在本土管理实践中的缺失同样造成了一种意义危机。也就是说，管理模式的全球化以牺牲某些族群中人的社会属性为代价。

　　普遍主义原则支配下的管理模式不顾各地社会文化脉络在全球扩张，造成了后发国家民族认同与文化传统的迷失；理性主义原则支配下的管理方式则在祛魅之后使人之心灵与精神因素在管理领域荡然无存，使人沦为制度、规则与产品的附属物和机械服从命令的"齿轮"，而不再是具有创造性的人。这种民族认同与个人身份认同的双重危机便带来了学界所说的"文化乡愁"问题。"乡愁"是已然褪去新鲜色彩的传统，"它以理念形态依旧留存于集体的记忆中，并时时唤起人们的脉脉温情"（阎光才，2008）。所谓管理中的"文化乡愁"则是指一种随着管理的全球化运动与理性化运动而产生的对文化传统的失落感和对个人美好精神家园的追忆情绪（罗珉、李永强，2002）。现代管理的文化乡愁标志着人类的精神家园与梦想世界在管理领域的消逝或迷失。科学管理的时代，轰隆隆的机器声中处处是个性消逝而机械操作程序的人，"一壶浊酒尽余欢，今宵别梦寒"，人类依依挥别往昔美好的精神家园，不免时时追忆传统经验管理时代工艺技术在师徒或祖孙之间的代代相继及其间承载的精神力量与脉脉温情。现代管理为我们创造了取之不尽的物质财富，我们完全可以沉浸在喧嚣时代的快乐之中，然而，"没有梦想没有意义没有魂灵的欢乐，还会是一种人的欢乐吗？"（李泽厚，1998）

　　现代管理的文化乡愁所引起的这种人性困境正是后现代主义者批判与思索的逻辑起点。在后现代主义者看来，现代管理的人性困境源于工具理性的片面弘扬使人类将本是人性之一部分的理性因素作为人性的全部。理性主义在西方是一种源远流长的文化传统，也是启蒙运动以来西方现代化的核心理念。从亚当·斯密开始，经济学便把人看作"理性的动物"并正式形成"经济人"假设。完全理性的"经济人"假设的出现，对管理理论和管理实践都产生了深远的影响。可以说，自从理性主义蔓延到管理实践中，组织设计、组织形式、管理方式和管理思维都打上了理性的烙印。在理性主义支配下，现代管理在理论和实践中都拒斥人的情感等非理性因素，把人看作同物一样毫无感情的被认识、被控制的对象。现代管理发展演变的历程，就是运用科学特别是自然科学为管理开辟道路的历程，同时也是工具理性不断弘扬和充实的过程。理性的重要性是不言而喻的，但是当理性在企业管理中过于张扬以至泛滥时，人便在无形中被物化，管理则背离了它服务于人之生存与发展的目的，失去了它应有的积极意义。因此，人性的解放必须要从根本上挑战和动摇现代管理中的理性主义基础，而根本的途径则是将被现代管理压抑和边缘化的非理性因素解放出来以实现人性的自由发展。正是秉持着这种人性救赎理念，一批具有后现代主义倾向的学者推动着管理发生后现代转向。

4.1.2　管理的后现代转向及其人性救赎价值

面对理性主义在管理中的泛滥及其非人性化后果，一些具有人文主义倾向的学者努力发掘精神文化因素在管理中的价值。早在1959年，德鲁克在《未来的里程碑——关于新的后现代世界的报告》一书中就声明，人不是单纯的生物和心理存在，更是一种造物主所创造并且受造物主支配的精灵和精神性存在，因而管理必须使人回归精神价值（Drucker，1959）。德鲁克此书提出后现代世界、知识经济、知识工作者等概念并将之与精神性因素结合，是标志着管理学出现后现代转向的最早著作。但这种思想未能引起当时学界的重视，也缺少跟进的追随者，因而仅仅是作为管理先知的德鲁克对未来世界之管理形态的一种预言。20世纪八九十年代，后现代主义观点大量进入组织及其管理领域，对现代管理的批评已经从对机械逻辑论的批评扩展到对其思维方式和基本假设的批判，使管理的后现代转向成为一种思想运动。这一时期，查尔斯·汉迪（Charles Handy，1989）出版了《非理性的时代》，汤姆·彼得斯（Tom J. Peters）出版了《追求卓越》（1982）、《超越混沌》（1987）、《解放型管理》（1992）等书。这些风靡全球的畅销著作无一例外地宣扬直觉、想象、价值观等非理性因素在管理中的意义并呼吁对传统的管理观念进行彻底变革。到20世纪90年代中期，挑战现代管理理性主义基础的后现代管理成为一股强劲的社会思潮。

推动管理向后现代主义转向的主要有以下三股力量：其一，后现代主义思潮的繁荣及其在管理领域的蔓延。二战后，随着现代主义弊端的日益暴露，福柯、利奥塔、德里达等后现代主义者对理性主导的现代主义哲学及其基本逻辑进行猛烈批判，现代主义预设的基础主义、中心主义、进化主义及主体性等核心理念受到严重冲击。彼得·德鲁克、查尔斯·汉迪（Charles Handy）、明茨伯格（Henry Mintzberg）、彼得·圣吉、汤姆·彼得斯等管理学者将后现代主义的基本主张导入管理领域来反思现代性逻辑在管理中的弊端，推动管理出现后现代转向。其二，后工业社会的环境变迁使管理需要新的理论形态。1973 年，美国学者丹尼尔·贝尔出版《后工业社会的来临》一书，提出"后工业社会"的概念。贝尔认为，传统以制造业为基础的工业社会即将结束，现代社会正在进入一个以信息和服务为基础的崭新发展阶段。后工业社会同时是知识经济时代，企业从制造业向服务业转型，新的科技主导型工业成为核心，新技术精英大量涌现并在社会的各个领域占据主导地位（Daniel Bell，1973）。这一切都使管理所面临的环境发生结构性的改变，如自主性较强的知识型员工取代了传统的操作工人，多样化、个性化的产品需求使传统单一的生产标准及程序化的流水线生产模式面临挑战，信息技术的推广则使传统金字塔形状的组织结构变得更加扁平化。日益复杂与动荡的外部环境及知识型员工的多样性需求使传统的理性控制思维在管理中捉襟见肘，这种环境的巨变需要与后现代社会相适应的管理理论与之匹配，由此后现代管理的形成与发展成为时代的需要。其三，后现代管理的出现还受到现代科技革命的推动。二战后，自然科学及技术革命突飞猛进，量子力学、协同论、混沌理论及复杂性科学深刻揭示了事物的相对性、非确定性及非线性关系，对旧有科学的确定性世界观及线性因果逻辑产生很大冲击，为后现代管理的思维方式和研究范式的形成提供了理论准备和方法论前提。

后现代主义者对管理中的人性救赎是通过重建人的精神家园、解放人的非理性因素来实现的。后现代性发端于尼采"重估一切价值"的思想，彼得斯等人（Peters & Waterman，1982）将之导入管理考察之中，呼吁企业颠覆理性主义传统，重塑企业的价值观。福柯与利奥塔等具有后现代倾向的思想家批判了现代管理中主观与客观、理性与感性二元对立的思维，强调消解由理性所构筑的话语霸权及其宏大叙事模式。针对现代管理"祛魅"过程中所产生的文化乡愁问题，Griffin（1988）提出重建"返魅"的世界观，他认为人类由其同神圣实体的关系构成，只有恢复神圣观念，才能克服"祛魅"所带来的诸多现代性弊病。"返魅"的目的不仅仅是提高组织的凝聚力，在后现代主义者看来，它更主要的目的是在组织中建立一种抵抗理性控制系统之压迫的文化共同体，以增强员工对组织及其个人身份的文化认同感。以这种后现代主义精神考察组织与管理问题，一些学者提出了"基于情感认同或价值观的行为"（Ogilvy，1990）、"认同式文化"（Charles Handy，1989）等主张。这一切表明，非理性因素不纯粹是现代管理所宣称的干扰性因素，而可能在知识经济时代的复杂环境中成为一种积极的人性解放力量。

后现代管理的这些主张对于现代管理的文化乡愁及理性主义困境具有以下救赎价值。其一，它使人们认识到理性在管理中的界限与范围。理性在提高管理效率方面彰显威力的同时，却对管理的价值观问题无能为力，这就容易将管理导向非人性化的歧途。其二，后现代管理在管理中解放了人的非理性因素，将情感、情绪、直觉、伦理及信仰等问题推衍到管理考察的核心地带，对于在管理中提高人的尊严，提高职工在组织中的幸福感与满意度有重要的现实意义。其三，后现代管理发现了被现代管理边缘化的"他者"的存在及作用。女性、员工及少数民族等在现代管理中被视为管理与控制的对象而成为弱势群体，其理论主张及各种利益诉求也难以纳入现代主流管理理论的考察之中。后现代管理则强调倾听这些"他者"的声音，关注他们各种物质的与情感的需要，倡导员工的参与管理与自我管理，以此来反对居于"中心"地位的权力掌握者的话语霸权及其对"他者"的合法压迫。

总之，后现代主义的这些观点反映了其重建自由叙事的努力。自启蒙运动以来，自由一直是启蒙理性所追求的核心价值，但随着理性的分化，作为价值理性主题的自由逐渐被作为形式理性主题的技术所遮蔽。人们幻想通过科学技术的飞跃实现人类的自由与解放，但是理性主义的宏观叙事构筑了工具理性的霸权话语，最终使其本身成为一种压抑人的自由和对社会实施控制的操纵系统。"作为追求自由和解放的启蒙理性的文化，由于技术叙事对效率的追求，使金钱和权力开始左右和控制社会生活，这就使启蒙理性日益走向自己的反面，以一种权力的控制和操纵的形式出现"（李楠明，2005）。后现代主义者非理性解放的主张及其对中心性主体、科学主义宏观叙事的解构，本质上就是对现代主义压抑和操纵的反抗和对人类自由的推崇。对于管理理论及管理实践，自由这一人类价值主体自管理学产生之时就一直缺乏系统的考量。尽管在公共领域保障公民自由权利的民主政体已经成为当今世界主要国家政权的基本组织形式，但专制、独裁与压迫一直未曾远离企业管理领域。后现代管理非理性解放的价值就是在管理的理性控制系统之外，建构一种基于情感与价值的"自由—自治"系统，以确保人性在管理领域的完全展现，将管理导向服务于人类自由和幸福的生活。

4.1.3　自我创造与情感体验：后现代主义语境中管理的伦理与审美之维

那么，如何进行价值重塑、建立文化共同体并以之来实现人的非理性因素在管理中的解放呢？后现代主义者开拓了伦理技术与审美体验两条基本路径，即建造人在组织中的道德生活与审美生活，并将它们与人的自由与解放问题连接起来，构筑了一种反对理性主义、权威主义与中心主义的新的自由叙事模式。

（一）自我创造与控制的伦理之维

伦理是实施控制的一种恰当途径。在古代中国的管理理念中，基于技术与刑罚的控制一直被视为管理的次要选择，以人文精神见长的儒家思想认为，"为政以德，譬如北辰，居其所而众星拱之"（《论语·为政》），以伦理为依据建构各项制度，"明德慎罚""德治天下"是古代中国最理想的管理模式。在科学主义范式主导的西方现代管理中，伦理虽然被主流学者置于边缘化位置，但仍有学者将之视为控制的一种有效手段。Bernard James 认为，塑造企业战略愿景的关键要素之一是员工的伦理诉求，基于伦理的战略规划有利于组织实施更好的控制（Bernard James，1994）；David Pastoriza 等则指出，基于伦理的管理行为有助于组织生产更多的社会资本，减少控制的成本，因而管理者的行为要受到伦理的约束（David P. Miguel A. A. & Joan E. R.，2008）。但无论是中国古代的德治管理设计，还是现代管理对控制的伦理考量，其所涉及的伦理要么是一种权威性的道德说教，要么是达到某种功利性目标的手段，因而都具有某种程度的压迫性与外在性，与后现代主义者确立管理的"自由—自治"目标以实现人之自由解放的主张相距甚远。后现代主义者认为，人类社会中事实上不存在既是普遍发现和固定的，而且还是足够真实的非历史本质，可以只由逻辑推导产生或证明的伦理理论（Richard Shusterman，2000）。基于此，后现代主义者提出一种反对普遍主义并具有非压迫性的后现代伦理观。

从 D. R. Griffin 与 Richard Shusterman 等人的论述中，可以归纳出后现代伦理与现代伦理截然不同的四个特质。其一，后现代伦理是行动中的伦理而非固定的抽象戒律，拒斥任何先验的基础主义假定。晚期维特根斯坦语言学的转向及利奥塔对现代主义宏观叙事的解构，向人们昭示着另一种现实，即"我们栖身在语言游戏的混杂的多样性中，且由如此众多的谈话形式所塑造，以至于我们不再能够肯定地说我们究竟是谁"（Richard Shusterman，2000）。因此，伦理只能在具体的语境中，根据谈话的对象或内容来决定。也就是说，后现代伦理具有行动的品质。其二，后现代伦理是一种私人伦理，拒斥任何形式的权威主义。后现代伦理由自由感和对自己行为的责任感组成，它只与个体相关联，个体只能在自身之内理解伦理，"因为伦理是他与上帝的密谋"（王齐，2000）。后现代伦理"拒绝任何外在的权威作为真理之源泉"（D. R. Griffin，1988），它的承载者是对自己行为负责任的道德主体（Richard Shusterman，2000）。其三，后现代伦理是一种趣味伦理并具有审美化倾向，拒斥任何机械主义的阻碍。这是由于后现代伦理不再受某种固定化的外在教条约束，仅仅是个体在行动中做出负责任选择的行为，因而具有了创造性特质。正如 Richard Shusterman（2000）所指出，道德反省最完美和最有希望的模式是"自我创造"和"自我扩展"。在这种创造和扩展中，后现代伦理使其主体获得了审美趣味。其四，后现代伦理是一种情感化伦理，拒斥任何理性主义的预设。作为实践理性的现代伦理经过康德批判之后，事实上成为了理性的代言者，"通过基于理性基础和普遍化原则的选择而无须顾及对审慎的权宜和情绪的偶然考量"（Richard Shusterman，2000），任何伦理推断都要经过理性主义因素的评判，因而伦理成为理性的附庸并同样成为压迫人之自由的工具。后现代伦理的行动品质要求它必须依照主体的感性力量对各种具体情境做出恰当的判断和选择，理性不应该也无法对各种变化的偶然因素做出恰当的设定。

　　后现代伦理的以上四个特征无一例外地指向人的自由与解放这一价值主题。它拒绝了任何理性设定的外在力量对人的摆布与压迫，使伦理成为一种自我规制的主动行为，具有自我创造、自我扩展的自主性特征，正是在这种意义上，福柯（1988a）指出，伦理是"自由所采取的审慎的形式"，自由则是"伦理的本体论条件"。以这种通达自由之境的后现代伦理来考察管理中的控制问题，伦理就不再是一种实现某种功利性目标的手段，而是一种主动实施的自我技术。它指向的问题不再是 Bernard James（1994）所谓的塑造组织战略愿景的关键维度，也不是 David Pastoriza 等人（2008）所说的增加组织的社会资本或降低控制成本，而是"个体应该怎样塑造他的生活去自我实现作为人的目标的问题"（Richard Shusterman，2000）。也就是说，后现代伦理使管理的价值考量从组织的角度转向员工，控制的主题由效率增长和行为约束转向个体自由与自治。

（二）体验、情感释放与组织的审美之维

后现代主义者反抗理性主义以进行人性救赎的另一个重要主张是感性的解放，这方面的主要代表是法兰克福学派的领军人物之一马尔库塞。马尔库塞对人性的救赎是通过感性解放与开拓人性的审美之维来实现的。在他看来，生产性、攻击性的文明压抑了爱欲的、非攻击性的情愫，"取消各种压抑性束缚，就会为实存的非压抑的升华方式提供前提条件，而这就表现在审美活动中的感性解放中，因为，人的本能解放之路实质上是一条通往审美的道路"（马尔库塞，2001）。在高尔泰看来，美是人的本质的对象化，而人的本质是自由，因此美是自由的象征（高尔泰，1986）。审美及作为审美应用领域的艺术活动的基本功能便是负载拯救人的感性之维的历史重任。"审美的调解就意味着加强感性，反抗理性的暴戾，并最终唤起感性使之摆脱理性的压抑性统治"（马尔库塞，2005）。审美通过幻想和想象使人摆脱了压抑性的现实原则，超越了现实，使现代人重建感性秩序，把人导向自由的境界，从而实现人的解放。

那么审美活动如何解放人类的感性力量？后现代主义者为反抗现代理性主义及普遍主义所塑造的先验决定论，推崇一种与先验主义相对抗的体验哲学（embodied philosophy）。"体验"作为一个哲学范畴是指主体与客体之间的一种特殊的关系状态，主要由感受、联想、情感、领悟、理解等诸多情感与心理要素构成。体验把握的对象不是单纯的客体，而是客体对主体的意义与关系，即主体只可能对于自身有意义或有关系的事物产生体验。体验具有情感性特征，体验的出发点是情感，主体总是从内心的全部情感积累和先在感受出发去体验和揭示生命的意蕴，同样体验的归宿也是情感，体验的结果是一种更深刻地把握生命活动的情感的生成。也就是说，情感释放既是体验的依据也是体验的结果，体验通过情感发生并产生新的情感和意义（童庆炳，2002）。以后现代主义者倡导的这种体验行为来考察组织及其管理活动，我们可以在组织中塑造一种实现人之情感解放的审美生活。

以体验哲学来考察组织的经济行为，未来的组织管理则会推动体验经济的产生。体验经济是一种以商品为道具，以服务为舞台，以体验作为价值提供物和经济提供物的经济形态。体验经济中的消费者从其购买的产品和服务中能够获得一种情感体验过程，在满足其审美需要的同时心甘情愿地为此心理感受支付费用。在购买某种体验产品时，消费者是在花费时间

享受某一企业所提供的一系列值得记忆的事件或故事——就像在戏剧演出中那样身临其境（Joseph Pine & James Gilmore，1999）。以体验哲学来考察组织内部的工作内涵，工作的概念就发生了革命性的转变，即由谋生的一种手段转为自我消遣的一种生活方式。理性设计的传统工作概念往往将思想与肉体分离，组织中的个体需要的只是从事服从理性安排并进行固定化操作的身体，思想的愉悦等高层精神性活动往往被放在组织之外的家庭生活或其他休闲活动之中。后现代主义者则将精神性愉悦与物质性谋生同时纳入组织之内，并赋予工作更高级的精神内涵。Rolf Jenson（1999）对这种转变做了以下描述：工作变得妙趣横生、催人上进、创意十足和引人入胜；公司也不再是一个法律经济实体，传统的会计方法将被抛弃，公司更像是一个部落，员工也不再是旧式合同之下的雇佣人员，而是平等的部落成员。如果说为产品赋予情感价值的体验经济塑造了一种组织的外部审美生活，那么工作概念由谋生向消遣的根本转变则塑造了一种组织内部的审美生活。组织内外的这两种巨大变革共同对传统理性主义主导的机械式组织及其管理带来了革命性挑战。

4.1.4　超越、回归与整合：后现代管理的人性重建

目前，后现代管理展现的主要功能是从根源上对现代管理的批判与反思，而其蕴含的巨大潜力和真正理论价值在于对现代管理的重建。解构现代管理虽然是大多数后现代管理者的主要论域，但这仅仅是其理论发展初期的主要使命。后现代管理也正因为初期阶段的解构使命，而未能建立具有内在统一性逻辑的理论体系，因而其理论内部矛盾频现，甚至难以作为一种整体性的思潮来清晰地说明自身，这也是它往往被现代管理学者诟病的原因。但是，后现代管理的强大批判功能对于加强现代管理的深刻反省、自我理解和自我超越具有很大指导意义，而其对非理性因素、不确定因素及边缘性因素的尊重和关注，则对克服现代管理由于理性的僭越而造成的非人性化弊病具有现实意义。后现代管理的当务之急是建构专属于自己的理论体系，后现代社会的管理需要后现代主义者提供一种能够克服现代管理弊端，并且更好地服务于知识经济时代复杂性管理的系统化并具可操作性的管理理论。

后现代主义非理性解放的人性观及其将伦理、审美元素导向人之自由、解放这一终极性价值之上的主张，批判与超越了现代管理的理性主义预设及其引起的诸多人性困境，为在管理中重建现实而完整的人性提供了

重要启发。从回归人之自由这一价值导向来看，后现代主义是现代主义追求自由精神的延续，只不过在后现代主义者看来，现代理性主义设定的种种规则和制度走向了现代自由精神的反面甚至在管理实践中剥夺了人的自由，因而他们主张通过情感、伦理与审美等非理性因素的解放来重建真正的人性。也就是说，后现代主义对理性主义、主体性及人性本身的批判和解构，并不是要否定理性与主体本身，而是要确定理性的界限，还原人性的本来面目，回归或恢复现代性的核心价值，真正实现人的自由发展。因此说，只有从对自由的追求和对人类生存困境的忧虑的视角出发，我们才能真正理解后现代主义与现代主义的内在关联，两者并不会如其表面上所宣称的那样彻底决裂，后现代主义的真正价值意蕴不是批判而是重建。

当然，后现代主义人性观也存在种种不可回避的问题，某些学者在解构理性主义的同时陷入了另一个非理性的弊端，在对理性进行批判的同时连带人类几千年的物质文明与制度文明等成果一概否定，走向非理性所设定的另一种虚无主义或神秘主义。我们必须肯定理性在塑造人类现代生活、增强人类认知与改造的世界能力、提高管理运行效率方面所做出的巨大贡献，承认其作为人性之重要方面的地位。后现代主义者所宣扬的非压抑性文明不能纯粹是感性与欲望的解放，同样需要理性的节制与科学的力量，尤其是在管理这种功用性极强的实践领域。必须澄清的是，后现代主义对感性、创造力及伦理等非理性因素的强调并非要完全消解理性在管理中的作用，而是寻求理性与非理性的融合之道。因此，后现代主义人性观对我们的真正启发是整合理性与感性两种对立性力量，在管理中重建现实而完整的人性，使管理不仅符合人性之理性标准，同时也要符合人性之感性需求，只有这样的管理才是真正人性化的管理。

4.2　微观权力：后现代语境中权力的生物学解读

权力作为影响人类行为的一种关键因素，是现代主义建构的基础性概念，后现代主义解构现代主义的一个重要途径就是对其权力基础进行批判和重建，在这方面，后现代主义的领军人物福柯最为彻底。福柯等人对权力的来源及其运行机理的分析发掘了现代性权力的压迫性、统治性特征，针对这种以强制性控制为中心的宏观权力，福柯等人发展出一种具有生物学特征的微观权力，并将之纳入了"自由—自治"这一后现代主题之下。

4.2.1　压迫系统：现代管理中的统治性权力及其运行机理

一般认为，管理是一种以自己意愿去规范别人的行为或利用他人达成自己的目标的强制性活动，管理似乎与"强迫""被动""约束""控制"等词语之间有某种天然的联系。Kenneth Cloke & Joan Goldsmith（2002）考察了管理与奴隶制之间的内在关联，指出管理作为一种职业是奴隶制兴起的直接结果，奴隶被认为是一件要被操纵的东西、一件要被使用的工具、一头要被束缚的牛和一个要被惩罚的孩子。这种态度或观念今天虽然有所改善，但依然还存在于现代许多组织之中，目前的管理系统仍旧被视为强迫性工作与局部奴役的场所（Kenneth Cloke & Joan Goldsmith，2002）。管理产生之初与奴隶制之间的这种关系是管理至今具有诸多负面形象的历史根源，那么管理在现代社会依然同强迫、奴役相关联的逻辑基础又是什么呢？管理作为影响他人行为的一种活动必然要通过某种媒介来实现，这种媒介便是权力。Michel Crozier（1973）指出，权力在现代社会往往被视为一种禁忌，在世人看来，权力禁忌等同于暧昧可疑的交易，权力关系浸润着漫无止境的盘剥。很明显，管理的负面形象源于权力禁忌，而权力被视为禁忌则源于人们将现代性权力的运用等同于"权力的滥用"。那么，权力作为一种支配他人行为的中性力量为何易于被滥用而成为一种禁忌呢？为此，我们需要考察现代性权力的基本模式及其运行机理。

在福柯看来，现代权力具有两种基本模式，分别是马克思的经济学模式（economic model）和韦伯的法权模式（juridical model）。前者认为权力是生产关系的反映，是维护阶级统治的工具，其根本目的是为统治集团的经济利益服务；后者将权力视为某种可以通过契约占有和转让的商品，在合理性与合法性的规制之下，通过天赋人权契约可以产生国家权力的代理和使用，通过维护效率、秩序的契约可以产生官僚制组织的权力。福柯进而认为这两者都没有说明权力的真正本质，都属于"权力理论中的经济主义"（福柯，1997年中译本），即无论哪种模式，都最终将权力归结到经济，其本质是权力的经济还原论。这种权力模式中的经济本质在布劳（Blau，1964）那里被更准确地称为不公平的交换关系。布劳认为，当某人为得到实现目标所必需的服务而越来越多地开始依赖他者时，不平等交换就会发生，如果他缺乏资源来报答别人的服务而又不愿意放弃这种服务并且无法从其他关系中获得类似服务时，他的唯一选择就是屈从于别人的意愿，从而以接受别人控制的方式来报答别人提供的服务，同样，取得这种控制权则是提供给他特需服务之人的动机之一。正是在这种不对称因素的交换过程中产生了权力关系（Blau，1964）。在福柯与布劳的分析中，现代权力的两种模式都可以归结为由工具理性塑造的"技术—经济范式"（technico-economic paradigm），这种权力范式在社会科学研究中长期居于统治地位（Crozier & Friedberg，1980），成为现代主义者理解权力现象的一种根深蒂固的学术传统。

"技术—经济范式"中的权力是不平等交换和非对称控制关系基础之上的统治性权力，它将现代管理构造为一部分人对另一部分人实施强制性控制或约束的压迫系统。统治性权力的运行是通过结构化来实现的，即嵌入在某种宏观的结构或体系之中并固定化为一种合法秩序。其中，马克思的经济学模式嵌入在阶级关系结构之中，韦伯的法权模式嵌入在官僚制等级体系之中。这种结构化的权力在组织管理中的逻辑结果就是，管理的一切出发点是站在掌握资本或知识的具有优势地位的资方或管理者立场，而不是处于弱势地位的员工立场，更没有顾及人在组织生活中如何实现其本质这一问题。因而，在某些马克思主义或女性主义理论家看来，现代组织产生的大部分权力没有被用来服务于大众支持的目标，而是以合法性与合理性的名义事实上被用来保存阶级特权、延续剥削系统以及获取狭隘利益（Richard Scott，1998）。如妇女、少数民族及缺乏技艺的员工被阻止进入权力高层或被有意排除在平等权益和保护之外，而不得不接受较低薪水和安全程度的职位。

在古代社会，由于缺乏资本概念，个体在各种人身依附关系中主要被视为一种占有物而非一种独立的资源，彼时对人之行为的控制主要基于赤裸裸的暴力和具有普遍主义的绝对性伦理，由此构筑的宏观权力对人的肉体和灵魂的控制与支配过程残酷而野蛮。近现代以来，由于资本文明的发展，人在组织中逐渐被视为一种资源，并且是一种最重要的资源，是为获得利润或绩效而做出的最重要的投入之一，人的尊严和地位不断提升，对人力资源的控制也不像古代那样明显、直接和残暴，而是以一种更为文明和科学的形式在管理制度与规则中嵌入了一种合法性知识。社会主义运动的发展，曾经使强有力的劳动工会对资方的控制和压迫可以形成一股制约力量，但标志现代管理开端的泰罗制对管理的精巧设计则事实上削弱了熟练而有组织的劳工力量，在追求"设计和控制工作过程以保证效率最大化"的过程中，"科学管理使集体谈判和工联主义成为不必要的事情"，通过计划与执行分离，科学管理取代了外部的管理权威和雇员自我管理的训练，将控制权完全转让给管理者，这样经验管理时期基层操作人员（工匠）的技术能力及自我控制空间被清除，工人只需要机械执行被分解为精确定时并具一定次序的任务元素（Kenneth Cloke & Joan Goldsmith，2002）。可见，以科学标榜的现代管理事实上仍然是以统治性权力构造的一种压迫体系，只不过它使控制和压迫变得更加文明、精细和含蓄了。

4.2.2　后现代语境中的微观权力及其生物学特征

权力分析是米歇尔·福柯社会批判理论的一个重要起点。传统的权力理论都从宏观角度对社会中的权力现象进行总体性的描述，试图找出普遍性的解释原则，其目的是通过宏观权力建构一种普遍主义原则，通过强制途径迫使权力客体做出权力主体的期望性行为，否则便会遭到报复性打击或被边缘化为异端与他者。福柯认为，这种对权力进行经济主义分析的经典模式构筑的是一种统治性的宏观权力，并没有真正揭示权力的本质。为此，福柯主张对权力进行非经济解读。福柯对权力的非经济研究并没有给出一种规范的定义或一贯而明确的界定，而是从各种不同层面、不同角度来阐释其发展的新权力观的相关意蕴。福柯的这种权力研究方式，与他所持的后现代主义立场有很大的关系。后现代主义排斥现代主义关于社会普遍性与一致性的观念，主张透视社会现象的多样性、不确定性、偶然性及片断性。为反对启蒙理性在现代社会中构筑的宏观叙事模式，福柯从发生学①的视角发展出一种微观视域中的新权力观。为与现代经典权力模式相区分，我们将福柯的非经济权力模式称为微观权力。

与具有普遍性、结构性与压迫性的经典权力模式不同，微观权力具有以下几个鲜明的后现代主义特征。其一，权力微观而无形，广泛分布在社会的每一个领域。"权力的普遍存在并不是因为它包罗万象，而是因为它来自所有的地方"（Michel Foucault，1980a）。福柯认为权力无须授权和合法化，它无处不在，存在于任何具有不同势能的两个点之间，渗透在社

---

① 发生学方法最初主要用于探讨生物的发生发育及演化问题，如哈维1651年发表的《论动物的发生》中"万物皆来自卵"的观点即由此方法得出，后被应用于哲学、历史等社会科学领域，经由瑞士哲学家皮亚杰的《发生认识论原理》被译介入中国。福柯对权力的研究之所以是发生学的，在于他考察权力的核心问题是权力如何发生和演化。详见楼培敏：《发生学方法》，载《社会科学》，1986（10）；张乃和：《发生学方法与历史研究》，载《史学集刊》，2007（5）。

会的每一根毛细血管之中。与类似于人体骨架的现代结构化权力相比，这种渗透于毛细血管中的微观权力类似于一种肉眼观察不到的细胞。其二，权力是具有生产性的有机体。福柯指出，微观权力"每时每刻地产生，或者说在点与点之间的每个关系上产生"（Michel Foucault，1980a）。此外，权力是一种生产性的实践，可以生产现实，塑造或建构它的对象（Michel Foucault，1977）。也就是说权力不是某一集团对另一集团实施控制的消极存在物，而是一种在行动中能够主动生产和塑造个体的有机体。其三，权力具有关系性与流动性，不能够被占有或转让。福柯认为微观权力是关系性与策略性的，而非一种类似商品的可占有物，如他所指出，"施加于肉体的权力不应被看作是一种所有权，而应被视为一种战略；它的支配效应不应被归因于'占有'，而应归因于调度、计谋、策略、技术、运作；人们应该从中破译出一个永远处于紧张状态和活动之中的关系网络，而不是读解出人们可能拥有的特权"（Michel Foucault，1977）。微观权力之所以不能被占有或转让是因为它具有流动性和无中心性，"各种力量是关联的、多形态的、流动的场（field）"，"除了不断地向别处扩散，快感和权力绝不可能在某个权力中心点、某个循环节点或联接点、某个场址中……凝结或驻留"（Michel Foucault，1980a）。其四，权力没有主体，因而是分散的、多元的。与其"主体离心化"的主张相对应，福柯反复强调权力分析的关键不在于谁掌握权力，而在于权力如何发生和运用，从而淡化权力的行使主体问题。福柯认为，在权力的关系网络中，每个人都是权力发生和运行中的一个点，而并非能够对权力进行绝对操纵的权力主体，因为他既是权力的实施者又是权力实施的载体，同时也是权力生产或塑造的对象。权力主体的解构事实上使每一个相关个体都成为权力的主体，从而将聚结或固定到某一主体的宏观权力化为由许多个体行使的分散化与多元化的微观权力。

微观权力的关系性、流动性、分散性及生产性等特征凸显了权力的生物学意蕴。与现代权力模式构造的类似于没有血肉的"骨骼"或"机器"这种庞然大物不同，福柯的微观权力是一种运动着的具有生命活力的"细胞"，是一种微型有机体。福柯本人将这种权力分析成"权力的微观物理学"或"权力的解剖学"（Michel Foucault，1977），而在自然科学中，微观物理现象可以划归生物学领域，因为微观物理学事件不是由物理学的统计规律决定，而是由自由意志决定的。从这种意义上说，福柯的微观权力事实上开辟了权力研究的生物学空间或视角，提供了一种独特的、非经济的权力分析模式，极大地拓展了传统权力研究的思路。此外，对权力的生物学解读意味着权力具有不同于压迫与控制系统这种纯粹物理学范式中的运行机制，它将权力还原到了人的生物本能，契合了马尔库塞（2001，2005）等后现代主义者通过恢复人的生物本能或欲望以实现人的自由解放的终极目标。需要明确的是，微观权力尽管更能揭示权力的本质，但它并不是与宏观权力相对应的另一种存在物，而是观察权力的一种新视角或者权力存在的另一种形态。也就是说，微观权力与宏观权力考察的是同一种社会现象，只是观察问题的角度及目的不同。

4.2.3　"规训"：地方性知识与微观权力的运行机理

为反对现代权力的占有性与中心性主体对他者的压迫，福柯在消解权力的主体时强调权力的运作远比"权力由谁实施"这一问题重要，为此福柯权力理论中的重点部分放在了权力的运作即其运行机制方面。微观权力的发生及其运行与知识密切相关，这便构成福柯理论中极富后现代主义特色的"权力—知识"观。在审视人口管理技术时，福柯提出了"管制理性"（governmentality）概念，即"管辖、政治"（government）与"合理性"（rationality）两词的组合（Burchell & Miller，1991）。福柯用这一术语来表达广泛存在于家庭、医院、学校、教堂和国家等群体性组织管理之中的权力训练（power exercised）现象。其中，"管制"是一种塑造、指导与影响他人行为的活动，"合理性"是事物被管制之前必须被知晓的观念，"管制"天然地依赖于一种特殊的认知方式，可认知的才是可管制的。也就是说，权力与知识相互纠缠，如果没有相关联的知识领域的建立，就没有权力关系，任何知识都同时预设和构成了权力关系，"权力的实践生产知识，知识持续地产生权力效果，没有知识就没有权力实践，没有权力也没有知识"（Michel Foucault，1980b）。权力的产生及运行与知识的形成及积累具有共时性，两者紧密结合并拥有共同的作用范围。在微观领域，任何不对称的信息与关系都能构成一种权力关系，因为这种信息与关系本身是一种知识。在现实中，具体的不确定性因素事实上是权力的重要来源，"如果不确定性存在，那么能够控制不确定性的行动者，即使仅能对不确定性部分地加以控制，即可利用不确定性，将他们自己的意愿强加于那些依存于不确定性的人。就要解决的问题而言，从行动者的观点看，不确定性意味着权力"（埃哈尔·费埃德伯格，2005：265）。不确定性能够产生权力就在于它本身是一种不对称性知识，也就是说，A 相对于 B 如果拥有更多的不确定知识，就意味着 A 对 B 在适当的行动中能够产生权力以控制 B 的行为。

　　与微观权力的运行相关联的知识不再以宏大叙事模式来陈述，而更多的是具体的、体验性的"地方性知识"。"地方性知识"由美国人类学家 Geertz Clifford（1983）提出，其主要特征是，反对知识的统一性、客观性和真理的绝对性，任何知识都是在特定情境中由特定的主体感受和据以行动的。组织的现实往往是由这种地方性知识建构，员工具体行为也更多产生于由地方性知识生发的微观权力及其交互作用。福柯在论述微观权力的运作机制时强调对地方性知识的互动进行必要的封闭，即微观权力通过一种可以对地方性知识的互动进行控制的纪律来运作。在组织中建立"单人密室"场所"或"座次"时，"纪律创造了既是建筑学的，又具有使用功能的等级空间体系。这种封闭空间既提供了固定的位置，又允许循环流动。它们标示出场所（位置）和价值。它们既确保了每个人的顺从，又保证了一种时间和姿态的更佳使用"（Michel Foucault，1977）。微观权力就是地方性知识在一个相对封闭的空间中互动的过程，而纪律则控制了这些微观权力的流向和产出。这种在纪律约束下的微观权力运行轨道便被福柯称为"规训"（discipline）。

　　"规训"即"规范化训练"，具有纪律、训练、校正、教育、训诫 等多重内涵。规训是对人的姿势、身体和行为进行精心操纵的权力技术，其目的是制造出按照某特定的规范去行动的驯服而温顺的肉体。微观权力的规训与宏观权力的强迫式统治不同，它不是通过对财力、暴力、意识形态等的强迫性控制来运作，而是通过规范化的监视、裁决和检查来运行。福柯以边沁设计的全景敞视的"圆形监狱"来形象地说明微观权力的规训模式。圆形监狱是圆环一样的全景敞视建筑，中央有座开启很大窗子的塔楼，塔楼四周、圆环内侧的外围建筑被划分成许多间囚室，每间囚室都有面向塔楼的窗户，在塔楼中通过窗户可以监视囚室内部的活动，而囚室内的犯人却看不到监视者，但知道自己时刻处于监视之中，从而依照监狱的规范自觉地约束自己的行为。圆形监狱中的注视性控制，被福柯形象地称为"权力的眼睛"，它使外在的强迫成为一种自我看管，其高雅性在于，它无须通过昂贵而野蛮的人身占有关系就能获得很好的实际效果。也就是说，规训使"强制不知不觉地变成了习惯性的动作"（Michel Foucault，1977）。

　　具体来说，规训有层级监视、规范化裁决及检查三种途径，它们均通过对知识的分类、编码和矫正来发挥作用。监视是一种对个体持续进行的、分层的、切实的监督技术，圆形监狱就是监视的一种理想形式。在圆形监狱中，不同的角色被固定在特定的区域中，按照一定的规范或标准被监视和训练并以此进行自我看管。如果将整个社会视为一个大的圆形监狱，那么社会中的每一个人都在监视之中按照自己的角色被规训为一个个温顺的身体。规范化裁决就是用具体的纪律、规则或条例以对规训对象进行约束和裁决，它通过分类、编码等程序标示出每个个体的规范化角色，并通过裁决来比较并标示其差别，通过惩罚来矫正和训练出现偏差的行为，以此使个体按照规范来约束自己的行为。检查是一种综合性的规训技术，它将标准的确立和强化、惩戒力量的部署及权力运作的仪式等结合起来。检查确立了个人的能见度，以此人们可以区分、判断和矫正个人的行为，这便是检查在权力运作的各种机制中被高度仪式化的原因（Michel Foucault，1977）。学校里的考试、医院里的巡诊、军队里的检阅、企业里的绩效考核都是检查的常见形式。

4.2.4　控制与解放：微观权力的两种政治功能

从对微观权力运作的规训机制的分析可以看出，微观权力与宏观权力在某种程度上承担着相似的统治功能，只不过它提供了实现权力之控制功能的一种委婉而精细化的途径，这从一个侧面印证了权力不可能彻底与控制摆脱关联。微观权力对人的身体的规范化训练，通过塑造人的灵魂和意识来支配其行为，其结果是增强了权力的控制效应。但微观权力对控制对象的规训更多地表现为一种自我看管，它将结构化的宏观权力的压迫功能尽量隐性化，使控制对象产生理性的顺从，在减少控制成本的同时增强了控制的效应，这就提供了一种控制的非对抗形式。控制的非对抗实现形式的出现可以说是现代文明的一大进步，它毕竟消除了古代社会对人的身体进行直接的暴力惩戒的恶果，使赤裸裸的剥削与压迫关系转化为一种控制对象可以自觉接受的合理行为。除了转变权力之控制功能的实现形式之外，微观权力的另一层积极意义是它本身蕴含的解放功能，这在晚年福柯对伦理及自我技术的关注中得到了明显体现。福柯晚年将微观权力及其规训机制导入了对人的自由与解放的分析，从而将其理论重心转移到对伦理问题的探讨。

福柯认为个体"既可能由于统治或依赖关系而受制于他人，也可能由于良心或自我知识而受到自身认同的束缚"（Michel Foucault，1988a）。也就是说，微观权力的规训机制既可能使个人在话语实践中受他人统治，也可以使个人通过伦理或自我建构创造自我的认同。自我知识，尤其是表现为道德意识的自我知识，在 Peter Dews（1987）看来，"是权力借以使个人将社会控制予以内化的策略以及这种内化的结果"（Peter Dews，1987）。基于对个体自由与非压抑性文明的向往，福柯晚年将微观权力的非对抗性压迫功能转向与后现代伦理息息相关的自我技术，从而使微观权力具有了自由与解放的政治功能。福柯将自我技术定义为"允许个人运用他自己的办法或借他人之帮助对自己的躯体、灵魂、思想、行为、存在方式施加某种影响，改变自我，以达到某种愉悦、纯洁、智慧或永恒状态"的实践（Michel Foucault，1988b）。福柯赞成个体通过这种自我技术把自己塑造为一个自主的，自我控制的，乐意享有别具一格的新经验、快感和欲望的存在（Kellner & Best，1991）。自我技术可以减少组织用于制度、规则的建设与维护的成本，更关键的是它可以使员工在工作过程中获得一种自由的体验和某种自我实现的愉悦。

　　自我技术在实践中表现为不受外在权威主义和基础主义约束并具有审美化倾向的伦理。在福柯看来，伦理学就是个体反抗各种统治与压迫性力量的斗争形式，正是在这种意义上，伦理成为"自由所采取的审慎的形式"（Michel Foucault，1988a）。如果组织中的员工通过自我设定的伦理规范来控制自己的行为，就可能使其所从事的工作成为一件自我创造的工艺品，而不再是为了谋生而不得不在雇主的监控下被迫地做的不情愿的事情，那么组织中的管理系统就会变成一种令人振奋和富有意义的艺术实践而不再是冷漠的科学、技术体系。但是，从微观权力视角出发的伦理不应是具有普遍主义、永恒性与绝对性的道德律条，而是每个个体使自己的生活过得优雅、美好与体面的责任，是一种具有多样性、包容性的后现代主义伦理。这种导向自我技术的后现代伦理将个体导向如何塑造自身所需要的生活方式以实现自我的人生价值。因而，后现代主义伦理蕴含着一种自组织机制，它有可能将宏观权力统治之下的压迫系统转化为一种自我约束的自治系统。

　　总之，微观权力能够通过规训机制生产出自愿服从的温顺身体，以对个体进行更为精巧而委婉的统治，以一种非对抗性的形式增强控制的效应；同时，微观权力也可以通过伦理发展出一种自我技术，增长个体在组织中的自主能力，从而蕴含着积极的解放功能。也就是说，微观权力能够将控制与自由、压迫与解放两种现代主义中的对立性价值融合在一起。这种双重政治功能，正是微观权力在组织与管理研究领域中的巨大潜力所在。

4.2.5　小结：两种权力共同塑造的组织现实

微观权力服务于后现代主义者反抗现代压迫，重建人之自由生活的基本主张，它对于管理研究的最大贡献是拓展了权力在组织中的解放功能，弥补了权力在控制这一单维度发展的不足，使权力作为一种禁忌的消极面貌得到改观。微观权力对传统的经典权力模式有很强的补充作用，拓宽了权力研究的视野，为组织与管理研究提供了独特的分析视角，建立了一种全新的权力分析模式。它颠覆了权力一旦拥有便可解决一切难题的传统权力观，深入到组织的微观领域探究权力的发生与运作，拨开了权力运行的迷雾。福柯认为权力和理性嵌刻于各种话语和制度性场域中，因而支持一种多元的、片断性的和不确定的、属于特定的历史和空间的权力分析模式。这对于我们认知和观察组织与管理中的权力实践具有积极的方法论意义。运用这种方法，我们需要关注组织中员工行动的具体领域，而不是我们想象中的整体性、一致性的行动场所。

但必须明确的是，微观权力毕竟对权力做了一种相对主义的解释。在高度组织化和结构化的现代社会，马克思与韦伯发展的"技术—经济"范式依然在现实的权力实践中发挥重大作用，少数人运用技术的或经济的力量来统治其他弱势群体的现实是组织生活中无法彻底改变的现实。此外，权力的主体不可能彻底消解，组织中权力的运作实践必然要解决由谁来掌握权力这一问题。在反抗现代权力模式构筑的普遍主义与权威主义对他者的压迫时，福柯消解权力主体的主张无可非议，但悬置权力由谁控制这一根本问题则明显与现代权力运作的现实不符。尽管如此，福柯的微观权力毕竟开启了权力分析的一种新的模式，它代表着权力在构建未来的组织生活中的积极力量。事实上，现实的组织生活由两种权力共同塑造，员工的行为不仅基于组织的宏观命令与控制体系，同时也基于不确定性知识在微观领域中的协商性交换，因此组织行为是宏观权力与微观权力交互作用的博弈行为。这同时启发我们在审视组织管理问题时，不能将员工视为一种仅仅对制度与规则被动反应的消极力量，必须正视各种利益群体在建构自己意愿时的积极作用，关注组织中存在的各种差异性与不确定性，而不应将组织与所有员工的行为假想为铁板一块式的可控整体。

第五章 人性结构、管理性质与管理学理论体系的重构

在一切社会实践中"人始终是主体"（马克思、恩格斯，2002 年中译本），并且"人是目的"（康德，2002 年中译本），管理作为一种特殊的群体性实践亦是如此。德鲁克（Drucker，1979）认为管理是"一个以人为主轴的事业"，克劳德·乔治（1985）则指出，"真正而全面的管理史当然是人的历史"，任何管理实践的推进与管理思想的演化都离不开对人及其本质的认识。管理与人天然不能分割，脱离了人及其本质的管理活动必然导致管理目标的异化与扭曲，危及管理的合法性并降低人的生活质量，基于此的管理思想也必然不能存续久远。那么，管理与"人"及"人性"到底是什么关系？马克思与康德提出的人之"主体"性命题与"目的"性命题在管理实践与管理理论之中是否充分展现以及如何充分展现？

自泰罗《科学管理原理》问世百年来，管理学界对人性曾有"经济人""社会人""自我实现人""复杂人""道德人"等基本假设，这些人性假设的设定及变迁反映了管理思想演进的基本脉络。很多学者探究了人性假设与管理之间的这种内在关联。在西方，行为科学研究者对管理中的人性问题较早地进行了探索，如梅奥的"社会人"假设、麦格雷戈的"XY理论"、约翰·莫尔斯和杰伊·洛希的"超 Y 理论"、威廉·大内的"Z理论"等。他们均将管理理论、原则及方法建立在人性假设之上，对人性的不同预设将管理理论导向不同的路径。但问题是，已有研究均理所当然地把每一时代诞生的人性假设作为管理理论的合理起点，鲜有学者质疑管理研究中的人性假设本身的合理性。单单主张管理以人性假设为起点，而未能深究由人性假设建构的各种管理理论是否真正有利于人性的提升与发展以及人类的长远福祉，难以澄清管理与人之深层关系，也无法确保人之主体性与目的性在管理实践与管理理论之中的实现。

以人性假设探讨管理与人之内在关系的弊端促使我们寻求管理与人性

聚合的其他观察视角，以使管理实践及管理理论建构在现实、完整而全面的人性基础之上，进而使人之主体性与目的性在管理之中充分彰显。由于对某一对象"结构"的研究关涉这一对象的整体性与系统性①，本书试图以人性结构取代人性假设，尝试以现实而完整的人性结构为基点重新审视管理实践的基本性质及管理理论体系的建构。本书的研究思路是，首先对管理与人之辩证关系进行哲学思辨，指出人性是管理的起点与基石；然后考察管理演进中的人性假设并对其利弊进行综合述评，指出以人性为基石的管理不能建构在片面、抽象而分裂的人性假设基础之上，从而导出以人性结构取代人性假设的基本逻辑，并在整合中西方人性论及认识论、价值论的基础上建构更加现实而完整的人性结构；最后是本书的研究重点，即在人性结构的基础上从管理活动与管理理论两个层面分别论证管理与人性之内在关系，重点解决"基于人性结构的管理活动应该具有哪些基本性质"以及"如何在现实而完整的人性结构基础之上建构真正以人为导向的管理学理论体系"两大命题。

5.1　内聚与外张：管理与人之辩证关系的哲学透视

在管理实践中我们清晰地感知到人的努力程度及其潜能能否充分激发对于管理之成败的意义，在管理理论中我们一再强调人是管理的主体同时也是管理的对象，但我们没有阐明人在管理中的主体性与客体性的关系以及如何确保人在管理中的主体性及目的性地位，更鲜有学者专门探讨管理之于人性及生活世界的价值与意义。系统反思并阐释这一问题对于确立管理的人性依据至关重要，而此问题的探讨则以管理之本质为起点。

5.1.1　管理的实践本质

本质是事物本身内在的、固有的并决定其性质、面貌和发展的根本属

---

①　《辞海》中"结构"词条的一个基本解释是"各个部分的配合、组织"。贝塔朗菲的系统论认为"结构"是指系统内部各组成要素之间的相互联系、相互作用的方式或秩序，"是系统保持整体性以及具有一定功能的内在根据，同时，它又是维持系统的不变量，是系统保持稳定性的主要因素"。中西方的两种解释均内含着"结构"之对象的整体性与系统性。详见《辞海》与冯·贝塔朗菲：《一般系统论：基础、发展和应用》，林康义、魏宏森等译，北京，清华大学出版社，1987。

性。源自生物学领域"遗传学"的发生学方法，按照纵向的时间进程对研究对象的发展变化规律进行整体性考察，通过发生过程中的逻辑推演能够对研究对象形成更为本质性的认识。仅从事物的某一过程或某一方面出发如同"盲人摸象"，只能触及事物本质的某一个侧面或片断而难以透视其真正本质，因而，我们从管理的整个发生过程及其全面内涵两个角度来考察管理的本质。管理之发生源自人类生存与发展的实践需要，从根本上源自社会实践中资源之有限、个体力量之单薄及群体行动的无意识。首先，社会中各种关系到人之生存与发展的资源具有稀缺性，为避免对有限资源的无休止争夺或战争而危及人之生存与延续，对这些资源的协调与分配就成为必要；其次，人类要应对来自自然与他者的各种"天灾人祸"，或由于期许一种更加美好的生活而产生完成某种重大工程的需要，而这些单单依靠个体的力量均无法实现，由此就需要将分散的个体组织起来，使之聚集为一个群体，以增加战胜困难与改善生活的可能；然而，聚集起来的群体未必一定具有超越个人的行动能力。群体行动在法国大众心理学研究者勒庞看来往往是"愚蠢的盲动"，无数个有意识的个体会集在一起是无意识的群体。在群体行动中，"有意识人格的消失，无意识人格的得势，思想和感情因暗示和相互传染作用而转向一个共同的方向，以及立刻把暗示的观念转化为行动的倾向，是组成群体的个人所表现出来的主要特点。他不再是他自己，他变成了一个不再受自己意志支配的玩偶"（勒庞，2000）。对于群体行动的逻辑，奥尔森指出，由于"搭便车"行为[①]的普遍存在，真正对整个群体有好处的集体行为不会自然产生。群体的无意识使计划与指挥成为必要，集体行动中的"搭便车"行为则需要有意识地专门控制以使群体的利益最大化，缺乏意图明确和行动步骤清晰的计划和强有力的指挥与控制，集体行为就会成为"盲动"而对群体的利益造成极大损害。

在由个体行动上升到群体行动的过程中，协调、组织、计划、指挥与控制活动的出现就是管理的发生过程，这五种活动便是管理的基本职能。从管理之发生角度看，管理五种职能中的任何一个均不能成为其完全本质，而展现的只是其本质之一部分，因此，"管理的本质是协调""管理的本质是控制"与"管理就是决策"等论断就不能真正完全揭示管理之本

---

① "搭便车"是群体中的每个人都想获得公共物品而不愿为此付出代价以坐享其成的行为，详见奥尔森：《集体行动的逻辑》，上海，上海人民出版社，1995。

质。由此，我们说明了"管理不是什么"，进一步需要考察"管理是什么"。孔茨（1998）认为管理"就是设计并保持一种良好的环境，使人在群体里高效率地完成既定目标的过程"。丹尼尔·雷恩（2000）认为管理"可以看成是这样一种活动，即它发挥某些职能，以便有效地获取、分配和利用人的努力和物质资源，来实现某个目标"，"是在人们谋求通过集体的行动来满足其需求时所产生的一种必不可少的活动"。两者指出了管理的计划性、效率性及目的性，而雷恩强调了管理的群体性。德鲁克认为管理"是社会机构的器官，变乌合之众为组织，化人们的努力为绩效……管理同时也是一种文化、价值观和信念体系，它也是某一社会使自己的价值观和信念富有建设性的一种手段"（Drucker，1973）。在承认管理的组织性与效率性的同时，拓展了其人文维度，凸显了管理的价值性与文化性。弗雷德里克森（2003）则指出，在管理实践中"如何做事"是重要的，但更重要的是"要做什么"和"为什么要这样做"，强调了管理的目的性及对目的的解释。

从管理的发生过程及诸多内涵之中，我们可以将管理的本质归结为：管理是关涉人之生存与发展的具有一定目的性（价值性）、组织性与群体性的社会实践。作为一种特殊的实践，管理的目的性、价值性指任何管理活动都有其特定的价值追求和目标定位，效率（绩效）、公平、责任、秩序、民主等都是其价值与目的；管理的组织性指管理不是一种无序的自然过程，而是施加了一定影响力的有序行动；管理的群体性是指管理不是个体性行为，而是在两个以上的个体之交往关系中生成。管理的这种本质决定管理与人之关系在根本上是内聚的，即管理内在地向人性聚合，人性也内在地展现在管理之中。

一些学者认为管理的本质是效率，如许激（2004）就明确认为，"管理的本质就是追求效率，效率是管理的灵魂，它既是管理所追求的最终目的，也是判断管理成败的最终标准"。吴照云、余焕新（2008）同样指出，"管理在本质上是谋求秩序并追求效率的活动，并且追求效率是管理的主要本质"。笔者认为，管理的效率本质是从管理发生的起点之一即资源稀缺性视角出发，重点关注的是稀缺资源的生产与分配的有效性，由此产生的效率问题其实是经济活动与经济学的本质。将管理的本质理解为对效率的追求混淆了经济与管理之不同，管理不仅存在于经济领域，政治、经济、文化等一切人类实践中均存在管理现象。其实效率是人类在管理实践中追求的目的之一，除此之外，管理还有其他丰富的价值追求。

　　以效率来界定管理本质的理论传统深受经济学范式的影响。在资本主导人类社会生活各个领域的时代,经济学范式中的成本效益核算及其个人效用主导的效率导向,成为影响人类观察管理活动内在属性的压倒性力量,使得事实和手段领域的工具逻辑压倒价值与目的领域的道德逻辑,使管理沦落为"价值中立"的技术层面活动,降低或湮没了管理对于人类社会广泛的价值意义。事实上,从管理作为目的性、组织性与群体性的社会实践的本质属性来看,管理学与伦理学的亲缘关系远甚于它与经济学的关系。管理与伦理都是有关人类行为的价值规范,所不同是,伦理是有关个人的"内在"管理,管理则是有关群体的"外在"的伦理。因而,管理的效率逻辑是实现人类更高层次伦理属性的工具(技术手段系统),它内在地具有服务于人性的价值所指(价值目的系统)并受其节制。效率与人性密切相关,单方面追求高效率会损害人的主体性地位,以效率为本质可能会使管理背离完整的人性,因为人性之追求及需要除了物质产出的效率及丰富外还有精神之愉悦及和谐、公平、民主、自由等多种价值。

5.1.2　管理之于人:解放、压迫及其悖论

　　那么管理对于具体性的人及整体性的人类社会到底有何影响?我们从"人可能从管理之中获得的利益"及"管理可能给人带来的损害"两个方面来展开对这一问题的论述。前者涉及管理对于人这一主体的价值与意义,后者是人作为管理之客体在管理实践中付出的必要代价。

　　麦金太尔(1995)将人可能从实践中获得的利益区分为外在利益与内在利益。实践的外在利益是与参与者的内心自觉无涉而仅依系环境或机遇存在的外在的、偶然的利益,如金钱、权力与地位等。外在利益有多种实现途径并且具有排他性与占有性,即从特定实践中获得的外在利益总量是一定的,一人获得某种外在利益则会减少他人获取此种利益的可能性。实践的内在利益是内在于行为过程本身的,参与者自我感知、自我驱动、自在自为的收获,并且"只有靠参加那种实践的经验才可识别和认识的这些利益"。管理实践对于人的意义无非外在利益与内在利益两种。管理之于人的外在利益是物质的、功利性的获得,如效率、利润、秩序、权力与服从等,此种利益可以通过成本—效益分析来计算;管理的内在利益则指管理参与者(包括管理者与被管理者)从管理实践中获得的精神的、非功利性的审美体验、自适自足感及自我实现感等,此种利益不可能进行精确衡量而只能依托个体的感知和体验。管理正是从内外两个方面满足作为个体

的人的物质性需要及精神性需要并推动人类社会物质文明与精神文明的发展。

　　管理之于人的双重利益使之成为实现人之自由与解放的重要途径。人自诞生伊始，就面临自然、他者与自我的三重束缚。人束缚于自然是由于人类改造自然的能力和程度总是有限的，从而受制于外部自然界并在其允许的范围内从事各种活动。正如马克思（2000 年中译本）所说，"……人作为自然的、肉体的、感性的、对象性的存在物，同动植物一样，是受动的、受制约的和受限制的存在物"。人束缚于他者是由于人的群体性使之处在社会关系网络之中，并与他者发生各种不可避免的利害关系，由此生发的矛盾和纠葛使人产生"身不由己"的社会束缚感。人束缚于自我是指人与自我之"身""心"的矛盾关系，使人的内心世界缺失自由而生发诗人所谓"人生如春蚕，作茧自缠裹"① 的自我束缚感。人类对自由的探寻，一直围绕着对这三种束缚的超越。

　　管理作为一种群体性、目的性与组织性极强的特殊实践，是人类摆脱此三重束缚，实现自由与解放的重要途径。首先，管理增强了人类摆脱自然束缚的能力，极大地拓展了人类在自然面前的自由空间并增强了人对自然的控制能力。管理能够按照人的意愿有效地组合劳动、资本、资源、技术与知识等各种生产要素并协调各种生产关系，从而使人类改造自然和征服自然的能力无限增强，使人类在"自然的人化"过程中获得充裕的自由空间和物质财富。其次，各种自发的、多样的个体需要能够在管理实践中通过命令、激励、协调等活动获得一致性，从而使人与人之间的冲突与矛盾限制在一种个人与社会均可以承受的范围之内。与动物能够自发地满足其基本需要不同，人类需要的复杂性使之离不开管理，任何社会中的人们都不可能自由无度地从事满足需要的活动，调节与控制人们的需要都必不可少（孙正聿，2004）。最后，管理的内在利益使人能够获得超生物性的高峰体验，在马斯洛（2003 年中译本）看来，"高峰体验不仅是个人的最高幸福时刻，还能带来个人对存在性价值的领悟和对自我认同感的发现"。而这种特殊的专属于人的体验能够消除来自人之内心的困扰和束缚，使人之精神世界充盈而富足。总之，从管理之于人的双重利益看，管理实践使各种复杂人性及需要得以拓展和实现，因此说，管理对于人之所以成为"人"具有重要的解放功能。

---

　　① 陆游：《剑南诗稿·书叹》。

但另一方面，管理对人性及其发展也有某种程度的损害。管理需要在一定的秩序下进行，而秩序的创造与维系必然需要某种"命令—服从"体系，这种体系要么嵌入在强制性的等级链条，要么表现为柔性而无形的驯化与感召。在秩序化的体系中，纪律与权威的存在使作为客体的管理实践参与者必然不能随心所欲，而必须牺牲个人的某种自由并使个体目标与组织目标保持整体性一致，否则便会招致惩戒、解雇等个人利益的丧失或组织的瘫痪。管理必然蕴含着控制之意，虽然控制的途径与方法各异，但其目标都是创造或维系管理得以正常进行的秩序。因此说，管理与人之自由具有很多内聚、共通之处的同时也具有某种内生的外张力。但对此必须明确的是：其一，为达到管理的目标而牺牲参与者的部分自由或利益（客体性与工具性）是保证管理价值与目标（主体性与目的性）得以实现的前提条件和必要代价；其二，牺牲暂时的、局部的自由是为了长远的、整体的自由的实现。总之，从管理内在的控制与秩序逻辑看，管理必然会对人之自由产生某种程度的压迫，但这仅仅是实现管理价值与目的的必要代价。

问题是，在管理实践中，现代管理构筑的理性话语霸权及其功利性追求，使管理的目标与手段、目的性与工具性本末倒置，为实现目的而必须承受的代价成为目的本身。这种目的与手段之间的悖论（paradox）使管理之于人的解放功能在管理过程中异化为管理对人的压迫。现代管理在极大地丰富人类的物质财富的同时也极大地损害了人的精神世界，也就是说，管理的外在利益侵蚀了其内在利益，而这一切源于工具理性在管理实践中的植入与片面弘扬。自泰罗以来的管理科学剥夺了一切不易控制的人之神性及感性因素，从而使理性因其人文色彩的丧失而逐渐蜕化为工具理性。马克斯·韦伯（1920）在确立合理化的官僚制模型的同时提出了"工具理性对道德生活领域的侵袭与宰制"的命题。汤普森（2007）指出，"技术理性有两个衡量标准：工具的和经济的。工具性问题的实质是设定的行为是否在事实上生产了所欲求的结果……经济性问题的实质在于结果是否是在资源的必要耗费最少的基础上取得的"。按照技术理性的双重标准，现代组织成为纯粹逐利的场所，"人与物之间的关系高于人与人之间的关系"，"道德观被经济观所替代，它注重收入、财富、物质的繁荣，并把它们视为社会生活的核心"（格里芬，1997）。理性使人类摆脱了上帝与自然的控制与束缚，但同时使人类成为机器与技术的奴隶。理性使人具备了自身发展的物质条件，但是又使人陷入了物欲与金钱的束缚之中。对物的过度依赖与对技术的过度信赖使人性的力量及道德价值被"物"与

"术"所吞噬，温暖的情感被冰冷的理性所遮蔽，管理中的人受制于物并在工具理性的逻辑中丧失其本质。

可见，管理在极大地解放人的生存能力和拓展人的自由空间的同时也极大地压迫了人性的自由发展，管理与人性之内聚关系被人为地分裂而外张化。剥离了价值因素的工具理性（技术理性）的双重效用使管理的外在利益与内在利益严重失衡，并使管理的解放功能异化为对人的压迫。如何使人类从工具理性及其主导的管理模式的压迫之中解放出来，使管理真正成为一种解放力量，是现代管理面临的重大使命。

5.1.3　人之于管理：主体、客体及其张力

人既是管理的主体也是管理的客体，是管理实践所有构成要素（人、财、物、信息、时间）中最关键的部分。但在管理思想演变的历程之中，人在管理中的主体地位与客体地位是不平衡甚至是断裂的，这直接影响到每一时期管理实践之价值取向的差异及管理思想之内核的变迁。对人的地位的不同认识关涉到管理的目标定位的合理性及管理成效的高低，考察作为管理主体的人与作为管理客体的人对于管理实践的意义及两者之间的张力（tension），是我们识别人对于管理之意义的关键，也是确立管理的人性基础的重要依据。

泰罗、法约尔与韦伯的古典管理理论运用科学主义范式的逻辑将人客体化，组织中的每个人都被等同于物进而被加以研究，目的是对人进行精确控制，由此逻辑推演的管理思想及管理实践推崇效率至上主义，强调分工的重要性及控制的标准化与程序化，使人成为追求管理高效率的工具而被对象化和客体化。梅奥、马斯洛以来的行为科学发展了管理的人本主义范式，强调人的主体性地位，将管理的目标界定为满足人的各种现实需要，同时在人的需要的满足中激励人的潜能以实现管理目标。上世纪70年代以来的现代管理理论则沿着这两种路径，在不同假设基础上发展出内容各异的不同管理理论流派，形成"管理理论的丛林"。整个泰罗以来的近代管理思想的弊端在于主客二元对立思维，将管理实践中的人区分为管理主体与管理客体并将二者置于对立的立场。古典管理是客体至上的主客二元对立思维，行为科学理论是主体至上的主客二元对立思维，现代管理虽在理论形式上寻求对以往理论的整合，但在实质上则是杂糅两者而出的、混乱的二元对立思维。

事实上，由于社会组织系统存在多层次的复杂结构，"某一层次的管

理者，同时又是更高一级层次管理者的管理对象"（杨伍栓，2003），人作为管理的主体与客体具有同一性与共时性，即作为主体的人与作为客体的人是同一人或人群并且这种主客体地位的确立是同时的，一个人作为管理主体的同时也不可避免地成为管理客体。一方面，人作为管理的主体，使管理的目的性与价值性都建立在人性的基础之上，管理的出发点与终极目标都是为人提供服务，满足人的多样性需求以展现完整的人性，因此人之主体性地位的确立是管理能够符合人性的基本前提。而且，管理的主体是包括被管理者在内的所有管理实践的参与者，而不是现代管理所特指的"具有一定管理能力、拥有组织所赋予的权威和责任并且实际从事管理的人"（袁闯，2004）。另一方面，人作为管理的客体，是管理对象的重要部分。管理的对象包括人、财、物与信息，简言之，就是"人"与"物"两大部分，或者"人"与"事"（任务）两大部分。对象化的人在成为管理客体的同时也是管理主体，管理中财与物的调动与分配、信息的加工与流动必须围绕能动的人来进行，管理的目的主要并最终要通过对象化的人来实现，由此使人成为管理对象中最核心与最关键的部分，资本、设备、技术、信息、能源等管理资源必须与人进行合理匹配才能构成管理，从此意义上讲，对象化的人是管理目的得以实现的手段。

现代管理把人的主体性与客体性对立起来，人为地将管理参与者严格区分为管理主体（管理者）与管理客体（被管理者），在造成主客二元对立的同时也使管理的目的与手段断裂甚至异化。米歇尔·福柯与雅克·德里达等后现代主义者宣称"人的死亡"与"主体的终结"，实质上是要消解管理实践中将他者客体化、边缘化的占有性、中心性的主体，目的是更好地确立人在实践中的主体地位，其真实意蕴是"主体离散"基础上的主体重建。而要重建与客体同一的主体观，需要我们在反思二元对立思维中发掘人性中的道德与价值意识。在阐释管理之本质时，笔者已经指出，作为管理主体的人在实践活动中具有明确的价值性与目的性；而在管理客体中，关于"物"与"任务"的知识构成了管理的"事实要素"，完全可以依托人之理性力量将之精确化，但关于"人"的知识则难以避免"价值要素"。因此，完整地考察人之于管理的意义，重建与管理客体相融合统一的管理主体观需要寻找理性之外的人性力量。

5.1.4　人性：管理的逻辑起点与理论基石

从以上分析可知，管理与人性密切相关，两者之关系在本质上是内聚的，管理的意义所指是人的生活世界的提升及人性的展现，管理的目标也必须在对人性全面认识的基础上通过人来实现。但随着工具理性主义的高扬，现代管理的主导逻辑使管理与人性之间出现强烈的外张力，管理在背离、撕裂人性的同时丧失了其解放功能而成为压迫工具。为避免这种外张力的扩大并克服其对人及管理造成的弊端，我们必须重新确立人在管理中的主体性及目的性地位，使管理真正内聚在人性的起点与基石之上。Sullivan（1986）指出，信念与价值根植于组织的深层结构之中，它们渗透并发展组织意图、人员动机及人际关系角色。对这种深层结构的分析必然要建立在人性的基础之上。每一个管理决策或管理行动的背后，都必然有某些关于人性本质及人性行为的假定。人在管理中的行为及目的从根本上是由人性决定的，管理的目的能否实现也必须在对人性的把握中去寻求恰当而现实的途径。这种内聚关系的基本逻辑可以表述为：人性决定人的需要，人的需要决定人的管理行为，人的管理行为则决定管理效益及管理目标是否达成，进而决定管理能否支持人的存续、发展及人性的充分展现。总之，管理是关涉人之生存与发展的具有一定价值性、组织性与群体性的特殊社会实践，是实现人之自由与解放的重要途径；人既是管理的主体也是管理的客体，既是管理的目的也是管理的手段。为了克服现代管理的弊端，使管理发挥其对于人的意义，必须将管理置于人性的基石之上并以之为起点对管理活动及管理理论进行整体性反思。

5.2 管理学中的人性假设与人性结构

管理如何或应当如何建立在人性基础之上是本书关注的核心问题。以往的管理实践与管理理论都从人性假设出发，在不同的假设下发展出不同的管理理念及管理技术。在此，我们系统考察管理中的人性假设的建构过程及其内部逻辑并将之解构，而后提出用人性结构取代人性假设以对管理进行"整体性"考量的思路。

5.2.1 管理学中人性假设的建构与解构

在传统社会，现代意义的企业不曾存在，围绕政府、军队及家庭等各个领域，中西方都产生了一批极为卓越的管理者，提出了许多至今仍富有启发意义的管理理念与管理思想，出现了极为精巧的制度设计，并在建筑、政治、艺术、军事等方面完成了许多人类历史上彪炳千古的伟大工程。虽然这些管理智慧有许多科学、合理之处，但很少形成系统而规律的知识体系，总体上属于与稳定、简单并缺少变化的农耕文明相适应的经验管理阶段。即便如此，这些管理思想与管理实践也有着深层的人性根源，而由对人性的不同理解而发展出的不同管理理念则形成了东西方迥然不同的管理路向。古代中国对人性的假设曾出现孟子的"性善论"、荀子的"性恶论"、告子与扬雄的"不善不恶论"、世硕与王充的"既善又恶论"。其主流是由孟子开启、朱熹强化的"性善论"，对人及人性持有乐观看法，强调人的可塑性和对人精神力量的开发，并认为"德性"是人与动物的根本区别，基于此的管理多强调道德修养的重要性，管理的主要途径是内心省悟和道德教化。近代以前的欧洲则提出了"政治人"（亚里士多德）、"理性人"（笛卡尔）等基本假设，受古希腊理性精神及基督教原罪意识的影响，西方社会强调人性本恶并理性地追求私利，基于此的管理强调对人的外部控制，由此形成重视制度与法律以控制和约束人之利己本能的管理传统。

　　传统社会中的人性假设多是"善"与"恶"之间的纯粹定性判断，从中可以推导出基本的管理价值和管理理念，但其与具体的管理技术与管理方法之间的因果关系是模糊的，对管理效能及效率的影响也难以辨析。进入近代以后，随着工业化及其基本精神的扩展与渗透，管理学成为一门独立学科并不断科学化，对人性也不断提出更科学和更系统的假定，并围绕这些假设发展出系统而缜密的管理理论。这些人性假设及相应的管理理论包括：其一，以泰罗、法约尔、韦伯的古典管理理论和麦格雷戈"X 理论"为代表的"理性经济人"假设，认为经济诱因是人主要的工作动机，组织中的每一个人都理性地追求个人利益的最大化，基于此的管理强调物质激励与严格标准化、程序化的制度控制。其二，由梅奥提出的"社会人"假设认为，人工作的最大驱动力是社会的、心理的需要而不是物质刺激，人们从社会关系中寻求工作的意义并受社会关系左右。基于此假设的理论包括人际关系理论及后来的行为科学学派，开始重视管理中"人"的因素并强调人的情感、心理等一些非理性的需要，是管理思想演变历程中的一个重大转折。其三，由马斯洛提出的"自我实现人"假设认为，自我实现是人类最高层次的需要，人具有自主性并勇于挑战，能够自主性地实施自我约束，其在工作中的最大动力源于自我实现的需要。基于此的管理理论主要有马斯洛的"需求层次"理论、阿吉里斯的"不成熟—成熟"理论和麦格雷戈的"Y理论"，强调管理者的环境支持，鼓励管理者信任下属并积极授权，激发员工的自我管理能力及创造力。其四，由沙因提出的"复杂人"假设认为，人的需要及动机多种多样并因时因地而变化，这些需要及动机相互作用并整合成复杂的动机模式。基于此假设的管理理论是卢桑斯、卡斯特与罗森茨韦克等人的权变管理理论，主张管理应该随着组织的内外环境随机应变，不存在普适性的、最好的管理理论和方法，"管理的主要任务是寻求最大的一致性。组织与其环境以及组织设计之间的和谐将导致提高效能、效率和参与者的满足感"（卡斯特、罗森茨韦克，1985：40）。其五，以威廉·大内"Z理论"为代表的"文化人"或"道德人"假设认为，人是文化的产物，具有利他的本性与传统，人在追求物质需要的同时，能够承担对组织的道德责任与义务，这种假设其实是对儒家思想中"性善论"的回归。基于此的管理理论是企业文化理论或文化管理理论，强调管理在合规律性的同时也要合伦理性，积极运用信仰、伦理、价值观等文化因素对管理至关重要。

　　自泰罗科学管理以来的人性假设与整个工业时代的主导逻辑契合，基本上围绕着管理的"现代性"而展开，是"现代性"逻辑在管理领域的自然推演。现代性是传统谢幕之后人类社会的基本追求，其标志性特征是理性化及科学化，即用人的理智来评判一切，将一切物质的与非物质的事物精确计算以增强其可控性。理性原则对管理的基本要求是以最少的成本获得最大的产出，由此管理必须进行明确分工并实行标准化、系统化的控制以尽可能提高效率。正是在这种"现代性"与"理性化"的背景中，泰罗将"理性经济人"引入管理领域，并发展出一套效率至上的系统化知识，使管理学成为一门独立学科。"效率"是"现代性"之理性精神在经济领域的自然推演，而管理的科学化始自对效率的追求，自然也是现代性逻辑的产物。自科学管理以后，这种现代性逻辑就一直支配着管理学的演化及发展，"经济人"之后的各种人性假设虽然内容各异，对人性有截然不同甚至相斥的假定，但其间一以贯之的总体性逻辑便是管理的现代性及科学化。"社会人""自我实现人""文化人"假设尽管发现了人的非理性因素的重要性，但同样以理性化的方法研究非理性因素并使之符合理性的标准，最终追求的都是如何更好地实施对人的控制以实现更高的效率与利润，只不过控制的手段因标以"人性化"之名目而变得更加隐秘。

　　假设是科学研究之需要，此为管理科学化、现代化进程中出现诸多人性假设的基本原因。台湾学者殷海光（2004）认为假设与人类文明程度相关，他指出，"假设是经验科学建构的起点之一。我们对于可观察的世界发问。发问以后，接着就试着提出解答。这一尝试的解答就是假设"，"人的文明程度愈高，知识程度也愈高。知识程度愈高的人，愈懂得假设对于知识之重要，而且制作假设的技巧也愈精"。假设是科学观察与研究的基本参照点和进行理论建构与推导的起点，提出假设的能力及由假设构建的系统知识是衡量人类文明程度的重要标志。泰罗将"理性经济人"假设导入管理领域并以此为基准形成了系统化的管理知识，使管理真正成为一门独立科学，对人类文明的提升做出卓越贡献。而后在管理领域中，出现了日益精巧的各种人性假设，使管理理论的科学化不断增强并对管理实践产生很多积极影响，极大地促进了社会生产力的发展及人类物质财富的增长。这一切都是管理之中人性假设的合理之处，没有各种人性假设的提出与发展，管理只能停留在低级、重复的经验模仿与传授阶段，不可能成为塑造日益发达的现代社会的基本动力之一。

尽管具有以上诸多合理之处，但基于各种人性假设之上的管理学理论在科学化的进程中也不断走向封闭、狭隘和盲目，由此使管理理论与管理实践日益背离了人性的需要及发展。在此，我们从以下几个方面来解构管理中的各种人性假设。

其一，人性假设的"不可通约性"（incommensurability）① 导致管理理论的封闭与分割并使管理实践无所适从。由于管理以问题解决为导向及其目的性、组织性、群体性的实践本质，人性假设在服务于管理的科学化的同时并没有使管理学真正成为一门纯科学，反而在此过程中出现若干并立的"科学共同体"（scientific community）。科学共同体"是由一些学有专长的实际工作者所组成。他们由他们所受教育和训练中的共同因素结合在一起，他们自认为也被人认为专门探索一些共同的目标"（库恩，1981）。也就是说，"科学共同体"是由一门学科的从业者所形成的独立生产科学知识的专家集团，共同体内的科学家有共同的范式、共同的信念、共同的价值标准及共同的技术手段（罗珉，2005b）。与物理、化学等纯科学内部只有一种公认的范式及一个"科学共同体"不同，管理学内部有多个理论范式及多个科学共同体。管理学自诞生以来，就由追求效率的科

---

① "不可通约性"是后现代主义者常用来描述知识之间的隔阂或分离的一个词语，意指在不同文化情境与解释系统中各种理论或范式不可能正确地相互比较或交流。详见 Thomas S. Kuhn（1970）。

学主义与追求人性的人本主义两大范式主导其发展。科学主义范式以"任务"为核心，将人机械化、符号化、标准化以增强管理中的可控性；人本主义范式以"人"为核心，重视情绪、感情、关系、士气等非理性因素对管理的作用。人性假设是科学共同体内部认同的理论范式的"硬核"①，围绕不同的人性假设，管理学形成不同的理论范式和科学共同体。科学共同体的一个显著特征是封闭性（王书明、万丹，2006），表现为科学共同体在接受某种范式之后就不再对其最初原理进行追问，而专心进行范式的拓展及精确化工作，并且与其他的科学共同体不可通约。这样就使围绕不同人性假设而拓展的不同管理科学共同体及其发展的管理理论之间难以进行知识的自由流动而产生隔阂与分离，并且各理论之间互相批判，这是"管理理论丛林"产生的深层原因。正如黄群慧（2005）所指出的，各管理学派理论"硬核"的不同使"管理理论丛林"的出现成为必然。因此说，一切从不同的人性假设出发来探索走出"管理理论丛林"以形成统一的管理学研究范式的努力只能徒劳无获。理论的混乱及隔阂使管理实践在理论"丛林"中无所适从，面临巨变的组织环境盲目而不知所措。我们只能在整合、统一人性假设这一管理范式的深层"内核"的基础上才能真正走出管理的混乱与迷茫状态。

其二，理性的僭越导致管理中的价值迷失及意义荒芜并使管理背离其本质。管理知识的理性升华使管理不断科学化，进一步推动管理实践的科学与高效。但"价值无涉"的科学式研究对解决管理实践中的价值因素却毫无裨益，管理理论一味地追求科学化只能导致管理中价值与意义的丧失。在各种人性假设中，"经济人"假设认为人是"完全理性"的并追求个人效用的最大化，其他人性假设均建立在人之"有限理性"基础之上。这些假设均服务于理性及其推演的控制思维，以单纯的线性因果关系来解释人的存在和行为，将人置于理性的逻辑之下以尽可能地提高组织的效率及增加利润。理性在解决现实的管理问题时具有一定的限度，它不关涉管理的价值因素，甚至为寻求管理的"最佳方案"而主张管理研究者"价值中立"。现代管理以人之理性来衡量或祛除价值因素，正如 Horkheimer 与 Adorno（1972）所说："凡是不符合计算和功利原则的东西都是可怀疑

---

① "硬核"意指某一理论体系的基础和核心，它对整个理论体系起统摄作用，代表着影响一个科学研究框架的领导者们的纯属形而上学的信仰，往往包括某一理论的基础假设及基本价值导向。详见拉卡托斯：《科学研究纲领方法论》，上海，上海译文出版社，1999。

的"。对此，费耶阿本德（2002）公开宣称"告别理性"并指出理性"歪曲成就，超越自己的界限，因而它至少应该对这种以它的名义扩展的越界负部分责任"。理性的僭越及其扩张导致管理价值的迷失及意义系统的荒芜。基于各种人性假设的管理理论中片面地强调了管理的效率取向，而忽视了其价值与目的的丰富性，单单发展出一套精巧的"理性—控制"系统，而对管理中的"价值—意义"系统熟视无睹，更没有从人性根源上来反思这一问题，从而偏离了管理之真正本质。

其三，人性假设的虚假性扩大了管理理论与管理实践之间的鸿沟。前文已经论证，管理是一种目的性与价值性很强的特殊实践，管理理论须服务于管理实践。但由于理论建立和理论验证上的要求，某种理论一旦系统化为一门科学，就会发展成为一个自我指认、自我参考、具有高度自创性的系统（Luhmann，1998），这就与丰富多样的管理实践容易脱离。管理研究如何在"科学严谨性"（rigor）和"实践相关性"（relevance）之间保持平衡始终是一个理论界争执不休的难题（Joan Ernstvan Aken，2005）。尽管假设的提出是建构科学理论的起点，但理论假设本身的虚假性也容易误导科学的演进趋向并可能使之与管理实践愈行愈远。假设是对纷繁复杂的现实管理现象中的少数关键而易于控制的要素（变量）及其相互关系做出的简单而抽象的描述，任何管理假设归根结底是人们面对复杂混沌的客观世界产生的猜想，因此都具有一定程度的虚假性（韵江、陈丽，2005）。管理中的人性假设为了逻辑论证的需要往往削足适履式地剥离一切与其假设不相关的现实因素，将抽象的"部分事实"变成"全部事实"，这种假设的虚假性导致管理理论与管理实践日益脱节并且对管理理论本身的建构及其应用性产生很强的消极作用。由于"可能的未来状态的生产者能够先行于这一未来的结果，他们根据自己的利益，为实现这一预言而实践"（埃哈尔·费埃德伯格，2005：332）。本来是"假设"（hypothesis）的东西却在理论逻辑的反作用下被"实在化"（realized）了，关于事实的假设成为"事实"本身。因此，管理中的人性假设"具有一定的合理性和较强的针对性的同时也就不可避免地具有理论上的片面性和边缘性以及实践中的误导性与偏差性"（冯务中、李义天，2005）。比如，"经济人"假设认为人是自私自利、追求个人效用最大化的理性人，虽然具有很强的现实解释性，但仅表达了人的物质需要这一部分事实，消解了人的社会性与精神性。现实的人未必都是经济人，但人类按照"经济人"的假设进行思考和行动，结果也就越来越具备了"经济人"的属性，从而使管理成为人与人之间互相逐利的竞技性活动。在管理学的各种人性假设中，最接近于管理实践的是沙因的"复杂人"假设，但沙因只是说明了管理中人的复杂性，而没有深入探究复杂的人具有哪些具体的人性，即"人性如何复杂"的问题，其导向的权变式管理理论更因陷入相对主义的泥潭而备受质疑。

其四，人性假设的理性偏执导致人性在管理中的分裂与异化。将管理建构在人性假设之上不仅对管理理论及管理实践有许多消极影响，而且对人性本身也造成很大损害。这种研究路径非但没有使管理向着人性化的趋势聚合，反而与人性背道而驰并在某种程度上贬损了人性的某些方面。除"道德人"假设之外，其他人性假设都从功利主义及利己主义立场出发来设计管理行为，注重人际关系的"社会人"假设其实追求的也是管理效率的提高以及对人员控制的"更好方式"。这些人性假设均把人作为客体来认识，从线性因果关系来理解和建构人的存在及行为，并且这些行为"一方面根植于所欲求的结果，一方面依赖于对于因果关系的信念"（汤普森，2007），由此简约化并中心化的"理性"行为其实是一种典型的、剥夺了人之人文情感及存在意义的"工具理性"行为。诸多人性假设的理性偏执使情感、情绪、直觉等一切温情的东西被剔除出管理之外，组织成为功利性追求效率的场所，人欲自然成为被控制的对象，人的价值与情感也逐渐被清除在管理学之外。管理者通过一系列制度、规则、程序与技术规范将被管理者驯化为一个个"温顺"而无思想的客体，人被降低为"物"，成为组织管理诸多要素中的一个控制对象，同时也成为组织这个庞大"机器"中的一个零件或齿轮，理性的人被异化为"机器"的一部分而在管理活动中过着"非人"的生活。

现实中的人性及其展现丰富多彩，人不仅因从事公共事务而需要理性与德性，同时也有作为个体的私人空间而需要感性的自然宣泄，管理中的人同时具有多重身份而难以在工作场所与家庭生活之间做截然不同的区分，因此管理中的人性不可能被人为地分裂为一个个片断，更不能以其某些部分去限制或压迫人性的其他部分。基于人性假设的管理"理论丛林"中的各种理论在各自预设的前提下纵向发展自己的理论体系，而没有探索在横向维度与其他理论的联系与整合。也就是说，以人性假设为范式之内核的各种管理理论没有也无法探索理论之间的整合路径，各自单单发展自身理论内部的完美逻辑，从而人为地使管理理论成为一个个断裂的"块茎"或"封闭系统"。由科学管理与古典管理理论开启的理性主义范式力推效率至上、秩序第一观念，排斥价值与情感等非理性因素在管理学中的介入，减少管理中的不确定性以尽可能地增加可控性；二战后出现的行为科学与企业文化学派则着力展示心理、伦理、价值等非理性因素在管理中的意义，批判理性主义范式的冷漠与机械化；在工业化完成之后的知识经济时代，后现代管理则提出"摧毁一切""重新想象""重估一切价值"等口号，猛烈批判以往的管理理论对人性的毁损。这种"闭门深造"的研究路径只能向人们展示人性的某个片断和管理的局部性质。理论范式失衡的背后是"碎片化"的分裂人性，各种管理理论范式都是从人的某一层次或角度去认识人的本性，截取人性中的某一片断并将之抽象夸大，要么以人的理性因素约束限制感性因素使人在管理实践中异化为机器而成为完全对象化的"物体"，要么片面强调本能、欲望等人的非理性因素而使人与动物无异并使组织成为弱肉强食的索取场地。人之理性与感性被分割在不同的人性假设及理论范式之中并严重不平衡，由此管理理论展现的只是分裂的人性及"单向度的人"①。由此，管理在诸多人性假设之下背离了人之主体性及目的性，不但未能实现其对于人的解放功能反而成为压迫人性的工具。

5.2.2　管理学的"整体性"考量：人性结构对人性假设的替代

从以上分析可知，无论从管理本身的理论发展与实践推进出发，还是从人性自身的完美展现出发，管理都不能建立在截取人性某个片断并将之放大、抽象而成并且无法通约的各种人性假设之上。正如 Sullivan (1986) 所说："以往的组织及管理理论未能提供一种全面并深入描述人性与管理理论及实践之关系的模式"。管理必须关注更加真实而完整的人，为实现手段与目的的统一，管理理论需要建立在丰富而完整的人性基础之上并且"融合中西管理人性的合理成分，才能建立完整科学的人性管理理论"（朱华桂，2003）。现代管理理论应该在吸收西方管理学人性假设的合理性基础之上，超越其静态性、片面性和超验性的理解，并结合当代企业经营管理的实际情况，自觉地在人性整合的基础上进行理论建构和实践应用（刘友红，2004）。为此，我们必须对管理中的人性进行基础性反思以

---

① "单向度的人"是法兰克福学派的马尔库塞提出的重要概念。马尔库塞认为工业文明是一种压抑性文明，随着技术控制的增强，人们的物质生活极大丰裕，但精神生活却陷入极度空虚，由此人变成了受物质欲望奴役的、工具化的人而压抑其"全面人性"，在日益扩大的奴役面前成为"单向度的人"。马尔库塞进而主张进行情感解放与审美解放以发展一种非压抑性文明。详见马尔库塞：《单向度的人》及《审美之维》。

对管理进行"整体性"观察和建构，对人性之观察就必须由"非此即彼"的对立与分裂思维转变为"水乳交融"的和合共处思维。Mary Parker Follett（1941）曾指出，"当我们的思想挣脱不出'非此即彼'的桎梏时，我们将会鼠目寸光，左右碰壁，成功渺茫"。她进而提出整合设想，并认为整合可以通过先"暴露"出冲突所在，把"双方的冲突分解后再变成相互关联的部分"的方法来实现。为寻求各管理理论在人性这一基点上的联系与统一，尝试建构基于客观、完整而现实的人性基石的管理实践与管理理论，我们从"能够理解和再造现实的唯一方法"的"总体性"① 视角，以"人性结构"取代"人性假设"来考察管理中的人性并以此为基础来对管理进行"整体性"的考量。

那么完整而现实的人性结构是什么？对此古今中外的思想家给出了不同的解释。在西方认识论传统中，理性与感性是人性的基本结构，但文艺复兴以来，人的理性觉醒使人之主体性地位得以确立，随着理性蜕变为技术理性（工具理性、科学理性），理性逐渐剥离或排除了人性中的感性及价值因素。黑格尔秉承西方认识论传统及形而上思维，将理性推演到本体的高度，在他那里，整个世界史完全成为绝对理性从逻辑到自然世界再到人之精神世界的演化史。总之，西方认识论传统中的人性结构是理性统摄感性、主体控制客体的二元对立结构。在中国思想传统中，形而上思辨的认识论不够发达，其对人性的基本认识及其推演出的系列理论基本属于价值论、伦理学的范畴。作为文化主流的儒家思想将人性归结为德性，并将之视为人与动物的根本区别。"仁"是德性之核心，李泽厚（2003）将"仁"之结构解析为血缘基础、心理原则、人道主义及个体人格，并指出其总体性特征是理性与情感、伦理与心理、历史与逻辑交融的实践理性。与西方二元对立的人性结构不同，在儒家的人性结构中，德性是理性与感性交融之产物，理性以感性为基础，感性受理性支配。樊浩（2001）则更为具体地指出，在中国人的德性结构中，四分之三是情感，四分之一是理性，而且这个理性还不是西方式的纯粹理性，而是一种良知，这种以情感

---

① "总体性"方法由匈牙利著名哲学家和文学批评家卢卡奇提出，他主张从整体、全局中把握部分、局部及其互动关系，强调在考察历史及建构现实时必须从整体对于部分的全面的、主导的地位出发。详见卢卡奇：《历史和阶级意识》，王伟光、张峰译，北京，华夏出版社，1989。国内学者何颖在研究公共行政理论中的人性观时提出建构"总体性"人性观的主张，将人视为完整的、丰富的集合以整体地把握人性丰富的形象，以实现人之主体性的复归并使人与自然、社会及其自身有机统一、和谐发展。详见何颖：《公共行政理论探究》，107～113 页，哈尔滨，黑龙江人民出版社，2006。

为统摄的德性结构，与西方文化所设计的以理性为统摄的人性结构完全不同。中国这种以伦理为本位，崇尚情感的人性观深受激烈批判"现代性"弊端的西方后现代主义者推崇。

在两大思想传统之外，马克思认为人是社会关系的总和并指出自然属性与社会属性是人的两种基本属性；路红梅等人（1999）则将人性的系统结构概括为自然属性系统、社会属性系统与精神属性系统三部分。我们认为，这些人性观虽然对人性进行了全面把握，但在管理实践及管理理论的建构中缺乏具体性，并且结构之间的内在关联难以澄清。戴茂堂（2004）将人性的结构归结为物性与神性两大部分，指出了人性结构之间的内在张力与冲突，但仍未突破西方的认识论传统，对人性中的价值因素缺乏考量。陶伯华（2003）对人性进行了"超生物尺度"的把握，从认识论、价值论及本体论三个层面将人性结构概括为理性、德性、诗性三部分，对人性有了较为深刻而具体的认识并且发展并提升了人性中的积极方面，但是将人之"生物尺度"层面的感性或物性剥离出人性之外则有失偏颇，能否将诗性提升到本体论的高度也值得商榷。

在西方传统中，"感性与理性这对范畴作为西方理性文明与知识论框架的核心范畴并不能概括多样的人类文明、复杂的人性结构"，其导致的二元对立结构对人性的损害显而易见。在中国传统中，对德性及情感因素的重视使管理之目的性及价值性充分凸显，但由于认识论的贫乏，中国管理忽视对管理各要素内部本质规律的追问和对管理经验的理论升华而难以产生科学的管理理论体系。基于此，在整合人性结构时宜采取中西结合、扬长避短的基本立场，使认识论与价值论（伦理学）各自的合理部分完美地结合在一起。

在孔孟哲学中，"仁"（"恻隐之心"）是人的一种自然情感，属于人的情感结构部分；而"义"则解为"应当"（劳思光，2005：83），属于一种意志结构，孟子的"养气"其实就是意志的锤炼；而"智"（知）则显然是一种基于理性的智力结构，也即孟子说的"是非之心"。与这种知、情、意三维人性相对应的是，孟子进而从价值层面指出理想的人性是真、善、美的统一，"可欲之谓善，有诸己之谓信，充实之谓美，充实而有光辉之谓大，大而化之之谓圣，圣而不可知之之谓神"（杨伯峻，1960），在此孟子突出强调了伦理之善，同时也表达了对真（知）、善、美的三重追求。在近代西方哲学中，也有类似的思想表述。费尔巴哈（1987年中译本）在《基督教的本质》一文中曾指出，"在人里面形成类、即形成本来的人性的东西究竟是什么呢？就是理性、意志、心……这就是作为人的绝对本质，就是人生存的目的"。这里的理性对应智力结构，意志对应德性结构，心则对应情感（感性）结构。

基于以上分析，我们认为现实而完整的人性结构由感性、理性及德性三个部分构成。"知、情、意"是建立在人的动物性生理机制之上而又与动物性相区别的人的社会性心理结构和能力，将知（理性—智力）、情（感性—情感）、意（德性—意志）作为人性的三维结构更为现实，在理论上也具有认同性。从人性之"知、情、意"三个部分出发，我们可以将其概括为智力结构（理性）、意志结构（德性）与审美结构（感性）三位一体的完整人性结构。"知"对应人性的智力结构，是人性中的理性部分，即人具有透过现象把握本质、总结规律的逻辑思维能力，其基本价值导向是求真。"意"对应人性的意志结构，即人具有社会性，在社会交往中对于一切制度仪文和生活秩序都有一种"正当之意识"，由此来节制自我，决定某事做或者不做，因此它对应的是人性中的德性部分。"情"对应人性的审美结构，是人性中的感性部分，导向"美"的价值体验。人类的情感、情绪等感性力量如能得到自然而恰当的宣泄或表达，便能使人在一种近乎神秘的体验中实现审美超越。人性之理性、感性及德性三重结构不仅是中西方人性论之精华的结合，也是认识论与价值论（伦理学）的结合，同时也使自然之物理系统（理性及规律）、人之心理系统（感性及审美）、社会之伦理系统（德性及价值）三大宇宙存在系统在人性的基础上获得了整合性的构建。管理之实践所关涉的要素不出物理—伦理—心理三大系统之外，以人性之三维结构考量管理之实践及理论无疑可以使我们对管理获得更加"整体性"的认识。

这里需要澄清的一个重要问题是人性结构的整体性和现实性的关联。人性本质之整体性只能在理念层面上方能洞穿，与人性之现实性并不等同甚至背离。西方近代以来的主流哲学理论大都从此层面来探讨人性之内在规定性，由此推导的人性往往是一种抽象的理念或精神，而脱离现实的生产实践与社会关系，这也是引发马克思对"抽象人性论"进行批判的重要因由之一。理念层面的人性在获得整体性规定的同时，往往具有总体性、抽象性、静止性，而实践层面的人性在获得现实性的同时，往往具有历史性、具体性、多面性和动态性。两者之间的二律背反式冲突不可能绝对消除，但我们可以使两者之冲突在某一知识体系中尽可能地缩减。对于管理来说，由于人性不可能在某一管理活动中同时展现其所有性质，以往管理研究的人性假设截取人性某一侧面并将之抽象放大，表面看可能与现实中展现的具体人性更加契合。但是，这种契合只能是暂时性的，并且不时地与其剥离的人性其他侧面相冲突。也就是说，人性假设只能暂时性与人性之现实性契合，却在总体上、长期上背离了人性之现实性，这便是现代管理理论与管理实践日益背离的一个重要原因。与之相反，人性结构虽然也具有某种抽象性而与某一管理实践中的具体人性可能不相符，但这种抽象性由无数动态的、具体的现实性人性构成，因而包含了人性之全部现实性。尽管马克思（2002 年中译本）提倡具体生成性的人性观，强调发现"现实的人"，批判"永恒不变的僵死的人性"，但他同时也指出，"（人）也是总体，观念的总体，被思考和被感知的社会的自为的主体存在"。整体性的人性结构正是对无数具体的、现实的、动态的人性之经验观照进行概括、凝练而成，由此构成了具有超越性、普遍性与总体性的人之"类本性"。管理应该建构在这种"类本性"而非分裂的、片断的并且难以与其他物种相区分的一个个人性假设基础之上。因此说，与人性假设相比，人性结构更好地兼顾了人性之整体性与现实性，寻找人性之"整体性"或"总体性"结构是管理理论化的需要，同时也是使管理更加符合实践境遇中人性之现实性的需要。从总体性与长远性看，对人性进行这种理性审视和经验观照，以人性结构为起点，能够建构更加符合人性并确保人之主体性与目的性的管理理论，以此来考察管理活动的基本性质与管理理论体系的构成也有利于缩小管理理论与管理实践之间的鸿沟。

5.3　人性结构对管理性质的三重规定

建构在理性、德性与感性三位一体的人性结构基础之上的管理实践具有科学性、道德性与艺术性三重基本性质，如表 5—1 所示。人性中的理性因素及其形成的智力结构使人能够探索、发现并利用管理各相关因素之间的因果关系及其内部规律，从而合理地配置包括人在内的各种管理资源，控制管理中的各种变量以科学、高效地完成管理目标，这体现为管理的规律性与科学性。人性中的德性因素及其构成的意志结构使人类可以凭借德性的力量追求一种应然的管理方式，使管理的目的性更加明确以确保管理服务于主体之需要，这种对管理实践中群体之利益及人与人之关系的总体性关怀体现为管理的道德性。人性中的感性因素及其形成的审美结构使管理不再是索然无味并与人之内心无涉的机械活动，而是随着人之情感波动及情境变化而不断更新的创造性的艺术实践，并能够使人在此实践中获得自我满足及审美体验，这体现为管理的艺术性。

表5—1　　　　　　　人性的三维结构与管理的三重性质

人性结构	管理聚焦点	管理价值	管理性质	管理方法
知（理性）——智力结构	规律、逻辑	真	科学性	控制（制度）
意（德性）——意志结构	关怀、修养	善	道德性	感化（伦理）
情（感性）——审美结构	想象、创造	美	艺术性	体验（自觉）

科学、道德和艺术是"知、情、意"三维结构在管理实践中物态化的表现，也是真正确保人之主体性与目的性的管理活动的全部性质。理性、德性与感性是人性统一体的构成部分，三者同时存在，虽然在不同的管理情境中可能彰显某一部分而抑制其他部分，但三者缺一不可，否则就是不完整的人性或者扭曲的人性。建立在三者统一体基础之上的管理实践的三重性质自然也具有共存性和统一性，三者不是"非此即彼"关系，而是建构在现实而完整的人性结构基础之上的和合共生关系。从完整统一的人性结构而非横向断裂的人性假设出发，使我们无论从实然层面还是应然层面，对管理实践都获得了更加现实、全面并导向人之上升的综合性知识。

5.3.1　人性之智力结构与管理的科学性

管理的科学性是指管理作为一种特殊实践，其所关涉的各实践要素（主体、客体及环境）及活动本身具有内在的、固有的客观规律性。管理之科学性与人之理性息息相关，正如黄速建、黄群慧（2005）所说："管理活动的科学性问题，即管理作为一种人类活动和行为，其在多大程度上是科学理性的，或者说，管理行为中'理性'和'非理性'各自占有多大成分，分界线在哪里"。科学性是管理实践固有的基本属性，但此性质能否彰显则取决于人之理性的觉醒程度及人性之智力结构的成熟程度。在农业社会，人之理性被伦理精神（中国儒家思想）或信仰精神（西方基督教、伊斯兰教等）遮蔽，由理性构成的智力结构发展程度十分有限，对自然规律及人本身的认识也处于幻想与假设的阶段，管理实践多依托传统、习俗与经验进行而缺乏对管理要素内在机理与规律的分析，更缺乏系统的理论体系的指导，因此管理的科学性程度很低并具有某种神秘色彩。启蒙运动以来，人的理性成为一切存在合理与否的最高判断标准，人之主体性地位确立并成为万物的尺度，使人摆脱了道德与神灵的长期

束缚。随着理性的高扬，人的智力结构得到迅速发展，人对自然、社会
及自身的认识都在理性原则的指导下走向繁荣。泰罗则顺应时代的要
求，以人之理性来审视管理实践之问题，以牛顿物理学方法论范式探究
管理各要素的内在规律及要素之间的客观联系，由此产生科学管理理
论，管理之科学性充分彰显。

　　从根本上讲，管理的科学性来自管理要素的客观性及人之智力结构的
能动性。正是管理任务、管理对象及管理主体本身的客观性使其存在某种
固有的规律性，而这种管理中的规律性能否被发现和利用则主要依赖于人
的智力及理性能力。理性是现代（科学化）管理的驱动力，对利润的理性
追求在整个社会中制度化或习俗化以后，现在官僚组织才在技术理性的基
础上充分发展了它的各个方面：以规则为基础的等级制和权责明确的分
工，以专业技能为基础的选拔任用，以及所有权与经营权的分离等
（Robert P. , Gephart Jr, 1996）。依靠理性，人类可以进行实验和推理分
析，从管理现象中抽象出本质性的东西，从个别中揭示一般并还原到一
般，通过构造一系列概念体系来有力地指导管理实践。管理的科学性就根
源于人的理性属性以及由此力量产生的人的逻辑推理、归纳总结能力和对
管理实践的预测、改造能力。

　　管理的科学性要求管理活动尽可能地遵循理性的标准以在管理中获
取"真的知识"，并按照因果律运用此"知识"指导管理实践以实现管
理的预期目标。管理科学性的聚焦点是管理活动中的逻辑与规律，其基
本价值导向是"真"，即追求管理所关涉要素的真实状态及其内在运行
规律，预期的目标也多是市场占有率、利润、绩效等功利性的追求，推
崇效率至上主义，主张以尽可能低的成本获取尽可能高的管理效能。在
这种理性逻辑主导下的科学主义管理模式强调对管理的预测及控制，将
包括人在内的各种管理因素简约化、模型化与标准化以增加确定性及可
控性，其基本的管理途径是发展出一套与其核心技术相关的标准化、程
序化的等级控制体系，通过建构合理性及合法性的制度、规则、程序对
管理的客体实施强制性的外部控制，并以此规范人的行为及思想，使之
符合管理的科学规律。

　　必须明确的是，理性在规定管理的科学性的同时，也内在地规定了管
理科学性的限度。理性不是万能的，其在管理实践中的作用有特定的范
围。首先，人类无法掌握用于管理决策的所有信息，不确定性因素和干扰
条件的存在，加之人的非理性因素的综合作用，使人不可能做出最佳决

策，效用最大化仅仅是决策者的一厢情愿。其次，管理的重要对象是人，而人的素质和能力具有很大差异并具有动态变化性，难以在管理中对其进行定量分析，人的心理因素也是无法测量的模糊量，加之管理情境的复杂多变，由人的理性推导出的因果律无法在管理实践中完全还原，因此理性的预测及控制能力在管理中非常有限。最后，理性局限于解决理论和技术的问题，而不能帮助我们发现或至少弄清最终目标和行为原则（里克曼，1996），建构在人性之智力结构基础之上的管理科学性与管理之价值因素无涉，它只能提高管理服务于人之效率，而不能解决管理服务于什么人以及如何处理管理中人与人之间的关系、能否满足人性之高级需要等价值判断问题。理性一旦僭越其作用范围就会给管理带来种种灾难，使管理背离其本质及解放功能而走向人性的反面，管理之科学性受制于理性之范围而总有其限度，因此管理实践永远无法成为一项纯粹科学性的事业。

5.3.2　人性之意志结构与管理的道德性

管理的道德性是指管理作为一种目的性与群体性的实践，内在地蕴含着对人与自然、他者及自我三重关系的价值判断及道德关怀，为使管理之本质充分展现及管理之职能充分实现，管理中的人之行为必须遵循一定的伦理规范。霍金斯指出，"任何决策都包含价值成分，任何决策者都是一种价值综合体的象征"（霍金斯，1987）。管理之本质使其无法回避"价值"及"意义"问题，管理目标之设定、管理资源之分配、管理成果之分享、管理进程之协调均涉及价值判断问题。价值是客体之于主体的意义，对管理中主客体关系的界定、协调及规范就是一个伦理问题，体现为管理的道德性。"人的任何一种实践活动均是在需要和目的的驱使下亦即价值判断的驱使下把主体尺度运用于客体对象世界，使自在之物转化为为我之物，使自然世界向属人世界转变"，管理之实践本质"决定了管理本身必然具有道德性，决定着管理是人类的一种对客观规律与主观价值的整合活动"（戴木才，2002）。Drucker（1966）较早地拓展了管理的责任维度。他认为，管理者的存在不是为了显示特权和高人一等，他不应有光环与虚荣，管理首先意味着"责任"，这个责任就是追求卓有成效地实现目标，带领整个组织或者团队穿过不确定性的海洋走向成功的彼岸。成中英（2006）研究了管理与伦理的内在关系，他指出，伦理是"内在"的管理，是有关个人的管理；管理是"外在"的伦理，是有关群体的伦理。两者性质虽然不同，但却追求类似的目的，即通过人之主观努力达到某种理想状态。因此，道德性是管理活动的一种内在属性。

大卫·休谟（1980年中译本）在《人性论》中断定，理智只能告诉我们"是什么"，不能告诉我们"应该是什么"，一个人不能从"是"中推论出"应该是"这个命题，纯事实的、描述性的论述本身只能赋予或暗示着其他事实的、描述性的论述，而永远不会得出标准、伦理见解或做某些事情的规定。管理的道德性不能依靠人性之智力结构来建构，因为人之理性因素关注的是管理中的事实因素与现实状态，对关涉管理之价值因素及意义系统等应然状态的关注则必须依托人性之意志结构。意志是由理性凝聚感性而成的德性因素构成，意志结构是伦理学探究的重要问题。"德性"在亚里士多德传统中被视为一种"同感情和实践相联系的"好的品质，"德性是一种适度，因为它以选取中间为目的。……是一种选择的品质，存在于相对于我们的适度之中"（亚里士多德，2003年中译本：47~48）。而选择是对某种价值或状态的认同与自主，是一种意向性的自律行为，因此德性与具有自主选择功能的人性之意志结构紧密关联。正是由于人之意志结构及德性的存在，作为主体的人才可能在管理活动中根据其意向性进行选择，对管理关涉的价值因素进行裁决和判断，使管理之道德性得以展现。管理是以效率、利润为首要价值还是以公平、正义为首要价值，以及管理服务于投资者还是服务于劳动者等价值判断问题的解决，均依赖于人性之意志结构做出的意向性的选择。

"每种技艺与研究，同样地，人的每种实践与选择，都以某种善为目的"（亚里士多德，2003年中译本：3）。管理之道德性凸显了管理对"善"的追求，使管理在因果律之外追求对自然、他者及内在自我的关怀。基于德性的管理强调组织对股东、员工、客户、供应商、公众及自然环境的责任意识，主张在管理主体与管理客体之间建立和谐关系，使管理不仅仅表现为一种功利性的生产关系，同时也表现为一种非功利性的道德关系。道德性的管理要求管理主体重视道德修养、锤炼道德意志、提高自律能力，通过伦理的感化与教化作用来实施管理。它强调管理者的服务意识及对支持性环境的塑造，鼓励员工参与管理和自我管理。雷恩认为，"只有专职的有道德的领导才能提高组织的效力和人们的福利"（丹尼尔·雷恩，2000：347）。Joanne Ciulla（1998）则更为明确地指出，在过硬的技术与优秀的道德之间，"领导力的核心是伦理道德"。因此，德性在组织管理中不仅是价值判断的标准，同时也是提高组织效能、完成组织目标的一种重要能力或资源，这正是管理之道德性的两层意义所在。

5.3.3　人性之审美结构与管理的艺术性

管理的艺术性是指面对复杂多变的现实管理问题，管理没有固定不变的模式可以遵循，在具体的情境中人们必须根据自己的经验或情感偏好随着管理之相关要素的变化采取恰当的主客体交互方式，使管理活动本身获得类似艺术之美的属性并给人带来美的享受和美的体验。管理具有艺术性已是关于管理的基本常识，但对此学界往往仅从管理的实践性来理解，认为管理学的艺术性体现在管理者在管理实践中对管理原则与管理方法的灵活运用，是管理者面对复杂环境时的应变性及对管理要素具体操作时的技巧性。这种理解其实远远没有抓住问题的根本，因为它没有追问"何谓艺术"以及"管理与艺术之内在关联"等问题。

在康德的美学体系中，"艺术不同于自然，它是人工产品；艺术也不同于科学，它是技巧而非知识；艺术又不同于手工艺，它是自由创造的结果，是自身令人愉快的"（曹俊峰，1999）。艺术的基本研究立场是人物相应、情景交融，其形成与创造是一种"情感—意象—情感"的过程；艺术的思维方法强调主观感应，重视想象与美感，以形象思维为主，强调从一般中发现个别，从共性中求异求新；艺术遵循自由意志论而不是因果决定论；艺术的关注对象主要是人类精神世界（张树旺、刘素菊，2009）。艺术的实质是审美（阿·布罗夫，1985），"是按美的规律创造的，是人的本质力量形象的体现"（栾栋，1984）。管理学艺术性的人性根源在于人的感性及由此衍生的想象、创造与审美等能力。人性中的感性部分包括情感、情绪、直觉、想象力等非理性因素，其中情感是核心。蒙培元认为，人作为人而言是情感的动物，人是情感的存在。"不能说人除了情感再也没有别的，但是对人而言，情感具有直接性、内在性和首要性，也就是最初的原始性"（蒙培元，2002）。情感是艺术的决定性因素，苏珊·朗格（1986）在其人类文化符号论中提出"艺术是人类情感的符号形式的创造"的命题。她认为美是由情感说明的，甚至是由情感决定的，美的心理本质就是愉悦的情感体验。承认管理实践的艺术属性却忽视管理中的情感因素及其审美创造是目前主流管理学的一大误区。

从人的感性因素及其构筑的审美结构出发，管理实践的艺术性主要体现在以下方面：其一，管理实践需要感性的艺术思维。管理实践的构成要素是动态变化的，如人员流动、资源增减、产业结构调整、技术革新等，管理需要处理具体的情境化问题。仅仅依靠人之智力结构的预测及其控制能力，现实中的很多管理问题无法解决。尤其在后工业社会，面临环境中的动荡（turbulence），管理者依靠传统的方式去预测和控制组织的内外部事务已经不可能解决主要问题。正如 Tom J. Peters（2003）所指出的，在一个非理性的混沌时代，企业经营世界里没有现成的蓝图和路线图，我们需要重新想象，大胆地发挥想象力进行创造。管理必须有想象力、直觉和情感等感性因素的释放，充分运用人之感性思维解决复杂多变的管理问题。其二，管理必须关注人的情感世界。管理之本质决定管理必须尊重人性及其现实需要，现实中的人都是具有价值观念、感情和偏好并且能够进行自我思考的人，管理不能以完全理性的科学方法将人机械化而伤害人的自由与尊严。其三，管理活动内在地具有艺术之美。管理者与被管理者可以将管理过程本身视为对艺术作品的创造，自主而积极地完成管理任务的同时可以从工作本身中体验到自我实现的愉悦。其四，管理者可以从审美的视角进行组织管理。Antonio Strati（1992）主张在组织管理中发展出一种审美途径，从美学的维度来理解组织生活。比如，管理者可以美化办公室环境，营造符合办公者审美情趣的工作氛围，满足其审美需要，以此来提高其积极性和创造性；再如，在公司建筑、商标、办公用具以及产品包装上重视员工与消费者的审美需要，可能会在知识经济时代和消费主导的社会里赢得更多忠实的员工和顾客。其五，人性之审美结构使人可以从主客体互动的管理实践本身获得审美体验。管理是人的主观能力作用于客观对象的交互活动，必然有主客体的情景互动。在互动过程中，主体往往根据其自身的审美结构对客体进行审美创造及改造，在管理过程中实现合目的性与合规律性的统一以及主体与客体之间的和谐一致。人类在管理实践中曾经创造了许多绝妙的艺术品和美学理论，比如苏州园林与黄金分割点。格式塔心理学派对人之"心理"与自然之"物理"的关系进行了专门剖析，认为外在世界（物理）与人的内心世界（心理）的"力"在形式结构上有"同形同构"或"异形同构"关系。事物的形式结构与人的生理—心理结构在人脑中能够引起相同的电脉冲，使外在对象和内在情感合拍一致，主客协调，物我同一，便产生美的感受（李泽厚，2001）。按照这种审美的要求，人类的管理实践才创造了许多惊人的艺术品。这种主观与客观、情感与外物的和谐交融，是管理实践艺术属性的另一个重要体现。

管理的艺术性及其与人性之审美结构的内在关联极大地提升了管理之于人的意义，使管理与人性之关系更加内聚和一致。它使麦金太尔所提出的实践之外在利益及内在利益在人性的基础上获得了统一。基于审美结构的管理不仅是对自然的改造，也不仅仅是对他者的关怀，更重要的是对人自身内在心灵世界的呵护和提升。古希腊人认为，"公正最高贵、健康最良好、实现心之所欲最令人愉悦"①，管理的艺术性及其审美特征就彰显了管理对人"实现心之所欲"的关注，展现了管理之内在的善。它充分体现了人在管理中的主体性、目的性以及管理作为一种特殊实践对人性的解放功能，同时也使管理之本质充分展现。

5.4　基于人性结构的管理学理论体系的拓展与重构

将管理建构在完整的人性结构之上也为我们整合断裂而混乱的管理理论提供了重要契机。以往建立在人性假设基础之上的管理理论，要么偏重工具理性走向自然科学的极端而使管理理论之中的人性黯淡，要么片面强调人性及其价值而忽视管理学作为一种应用性学科内在的效率指向。以人性结构取代人性假设，使管理学在科学主义范式与人文主义范式之间寻求到了恰当的、深层的结合点与整合因子，也使管理学的学科属性走出了在自然科学、社会科学及人文学科构成的学科谱系中难以确定具体位置的困境，同时也给管理学科的整个理论体系提供了整合效率与人性、科学与人文的重构思路。

5.4.1　管理学科的内涵甄别及学科属性定位

目前国内学者常将管理学翻译为"management science"，这其实是管理学中科学主义范式及其话语霸权的一种重要表现。管理学实指"管理学科"（management discipline），而非"管理科学"。这里需要辨析"学科"与"科学"之区别与联系，涉及英文中的"discipline""knowledge""science"三个关键词，辨析的主要问题是管理学作为一门学科（discipline）是从 knowledge 层面建构还是从 science 层面建构的。由 Harold Koontz 与 Heinz Weihrich 合著的《管理学》是世界上流行最广泛的管理

---

① 此为古代爱琴海文明之中心提洛岛上的一段著名铭文，体现了古希腊人对理想生活的基本追求。转引自亚里士多德：《尼各马可伦理学》，廖申白译注，24 页，北京，商务印书馆，2003。

学经典教材之一，目前中文本已经刊出第 12 版，但该书英文名是"*Man-agement*"而非"*Management Science*"。为使管理学真正成为一门独立学科做出卓越贡献的世界管理学大师彼得·德鲁克也很少使用"management science"，其经典代表作 *Management: tasks, responsibilities, practices* 使用的也是"management"。我们认为，这里的"management"是从管理实践及其伴生的"知识"（knowledge）意义上而言的，穆尼、法约尔、孔茨、德鲁克等人都是以此角度建构管理学的。作为"knowledge"意义的管理学范畴是广泛的，包括但不仅仅指泰罗等人创立的"管理科学"（management science）。但泰罗及其追随者将观察、实验的科学方法引入管理研究之中的努力使管理学真正成为一门独立学科（discipline），这是由于"学科"（discipline）是"知识"（knowledge）的系统化与体系化，泰罗的努力使管理中的"knowledge"科学化、体系化，因此使管理学由"知识"（knowledge）成为"学科"（discipline）。但"知识"（knowledge）不仅仅是"科学"（science），还包括经验、常识、习俗、伦理等丰富内容，因此管理"科学"（science）是管理"知识"（knowledge）之一部分，而管理"学科"（discipline）则是系统化的管理"知识"（knowledge）。由此我们可以得出结论：管理"学科"（discipline）不同于管理"科学"（science），而是包括管理"科学"（science）在内的体系化的管理"知识"（knowledge）。即，管理学作为一种"知识"（knowledge）古已有之；作为一门新兴的独立学科（discipline）则自泰罗始走过了百年历程；作为一门科学（science），管理学正在不断完善但永远不可能成为一门纯粹的科学，但管理学毕竟是一门实践学科，除了"科学"之外还有其他更丰富的知识内容。

将管理建构在人性结构基础之上极大地拓展了我们对管理学作为一门学科（discipline）的"知识"（knowledge）层面的认识，使我们摆脱了基于"科学"（science）及其主导范式之中而难以窥视管理学科（discipline）全貌的困境。正因没有在"knowledge"与"science"之间做出具体区分，管理学作为一门学科（discipline）一直在自然科学、社会科学与人文学科组成的学科谱系中难以澄清其学科属性并进行具体定位。各管理学者从自己不同的旨趣出发，截取人性之片段提出各种人性假设并以此为基础构筑了难以通约的诸多管理理论，使管理学的学科属性更加模糊不清，并使管理学内部科学主义范式（主张管理学就是"管理科学"）与人文主义范式（强调管理学知识的人文属性与实践指向）之间的争论不断激化。人性之理性、德性及感性构造的智力结构、意志结构及审美结构三位一体、密不可分，其内在关联能够有力地整合分裂的管理学学科属性之争。以完整、客观的人性结构取代片断和主观的人性假设，使我们对管理学学科属性及其理论体系获得"整体性"的认识，即管理学作为一门学科（discipline），包括密切相关的三部分内容——管理科学（management science）、管理伦理（management ethics）与管理艺术（management arts），三者分别反映了管理实践的科学性、道德性及艺术性。

但获取这种"整体性"的同时，管理学也丧失了其"纯洁性"。管理学作为一门实践性较强的应用学科，必须以问题为导向，并不单纯追求逻辑的完美及思想的高尚，而是要解决现实中的管理问题并从中获取经济、社会效益以及人的自我价值。因此，管理学需要借鉴一切有利于解决现实问题的其他学科的知识，这就决定了管理学的交叉学科性质，即：管理学不可能成为一种纯粹的追求规律和逻辑严谨的"科学"（science），也不可能成为作为思想教化工具的纯粹"伦理"（ethics），更不可能成为仅供人欣赏和展示的"艺术"（arts），而是一种解决现实管理问题的综合性"知识"（knowledge）。作为一门学科，管理学是自然科学、社会科学与人文学科三者之间的交叉知识。如图5—1所示，在从规律到意义，从理性到感性，确定性、预测性与可控性程度从强到弱的学科谱系中，管理学与自然科学、社会科学及人文学科均有交叉。

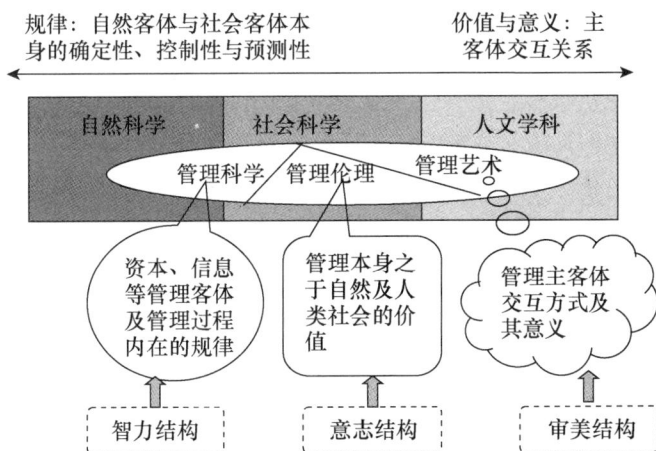

图5—1　基于人性结构的管理学学科属性定位

资料来源：作者绘制。

由图 5—1 可知，人性之智力结构使人探寻资本、信息、设备等管理客体及协调、控制、组织等管理过程的内在规律成为可能，这就构成了管理学科知识体系中的管理科学（management science），它属于自然科学与社会科学交叉范畴，其中对物质设备及资本、信息等管理客体规律的探寻属于自然科学，而对涉及人、物关系及管理过程规律的探寻则属于社会科学，总体上此部分知识都属于"科学"（science）。人性之意志结构使人能够在"事实因素"之外寻找管理之于自然及人类社会的一系列"价值因素"，此部分知识构成管理伦理（management ethics）；人性之审美结构则使人在情境的独特性与意外性中获得超常的管理创造能力，并在管理主客体的交互过程中能够获得审美体验，此部分知识属于管理艺术（management arts）。管理伦理与管理艺术均倾向于人文主义范式，都属于社会科学与人文科学的交叉范畴，因为其主要研究对象是人并涉及主客体之间的关系，难以进行科学量化和逻辑分析，但人的管理行为及其价值导向还具有一定程度上的可控性与确定性。两者所不同的在于，管理艺术比管理伦理更具有随机性与偶然性，使管理具有非重复性、非预测性与非可控性特征。可见，基于人性结构的管理学科属性分析框架使管理学成为自然科学、社会科学与人文学科综合交叉的统一体，不仅使我们明确区分了"管理学科"与"管理科学"，对管理学学科属性获得整体性与统一性的认同，而且有力地整合了管理学研究传统中的科学主义范式与人文主义范式。

5.4.2　管理学理论体系的三维架构及其内部关联

马斯洛等人本主义者倡导管理学研究要"以人为本"，但学界多年来对管理学"以人之什么为本"这个关键问题一直缺乏深入探讨。梅奥、马斯洛、麦格雷戈、沙因等学者从人的需要出发，指出管理学要满足人的需要并以之为管理的起点。但人的需要复杂多样，并且因时、因地、因人而异，如此构筑的管理学理论既无法取得统一性认同，也无法真正做到以人为本。我们认为，人性本质决定人的需要，无论任何人的需要在不同时间、地点有何差异，他们都具备理性、德性与感性三种人之本性，其各种需要及满足需要的能力均由此三者衍生。"以人为本"的管理学应包括两方面内涵。其一，以符合人性为本，使管理理论满足人的三种本性及其衍生的经济、社会及文化等各种基本需要。其二，全面拓展和开发人性的三维结构并以此来指导、规范管理实践，使人通过管理真正实现自由而全面的发展。简言之，以人性及其完整结构为本的管理学强调"管理为了人"及"管理依靠人"。

以此来审视目前普及的管理学理论，我们发现管理学科被狭隘地理解为管理科学，片面地发展了人的理性能力并使之形成高高在上的话语霸权而使其他非理性的情感、德性因素被边缘化。通行的管理学教材基本上在传授管理科学，对管理伦理和管理艺术涉及甚少。我们认为，以人性为基础和起点，需要对目前通行的管理学理论体系进行重构。管理学科的理论体系应该包括管理科学、管理伦理与管理艺术三个有机构成部分，分别建构在理性、德性及感性三位一体的人性结构之上。三者有各自的研究目的、研究内容及研究基础，如表5—2所示。

管理科学（management science）的主导逻辑是理性，其研究目的为如何运用人的理性能力来科学、高效、规范地实施管理以获取经济效益，主要研究管理要素之间因果关系的建立与检验，管理过程中的普适性规律，以及生产、安全、市场等微观领域的管理；其研究基础是数学、统计学及经济学等与自然科学比较接近的学科，多运用量化及实证等科学性比较强的研究方法。管理伦理（management ethics）的主导逻辑是德性（伦理及价值），其研究目的为如何界定管理的目的、价值与意义系统以使之符合人的德性并获取社会效益；研究内容涉及企业的价值、使命与责任，企业与利益相关者的价值关系，基于伦理的决策及控制，企业内外部政治行为，组织公民行为等；其研究基础是社会学、政治学及伦理学等社会科学，多采用规范与定性的研究方法。管理艺术（management arts）的主导逻辑是感性，其研究目的是如何运用感性的力量处理管理的情境化问题并获取管理过程中的审美体验；研究内容主要涉及管理理论的移植及情境化问题：理论、情境、制度、文化之间的耦合及匹配，直觉、想象、情感等非理性因素在管理实践中的运用，审美管理及管理过程中的审美体验等；其研究基础是文化学、心理学、美学、哲学等人文学科，采用历史分析、诠释主义、解构主义等多元研究方法，没有固定的研究范式。三者共同构成了完整的管理学理论体系，其中管理科学是目前管理学研究的主流，管理艺术与管理伦理在"知识"意义上古已有之，并且管理伦理曾在中国古代管理实践中长期占据主导地位。但作为"知识"体系化的"学科"，两者在目前发展都很不成熟，尚未引起应有的重视并缺乏系统性的理论，这也是今后管理学应拓展和强化的研究方向。

表 5—2　　　**基于人性结构的管理学理论体系重构**

管理学理论体系		研究目的	研究内容	研究基础	研究方法	研究现状
管理学科 (management discipline)	管理科学 (management science)	如何运用人的理性能力来科学高效规范地实施管理以获取经济效益	管理各要素(人、资本、信息、设备等)之间因果关系的建立与检验;计划、组织、协调、控制等管理过程中的普适性规律;生产、安全、财务、市场管理等	数学、统计学、信息科学、运筹学、经济学等	实证与量化为主	管理学主流范式
	管理伦理 (management ethics)	如何界定管理的目的、价值与意义系统以使之符合人的德性并获取社会效益	企业的价值、使命与责任;企业与利益相关者的价值关系;基于伦理的决策及控制;组织文化;企业内外部政治行为;利他主义与组织公民行为等	社会学、政治学、伦理学等	扎根理论、案例研究、质性研究等	正在发展、尚不成熟
	管理艺术 (management arts)	如何运用感性的力量处理管理的情景化问题并获取管理过程中的审美体验	管理理论的移植及情境化问题:理论、情境、制度、文化之间的耦合及匹配;直觉、想象、情感非理性因素在管理实践中的运用;审美管理及管理过程中的审美体验等	文化学、心理学、美学、哲学、史学等	诠释、解构、话语分析、历史分析等	很不成熟、缺乏范式特征和系统性理论

　　这样，在智力、意志与审美构成的三维人性结构观照下，我们建构了管理观察的三个基本维度："理性—智力结构—科学性—管理科学"层面的科学维、"德性—意志结构—道德性—管理伦理"层面的伦理维、"感性—审美结构—艺术性—管理艺术"层面的艺术维。科学、伦理与艺术是人类观察与改造世界的三种异质性的知识领域，三者具有不同的理论旨趣、思维方式和研究范式。科学主要关注事实因素而主张价值无涉，为探寻客观规律往往将人视为对象化的客体；伦理则主要考察确保人之主体性的价值因素而常与科学之间保持某种张力；艺术则是一种主客体交融的创造过程。管理科学追问管理中的各种变量及其关系"是什么"，管理伦理则追问管理"为了谁"及"应该是什么"，管理艺术则追问在具体管理情境中"怎么办"。管理三维之间的异质性及其张力展现了管理作为一种特殊的社会实践的丰富性与复杂性，这也是管理学不同于其他非应用学科的重要方面。管理三维性质在外延方面的这种包容性，避免了管理理论的无限分化，从而使有关管理考察的知识聚集为管理科学、管理伦理与管理艺术三大领域。那么，管理这三大领域之间会不会形成新的分化与断裂？在此，我们需要考察管理三个基本维度之间的内在关联。我们认为，人性结构在管理之中具有聚敛性，正是这种内向的聚敛性，促使管理科学、管理伦理与管理艺术不断地聚合为管理实践之整体。人性的三个异质性维度在管理中的这种聚敛性主要来源于三个方面：其一是人性之完整性；其二是德性之中介性；其三是管理之实践性。

　　第一，虽然管理研究三个异质性维度有各自的主导逻辑，但它们也有统一性的整合逻辑，即理性、德性与感性三者不可分割的现实完整性。现实的人往往具有多种需要，其智力结构、意志结构与审美结构也不是独立存在的，三者相互作用，共同决定了人的行为选择。这就在人性根源上决定管理的科学性、道德性及艺术性天然地联系在一起。科学、道德和艺术是"知、情、意"三维结构在管理实践中物态化的表现，也是真正确保人之主体性与目的性的管理活动的全部性质。理性、德性与感性是人性统一体的构成部分，三者同时存在，缺一不可，建立在三者统一体基础之上的管理实践的三重性质自然也具有共存性和统一性。第二，作为管理伦理之人性基础的德性能够融通理性与感性两种对立的异质性因素，在管理科学与管理艺术之间起到一种中介性与连接性作用。亚里士多德在《尼各马可伦理学》中将德性定位为在实践中介于理性与感性之间的一种适度选择。德性这种融通理性与感性的特质，使管理伦理的拓展有力地缓和了管理科

学与管理艺术之间的张力，避免了理性规定的管理科学与感性规定的管理
艺术朝向两极分化。第三，三个异质性维度能在管理中融通的另一根本所
在是管理之实践性及管理学之应用性。以彼得·德鲁克为代表的经验管理
学派反复强调了管理理论的有效性，这种有效性规定了管理问题之解决依
靠某单一学科的知识不可能成功，待解决的管理问题往往是科学、伦理与
艺术的复合体，需要调动所有相关知识来综合考察，这同时印证了管理研
究和组织分析应该是一个跨学科的研究领域。

　　管理学理论体系的三维建构及其内部关联，既保证了管理中人性的完
整性，避免了人性的分裂与异化；又确保了管理理论的统一性、完整性及
实践相关性，避免了理论分割及管理实践无所适从的问题。管理学的科学
维度是管理规律性的体现，展现了人之客体属性；伦理维度则保证了人在
管理中的目的性与价值性，展现了人之主体性；艺术维度则保证了管理的
应用性，展现了主体与客体之间的交互关系。由此，基于人性结构的管理
学三维体系同时实现了管理之目的性与规律性的统一、主体性与客体性的
统一、理论性与应用性的统一。

5.5　本章小结

　　管理与人性之深层关系是管理领域与哲学领域探讨的一个古老而又新
颖的命题。之所以古老，是因为管理与人类发展史同步，自其产生伊始就
一直在各种人性观的指导下不断前行；之所以新颖，是因为如何使现代管
理真正"以人为本"而非背离人性是当代学者亟待解决和攻克的一个重大
理论难题。本书以马克思"主体性"命题与康德的"目的性"命题来考量
管理研究中的人性假设演进脉络发现：将管理建构在截取人性某个片断并
将之放大、抽象而成并且无法通约的各种人性假设之上，无论对人性还是
对管理，无论对管理理论还是对管理实践，都造成了巨大损害，更无法确
保人在管理中的主体性与目的性。基于此，我们对人性进行整体性审视和
经验观照，结合中西方不同的人性观并融合认识论与价值论，提出更加完
整和现实的"三位一体"人性结构。以人性结构替代人性假设，来考察管
理活动的基本性质与管理理论体系的构成，我们能够建构更加符合人性并
确保人之主体性与目的性的管理理论。在智力、意志与审美构成的三维人
性结构观照下，我们得出两大重要结论：第一，管理实践具有科学性、道

德性与艺术性三重属性；第二，管理学科是管理科学、管理伦理与管理艺术"三位一体"的，以解决现实管理问题为导向的综合性知识系统，对跨学科知识的吸纳使之成为与自然科学、社会科学与人文学科综合交叉的以问题解决为导向的应用学科。这样就建构了管理观察的科学维度、伦理维度及艺术维度三位一体的整体性框架。这些结论对于讨论近年来管理研究中的以下重大理论问题颇有启发。

（一）管理学的范式整合问题

在科学主义思潮影响下，管理在从传统经验管理到现代科学管理的嬗变过程中不断经受理性的洗礼，其目的性与价值性日益被科学性与规律性遮蔽。科学主义思潮"想用那对价值实施活体解剖的致命的分析去代替对道德价值和美学价值的欣赏"，其话语霸权在管理中的确立"使人类生活的情感的、道德的、艺术的和美学的方面的现实性与重要性减少到最低限度甚至根本否认之"（伯纳德·巴伯，1991）。针对管理之人文维度的丧失，后现代主义者主张建立"返魅"的世界观以重塑管理价值。将管理活动的性质及其理论体系的哲学基础及整合逻辑设定在不可分割的、完整的人性结构之上，就是反对理性主义及其话语霸权对管理活动及管理理论的侵蚀，寻找人文艺术在管理中应有的栖身之地。管理作为一种改造人类现实世界及创造未来生活的重要实践，其知识必然要关注"人类的价值与意义"这一科学无法解决的根本问题。基于人性结构的研究，使管理走出了"管理科学"的遮蔽，拓展了其道德属性与审美属性两大维度，使探寻管理之中的道德价值及其审美价值具有了坚实的哲学基础和正当性。

需明确的是，拓展管理的人文维度，并不意味着我们反对管理科学的发展，而是寻找科学主义与人文主义之间的整合，使管理不至于偏执一方而丧失其解放功能。我们反对的是，目前管理的主流研究范式过分强调管理的科学性，而忽视或轻视了其道德性与艺术性方面。作为一门实践性很强的学科，管理学不仅仅要告诉人们"管理的现实是什么"，还应该告诉人们"能够从管理中希望什么"。因此，管理研究需要从机械的科学主义范式转向真正符合人性的科学与人文并行不悖的整合范式，由功利主义境界提升到指导人们在管理实践中获取"善"与"美"的生活体验的更高层次境界。但我们同时也必须清醒地认识到，管理学作为一门应用学科，功利性倾向是不可能避免的，利用科学的方法来追求经济效益永远都是管理的应有之义。在未完成工业化和现代化的后发国家里，或者在某些特定的领域与场合，强调管理的科学性仍然有重要的现实意义。基于人性结构的管理性质研究及管理理论重构警醒我们，不能陷入科学主义范式之中而无视管理的其他属性和境界。只要人类追求美好生活和上升之路，管理学的视野就不能仅仅局限在管理的科学属性与功利方面。目前，我们依然要肯定和发展管理的科学属性，同时重视其艺术属性与道德属性方面，针对目前管理学研究中的理性主义与科学主义话语霸权，尤其应当重视对其艺术属性与道德属性的拓展与深化。

（二）管理学的合法性问题

合法性概念常被用来讨论社会的规范与秩序问题，在韦伯那里合法秩序（a legitimate order）是由道德、宗教、习惯、惯例和法律等各种因素综合构成。但是，韦伯之后的合法性逐渐被合乎法理性、合理性所遮蔽。基于现代理性传统，学科合法性的探讨被认为应该满足以下几个基本要求：有相对独立的研究范畴、研究对象和研究领域；有特定的概念框架并形成或正在形成规范化的知识体系；有自己专属的方法论；其提出的原理或规律能够经得住验证或论证（韵江、林忠，2007）。以此标准来衡量，目前的管理学面临着严重的合法性危机。这种危机的根源不在于管理学的"科学共同体"不够努力，而在于管理学作为一门学科的应用性。管理是一种特殊的社会实践，管理学作为一门学科的基本使命是提升管理实践的水平以使之更好地满足人之需要。管理实践的丰富性及复杂多样性必然制约着一味追求科学化的学科合法性，正如 Whitley（1984）所指出的，"高水平学术期刊更多地反映了知识生产者的偏好，是学科争取合法性的见证和结果，而不是体现了管理实践发展的结果"。也就是说，管理学界在通过学科方法上的科学化来实现学科合法性的同时，却也面临着实践相关性不足这样一种两难的境地。因而，管理学合法性问题的探讨必须与其实践相关性相结合。

上文指出，管理实践具有科学性、道德性及艺术性三重属性，如果兼顾管理学的实践相关性，管理学合法性问题的探讨就必须走出合理性及科学化的思维定式。在此，我们必须明确：一门学科的合法性问题，应该指其被社会及公众从内心承认的程度，这不单单是一个科学问题，因此对管理学的合法性问题不能仅仅从科学主义范式内部来理解，将合法性降低为合理性。以工具理性为基础的现代管理随着其弊端的不断呈现也遭受到认同危机，被韦伯誉为理性与效率典范的官僚组织及其管理体系本身也陷入合法性危机的深渊。帕森斯（1988）质疑了基于理性的合法性问题，他认为，合法性的来源是价值规范系统，社会的"制度模式根据社会系统的价值基础被合法化"。将管理学的理论基础建构在人性结构之上，就为其合法性问题的探讨拓展了价值维度。以人性结构反观管理学合法性问题，可以发现，管理学作为一门学科，其合法性的基础是完整的人性，即管理学应当全面反映管理实践的科学性、道德性及艺术性，其合法性不仅来源于合理性，还必须合德并且合情。仅从理性及科学化程度方面来理解管理学的合法性问题是对人性的背离，同时也是对管理实践本质的曲解。也就是说，在"合理性"与"科学性"的思维框架内探讨管理学的合法性问题，管理学永远不可能真正取得合法性地位。

如果我们尊重管理的道德性与艺术性方面，就不会盲目地在科学主义范式内部质疑管理学的合法性问题。目前我们最需要做的是，反对管理研究中的科学主义话语霸权，在合理性与科学化之外探索其合情性与合德性并实现三者的有机整合。上文已经论证，管理的三个维度之间具有内在关联，合理、合情及合德三者能够也应当相互融通，合情的未必不合理，合德也未必不合情。如果我们在探索管理学"科学化"以直接增强其"合理性"的同时，也主动研究而非规避或祛除其合情性与合德的方面，以此拓展帕森斯所说的合法性的价值维度，可能会更好地增进管理学的合法性。这样就在兼顾管理学的实践相关性的同时，也发展了其学科合法性。因而，为提高管理学的合法性，我们需要发展出一种以问题为导向的，能够指导人们在管理中追求合理、合德、合情的理想生活状态的管理学科。如此，管理学可能会获取更加广泛的认同和支持，其合法性的基础也会更加坚实。

（三）"中国管理学"问题

随着中国经济、社会的进步，构建具有本土特色的"中国管理学"成为近年来管理学界探讨的一个重要热点问题。近年来，中国管理的学术研究将"国际化—规范化—实证化"作为基本标尺，尽管极大地改善了中国管理学者的技术装备，催生了大批国际化、规范化的学术论文，但这种研究路径对世界管理知识的增长做出了多少贡献往往引起学者的质疑（席西民、韩巍，2010）。因而，"自娱自乐""吃别人嚼过的馍""拎着榔头找钉子""生吞活剥地应用西方的理论，忽视中国管理的历史根源和现实状态"等批评之声不断地冲击着目前中国管理研究的主流范式（郭重庆，2008；谭劲松，2008；Tsui，2009）。根据本章分析，管理学是一门与自然科学不同的综合性应用学科，管理理论大多有其特殊的适用情境，"橘生淮南则为橘，生于淮北则为枳，叶徒相似，其实味不同"（《晏子春秋》），完全照搬西方管理理论显然难以有效地指导本土管理实践。中国的管理背景极其复杂,与重法理和效率、强调契约精神与自由理念的西方文明不同,中国人重人情、关系及面子,强调变通与秩序;此外,我国目前处于完善市场经济体制的转型时期,这一切都使中国的企业管理面临着与西方世界具有显著差异的管理情境。如果忽视这些要素,而一味盲目地复制或验证产生于西方国家的管理理论是否在中国的情境中适用,自然会产生管理理论与管理实践脱节的问题。中国的管理问题需要符合本土社会文化脉络的具体知识来指导。因而,"中国管理学"研究是目前中国管理学界必须正视的一个重大理论问题。

基于人性结构的管理学理论研究,辨析了"学科"与"科学"的不同,对于"中国管理学"能否成立①这一问题有了更清晰的思路。我们认为,"中国管理学"中的"学"应该指"学科"(discipline)而不是"科学"(science),即"中国管理学"在"科学"意义上不可能成立,而在作为"知识"(knowledge)系统化的"学科"(discipline)意义上则有存在的价值与合理性。因为,科学是事物内在的基本原理、规律或公理,不存在地域问题也不受地域限制,具有普适性与重复性,因此"中国管理科学"在逻辑上就不可能成立。而在学科层面,管理学还包含管理伦理与管理艺术,此二者则具有很强的文化性与情境性,也就具有了不同地域或群体的特殊性。"管理的价值与意义"问题在不同的地域,与不同的组织制度及文化传统结合,会有不同的解释。因此,从此角度理解,"中国管理学"有存在的可能和价值,但其存在的主要依据不是"管理科学",而是"管理伦理"与"管理艺术",凸显的是情境化较强的管理道德性及艺术性,这同时也启发了我们建构"中国管理学"的着力点与努力方向。

基于人性结构的管理性质的三维建构,将中国传统的伦理精神与文化脉络植入了管理考察之中,并使管理伦理成为管理学科理论体系中的重要构成部分。这种思维方式与理论体系的拓展使中国管理学的研究具有双重意义。其一,与传统管理研究中科学与艺术的对立不同,在人性结构的基

---

① 国内有学者认为,管理学如果是严格意义上的科学,就不会有中国管理学的说法,"中国管理学"的命名带有浓厚的"国家意识",也有"狭隘的民族主义"之嫌,没有进入管理学术领地的必要,进而主张以"管理学在中国"取代"中国管理学"更为妥当(韩巍,2008)。笔者认为,这种观点过多受到科学主义思潮的影响,在管理学的理解上,未对"科学"与"学科"进行区分,以科学话语统摄管理学研究,仅把中国问题作为管理学普适性知识的一种情境变量来加以调整,这种研究取向可能会把中国的管理研究导向重复验证西方管理理论的歧路。

础上搭建了三位一体的管理学框架，奠定了管理伦理在管理研究中的合法地位，这种研究无疑更加契合以伦理为本位（梁漱溟，1988）的中国社会的管理情境。也就是说，对管理伦理的拓展，有利于增强中国管理研究的本土契合性①，更好地服务于本土特殊的管理实践。其二，对人性结构的提炼是从普遍性与总体性的人之"类本性"出发的，因而以之为基础建构的三位一体管理体系就具有普适性。这样，在中国作为一种情境要素的伦理问题成为管理考察的一个基本维度之后，就上升为管理学研究中的一种理论元素，从而具有了世界意义。由此，在中国强化对管理伦理的研究就不仅仅是一个提高管理研究的本土契合性问题，同时也能弥补目前国际管理研究中伦理维度欠缺的不足，从而为世界管理知识的丰富真正做出有益的贡献。中国管理研究一味地追求国际化未必真正能为世界管理知识的增长做出贡献，而从社会文化脉络出发却可能使本土的情境元素成为世界管理学知识不可或缺的组成部分。因而，目前中国管理学研究必须深入挖掘本土资源。在管理伦理及管理艺术方面，中国有丰富的历史文化资源与制度资源可资借鉴，前者如和合精神、伦理本位、情理交融的实践理性观、关系主义、社会取向等，后者如"鞍钢宪法"、国有企业治理结构、职工参与制度、海尔的平台型企业等。将这些历史资源与当代企业管理的中国经验及世界管理潮流结合，以新的研究范式重构管理学科的理论体系，建设富有本土特色的"中国管理学"将是中国管理研究者与实践者共同的历史使命。

---

① 台湾学者杨国枢将"本土契合性"界定为："研究者之研究活动及研究成果与被研究者之心理与行为及其生态、经济、社会、文化、历史脉络密切或高度配合、符合及调和的状态"。本土契合性是以杨国枢为代表的台湾本土心理学中的关键概念之一，被视为衡量学术研究本土化程度的基本标准。参见杨国枢：《心理学研究中的本土契合性及其相关问题》，载《本土心理学研究》，1997（8）。

第六章　情感与计算：组织管理的
逻辑悖论及耦合机制

回顾管理学走过的百年历程可以发现，效率与人性这两条主线一直牵引着管理思想的演化，管理理论的每一次重大创新都无法回避效率与人性的关系。但截至目前，研究者对于"效率与人性在管理的深层逻辑上如何得以展现并实现有机融合"这一重大问题的认识仍十分模糊，如果不能识别效率与人性在管理中的逻辑演化脉络，就无法在管理学中整合两大日益分离的逻辑主线，同时也就在管理的效率诉求与人性化诘难之间，以及管理学的"科学严谨性"与"实践相关性"（Aken，2005）之间无所适从。

效率至上原则在管理中的确立始于泰罗制。以科学的分析方法取代基于经验的主观判断从而使管理真正成为一门科学，是泰罗在管理思想史上的伟大贡献。泰罗及其追随者认为，通过科学地分析单个工人从事的工作，就能确定以最少的资源和能量来获得最大产出的运作程序和管理方法，也就是说，这些标准化的程序、方法与规定能够确保管理的高效率，而事实上泰罗制的推行也确实达到了这一目的。泰罗制产生后，巴思、吉尔布雷斯、甘特、爱莫森及库克等在各类组织中积极传播效率主义，经法约尔、厄威克与马克斯·韦伯的努力，效率至上成为组织与管理领域中一项根深蒂固的主导性原则。效率主义在管理中的主要问题是视人为一种消极存在的机械个体，剥夺了其情感、价值等非理性因素，因而组织被隐喻为非人性化的"机器"，组织中的人则成为没有情感与思想的"齿轮"。"齿轮"与"机器"隐喻的深层逻辑是理性在管理中剥夺了情感与想象等非理性因素，组织日益脱离人的情感生活，仅仅成为人们为了生存而不得不接受外力控制和奴役的谋生场所。

对管理中的人性化呼吁可以追溯到二战后由行为科学驱动的"工业人道主义"（Richard Scott，1998）。工业人道主义批判泰罗式科学管理忽视员工自主性及创造性的弊端，强调管理必须顾及员工的个体尊严，满足其复杂多样的现实需求；组织的目标除了生产利润之外，还有参与者的满足感，并且不断增长的满足感能够促进组织效能目标的实现（F. E. Kast & J. E. Rosenzweig，1985）。行为科学使员工的情感、兴趣及价值观等差异性与多样化的元素成为管理学的重要研究领域，拓展了组织研究微观行为层面，弥补了古典管理理论强调制度、结构等单一宏观维度的不足。另外，行为科学也使人们明确了管理在复杂的人性需要与组织的技术效率之间进行调和的必要性，指出有效的组织取决于在结构、技术、员工需要及外部环境之间寻求平衡与兼容（Gareth Morgan，1986）。行为科学虽然在管理中关注了员工情感、情绪等非理性需要，但是却以理性的逻辑来限制非理性的需要，为了使工厂和车间中冷酷而精于计算的理性变得更有人情味，行为科学体现的仅仅是一种更精妙、委婉的剥削形式（Braverman，1974；Richard Scott，1998）。也就是说，对人性的关注是为了更好地提高企业效能与利润，而未将员工的情感需要及精神追求视为企业目标结构中的独立元素。这使行为科学的积极方面未能在企业管理实践中产生重大影响，企业理性化程度不断增进的同时员工依然被视为一种工具性的存在。西蒙的决策学派及主导当代管理学主流范式的管理科学学派在很大程度上都受这一理性主义传统的影响。

　　这一状况在 20 世纪 90 年代以来的后现代管理者那里得到根本扭转。正如 David M. Boje 与 Robert F. Dennehy（1994）所指出的，"后现代管理是一场公开宣告冲破现代剥削与奴役之镣铐的管理革命"。受这一思潮影响，整个现代管理的理性基础及其控制逻辑受到彻底质疑，直觉、情感、情绪及价值观等非理性因素被推崇备至（Tom Peters，1992），包括这些非理性因素在内的人性的全面展现与发展取得与经济利润同等的位置而成为企业经营的核心宗旨。Dennis K. Mumby 与 Linda L. Putnam（1992）针对深植于现代管理中的理性主义传统，提出了"有限情感"的概念，以消解西蒙（Simon，1947）的"有限理性"（bounded rationality）预设在现代管理学中的话语指向。这些研究使我们认识到员工的情感与价值维度不仅仅是实现利润与效率等工具性目标的重要途径，而且其本身也是企业存在的基本使命与根本目标之一，这样就突破了行为科学工具性取向的弊端。但是，后现代管理理论存在一个严重问题，即它流于道德呼吁而缺乏现实操作性，猛烈批判现代理性管理之不足而未对情感、价值在管理中的实现途径进行建构，这样就无济于现实问题之解决。

　　这些研究使我们认识到，管理中的效率与人性之争其实在根源上是理性与情感之争。组织管理既要追求功利性的效率与利润，这是企业存续与发展的基本前提，同时也要满足员工的情感需要及其价值实现，这是企业需要承担的重要社会责任。应然意义上的管理是理性与情感在其中并行不悖、相互促进，正如 Robert P. Gephart Jr（1996）所指出的，要想祛除现代管理的弊端，我们需要将理性去中心化而非放弃理性，从而将理性与激情、爱、希望和直觉并举。Dennis K. Mumby 与 Linda L. Putnam（1992）在批判理性主义弊端的同时也强调，她们的目的并不是要组织放弃工具性的目的（效率和利润），而是希望组织在"有限情感"的背景下来追求工具性的目的，使情感与理性在管理中和谐共存。但是，这些研究存在以下问题：其一，未深入剖析理性与情感在管理中的逻辑展现，也就不能对两者在管理中的悖论进行深刻揭示；其二，未能提出完整的分析框架以建构理性与情感在管理中融合的可行途径。理性控制逻辑在管理中的极端化会使人性在工作场所发生扭曲，而如后现代管理者那样，仅仅呼吁在企业中增加情感护理和人性关怀而不顾企业的经济属性，同样对现实的管理改进意义甚微。因此，我们迫切需要剖析管理中理性因素与情感因素的内在关系，深刻揭示管理的深层逻辑依据及其存在的现实悖论，并在此基础上建构两者的融合途径，使理性与情感在具体的工作场合中嵌在一起，植入情感因素而又不消减理性因素在管理中的积极效应。这样，一方面能弥补行为科学及后现代管理理论的不足而具有重大理论意义，另一方面对改进企业管理实践以增强其人性化程度也具有重要现实意义。

6.1　分裂与和合：情感与计算在组织管理中的历史嬗变

"我胸中居住着两个灵魂，他们总想彼此分离"[①]。人既是理性的动物，也是感性的动物，人类的一切实践活动均受这两种本能支配，管理亦是如此。管理的基本目的是满足人的理性追求（表现为物质富足及职位升迁等）及情感需要（表现为精神富足、价值实现及人际和谐等），管理的基本逻辑从根本上也由二者决定。具体表现为：理性在管理中塑造了强调因果关系、确定性控制及经济核算的计算逻辑，感性在管理中则形成强调

---

① 歌德：《浮士德》，转引自哈耶克：《致命的自负——社会主义的谬误》，冯克利等译，7页，北京，中国社会科学出版社，2000。

情绪感化、价值召唤及感情关怀的情感价值逻辑。但理性与情感在不同历史时期的管理实践中具有不同的关系结构，从二者的关系及其知识表现形式而非管理的理论内容来考察管理演变的历程，我们可以得出与主流管理思想史①不同的结论：管理的基本历程以 1911 年泰罗《科学管理原理》发表及 1981 年威廉·大内《Z 理论》发表为界，分为经验管理、科学管理及文化管理三个时期。② 在这三个阶段，理性与情感两种逻辑在管理实践中经历了融合—分裂—再融合的过程，如图 6—1 所示。

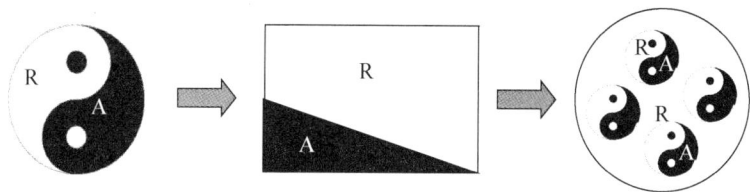

管理阶段：经验管理（1911年以前）　科学管理（1911—1981）　文化管理（1981年以后）
聚焦层面：宏观　　　　　　　　　　宏观　　　　　　　　　　微观
知识形式：经验性知识（演化）　　　理论性知识（建构）　　　地方性知识（建构+演化）
权力形态：传统权力　　　　　　　　法理权力　　　　　　　　微观权力
主导逻辑：权威（政治性：物本）　　价格（经济性：资本）　　伦理（社会性：人本）
管理依据：传统、习俗、惯例　　　　制度、规则、技术　　　　情感、价值、制度、规则

图 6—1　计算逻辑与情感逻辑在管理中的历史嬗变

资料来源：作者绘制。

6.1.1　经验管理：理性与情感的混沌状态——原始的圆满

管理的实践与人类历史一样悠久。在以农耕文明为主的传统社会，管理的基本形态是经验管理。此时期的管理尚未成为一种专门的职业，只是人类众多集体性活动之一，资源分配、生活组织及人员选任基本依据传统的价值观及现实的组织要求，管理的方法与手段主要依据以往的惯例、个人的经验及所掌握的技艺。经验管理依托的知识形态是经验性知识，此种知识以实践需要为导向，混合了人的理性判断及主观感知，既有理性成分

---

① 主流管理思想史以丹尼尔·A·雷恩的《管理思想史》为代表，分为早期管理思想、古典管理思想（科学管理时代）、行为科学理论（社会人时代）、现代管理理论（孔茨所谓的"管理理论丛林"）四个时期。

② 国内学者张德（1993）从时代特征变化及管理发展趋势角度最早将管理的全部历史概括为经验管理、科学管理及文化管理三个阶段，但未研究各阶段管理所依托的知识形式及管理的内部逻辑，与本文的论证角度不同。另外，此处的文化管理包含伦理管理与审美管理两个境界。如此处三阶段说与第三章的"四境界说"。

也有情感成分，但总体上表现为一种主观性、感知性的经验知识。此种知识的生产与传播主要依靠模仿、世袭及教习，表现为一种自然演化（evolution）的状态，其稳定性、保守性突出而创新性不足。在经验管理中，理性与情感处于一种自然融合的原始混沌状态，两者之间未形成明显的界限，尤其是古代中国管理哲学"情"与"理"不分，其核心观念"道""德""仁""义""中""和"都是理性与情感的混合体，管理方法需要在"合情"与"合理"的兼顾中取舍。以传统价值观及习俗为指导，以现实问题之解决为目的，理性与情感综合作用并相互转化，其关系表现为一个简单的太极图式（如图6—1中左图所示）。

但经验管理时期的理性与情感之"和合"是一种"原始的圆满"（赵行良，2003），是管理中的理性因素与情感因素未"分"之"合"，它与当时稳定、简单的农耕管理实践及低下的生产水平密切相关，未能认识到管理系统之复杂性及物质、财务、人员整合的多样性与科学性，因此不可能发展出现系统、复杂、科学的理论体系。另一方面，传统社会用于管理的经验性知识被宏观的基于传统及习俗的统治性权力所笼罩，管理者与被管理者个体的自主性及创新性空间极小，管理的主体及客体均被结构化的道德和统治层级压迫，并在这种固定的社会结构中为少数他者生产物质财富而成为"物化的工具"。尽管经验管理存在诸多弊端，但是我们依然不能将之视为一种低级的管理形式。经验知识多来自传统、习惯、惯例及个人的体验，是组织管理者切身感受到的"具体事实"（concrete fact），这种主观性知识对现实管理问题的解决有时比理论化的客观知识更有作用，因为组织人员的具体行动更多是基于其个人经验和常识而不是我们熟知的管理理论。另外，当代的很多管理学者也明确主张重视管理中的经验知识，"不可能有一个真正'客观的'描述视角。任何视角都是一个从某种角度的视角，都是由观察者的立场（社会的或理论的）和'透镜（lens）'所形成的"（约瑟夫·A·马克斯威尔，2007）。德鲁克则用理论的"经验适当性"（empirically adequacy）概念来代替管理中所谓的真理（罗珉，2009），其创立的经验管理学派对此便是一个有力佐证。

6.1.2　科学管理：理性与情感的分裂状态——理性的超越

工业革命以后，人类进入以生产制造业为产业主体的工业社会。运输、通信及金融业的繁荣使城市化、工业化迅速推进，与之同时进行的是社会分工的复杂化与精细化，管理也逐渐向职业化发展。自1911年泰罗始，企业中的计划工作与执行工作实现分离，管理正式成为一种独立职业，科学管理的时代开始到来。而这一切从根源上都在于理性因素在管理中实现了对经验管理的超越，启蒙运动以来的西方理性传统深深植入了管理领域。科学管理依托的知识形态是系统化的理论性知识，这种知识是建立在纯粹理性①基础之上的、分析性的认知理论，它彻底剥离了经验知识中的情感部分。依据这种知识，科学管理建构了一系列管理技术与标准（泰罗）、组织原则（法约尔）、等级链条（韦伯）及数学模型（斯潘赛·伯法等人的管理科学学派及运筹学），依据严格的组织制度、规则及精湛的控制技术进行管理。其追求的根本目的是效率，以价格为主导逻辑，尽可能地节约各种成本（生产成本、管理成本、交易成本）。尽管泰罗、韦伯等人在其文本中提出"心理革命""价值理性"等富有人文意蕴的概念，但他们的理论追随者所形成的"科学共同体"（scientific community）及一批效率专家所组成的管理"实践社群"（community of practice）抛弃了这种人文精神，使其理论之科学精神无限扩大化。与经验管理相似，科学管理聚焦的也是组织的宏观层面，关注的焦点是组织结构而非组织中的个体。但不同的是，如果说经验管理受"物本"逻辑的主导，那么科学管理则受"资本"逻辑的主导，传统管理中的设备、土地、作坊等各种物质要素中的资本要素凸显出来，管理的主要目的是提高效率，组织管理效率之衡量以"成本/利润"核算为准则，而这一切均以资本为中心。

科学管理中的理性与情感处于对抗的两级，如图6—1中图所示，理性与情感在科学管理中界限分明，互相对立，此消彼长，两者之间无法通约和转化，更缺少经验管理时期两者的互动，而且两者演化的总体趋势是情感逐渐被理性吞噬。尽管20世纪30年代的霍桑试验及其后的人际关系学派、行为科学将研究视角转向了组织中的个体，并将个体的情感等非理性因素凸显出来，但却盲目排斥理性因素的积极作用，仍然使理性与情感处于对抗之中。更深层次的问题是，行为科学以理性的方法和思维来研究非理性因素，最终导向的不是对人之情感的呵护与关怀，而是对人更精确的理性控制。因此，人际关系及行为科学从根本上仍然属于科学管理理论，其理论追求的基本价值是管理之科学化。总之，整个科学管理以牛顿

---

① "纯粹理性"是指离开一切经验存在条件而独立自存的"先验的理念"，是人类用先验的知识和纯粹概念的演绎来判断正确与错误的能力，它追求知识的普适性与必然性。详见康德：《纯粹理性批判》，邓晓芒译，人民出版社，2004。

的物理学范式为哲学基础，它在管理中根植了这样一种信念：组织中的一切，无论是物理、生物或社会层面，都可以化简为类似钟表的机械运作，各个构成要素均能以精准可测的线性因果律相互作用。理性在管理中的飞跃，使管理不断科学化，组织的效率和利润从根本上得以改善，人类进入了物质财富日益富足的时代。信仰和价值被清除在企业管理之外，结果是"进步"与"迷茫"并行，人们在享受企业带来的优裕的物质生活的同时，也陷入深深的意义危机。在组织管理中，我们只能找到人与事件、物质之间的因果联系，而找不到它们之间的意义关联。富士康"连环跳"悲剧之深层根源便是这种科学管理的极端化，使人丧失了生命存在之意义及价值。

6.1.3　文化管理：理性与情感的融合态势——情感的回归

　　1973年丹尼尔·贝尔发表《后工业社会的来临》，1980年阿尔温·托夫勒发表《第三次浪潮》，宣告人类进入了与工业文明截然不同的信息化时代（知识经济时代、后现代社会）。在后现代主义者看来，新时代中企业面临的环境呈现出"不连贯的变化"（discontinuous change）与"混沌"（chaos）特征。混沌的基本特质是非重复性、非线性、非确定性与非预测性，在这种环境中，依靠传统的科学管理制度与技术，企业根本无法存续与发展。在此背景下，作为科学管理大本营的美国在市场竞争中日益落后于后起之秀日本。1981年威廉·大内发表研究美、日比较管理的《Z理论》，将组织管理的聚焦点导向企业文化，标志着人类进入文化管理时期。1990年彼得·圣吉的《第五项修炼》则将企业文化研究推向高潮。文化管理恢复了被科学管理驯化与边缘化的情感因素，转而强调信任、合作、价值观等伦理因素，并将伦理与关怀作为企业管理的主导逻辑，凸显了人之社会属性，是真正以"人本"为导向的人性化管理。文化管理重视激情、想象、直觉、感情等非理性因素在管理中的价值，克罗齐耶（2009）强调，企业的治理不能通过规则和秩序实现，"唯一能够保持最低程度的势在必行的约束性治理的方式，就是以文化为依托，整合一切拥有共同目标的群体"。在这些学者看来，信息化时代必须进行文化管理，矫正科学管理片面弘扬工具理性的弊端，重建被科学管理切割成碎片的企业内部的连续感与认同感，进行价值重塑以真正在管理中恢复人的地位与尊严。

　　文化管理强调管理中非理性因素的作用，但并非反对制度与规则的理性建构，而更多是倡导将企业价值观的塑造与合理的制度建设同时并举。正如 Robert P. Gephart（1996）所说，"我们需要在管理中将激情、希望、直觉与爱等人性因素置于与理性同等的地位，以此来理解和塑造未来的管理与社会"。理性与情感在管理中再次实现兼容与互动，但文化管理并不是要回到传统的经验管理，而是对其实现新的超越。当前文化管理研究存在的一个重要问题就是，未能与传统的经验管理进行根本区分，一味地强调回到传统、发挥伦理作用，不断从传统文化中挖掘思想资源，使之直接嫁接到企业目前的组织结构之中。我们认为，文化管理应该充分汲取科学管理之合理成分，发现理性与情感各自的作用方式，在目前科学管理的制度体制下，重建基于个体自主性的管理体制，使情感关怀及价值观如同血液一样渗透到组织中的每一个个体。如此，文化管理就必须摆脱经验管理时期的"宏观叙事"模式，使企业文化塑造摆脱压抑个体创意的统治性权力与结构化的等级体系，转而以地方性知识为基础，依托个体之间相互作用而产生的微观权力建构具有渗透性与自主性的微观管理体制。基于地方性知识的文化管理也就不存在经验管理时期理性与情感的混沌整体，而是存在无数个分散个体之间相互作用而形成的微型互动机制，如图 6—1 右图所示。我们认为，只有如此，理性与情感作为异质性的管理元素，才能真正在组织管理中实现和谐统一。

6.1.4 从"分裂"到"和合"：实用理性与组织管理的逻辑整合

尽管文化管理呈现出情感与理性相融合的态势，但在现实中，管理远未达到这种境界，文化管理还只是应然意义上的一种管理理想。目前，理性与情感在管理知识与管理理论中的分裂与对立现象还十分严重，并对管理理论与管理实践造成了许多负面影响。当代管理学研究存在的一大弊端是以简单的对立思维看待其他异己理论及方法，而缺乏理论之间的整合及包容。从非人性管理事件中，我们发现了组织管理中情感维度的缺失，但一味地进行情感宣泄而盲目批判理性在管理中的合理价值同样无济于事。此外，经验管理、科学管理及文化管理是我们按照管理依据的逻辑知识对其演化的基本历程进行的总体性的概括，但在现实中，三种管理形态往往同时存在于某些地区的不同组织或同一组织的不同时期。尽管三种管理形式各有其存续的合理性，但基于理性的计算控制逻辑与基于感性的情感价值逻辑两者在管理中如果长期缺乏中介性的融合机制，就会产生某种内部张力而使两种逻辑之间的冲突愈演愈烈。因而我们迫切需要寻找一种新的整合性逻辑，使情感与计算两种逻辑体系在管理中融通在一起。

作为中国传统文化之精髓的"和合精神"① 或可为我们提供某些启发。和合精神是一种异质性的元素共处、共生并相互补充、相互融合、相互渗透、相互促进的精神理念，是一种与主客二分、二元对立思维迥然不同的哲学观念和价值系统。尽管目前学术界并未探索出和合精神的深层结构及其哲学根源，但和合精神展现的东方智慧的发掘为我们研究组织管理问题提供了一种新的思维方式：异质性元素的和合共生而非彼此对立。

那么和合精神对于组织管理有何理论意义呢？目前将和合精神导入管理领域的理论主要有席酉民（2002）的"和谐管理理论"以及黄如金（2006）的"和合管理理论"。其中席酉民倡导的和谐管理深入探讨了管理中的和则、谐则及其作用方式，截至目前已经形成了一个庞大的理论体系，对我国的管理学研究产生较大影响。两位学者及其追随者的研究为我们展示了将和合精神导入组织管理领域的广阔前景，并在组织价值观、企业文化、人性复杂性及合作秩序等方面提供了许多富有启发性的思考。问题是这些研究缺少以下两个方面的考量：第一，未甄别异质性元素之"分裂"就探讨其"和合"方式，偏离了和合精神的理论要义，从而也就难以建立真正"和合"的管理机制；第二，未将管理的深层逻辑奠基在和合精神之上，即没有根据和合精神的根本要求为管理确立新的整合性的逻辑依据。对于第一点，本书在考察计算逻辑与情感逻辑在管理中的历史嬗变过程中做了细致甄别；而欲解决第二个问题，则需要考察和合精神得以形成的哲学根源。

在传统文化中，对立事物双方之所以能够融通而呈现出"和合精神"，一个根本原因是：在本体论、认识论和方法论上，中国哲学都有将理性因素与情感、情绪、情意等非理性因素兼容并使之维持一种动态平衡状态或趋向的传统。理性与情感的相互依存关系不仅是古代中国的哲学智慧，而且得到西方现代科学的支持。自西蒙提出"有限理性"概念之后，Kaufman（1999）进一步指出，情绪是有限理性的一个重要来源，情绪是人类认知理性存在局限性的一个重要原因。Yaniv Hanoch（2002）较为全面地研究了情绪与理性的关系，他指出，情绪对于认知能力的影响是双重的，一方面情绪的存在能够抑制人类理性认知能力的发挥，另一方面情绪能有力地弥补认知能力的不足：在危机情况下，人类更多地需要求助于情

———
① 对"和合精神"及"实用理性"的深度研究详见本书第七章第二节。

绪而非繁复的精密计算来迅速做出反应；在时间、能量和资源局限的条件下，情绪而非理性计算也有助于我们集中注意力并在多个相互矛盾的目标中做出选择。

这些研究深化了我们对情感及理性之不同作用的认识，但它们仍然局限于西方理性与情感对立的思想传统，未能达到中国和合精神中理性与情感水乳交融的程度。之所以这样说，是由于和合精神建构在实用理性这一哲学基础之上。实用理性观是汉民族文化心理结构最深层次的内容，是中国人思考一切问题的本源所在，也是和合精神得以出现和成立并不断在历史长河中沉淀下来的哲学根源。在组织管理中导入这种实用理性，以之作为组织管理的主导性逻辑，可以更新对管理及管理学的某些误解及成见，获得更具整体性与本质性的认识。

其一，整合性逻辑的获得破解了情感逻辑与理性逻辑分裂局面。实用理性在传统社会是一种社会行动逻辑，而行动则同时关涉情感与计算两种要素。以实用理性来分析管理问题，就不再局限于某一特定的（理性的或情感的）理论范式之下，而是以解决现实管理问题为标准，调动人类可以凭借的一切技艺来完成管理目标。这种解决问题的技艺可以是基于计算逻辑而设定的制度与规则，也可以是基于情感逻辑的价值与伦理。这样管理就获得了一种整合性的主导逻辑，摆脱了现代管理学理性与情感对立的局面。目前学界对管理科学化的追求过于强调管理技术及其逻辑自洽性而忽视了现实的复杂情感关系，而事实上"纯粹的技术根本不存在，而是技术始终与关系同在，如同实用知识技术的决策领域始终在诸种结合的部位得以形成"（埃哈尔·费埃德伯格，2005：395），"功利的动机和道德的动机，在真正的行动条件中总是纠缠在一起"（埃哈尔·费埃德伯格，2005：217）。技术理性与人际关系二者的功利性追求与道德性关怀在现实中是互相影响、彼此促进、不可分割的，任何一方都不能代表组织的整体。融通理性与感情的实用理性恰恰连接了这种确定性的管理技术与复杂性人情关系，以之作为理论基础及主导逻辑，无疑有利于破解情感逻辑与理性逻辑在管理中的分裂局面，促使文化管理真正实现。

其二，管理学实践相关性及问题导向的确立。将管理学建构在实用理性的哲学基础之上，是对建构在西方纯粹理性基础之上，追求利己动机及效用最大化的现代主流管理学的一种超越。前文已经指出，纯粹理性知识导向的管理理论片面弘扬计算逻辑而将情感因素剥离在管理之外，从纯粹理性传统出发，管理学者们对抽象的解释性知识有更大的偏

好，乐于追求纯理论或真理性的目标，而对于实践性知识关注不多
(Robertr Chia & Bobin Holt, 2008)。由此使管理理论在日益系统化及
科学化的同时也与现实的管理实践愈行愈远。实用理性无疑拓展了对管
理学"实用性"的考量，理性节制情感而又奠基于情感之上的实用理
性，强调适度与中庸，而不追求过于理论化的形而上思辨，这也是古代
中国缺乏系统化的科学知识的原因。但基于实用理性之上"叩其两端"
"允执其中"的中庸精神，以自我节制的心态及整体性的视野追求恰如
其分的最佳状态，无疑对化解现实的管理实践中的利己追求与利他追
求、经济绩效与道德关怀、组织自身利益与社会责任等诸多现实矛盾具
有重要意义。这种中庸精神有实践意义及工具性格，但与工具理性与实
用主义不能等同。因为，在效益追求方面，工具理性与实用主义是一种
"无限模态"(unlimited mode)，不惜一切代价以追求可以得到的东西；
而中庸理性则属"节制模态"(tempered mode)，不只想到自己，还要顾
及他人，有体谅和考虑周全之意（张德胜等，2001）。因而，基于实用
理性的管理不片面追求十分高深的科学理论，而以问题为导向，以解决
复杂多变的现实管理问题为目的，兼顾科学与人文、真理及技艺来建构
自身的理论体系。

　　现代管理使人的物质生活日益富足，然而与之同时增长的还有现代
人的生活竞争、生活欲望和失落感。进步不纯粹是生产的发展与财富的
增长，物质水平的进步并不意味着人们生活质量的提高。管理带给人们
的不应仅仅是财富和猝然萌发的"文化乡愁"，还应该包含人的情感关
怀及价值提升。从此立场出发，本书考察了管理思想与人的两种本能之
间的关系，对管理思想史进行了重新反思和界定，突破了丹尼尔·雷恩
等主流管理史学者的观点，为系统研究和重新解读管理思想提供了新的
研究路径，对深入透视中西方管理思想的异同、基本走势及其融合之道
也具有许多启发。另外，本书发掘和合精神及实用理性对于组织管理中
的逻辑整合的意义，指出以实用理性作为管理建构的逻辑基础，有利于
破解情感逻辑与理性逻辑在管理中的分裂局面；同时实用理性也确立了
管理学的实践相关性及问题导向。但如何建构实用理性在组织中的运行
机制，即情感逻辑与计算逻辑在组织管理中耦合的运行机制，使管理真
正成为一门服务于人之多样性需要的应用性学科，仍然是一个任重道远
的重大理论课题。

6.2　情感与计算在组织管理中的内涵界定及悖论展现

悖论普遍存在于人类社会各种活动之中，同样也存在于管理之中，并一直是管理思想在反思中不断超越与发展的基本动力。Cameron 与 Quinn（1988）曾指出，通过探索管理中的悖论，研究者可以超越过于简化与极端化的观念，对组织生活中的复杂性、多样性及模糊性有更深刻的认识。但对悖论的过度使用及简化处理往往使其成为管理中的陈词滥调（Handy，1994），并且一直流于表面形式而缺乏深度的分析框架，对于增进对管理知识的理解少有助益（Bouchikhi，1998；Marianne，2000）。这是由于学者对管理悖论的揭示大多未能与管理的深层逻辑问题结合起来，而少数专门研究管理逻辑问题的学者又未能清晰地界定其悖论。

6.2.1　计算逻辑及情感逻辑的甄别与界定

早在 1939 年，Roethlisberger 与 William 两位学者就试图从深层逻辑层面来揭示管理中的悖论。两位学者最早甄别出两种管理逻辑：存在于正式结构中的成本—效率逻辑与存在于非正式结构中的情绪逻辑（Roethlisberger & William，1939），但他们未能深入揭示这两种逻辑在人性中的悖论。截至目前，学界对管理的逻辑及其悖论进行深入研究的是 L. L. Cummings（1983），他认为管理中存在两种相互冲突的逻辑：基于信息的管理逻辑（management by information），依据的是理性认知思维；基于意识形态的管理逻辑（management by ideology），依据的是价值信念思维。组织的凝聚力不仅来自信息、逻辑及理性，同时也来自共享的价值观、信念及社会经验。进而，Cummings 提出了对两种逻辑进行整合的途径，即建构一种有效的工具性组织（instrumental organization）。但由于对管理逻辑悖论的研究始终未能走出传统的理性主义范畴，这些学者都未能从理性与情感这两种并存而对立的人性层面来进一步揭示更深层次的问题。其实，成本—效率逻辑与基于信息的管理逻辑都可以归为由人性之理性因素发展出来的计算逻辑，情绪逻辑与基于意识形态的管理逻辑则可以归为由人性之感性因素发展出来的情感逻辑。

（一）计算逻辑

所谓"计算"，是一种在特定目标指导下具有明确意向性的理性行为。"计算"与资本联系在一起而成为一种社会行为的基本逻辑始于马克斯·韦伯。在韦伯那里，资本主义奠基于对经济（资本）的最适值计算，资本主义经济行动是"以利用交易机会取得预期利润为基础的行动"。这种行动具有"合理性"，"合理性"被韦伯解释为通过理性的计算而自由选择适当的手段去实现目的的过程。韦伯对这种"合理化程度很高的资本主义计算"推崇备至，认为它是资本主义体系得以建立的关键性要素（马克斯·韦伯，2002 年中译本）。由韦伯奠基的这种计算合理性（calculated rationality）对近代社会学、经济学及管理学产生了重大影响，西蒙"有限理性"及其决策科学的理论起点也是这种计算逻辑，只不过对计算合理性进行了认知性限制（Heiner，1983）。

管理中的计算逻辑的历史渊源可以追溯至西方理性主义传统。深受古希腊哲学影响，崇尚科学认知与理性思辨的理性主义精神是西方社会的基本文化传统。这种传统在泰罗那里蔓延并植入到经济管理领域，形成具有鲜明理性主义色彩的西方科学管理理论。在近代，理性主义与个人主义结合，强化了对自我利益的追逐及保护，而小型的家庭生活与工业化引起的频繁社会流动，使西方人的交往行为具有间断性与短暂性的特点，由此使其交换与交际活动具有等值倾向，而等值的实现只有通过理性的计算逻辑来进行。这种一次性清算的等值倾向在管理中就表现为提前预设的人之利己动机及个人效用最大化追求，视组织为参与者追逐个人利益并实行等价交换的工具性存在。在计算逻辑之下，处于弱势地位的员工常被隐喻为"奶牛"，即对员工情绪、价值等因素的关注及工作环境的改善不过为使员工像吃饱喝足的奶牛一样，心满意足地为少数处于统治地位的人生产出更多的产品（Braverman，1974）。这种自利性、功利性的预设及其发展出来的计算逻辑在极大地提高管理效率的同时，也加剧了管理不同主体（管理层、技术人员、操作工等）之间的分化。

（二）情感逻辑

广义的"情感"（affection），是一个与理性对应的包括感觉（feeling）、激情（pation）、感情（emotion）和情绪（sentiment）等在内的宽泛概念。其中情绪不同于情感，后者受社会性因素影响，而前者则多受生理性因素影响；但两者有十分紧密的联系，情感在多次情绪体验的基础上形成并通过情绪表现出来，情绪的表现和变化也受情感的制约，在很多情况下两者可以通用。为了论证方便，本文不对两者具体区分，它们都是与理性对应的感性因素的主要体现形式。情感作为一种管理逻辑事实存在于一切人类管理活动之中，但现代管理学中情感逻辑则始于梅奥开启的人际关系运动（Mayo，1945）而凸显于后现代管理思潮。

情感因素在管理学中的自觉建构源于对理性主义及其推衍的计算逻辑的反思。理性主义以结构化的知识构筑了管理的宏观叙事（grand narratives）模式及其话语霸权，使一切研究均不同程度地受其主导而剥夺了他者的话语。对理性的片面弘扬的结果是，管理学生产出越来越多华而不实的科学知识，背离了人的情感需要并与管理实践日益脱节。理性主义及计算逻辑在管理中的极端发展的结果只能走向其自身的反面，因为"根据纯粹的理性技术标准来管理社会组织是非理性的，因为它忽视了社会行为的非理性方面"（Blau，1956）。也就是说，计算逻辑依照理性标准构造的集中化和正式化的组织结构往往是无效率和不理性的，因为它浪费了组织最重要的资源：参与者的才智、激情与创造力（Scott，1998）。

与西方的这种自觉反思不同，情感作为管理的合法逻辑在中国则是一种历史久远的传统。深受以伦理为本位的儒家传统影响，中国社会非常注重基于血缘及地缘的人情与关系，中国人在各种关系中确立自我存在价值（樊和平，1995），人情主义就成为儒家伦理精神及人际关系的内在作用机理。人情主义以人伦秩序为绝对价值，主张通过主体的德性修养和心意感通的生活情理来维护社会关系与人伦和谐，其本质是结构化、情感化的人际关系（樊浩，1992）。遵从人情主义逻辑而非理性最大化逻辑是中国管理的重要特色，许多学者研究了人情与关系在中国管理中的价值及表现形式，均认为它们对华人组织行为有重要影响（黄光国，1988；郑伯埙，1995；罗家德、王竞，2008；Fan，2002；Cheng，Farh，Chang & Hsu，2002）。

6.2.2　理性计算系统、情感价值系统在管理中的二元吊诡

理性主义导向的计算逻辑注重契约精神，主要以制度、技术与程序等正式的组织规则来协调控制各管理要素；人情主义导向的情感逻辑注重伦理精神，关系、人脉、面子等非正式规则在协调、控制及资源分配等管理活动中发挥重大作用。但这两种管理逻辑及其传统只是我们在比较管理中做出的大体区分，组织管理的复杂现实是理性主义与人情主义综合作用的

结果，组织同时存在理性与感性两种逻辑及其各自作用机制所形成的两个截然不同的"世界"。组织正是理性主义与人情主义二元"吊诡"①与互动的综合性实体。理性与情感如组织之太极图的两翼，在管理实务中相生相克，又相互促进，使组织大体能够维持一种相对均衡的秩序。组织结构及其变革、权力生成及其作用、决策方式及其执行、激励途径及其效能等一切人、财、物、信息与时间等管理资源的匹配与整合，均在两者的互动与转化中进行。

（一）计算逻辑、"他组织"与管理的理性计算系统

计算逻辑在管理中的集中体现是官僚制组织。尽管有来自人性（Warren G. Bennis，1970）、效率（Harvey Leibenstein，1975）、有效性（Peter F. Drucker，1970）等方面的诸多批评意见，官僚制依然是目前大多数企业、政府组织的基本架构。韦伯官僚制建构的基本逻辑就是基于理性的计算控制思维，也可以说是一种技术—经济逻辑。组织成员在某种情境下可能具有一定程度的利他动机，但多数情况下追求个人效用的最大化，受利己动机驱使而不得不在组织设定的等级命令体系中做出合理性的行动。企业作为以利润实现为宗旨的组织，更加需要一套成本控制及效率驱动机制，也更需要按照技术理性行事。技术理性是指有现实经验支撑并以普遍的、抽象的规则和能够计算的程序为依归的理性，它具有两个衡量标准：工具性的效果实现和经济性的资源节约（汤普森，2007）。按照技术理性逻辑，组织中的一切都是可以"计算"的，由此组织设定其成员都是具有利己性的"经济人"和"理性人"（完全理性或有限理性），只有依靠精确的计算逻辑（calculative logic），才能最大程度地实现组织的经济目标并满足员工的物质需要。由此组织建构了严密的等级控制链条，设定各种精细的规章、制度和程序，以最大程度地降低组织中的不确定性。在计算逻辑下，基于"社会人"假设的员工社会性因素也被尽可能地量化和精确化以对其实行更有效的控制。

计算逻辑建构的正式组织依托的是显性知识，其基本动力是权力和

---

① 所谓"吊诡"（paradox），是指对立的、冲突性事物或要素之间相安共存的矛盾与奇异状态。语出《庄子·齐物论》："予谓女梦，亦梦也。是其言也，其名为吊诡"。据唐代陆德明《经典释文》注解：吊，"至也"；诡，"异也"。吊诡所指涉的对象并非单一层面的简单矛盾或悖论，而是一种多层次、多层级的逻辑崩解（slaking）离散状态。详见Hofstadter, D. R. Godel, Escher, Bach, *An Eternal Golden Braid*, New York: Vintage Books，1980。

利益驱动。基于此逻辑的组织计划与决策追求最佳方案，控制途径主要通过自上而下结构化的法理型权威来实现，激励功能主要通过物质刺激与奖惩制度来实现，因而这种管理其实是一种他组织（heter-organizing）过程。协同论创始人 Hermann Haken（1983）认为，他组织是一种受外界特定干预而做出的受动行为，"如果每一个员工都是在工头发出的外部命令下按照完全确定的方式行动，我们称之为被组织，或更严格一点，称它为有组织的行为"。他组织的深层哲学基础是源于西方唯理论传统（从笛卡尔到黑格尔的理性主义）的人类建构理性（constructivist rationality），由此形成了组织中的建构秩序，认为组织中的管理及其秩序可以完全依靠人的理性来进行科学设计，包括组织的基本结构及管理的基本流程都可以实现最大程度的优化设计，这种思想是现代管理的核心观念。基于建构理性的他组织形成了一种层级性理性控制系统，是组织管理活动的主导依据，也是现代管理标准化、科学化及高效率的深层原因。然而，组织管理中的计算逻辑也招致许多质疑：Erhard Friedberg（1997）指出了它的非现实性，"组织从来不会仅仅是一种表达理性的工具……没有任何一种组织，无论它是多么'功利'，能够无视其成员的热情与投入"；Harvey Leibenstein（1975）则深化了计算逻辑与组织绩效及效率的关系，他认为精于计算的官僚制并不一定带来高效率，恰恰相反，其内部错综复杂的利益团体的经济行为可能导致追求成本最小化和利润最大化的能力丧失，从而导致官僚制的无能和非效率；具有后现代倾向的学者则对此进行了强烈的非人化（dehumanization）批判（Robert P. Gephart，1996；Burrell G.，1988；Peter F. Drucher，1973），指出工具理性与计算逻辑使管理者成为占有性与中心性的主体，剥脱了职工、女性与少数民族等边缘化的弱势群体的主体地位，并"导致个体丧失工作与生活的目的和意义，使个体之间和组织之间竞争激烈、缺乏信任与合作，从而使个体缺失精神性、自我分离"（王明辉、郭玲玲、方俐洛，2009）。但无论受到何种质疑，作为管理内在规定性的效率及秩序的实现离不开人类理性计算能力，计算逻辑及其建构的理性控制系统永远都是组织管理必不可少的基本构成。

（二）情感逻辑、"自组织"与管理的情感价值系统

霍桑实验的历史性意义在于对组织管理中非正式组织及情感逻辑的发现，尽管这种逻辑稍后在庞大的行为科学体系中被理性逻辑所统领而大大降低了其理论价值。也就是说，人际关系学派及行为科学发现了情感因素在管理中的重要性，但其理论走向却是如何以人之理性计算能力来更好地控制这些情感要素以实现更高的组织效率，而没有为情感要素在管理中的实现而努力。但无论如何，"社会人"假设的提出，向我们展示了组织管理中真实性的另一面：组织中的个体不仅受追逐物质利益的利己动机驱使，而且受制于情感、情绪、偏好及价值观等非理性因素的影响。如Crozier（1964）所说：组织中的"个体不仅仅是一只手，而且也是一颗心"。除了预测、计划、预设的组织目标、定量化的任务与标准化的程序之外，组织成员行动的依据更可能是个体目标、情绪、情感偏好、传统、惯例、信仰、直觉甚至偶然事件。这些在组织设计者或管理者看来不确定的非理性因素，在组织个体看来可能是十分理性的并决定其具体行为。与计算逻辑建构的正式组织与强制秩序不同，非理性因素的作用领域是一种动态的集体行动领域，它呈现的是流动的、无明确边界的非正式结构，是一种更加具体而真实的存在。组织成员的行动在非正式结构中不可能简约化计算，相反"它是从人们意识到的、不在场的凝聚团结（lived-out solidarity）之中产生出来的，它是忠实并献身于共同事业的逻辑产物"（Erhard Friedberg，1997）。这种管理中的行动逻辑就是与理性计算逻辑对应的情感逻辑（affective logic）。

情感逻辑在组织管理中不仅是一种无法规避的现实存在，而且其对组织效能的积极作用被越来越多的研究成果所支撑。作为"主体基于感性经验和事实材料，对客观事物及其本质的突然顿悟，使问题在一瞬间得到解决的思维形式"（胡敏中，1994），直觉和灵感是组织学习与组织知识创造的一种重要能力（Thomas S. Isaack，1978），在管理实践尤其是环境诊断和快速决策过程中发挥着重要作用（John R. Patton，2003）。另外，尽管组织管理中的理性分析相当精确，但一旦出错却可能产生离奇的方案；相反，虽然直觉的精确度相对不高，但它通常与特定类型问题的本质比较接近，不至于偏离事实太远而造成重大而荒唐的低级错误。情绪在个体决策过程中的作用也得到脑科学和神经科学研究的支持（Damasio，2004），研究表明情绪和理性分别受大脑右半球和左半球控制，它们具有明显不同的活动规则和作用方式，情绪可以不通过大脑皮质而做出比理性更为迅速的反应，是经济决策过程中的一个重要变量。受文化传统及民族心理结构影响，情感逻辑在中国的组织管理中表现更为突出，情感是否满足以及管理是否体现人情往往是衡量管理绩效的一个重要标准，也是中国组织凝聚力及向心力的一个重要来源，而基于情感的关系网络则往往决定着组织的决策过程及执行、沟通、激励的实际效能。

情感逻辑受与特定组织情境相关而难以进行编码和形式化的隐性知识（Pofnayi，1966）驱动，它依托的是自下而上、通过共识与互动生成的微观权力。情感逻辑是非正式组织中的主导逻辑，它建构了一种与组织正式结构及层级性的理性计算系统截然不同的、网络性的情感价值系统，其日常作用方式是微观权力之间互动及其达成的共识，这种共识形成一种价值共同体而表现出组织成员之间的关怀、满足及凝聚。与计算逻辑生成的建构性的强制秩序不同，情感逻辑在组织中形成了哈耶克《致命的自负》一书中阐释的自发演化秩序。在哈耶克（2000）看来，参与者个体所知的仅仅是社会进程中极为有限的一部分，人类有限的理性在复杂的社会系统中微不足道，社会发展是一种自然演化的过程。情感逻辑塑造的组织自发秩序是一种基于情感与价值的自然网络系统，也可以说是一种非线性反馈的影子网络（Ralph D. Stacey，1996）。组织成员在情感价值网络中的行为表现为基于情感、兴趣、偏好及价值观而产生的小群体行为，如无须理由的闲谈、派系群体的斗争等。这种自发形成有序结构的过程也被视为自组织（self-organizing）过程，即"没有外部命令，而是靠某种默契，工人们协同工作、各尽其职"来从事生产与管理的过程（Hermann Haken，1983）。基于情感逻辑的自组织管理多通过愿景、文化、伦理、信念的塑造来整合组织成员分散而多元的非正式行为。

（三）重合的"两个世界"与分裂的两种逻辑

现实组织中的管理是计算逻辑与情感逻辑综合作用的过程。两种逻辑分别建构了层级性的理性控制系统与网络性的情感价值系统，并分别在正式组织与非正式组织中发挥各自的作用。然而，这种区分只是甄别管理逻辑及其悖论以深入诠释透视组织真相的需要，而非组织管理的真实存在。事实上，正式组织与非正式组织不存在实体性的界限，两者拥有同一人群和共同的组织目标，分享共同的组织资源并承担共同的组织任务，只不过在逻辑上具有不同的运行机制。因此说，情感与计算所构筑的"两个世界"在现实中是重合的同一体，即组织共同体内部具有两个虚拟的世界——正式组织与非正式组织，计算逻辑与情感逻辑在其间交互发生作用，如图6—2所示。在图6—2中，计算逻辑（calculative logic）以"C"表示，情感逻辑（affective logic）以"A"表示，组织绩效（performance）以"P"表示。在三者构成的函数图中，组织绩效与计算逻辑、情感逻辑分别形成两条左倾的"U"形曲线 $f(c)$ 与 $f(a)$。

在两条曲线上，计算逻辑及情感逻辑都有其作用的极限，在 c 与 a 两点分别出现组织绩效的逻辑阈值（threshold）$G(c)$ 与 $G(a)$。即，无论是计算逻辑还是情感逻辑，在现实的组织管理中，超过一定的范围，都会导致组织绩效降低；易变而分散的情感逻辑导向的个人愿望与动机，与建构而恒定的计算逻辑导向的正式结构及经济理性同时发挥作用并存在难以避免的冲突，由此呈现了情感与理性在组织管理中的共时性悖论。组织成员的真实行动是在由 c、a、$G(c)$ 与 $G(a)$ 围成的"黑箱"中计算逻辑、情感逻辑与组织绩效互动与匹配的过程。

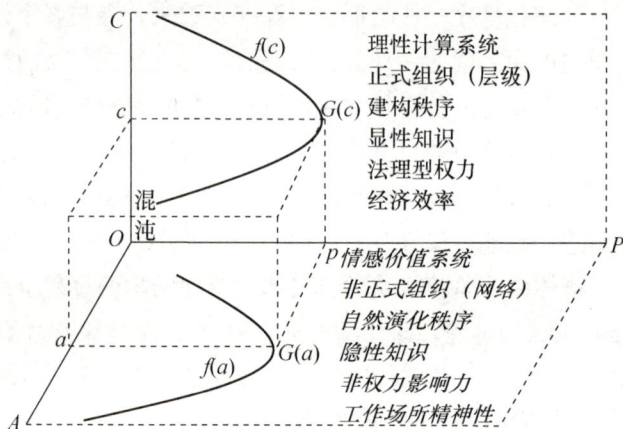

图 6—2　计算逻辑、情感逻辑与组织绩效的悖论

资料来源：作者绘制。

　　但在许多管理情境下，由于理论偏见、个体价值观及认知能力差异等各种原因，计算逻辑与情感逻辑往往被人为地分裂，片面弘扬某一逻辑而抑制或剥夺另一逻辑在管理中的合法性。[①] 强调人之情感因素的行为科学将计算逻辑与情感逻辑视为独立的变量，呼吁工业人道主义，要求为人类的利益而超越效率技术和经济的原则，不但没有缩小正式组织与非正式组织的分裂，反而使这一分裂更加严重（Erhard Friedberg，1997）。然而，在目前的组织管理实践中，这一问题更加突出的表现是：基于理性的计算控制系统被不断强化并形成高高在上的话语霸权，作为衡量一切管理方式及手段是否合理的标准，而情感价值系统则被漠视或边缘

---

① "合法性"概念常被用来讨论社会的规范与秩序问题，在韦伯那里合法秩序（a legiti-mate order）是由道德、宗教、习惯、惯例和法律等各种因素综合构成，合法性则是指被公众认可和接受的程度，即正当性与可接受性。

化，组织片面追求经济效率至上而导致工作场所精神性的严重缺失。由此导致作为理性与情感综合体的人成为"理性的机器"而限制了其生命活力在管理中的展现。这样，实体性的组织被人为地撕裂为两个虚无的世界：一边是由情感价值系统构成的"火热世界"，它允许组织成员自由地展现自我特征和个体才能却对抗理性和控制，不断地将管理拉向松散而低效的非理性时代；另一边则是由计算控制系统构成的"冰冷世界"，它依靠人的理性能力对资源、信息及组织成员进行预测和标准化，推动着组织不断向其效率目标努力却压抑了人的热情和创造性而成为"理性的牢笼"。

组织如何避免分裂的两种逻辑，使格格不入的冰、火两重世界复归于现实中的同一性实体的本来面目？由此我们需要探讨情感与计算在组织管理中的交叉作用机制，关键就是在悖论的边缘寻找悖论的破解之道。由图6—2可知，情感逻辑、计算逻辑与组织绩效综合交叉而产生的作用领域是点 c、a、$G(c)$ 与 $G(a)$ 围成的方体"黑箱"，此处便是所有悖论的交集。"黑箱"由理性计算系统（层级性的正式组织）与情感价值系统（网络性的非正式组织）两大系统因素构成。其中前者建构在显性知识之上，在理性状态下能够寻找一种线性因果逻辑，但由于人之有限理性的局限及组织管理中偶然事件的不可规避，层级系统同样具有某种程度的非线性特征；后者由组织中的隐性知识生成，完全是一种影子网络，而影子网络在复杂性科学中始终被认为是一种非线性状态。由此，层级系统与网络系统综合作用的悖论"黑箱"就在整体上表现出非重复性、非线性、非确定性与非预测性的混沌特征。但是面对混沌，我们并非无能为力，能否打开混沌"黑箱"以寻找计算逻辑与情感逻辑的耦合机制就成为亟待解决的关键问题。

6.3　组织局部秩序与双重管理系统的组织内耦合机制

尽管管理的逻辑悖论为管理研究带来了很多矛盾与困难，但我们也没必要感到恐惧而退却。因为，许多重大科学研究就是在解决"似是而非的悖论"中获得重大突破的（Laudan，1977）。对悖论的清晰揭示和透视本身就是科学研究中的重要发现，同时也是进一步深化研究的起点和基础。悖论的破解不能幻想消除矛盾的某一方，而必须寻求矛盾双方的和合共生之道，使双方产生的紧张与压力最小化并使其相互促进、相辅相成，这便是两者的耦合机制。

6.3.1　系统耦合的历史经验：双轨制组织及"教谕式调解"

耦合（coupling）是自然科学中的概念，指两个或两个以上的事物、要素、体系或运动形式在内容、形式、数据或符号等方面互相作用，形成良性互动而彼此影响、相互依赖的现象。耦合的基本要义是不同元素之间能够达成"合"的状态。强调异质性因素之间融会贯通的"和合"文化是中国传统文明的精髓之一（张立文，1998），围绕这一文化古代中国曾有很多成功的制度设计。深入研究"和合"文化在中国传统社会的运行方式，并将之拓展到组织管理领域，寻求其组织内运行机制，无疑能够为我们破解管理的逻辑悖论，建构情感逻辑与计算逻辑的耦合机制提供经验性的依据和启发。在此，我们从宏观的结构层面和微观的操作层面来分别考察古代中国社会治理中的系统耦合方式。

在宏观结构方面，中国的社会控制体系是建构在双轨制组织基础之上，层级与网络混合，在整体上表现出具有网络特征的自然系统（罗家德、王竞，2008），建构了一种费孝通（1986）在《乡土中国》中所说的"礼治秩序"。"礼"之施行是中国儒法并用、德治与法治合一的体现。"孔子以仁释礼，荀子以法解礼，曾启动过一次延续到汉代才基本完成的礼的传统的创造性转化。并对中国的历史和文化产生了深刻的影响"（杨志刚，1993）。也就是说，"礼"在其文化根源上就被赋予了"仁"（道德）与"法"（法律）双重精神特质：一方面，道德是礼之根本，礼是儒家伦理体系外显化的操作方式；另一方面，法律是礼治秩序的规范化与强制性的体现，以法解礼、以法护礼使儒家伦理精神纳入了规范化之轨道。礼治秩序的建构在意识形态领域是通过儒家之道德教化与法家之刑法威慑并用来实现的，在社会组织上则通过双轨制来建构。所谓中国传统社会治理中的双轨制组织，是指国家秩序的维持依靠两种控制系统来实现，其一是以皇权为中心自上而下建构的、正式的、强制性的组织管理体系，其二是以宗族权力为核心由下而上建构的地方自组织形式。整个社会组织的上层是一个层级结构，下层则是一个网状的自组织结构。两种组织的分界点大概在县级政府，自唐代后县令一般由皇帝或中央政府直接任命，负责完成中央政府交付的各种行政任务，而县令以下的衙役及师爷等多是地方性的雇佣人员，更受地方宗族势力与地缘团体的影响。两股权力相接之处，即县官的部属——胥吏①及宗族中的乡约②（费孝通，1949）。

在这种双轨制中，致仕赋闲的士绅阶层是协调理性系统与自然系统的中介性力量。一方面他们在正式组织中享有一定的威望并深谙其治理之道，另一方面致仕后的士绅阶层不再属于理性系统中的一员，而成为地方性自治团体的领袖，具有为维护地方宗族团体利益而斗争的动机及能力。士绅阶层能够发挥两种组织协调之职能的原因在于其对作为显性知识的儒家思想及作为隐性知识的法家思想的同时掌握，而这两种思想同时得到皇权及宗族权的认可。在由士绅阶层协调的双轨制控制体系中，尽管法家思想及其建构的强大暴力机构及严刑峻法是国家统治的真实力量，但在儒家崇尚实用理性、彰显自然人伦关系的道德学说的干扰下，理性系统反而成为社会控制中的隐性系统，从而使整个中国管理表现出"外儒内法"之特征。罗家德等人（2008）指出，儒家建构了一套与理性控制系统相抗拒和缓冲的以人伦关系为核心的组织内互动法则，以组织文化与非正式规范凌驾于理性系统之上，并通过中庸之道与无为政治限制权力由上而下的扩张，给自然形成的自组织网络在理性系统中提供了生存空间，从而使中国社会治理在总体上表现为一种网络性的自然系统。因而可以认为：中国传统社会治理结构中的双轨制及其嵌入的显性知识及隐性知识互动形成的礼治秩序有效地解决了管理中理性与情感两种逻辑的冲突与悖论。从传统社会的长时期稳定及延续看，这种社会控制体系的存在和运行有很多合理之处，能够为我们寻找组织内的双重管理逻辑的整合机制提供经验性的启发。

在微观操作层面，中国社会治理的具体方式是面向地方性知识的情境化调控。与现代管理主要依据基于工具理性的结构化知识（structuralized knowledge）不同，古代中国社会治理主要依据基于实用理性的情景化知识（situationalized knowledge）。在儒家的人性学说中，德性是人之异于禽兽的根本标志，此德性其实就是一种理性与感性交融的实用理性。在人之德性中，情感要素是复杂多变、难以控制的不确定因素，因而实

---

① 胥吏是由行政官任命的负责传达政令、调解纠纷的中、小官吏，它们广泛分布于中央及地方各级官府内，承办各项具体事务。胥吏既不是政府官员也与平民百姓不同，是"官、民交接之枢纽"。详见梁章钜：《退庵随笔》卷五。

② 乡约是传统社会乡民基于一定的地缘和血缘关系，为某种共同目的而设立的生活规则及组织。乡约不是国法，但在乡民的实际生活中发挥着法的作用，是中国传统社会秩序构造链中的重要一环。通过乡民受约、自约和互约来保障乡土社会成员的共同生活和共同进步是中国古代社会治理中的理想（张中秋，2004）。

行双轨制的中国古代社会在管理实务中强调必须重视具体的情境化知识（situationalized knowledge），根据管理各方之"实情"，既不一味诉诸律令，也合理节制情感，在理性与感性、制度与实情之间追求中庸的至善状态。情境化知识其实就是 Geertz Clifford（1983）所说的特定情境中特定主体觉察到的地方性知识（local knowledge）。因此说，以伦理知识为标的和核心、以中庸为基本原则的古代社会治理对现实的情感因素及具体的管理情境格外关注，它在实质上是一种面向地方性知识的情境化调控。

　　古代中国的司法审判是社会治理形式的一种浓缩，我们以之为例来考察古代中国社会具体管理实务中迥异于西方现代管理的处理方式。根据日本学者滋贺秀三（1998）等人的研究，在传统中国的伦理化法律及其司法过程中，义、礼、天理和人情共同构成了判案依据，司法审判的过程成为一种"教谕式的调解"（didactic conciliation），与欧洲基于成文法典的"竞技型诉讼"形成对极，其效率也不输于后者甚至较之为高。所谓"教谕式的调解"，是指在司法审判过程中，法官（通常是行政官员）并不根据严格的法律准则和条令来判定当事人罪责之有无，而是作为通情达理的君子，根据个案的具体情节来做出最符合情理的解决方案，以恢复或者重建争执双方的和睦关系。中国古代的地方行政官兼有司法职能，在审理案件时，他们不仅考虑国法，而且从案件的实际情况出发，考虑到法律之外的广泛社会关系，力图协调当事人双方之间的关系，以息讼和合乎情理为目标进行断案，并在判定中寻求每个案件的教化意义。南宋《名公书判清明集》中记载了地方官审理案件时极为相似的判语：合情合理、情理兼具、人情天理、国法人情等，判决文书清晰地呈现出"实情、事理、国法"三项秩序感，鲜明地体现了"情理法兼顾"的中国古代司法特征。在"听讼"或"州县自理"的案件审判中，审判官扮演的角色是做出"公断"的公正人，并非做出"处断"的审判人。在此，"法官从法律以外的价值取向做出的判断先于法律而存在，法律经过选择后只是起着注脚的作用"（王志强，1998）。在古代中国人看来，为政者如父母，人民如赤子，判案的依据只能是情理性的，如同父母申斥子女的不良行为、调停兄弟姐妹中的争执这类家庭事务，将家庭内部的矛盾诉诸冰冷无情的法律，在古代中国人看来是难以想象的（邓勇，2004）。

　　虽然基于地方性知识的情境化调控及"教谕式的调解"在古代与专制主义制度结合，在管理过程中易出现专断、主观、随意，并造成泯灭人性的专制统治，但与现代民主制度结合，它便可能成为知识经济时代企业管理中的一种积极力量。一方面，它可以为我们增强企业的自组织功能提供启发；另一方面，它具有丰富的后现代管理意蕴，尊重地方性知识和边缘化人群，是主体离散化、情境化的管理方式的先期实践及原始形态。

6.3.2　组织内系统耦合的行动场域：局部秩序

探索古代社会运行系统的耦合机制导入组织内管理的途径，寻找组织内计算逻辑与情感逻辑的耦合机制，其前提条件是发现与揭示组织行动的真相。现代管理学及社会学常将组织构想为一种同质性、团结一致的整体，并将外源性的、预先设定的、固定化的理性目标及规定强加于组织中的每一个成员，组织成员的行动被看作一种基于（物质的或情感的）刺激而被动做出的反应。但事实上，根据以克罗齐耶及费埃德伯格等为代表的法国组织社会学者的研究，组织并不具有统一性和整体性的凝聚力，组织成员的实际行动是具有含混性、流动性的有组织的无序状态，他们的行为目的与手段之间的因果关系并不明确，也不按照嵌入在组织正式结构中的因果关系行事，其真实行为是参与者之间彼此联系、冲突及互动的结果（Erhard Friedberg，1997）。组织成员的真实行为逻辑是一种基于混合性游戏规则的具体行动体系（concrete systems of action），此体系是组织成员根据各自所具有的禀赋（价值观、情感、性格、魅力等）及现实资源（物质、人脉、信息、经验等）进行协商性交换的行动场域，它具有策略性、局部性及暂时性的特征，并构成组织的局部秩序（local order），组织成员的真实行为更多地是由局部秩序中的混合规则决定的，而非结构化的组织等级和规章制度。局部秩序的发现为我们寻找组织内系统耦合机制提供了更加真实和具体的分析场域，基于地方性知识的耦合机制只能在组织局部秩序中的具体行动领域而非提前预设的组织宏观结构中建构。

之所以在组织局部秩序内形塑（shaping）系统耦合机制，一方面由于局部秩序是组织成员行动的真实场域，另一方面则由于"局部秩序的建立与维持将保证行为受规则的限制，以及保证相关行动者假如不是冲突、那也是彼此分离的策略得以整合"（Erhard Friedberg，1997：179）。局部秩序的揭示有两层理论意蕴：其一，组织并不存在统一的整体性秩序，也没有总体的凝聚力，规则只在局部秩序中有效，凝聚力与整合性规则也仅存于局部秩序，无数个目标异质的局部秩序构成了组织整体。其二，组织局部秩序是一种微观的具象社会和行动场域。具象社会是一种"具体的、正在进行的社会关系体系"（Granovetter，1985），场域则被法国社会学家布迪厄定义为在各种位置之间存在的客观关系的一个网络或一个构型，它所形成的关系系统具有相对独立性，并对其中的行动者具有"形塑机制"（布迪厄，1998），即局部秩序是一种引力场，尽管占有不同位置的组织成员有其自身不同的能力和资源，但是在场域中，其能力和资源要经过场域结构及其规则调整之后才能发挥作用。其三，局部秩序是一种由地方性知识构成的暂时秩序，此种地方性知识既包括精于计算的理性知识，也包括表达自我的情感知识。局部秩序就是情感知识与理性知识构成的混合知识同正式规则与非正式规则生成的不同情境要素互动的结果，如图 6—3 所示。

图 6—3　组织局部秩序中地方性知识与情境要素的互动

资料来源：作者绘制。

　　局部秩序展现了理论与实践（具体的管理情境）、知识与经验的互动过程，表明管理知识的创造是一种经验观察和先验理论范式之间的双向互动过程，同时也体现了以德鲁克为代表的经验学派所倡导的管理方法的"语境化"（contextualism），即个人的主观知识与社会客观知识存在着相互作用和转换关系，管理者看到的世界是对变化的情境中的感觉做出的适当响应。"事实"其实是一种"迹象"，是使用它们的人们所赋予的意义，组织现实是由人解释或再造的，管理"知识"也不是真理，它只有与特定文化背景下的具体情境相结合才具有真理的特性，因而管理知识构造的是"使用中的理论"（Chris Argyris，1992）。局部秩序中的情境要素既包括组织结构、等级体系、组织流程、规章制度、职位权责等正式规则及其形成的正式关系，也包括人情、兴趣、价值及偶然因素等非正式规则及其形成的非正式关系。这些情境要素与知识的互动使局部秩序成为管理规则再造的场域，它不仅反映并受到更大范围的组织规则的约束，而且能够不断地超越这些规则所强加的限制。通过局部秩序，组织成员能够发现和选择新的资源或者拓展新的能力，从而为管理规则及管理知识的创新提供动力。局部秩序中存在的这种活性的动力机制不仅是组织成员活动的真实场域，而且为我们在组织内形塑耦合机制提供了真实而具体的空间，使计算逻辑及情感逻辑聚合为我们所需要的混合规则成为可能。我们需要的混合规则就是情感知识与理性知识的耦合逻辑，这种逻辑能够维持局部秩序中理性知识与情感知识的平衡并保证其在互动中不断聚合组织目标与个人目标。

6.3.3　组织局部秩序中双重管理系统的耦合形态及其运行机制

既然组织局部秩序的驱动机制是地方性知识与情境要素互动的混合规则，那么这种混合规则是如何将理性控制系统与情感价值系统耦合在一起的？这种耦合又呈现出一种什么样的具体形态？进而组织管理者如何行动才能够确保组织局部秩序中耦合机制的运行？

首先探讨组织局部秩序中两种逻辑的耦合过程及耦合形态。组织的正式规则及非正式规则都不能直接决定组织成员行为，而是对行动者之间的协商和游戏的诸种环境进行建构（Erhard Friedberg，1997）。在局部秩序中，组织成员根据已有的经验性知识（理性的或情感的）及自己的利益需要（物质的或精神的），对包括组织正式规则、程序、命令或偶然事件进行过滤性感知，根据外部具体情境与其地方性知识结构互动产生的混合规则而决定具体采取何种行为。这一过程吸收并再次激活正式结构的某种特征及意蕴，同时过滤掉了某些其他特征及意蕴，只有当组织成员觉察到这些特征对其行动的意蕴，同意完成组织的某种目标之后，方能动用他们的各种正式的或非正式的知识资源及能力，与其他行动者进行谈判协商，并在组织目标与自我目标之间做出一种平衡，以在组织正式规则允许的范围内尽可能地实现自我利益。这一博弈过程的结果是形成组织成员用于互动和交换的、理性与情感混合的游戏规则，此规则将组织目标稀释在无数个分散的个体目标之中，但依然有其博弈之后的主导性逻辑，这种主导逻辑直接决定员工行为。局部秩序的游戏规则中，组织的正式维度只是冰山一角，仅是游戏规则可见部分，员工行为的主导性逻辑来源于正式规定与非正式过程的相互结合。因而，组织局部秩序实质是其成员基于地方性知识的微观权力博弈场域。塑造和界定员工具体行动的是正式的与非正式的、显性的与隐性的混合性游戏规则与情境要素互动而形成的主导性逻辑。

局部秩序中基于地方性知识的双重规则博弈过程可以在图 6—4 中反映出来。局部秩序的计算逻辑（结构化知识）是一系列理性设计的控制链条，具体表现为组织的正式规则及其设定的利益追求，尽管这些正式规则并不直接决定组织成员的具体行为，但它们代表着组织的基本目标、职能及组织存续的基本条件，同时也蕴含着员工基本的物质性追求并界定了员工行动的宏观范围。局部秩序中的情感逻辑（分散的地方性知识）是一种自然演化的价值网络，具体表现为基于情感偏好及价值追求的一系列非正式规则，它们同样不能决定员工的具体行为，但却代表着员工的个体目标及某种真实追求。博弈之后的混合逻辑越偏向于情感，员工越能达成充实、自足及自我表达等工作场所精神性目标；越偏向于计算，员工越能达成物质利益及职务晋升等功利性目标，这种与工作场所精神性相对应的理性追求我们称之为"工作场所功利性"。

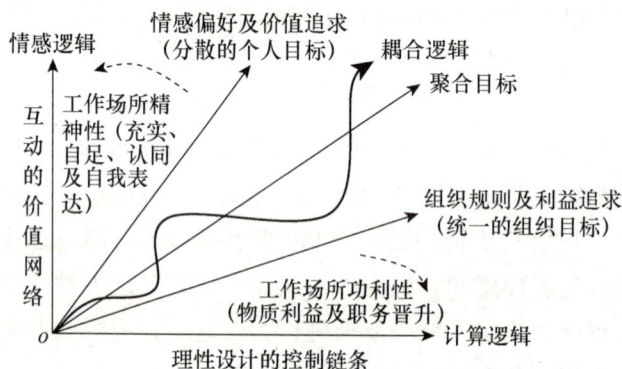

图 6—4　组织局部秩序中两种管理逻辑的耦合形态

资料来源：作者绘制。

问题是，混合规则博弈形成的主导性逻辑可能使组织目标与个人目标、理性的利益追求（工作场所功利性）及感性的精神满足（工作场所精神性）不断聚合，也可能使两者不断背离，导致组织碎片化而缺乏基本的整体性行动，进而消解了组织存在的基本职能。也就是说，在无人干预的自然状态下，组织局部秩序中的正式规则与非正式规则、基于理性的控制规则与基于情感的自主规则始终保持着创造性的张力，它们有时共同构成结合性的积极力量，有时则构成彼此相互削弱对方的消极力量。后者在混合规则中形成的主导性逻辑是一种分裂逻辑，它虽然同时混合了理性与情感两种管理逻辑，但这种混合却扩大了两者之间的张力，使组织目标被无数个体目标完全湮没或撕裂而不能形成基本的合力和统一性行动，从而成为一种导向组织不断衰亡的力量。反之，前者在混合规则中形成的主导性逻辑则是一种我们所寻找或塑造的耦合逻辑，其基本形态如图 6—4 中的波浪线所示。当局部秩序的具体行动领域受到有意识的及有目标定向的规则机制支配时，博弈的所有参与者形成了能够接纳和内化的共识，或者发展出一种意识程度更高的、有目标定向的合作意识，便能使系统朝着有意识的集体行动的方向发展，决定这一方向的便是工作场所精神性与工作场所功利性互动而成的聚合目标，围绕聚合目标上下波动的就是理性与情感双重逻辑的耦合曲线。

聚合目标所聚敛的主导性耦合逻辑之所以上下波动是由于，聚合目标形成后，组织成员依然以此为基本游戏规则进行博弈，但同时也要根据变化中的情境要素对之不断地调适，使之或者偏向于工作场所精神性，或者偏向于工作场所功利性，两种对立性目标的完全均衡状态不可能在现实中存在。同时，目标聚合也并非一蹴而就，而是两种逻辑规则不断互动过程中各种力量互相协商和妥协的结果；另外，聚合目标形成后也并非一成不变，而是围绕组织的内外情境而不断进行动态拓展，使更高级的情感逻辑与更高级的计算逻辑不断实现新的耦合。这样组织局部秩序中的耦合逻辑就围绕聚合性目标及其动态拓展而不断地漂移，最终表现为一条波浪形上升的动态曲线，如图 6—4 所示。那么，对于耦合逻辑形成极为关键的目标聚合是如何发生的？我们认为，它可能是局部秩序双重规则自然演化的结果，前文已经分析过，在生成性的行动场域中这种维系自我存续的结合完全存在可能。但是自发性的目标聚合只能是短暂且不稳定的，管理存在的意义就在于通过施加人为的干预使这种目标聚合及逻辑耦合成为一种常态，从而维持组织的健康、合理发展。正是由于耦合只是混合规则作用的一种可能性结果，或者是一种短暂的自然形态，混合规则同样存在导致小团体共谋、派系斗争等分裂组织目标及削弱组织凝聚力的行为，管理才有存在的必要。因而，从双重逻辑耦合的形成机理看，组织管理的使命就是对组织内无数个局部秩序进行审慎的干预，维持一种总体性的平衡，激发群体的合作意识，使各种分散性的目标产生定向性聚合。实现这一过程的便是组织内双重管理逻辑耦合的运行机制，如图 6—5 所示，其基本机理主要有以下几个方面。

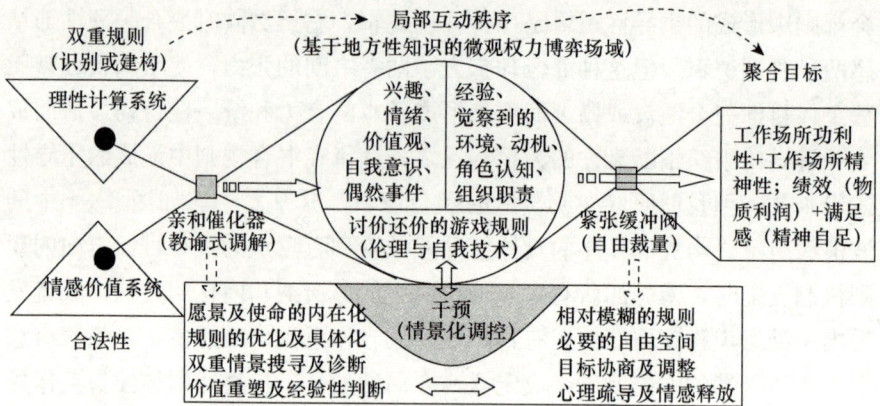

图6—5　组织内双重管理逻辑耦合的运行机制

资料来源：作者绘制。

其一，确立高层管理者"立法者"角色，识别并建构组织运行规则的双轨渠道，赋予组织双重管理系统同等的合法性地位。无论我们是否承认，组织内都存在理性计算系统与情感价值系统双重管理规则，两大规则势力强弱的基本格局及其合法性程度规定了两者耦合的可能性及难度。"合法性"（legitimacy）之"合法"并非"符合法律"之意，而是符合包括法律、道德、宗教、习惯及惯例在内的混合规则（Rhoads，1991），"性"在汉语内则有特征、属性之意。在政治学中，"合法性"意味着某种政治秩序被认可的价值及事实上被承认的程度，也就是说，某一统治秩序能够得到被统治者的承认，是因为该统治得以建立的规则或基础是被统治者可以接受或认可、同意的（Saward，1992）。在管理思想演变历程中，管理的依据往往在理性计算系统及情感价值系统之间取其一而贬低其他。泰罗以来的科学管理赋予了理性计算系统唯一合法性地位，未能给情感、情绪、信仰等非理性因素预留空间从而剥夺了情感价值系统的合法性地位；梅奥霍桑试验以来的行为科学则高扬了情感价值系统在管理中的合法性地位，但却同时贬低了追求物质财富的理性计算系统的合法性地位。在现实的管理世界中，管理实践是由两个管理系统同时建构的。只有为两者确立基本对等的合法性地位，才能为组织局部秩序中的目标聚合及逻辑耦合提供基本条件。假如在组织的宏观管理理念及相关制度中剥夺了某一管理系统的合法性地位，管理的逻辑耦合既没有必要也没有可能。基于此，组织的高层管理者的使命就是扮演组织"立法者"的角色，在制定组织规则时赋予直线的理性控制系统与网络的情感价值系统基本平等的合法性地位，识别组织中的正式规则、非正式规则及其各自的作用范围、发生途径，并在管理中使两者均等地合法化以确立组织运行规则的双重渠道，使之发挥与中国古代社会运行的双轨制组织系统相类似的职能。在此方面，可能的途径有：将情感价值系统嵌入组织文化之中并使之合法化，将理性计算系统嵌入组织的管理技术与方法之中，将两种系统的基本理念同时嵌入组织制度的建构中，等等。从这个角度看，组织高层管理者的基本职能就是为组织立法并在管理的宏观层面维持双重规则的大体均衡。

其二，确立基层管理者的"干预者"角色，赋予其一定的自由裁量权，使之对组织局部秩序进行教谕式调解，履行"亲和催化器"与"紧张缓冲阀"两种职能，这是局部秩序中形成耦合逻辑的关键。双重管理系统在组织中确立后，为保证两者朝聚合的方向发展，需要在组织运行机制中设定促使两种逻辑亲和的催化器及缓解两种逻辑张力的缓冲阀两种装置，而这两种装置的职能则由局部秩序中的基层管理者行使。前文已经分析过，局部秩序中的混合规则是否能够实现两种逻辑的定向性聚合，不能纯粹依靠局部秩序的自发演化功能而必须进行必要的干预，行使这种干预职能的只能是局部秩序中的基层管理者。一方面，基层管理者在局部秩序中具有组织法定的权威，对资源的调动及分配具有合法权；另一方面，基层管理者与组织的具体行动者最为接近，熟悉局部秩序成员的基本动向、需要、性格、价值观及偶然事件，掌握着最为具体的地方性知识。这种双重角色使基层管理者能够综合扫描局部秩序中的各种具体情境，并能够根据组织的正式规则对之做出权变性判断，实现组织正式规则中结构化的宏观知识与散播于局部秩序中的地方性知识的结合。由此基层管理者自然成为组织双重规则的最佳汇合点与承载者。

"干预"不是现代管理理论中强制性地改变他者的行为，它不是一种统治性控制技术，而是依据组织立法者设定的双重规则在诊断具体情境的基础上，结合个人经验做出的"教谕式调解"。这种调解的依据是个人内化的价值观、对组织规则的领悟及地方性知识，Friedberg（1997）指出，"知识的生产与利用，是社会学家为组织中的干预和有组织系统之中的干预提供的具体的成果"。干预的实质就是基层管理者依据实用理性来分析、诊断局部秩序中的具体情境，生产并传播一种定向性的具体知识，使之影响组织局部秩序中的具体行动，改变其自发博弈的游戏规则，使之朝向个体目标与组织目标聚合、计算逻辑与情感逻辑耦合的方向发展的过程。干预的目的是通过新知识的注入来激发局部秩序博弈中的合作意识，减少分裂与对立意识。从中国古代社会运行中的司法过程看，基层管理者的"教谕式调解"确实发挥了这种作用，结合诉讼案件的具体实情，综合考量"情、理、法"多种要素，根据自己的价值观及经验性知识做出使涉案各方满意的调解式判定或者息讼，激发地方共同体对组织的认同感及合作意识。组织基层管理者可以通过干预对组织立法者制定的规则进行具体化解释，在对局部秩序进行调解中也能够起到教化功能，使局部秩序成员认同组织整体设定的价值观并大体遵从正式规则，从而在博弈中维持一种总体性的合作态势。

干预的具体途径体现在催化与缓冲两个方面，即我们所说的"亲和催化器"与"紧张缓冲阀"两大耦合运行装置。"亲和催化器"的实现主要有以下途径：通过说教、解释、仪式化等方法将立法者设定的愿景及使命具体化，并使之内在化于局部秩序成员之中；对局部秩序中的双重情境（理性的与情感的）进行搜寻和诊断，在干预时对其进行全面考量；根据具体情境将正式规则优化和具体化以使之更加切合局部秩序中的实情；根据组织核心价值观对员工进行价值重塑并依据组织价值及正式规则对具体管理问题进行经验性判断。"紧张缓冲阀"的实现则可以通过以下途径：保持规则的相对模糊性，避免规则的完全精确化和标准化，为局部秩序中理性与情感的博弈预留必要的自由空间；适时地与成员进行目标协商并根据具体情况对之进行适当调整，及时地将局部秩序中存在的问题反映给上级管理者，在促使局部秩序朝向组织整体目标发展的同时维护员工的基本利益，兼顾组织利益与员工利益；在发现工作场所功利性吞噬工作场所精神性，员工出现精神性紧张状态时，及时进行心理疏导，与之充分沟通并为之提供情感释放的空间等。这两大装置从促进合作与避免分离两个方面行动，是激发合作意识的意会性知识的主要来源，因而也是确保组织双重管理系统耦合的关键要素。这也同时表明，作为局部秩序"领头人"的组织基层管理者在实现管理逻辑耦合中具有关键作用。

其三，确立组织员工"自治者"角色，注重伦理作用，以伦理为核心发展出一种有干预的自我技术，使局部秩序中的员工实施自我控制与自我管理。上文已经论证，局部秩序是基于地方性知识的微观权力博弈场域，不可能通过强制性的规定来约束每一个人的选择性行为，否则便会激发内部成员的行动走向某个极端，从而也就丧失了管理的两种逻辑耦合的基本条件。为此，我们必须为组织成员预留用于博弈的某种自由空间，使之在一定程度上成为"自治者"，能够根据自己的兴趣、情绪、价值观、自我意识及觉察到的内外环境、自我动机、角色认知、组织职责等，与他者进行讨价还价，从而生成同时蕴含情感逻辑与计算逻辑的游戏规则，这样也使局部秩序成为员工的自主领域与创造性的成长空间。但是局部秩序中成员的自治如何为这种混合性游戏规则定向，使其个体目标与组织目标朝聚合性方向发展？这就需要组织管理者的必要干预，以使组织员工的自治成为一种有干预的自我技术。然而，如何在局部秩序内部进行干预以实现这种目的？

我们认为，通过伦理可以对局部秩序进行定向性的微观干预。既然强制性的干涉不可行，我们只能寻求激发组织行动者自觉性行为并同时具有规范性职能的伦理。伦理一旦被接受就可以成为自由行动的规则，同时具有朝向组织目标的规范作用和对分散的个人目标的凝聚作用，因而是实现局部秩序内目标聚合的最佳选择。Foucault（1977）认为，个体既可能由于统治或依赖关系而受制于他人，也可能由于良心或自我知识而受到自身认同的束缚。自我知识，尤其是表现为道德意识的自我知识，在 Peter Dews（1987）看来，"是权力借以使个人将社会控制予以内化的策略以及这种内化的结果"。基于对个体自由与非压抑性文明的向往，福柯晚年转向了具有解放性质的自我技术。他将自我技术定义为，"允许个人运用他自己的办法或借他人之帮助对自己的躯体、灵魂、思想、行为、存在方式施加某种影响，改变自我，以达到某种愉悦、纯洁、智慧或永恒状态"的实践（Foucault，1988a）。福柯赞成个体通过这种自我技术把自己塑造为一个自主的、自我控制的、乐意享有别具一格的新经验、快感和欲望的存在（D. Kellner & S. Best，1991）。自我技术通过微观权力而实现，它关注员工的自由解放，并与具体的、分散的目标紧密相连。这种导向自由与解放的自我技术同样与伦理息息相关。一方面，导向自我技术的伦理规范指向的问题是"个体应该怎样塑造他的生活去自我实现作为人的目标的问题"（Richard Shusterman，2000）。在局部秩序中，伦理性规范能够使员工分散的、多样化的具体目标紧密凝聚为一体。另一方面，伦理作为一种文化因素，具有价值规范作用，并能通过构建无形的价值网络广泛覆盖组织的每一个角落，渗透到组织中每一个员工的内心。当员工认可了公共伦理并将之上升到信念的角度来自觉规范自己的行为时，伦理能够形成一种"合作性"的企业文化。在 Gary J. Miller（1992）看来，一种合作的企业文化能够使每个博弈者产生与其他人合作的预期并以此实施合作性行为。伦理能够强化这种对合作的预期，在对局部秩序成员的行为进行调适和干预时，激发其利他动机，将员工具体行为导向组织目标。这样就使组织员工的工作场所功利性与工作场所精神性不断融合，同时也使组织绩效的获取与组织员工的个体满足感不断聚合而形成组织行动的耦合逻辑。

6.4 案例讨论：富士康"连环跳"事件的组织管理学解释

2010年1月至8月，全球最大的代工企业富士康科技集团陆续发生"连环跳"事件，先后出现了17起自杀事件并造成13死4伤的惨剧，在"人性化管理"呼声日益高涨的知识经济时代引发了人们深沉思索。企业作为人谋取生存与发展的工作场所，应该是人类追求物质财富与精神愉悦的地方，但一系列的密集自杀事件表明目前的企业管理在处理人性与效率、社会责任与经济利润的关系时存在某些失误。"人性化"在某些情境下可能会成为一些企业为博取社会好感而仅仅用来展示的"空雨衣"①。富士康悲剧反映出，时至今日我们离"使无业者有业，使有业者乐业"和"敬业乐群"（《礼记·学记》）的社会理想依然相差甚远。

对于富士康事件所折射的企业非人性化管理问题，学术界和舆论界多从国家与社会的法律、制度与政策等宏观层面予以剖析，而较少从经济管理视角深入分析其背后的组织管理问题。透视管理的双重逻辑悖论及其组织内耦合机制之后，我们反观富士康"连环跳"事件，便能获得与经济学、法学及社会学等宏观审视者不同的分析视角，即更为细致、具体而微观的组织管理学解释，使剖析及解决相关问题更具有现实针对性。以此视角观察，富士康作为规模巨大的全球性加工制造工厂，在组织管理方面存在两方面弊端，是造成员工"连环跳"惨剧的主要原因。其一是计算与情感两大管理逻辑的失衡，其二是中心与边缘所承载两种组织知识的失衡。

第一，计算与情感两大管理逻辑彼此对立并严重失衡，理性控制逻辑片面弘扬，情感价值系统的空间被极端压缩，致使员工的工作场所精神性严重缺失。一方面，富士康将泰罗制与福特制发挥到极致，无限地强化理性控制系统，将员工置于高压、恐怖的压抑状态。为完成不断增长的生产

---

① "空雨衣"是英国管理大师查尔斯·汉迪提出的一个著名隐喻，是变革时代机械化的组织与疲于竞争的个人"非人性化"的象征，意指生命之本质沦落如一件空的雨衣。详见 Charles Handy, The Empty Raincoat, London: Century Press, 1995。

任务，富士康员工的工作时间过长，劳动强度极大。2010年9月发布的相关调查数据显示，75%的富士康工人月平均休息天数为4天，73.3%的富士康工人平均每天工作时间在10小时以上，工人月平均累计加班时间为83.2小时，严重违反《劳动法》（第41条）每月最高加班不超过36小时的规定。[①]而在生产过程中，为最大程度地降低成本、提高生产效率，富士康集团按照泰罗制及福特制的规范，将生产流程精细地拆解、简化，制定清晰、明确的规则和标准并强制员工严格执行。使员工普遍感到"我们就是一部机器""我们比机器还快""工作枯燥、单调、无聊"。深圳龙华富士康园区的一名工人说："每天四五千次的重复动作，只要这个动作就行了。每天很无聊。但是没办法。"此外，富士康还制定了一系列苛刻的军事化管理制度。这些制度包括：不准睡觉、不准聊天、不准笑、不准走动；离岗要申请，批准后才能离岗，要拿离岗证，离岗时间不能超过5至10分钟等。昆山富宏NBC流水线的一名员工说："工作的时候，我们不能说话，不能走动，不能玩手机"。这种精细化的控制体系，使员工沦为富士康这一庞大机器中的一个个孤立的零件。另一方面，富士康有意地压制企业非正式组织的成长，使非正式规则中的情感逻辑在富士康旗下企业中几乎完全丧失。富士康的工人被随机分配到流水线上，每名工人都被严格地限定在固定的生产位置，不允许走动，工作期间工人之间也不允许交流。不同车间的工人也被严厉禁止相互走动。这种精密设计的流水线使员工在生产过程中被分割成一个个碎片。而在生产之外的生活空间，富士康集团同样有一套精密的控制制度。富士康将从同一学校或同一地域招进的员工有意地分散，将其分配在不同的部门和不同的宿舍，使同一部门的同事及同一宿舍的室友之间十分陌生，再通过白班、夜班轮倒，使之交流的机会少之又少。这种安排使员工与亲人、朋友、老乡及同学之间想见一面往往十分困难。这样，工人用以情感宣泄和沟通的非正式渠道就被人为地堵死，人与人之间的社会关系十分冷漠，工人成为原子化、碎片化的孤立个体。富士康一位外出打工6年之久的工人诉说了自己在交友方面遭遇的困境："现在很少有交心的朋友，临到休息时，也不知道去哪玩，也没有要好的朋友一起出去或说话，感觉挺孤单的。……没什么时间交流，所

---

① 本部分有关富士康的数据资料均来自"两岸三地"高校富士康调研组2010年9月发布的《"两岸三地"高校富士康调研总报告》。见搜狐网，http://it.sohu.com/20101009/n275489839.shtml，2009-07-08。

以也很难和别人有很深的感情。"另一位被采访者则说："富士康里面人际
关系太冷淡，在黑工厂里面干不开心还能找到倾诉对象，但富士康不能，
在富士康干久了会出现精神异常。"情感上的压抑状态、孤立感与无助感
使受挫的富士康员工在艰难痛苦的日子里难以找到生存的希望。

　　第二，依据中心性的结构化知识进行控制和统治，压制或漠视被边缘
化的地方性知识，忽视"他者"（the others）存在的意义和价值，使富士
康成为规训与惩罚的"牢笼"（cage）。Boje 与 Dennehy（1994）等后现代
管理者批判现代管理依靠结构化的知识构筑了一种宏观的话语霸权而忽视
"他者"的声音，这种现象在富士康得到了充分体现。富士康将管理者与
员工置于完全对立的地位，片面张扬理性控制逻辑，使管理者成为占有性
与中心性的主体，并以之为中心构造了一种统治与控制体系，将职工边缘
化为弱势群体而使之远离管理，成为与标准化的机器等同的被控制对象。
管理者所凭借的合理性的结构化知识渗透在一切设计精巧的制度与规则之
中，富士康以此来实现对被管理者的统治与控制。富士康的工厂被围墙所
封闭，有的围墙甚至装有铁丝网；每个厂门都有保安把守，工人需要工卡
才能进出工厂，工厂内几乎所有的公共和工作区域都设有监控摄像头，以
对工人实施全面的封闭式管理和监视。富士康有庞大的保安系统，保安的
主要任务不是保护工人的安全，而是维持和控制秩序并实施惩罚。调查数
据显示，27.9%的工人反映曾有过被管理人员和保安辱骂的经历，16.4%
的工人反映曾有过被保安或管理人员体罚的经历。对于这种强制性的控制
体系，工人几乎没有任何投诉和反抗的正常渠道，其投诉的结果可能是更
为严厉的惩罚。如一名昆山厂区的女工向调查者反映："我们向领导说，
领导找线长谈话，不但没有效果，线长反而对我们更凶。"另外，富士康
还依靠各种规章制度对工人进行思想灌输和控制，以达到规训（disci-
pline）与服从之目的。在《富士康科技集团员工手册》里，有关惩处的
具体规定就多达 127 条，惩处的方式则包括警告、记过、开除等；富士康
的各个工厂中到处张贴的标语是："吃苦是财富之基，实践是成才之路"
"努力，努力，再努力"等；在通往生产车间的楼梯上，每一级台阶都贴
上了富士康总裁郭台铭的语录。通过这种思想上的缓慢渗透，富士康将员
工驯化为一个个"温顺而有用的身体"（Foucault，1977）。

　　以上两大问题使富士康实质上成为理性化的"帝国"、规训与惩罚的
"牢笼"。理性控制系统被无限扩张放大，而情感价值系统被无限压缩，投
资者与管理者的利益及其设定的组织目标成为中心性的主导逻辑，员工的

利益及个人目标被不断边缘化。在这里，员工工作仅仅是为了谋生而不得不承受压迫与统治的无奈之举，工作场所精神性荡然无存，员工找不到工作与生存的价值与意义。当员工遇到各种挫折时，只能独立去承担一切而无处发泄，甚至连倾诉的对象都没有。在富士康工厂里，员工的真实感觉是"就像一粒灰尘一样""就是一个劳动工具"。人为地压制情感逻辑、压缩价值情感的空间而精化计算逻辑，盲目崇拜科学主义范式，一味地追求效率至上、利润至上的工作场所功利性目标而忽视员工的情感诉求及工作场所精神性，便为恶果之产生埋下了种子。由此，富士康"连环跳"事件就不再是社会学中的偶然事件，而是由于管理制度与规则不善而人为造成的悲剧。

针对以上原因，结合本文所构建的管理逻辑的组织内耦合机制，汲取"连环跳"惨剧的教训，我们认为欲改善富士康的企业管理现状，必须在理性控制系统之外建构一个情感价值系统或者说感性关怀体系，使之与现有的理性控制系统实现组织内耦合而非相互抵触或削减彼此之作用，聚合工作场所精神性与工作场所功利性两种目标，使企业成为员工生活与工作的"家园"和"精神栖息地"。相关的具体建议主要有以下几个方面。

其一，确立情感价值系统的合法性并使之内在化为组织主导性规则之一。工人不是机器，而是同时具有理性与情感的复杂个体，工人工作不仅仅是为获取用以谋生的物质财富，同时也是为了过一种有尊严的体面生活。富士康在管理过程中最大的缺失就是人为地抑制非正式组织及情感价值系统的成长，为此，富士康集团必须正视非正式规则存在的客观性及其积极作用，承认职工的情感及心理需要是一种正常现象，并积极主动地建构管理的情感价值系统，使之弥补理性计算系统在管理中的不足。

其二，建立组织内信任机制、伦理感召机制及情感互动机制等情感价值系统的支撑体系。信任的来源有多种，包括基于理性算计的信任、基于道德的利他主义信任及基于个人情感的信任等。富士康建构的组织内信任主要基于理性计算逻辑，以对员工未来利益的掌握为基础，使员工在成本—利益计算中与组织维持一种被动的信任与合作关系。此种信任机制与中国国情严重不符，因为中国文化是关系导向的（relationship-oriented），基于个人情感的特殊信任占据中国式管理研究中的焦点位置（Luo，2005）。依靠强制性的理性计算逻辑而压抑私人之间情感关系的发展，必然带来企业内的信任危机。由此，富士康应该结合国情，建立相关的伦理感召机制及员工个人情感培育和互动的制度。

其三，促进双重管理逻辑的耦合，缓解两者之间的冲突。为此，富士康科技集团应该修改目前精巧设计的规则与制度，为正式规则预留某种模糊性空间以应对不确定性，同时为员工在局部秩序内的互动提供必要的自由余地。在富士康，正式规则被完全明确化和精细化，这就限定了每个员工的具体行为，使其丧失博弈的选择空间，而不能拥有讨价还价的筹码，同时也无法提高自身在与组织及其他员工协商中的有利地位，朝向目标聚合方向的互动便不可能发生，局部秩序中的耦合也就不可能出现。

其四，培育基层管理者的"干预者"角色并建立员工参与管理的正式渠道，使基层管理者与员工由边缘化群体走向企业管理的核心位置。尽管富士康的福特制生产组织形态在短期内无法改变，但在有限的范围内完全可以考虑建构具有后福特制色彩的团体合作小组或工作自治小组。将装配线（assembly line）改造为"装配岛"（assembly island），使工人不再像从前那样在装配线上重复单一的劳动，而是 5～10 人一组，组员根据具体情形的变化灵活行动和互相协作，并对整个小组负责。在此小组内，基层管理者担任组长，根据生产管理中的具体情境对员工进行教谕式调解，小组成员互帮互助，集体完成小组整体所承担的流水线中的生产任务。如此就缓解了理性控制给员工个体带来的紧张与压力，同时使情感交流能够在小组内部充分实现，还使每个员工都能参与到小组整体的管理事务，缓解或消除原有管理制度下的孤立感、边缘感和被剥夺感。

6.5　本章小结

本章取得的理论突破是，以新的研究视角和跨学科的综合性知识来考察组织管理的深层逻辑问题。一方面，研究视角由宏观转向微观，由组织结构转向员工行为，由静态的结构化知识转向动态的地方性知识，由普适性的原则转向具体的经验，由此澄清了组织目标与个人目标之异质性，解构了组织原则、组织结构等结构化知识决定员工具体行为的传统观点，发现了组织行动的真实逻辑并在微观领域建构了两大逻辑的耦合机制。另一方面，综合利用哲学、组织行为学、社会学、法学、历史学与管理学等跨学科知识来研究组织内管理问题，使之聚焦于"管理的逻辑悖论及其整合"这一宏大而又现实的问题。在中国古代社会秩序的控制体系及司法审判过程中提炼出了社会系统耦合的运行机制，并将之导入了 Friedberg 等组织社会学者提出的"局部秩序"之中，建构了两大管理逻辑的组织内耦合机制。通过这两个方面的创新，我们得到以下几点富有理论价值和现实意义的重要结论。

第一，组织管理中存在情感与计算两大逻辑，两者分别建构了组织的情感价值系统及理性控制系统。前者是一种网状的非线性秩序，依靠地方性知识的互动而自生演化；后者是一种人为设计的线性建构秩序，依靠线性的因果关系将理性知识结构化为组织制度和组织原则。两种逻辑在现实中都是客观存在的，对组织管理都能发挥互补性的积极作用，也就是说，管理的两大逻辑构造的组织内"两个世界"在现实中是重合的，但目前的主要管理理论却将两大逻辑不断分裂并使其悖论日益突出。两大逻辑及两大系统的发现和澄清，深化了 L. L. Cummings（1983）将管理逻辑区分为基于信息的管理与基于意识形态的管理的观点，使两者清晰化和具体化。情感价值系统在管理中的导入及其清晰界定，则对目前日益理性化的管理理论与管理实践是一个重要补充，同时也深化和拓展了管理研究的空间，提升了情感、情绪、直觉、信念等非理性因素在管理研究与管理实践中的价值。

第二，组织成员的真实行动逻辑是一种基于混合性游戏规则的具体行动体系，此体系是组织成员根据各自所具有的禀赋及资源进行协商性交换的行动场域，构成了具有策略性、局部性及暂时性特征的组织局部秩序，组织成员的真实行为更多是由局部秩序中的混合规则决定的，而非由结构化的组织等级和规章制度所决定。Friedberg（1997）"局部秩序"概念在管理中的导入及对组织行动的真实逻辑的揭示，使 Foucault1（1977）提出的"微观权力"与 Geertz Clifford（1983）提出的"地方性知识"成为管理分析的主要考察对象。一方面，这种微观权力与知识有利于揭示组织管理中更为真实的问题，从而为未来管理研究提供了更加接近现实的新分析路径；另一方面，由于员工是地方性知识的具体承载者与微观权力博弈的主体，这种研究取向将员工推向组织管理的核心地带，有利于消解现代管理中管理者与员工的对立立场及对抗情绪，对解决员工边缘化问题也具有很多现实指导意义。

第三，局部秩序中混合规则的博弈过程为组织目标与个人目标、理性的利益追求（工作场所功利性）及感性的精神满足（工作场所精神性）的聚合提供了可能。当组织具体行动领域受到有意识的及有目标定向的规则机制支配时，参加博弈的所有参与者能够发展出一种意识程度更高的、定向性的合作意识，使系统朝着有意识地集体行动的方向发展，由此就出现了管理的两大逻辑的耦合形态，表现为围绕聚合目标上下波动、螺旋上升的耦合曲线。组织管理的使命就是对组织内无数个局部秩序进行审慎的干预，激发群体的合作意识，使其各种分散性的目标产生定向性聚合。围绕"立法者""干预者"及"自治者"三种角色的培育可以建构组织内双重管理逻辑耦合的运行机制。两大逻辑耦合形态的发现及其运行机制的建构，揭开了两种组织规则综合作用而成的逻辑"黑箱"，具有巨大的理论与现实意义。一方面，耦合机制的建构对于整合管理理论中强调效率的科学主义范式与强调人性的人文主义范式具有许多理论启发，为日益分裂的管理理论的融合提供重要的理论依据；另一方面，耦合机制的建构对于解决以富士康"连环跳"事件为代表的管理实践困惑具有重要的现实意义。

第四，工作场所精神性是组织目标及员工目标体系中的一个重要维度，但在组织管理中不能单独追求它而忽视其他功利性的目标，否则可能脱离现实的管理问题或者使管理的逻辑由一个理性的极端走向另外一个感性的极端。本研究结论使工作场所精神性的建构融入主流的组织结构与管理逻辑之中，从而更具现实性和可操作性。工作场所精神性问题的近期研究成果主要集中在工作场所精神性对于组织管理的积极作用（Marques，2006）、工作场所精神性的作用机制（Rego & Cunha，2008）以及提高工作场所精神性的途径（Daniel，2010）等方面。这些研究很少涉及工作场所精神性与组织其他功利性目标之间的关系，更没有尝试探讨两者在现实组织管理中的耦合机制。本研究对耦合机制及目标聚合过程的分析，则为工作场所精神性如何与其他功利性目标结合以聚合为主导性管理逻辑提供了许多具体启示，弥补了近年来研究工作场所精神性问题的某些不足。

本章主要运用反思性的质性研究方法对相关问题进行规范化研究，加之研究问题又颇为宏大，存在许多不足之处。如：局部秩序与整体秩序的关系未能深入澄清，组织目标、个人目标、工作场所精神性与工作场所功利性的异同未进行具体甄别，两大逻辑的耦合程度无法测量等。但作为一种开创性的研究，这些不足同时也提供了广阔的后续研究空间。围绕情感与计算两大逻辑的悖论及其耦合机制，今后还有许多需要细化研究的问题，如：组织内结构化知识与地方性知识的关系机理；工作场所精神性与工作场所功利性、个人目标与组织目标的聚合过程，尤其是伦理在其间的作用；情感价值系统的具体建构途径；两种逻辑耦合机制的案例分析与实证研究及耦合程度的测量等。总之，本研究对计算逻辑与情感逻辑的识别、两者悖论的揭示及其耦合机制的建构，只是抛砖引玉之举，我们希望学界能够重视对管理之情感价值系统的研究，在工具性的计算逻辑之外为管理构筑一种意义系统，以避免类似富士康"连环跳"惨剧的再次发生，让员工真正"体面劳动"并过上一种"有尊严的生活"。而不是在科学化的浪潮中完全陷入理性计算逻辑之中，执着于各种理论的精巧设计与论证，在理性的冷漠中与我们身边的管理实践愈行愈远。

第七章　后现代主义视域中管理学的 本土化研究

7.1　文化自觉、范式转换与管理学本土化研究的源起

　　作为一种社会意识，文化从属于人的生存需要以及满足生存需要的多样性实践。管理是关涉人之生存与发展和具有特定价值取向的群体性社会实践，是实现人之自由与解放的重要途径。文化的核心是价值观，价值觉醒是文化自觉的核心要义，那么，目前日益国际化、规范化、标准化和强调"价值中立"的中国管理研究是否需要价值觉醒和文化自觉呢？

　　管理学范式的整合研究并非要彻底摒弃备受质疑和批判的主流研究范式，但却充分说明实证主义研究范式需要向更富有人文主义精神的整合性范式转换。管理学的范式危机及其转换诉求为以人文精神见长的中国发展真正契合本土管理情境的本土化管理学提供了重要契机和理论支撑，对中国管理学的本土研究取向则可能为管理学提供一种整合性范式的样本，从而对实现管理学范式的顺利转换也同样具有重要的理论价值。那么，目前的中国管理研究为什么要选择本土化研究取向？这关涉到两个方面的重大问题：其一，管理学的主流研究范式对非西方世界的管理学研究及其管理实践到底造成了什么影响？对此问题的追问是触发中国管理学研究的文化自觉意识以建构管理研究的中国话语的重要根源。其二，管理学范式危机及其本土化研究之间有什么内部关联？这又包含了两个方面的问题，一是范式扩展与重建背景下为什么要进行本土化研究？二是管理学的本土化研究取向对于管理学的范式转换有什么世界意义？对此类问题的追问则可能使对本土历史文化脉络及管理资源的挖掘升华出承载着一种整合性范式的理论形态，从而为管理学的范式转换与重建提供某些借鉴。

7.1.1　管理学的话语指向与意识形态问题

在语言学与后现代主义看来，一切所谓的"真实"都是由话语（discourse）建构的，话语由此被推到本体论的高度。在福柯看来，话语作为符号的集合，其表述的内容远比语言本身所描述的事物要丰富，它意味着某一陈述主体将某些意义传播于社会之中，以此来确立其在社会中的位置（福柯，2001年中译本）。微观权力的运行机制与话语密切相关，因为规训的结果就是构筑了一种话语格局，而话语权的掌握则能够恰当自如地实施规训。在规训过程中，掌握话语权的人依据微观权力来规训他者，被规训者则试图运用自身的微观权力来反抗或争夺这种话语权。既然微观权力的运行在事实上构筑了一种话语机制，并且人人可以行使微观权力具有"主体离心化"的特征，那么话语陈述的主体同样也不再重要，重要的是话语陈述的内容。也就是说，一种话语由谁陈述不是问题分析的关键，关键在于话语本身传输或表达了何种观念，而且此种话语观念在传播过程中并不受其陈述者（主体）左右，而是与具体的接受者息息相关。一部文学作品本身具有何种意义不是或不能全部由其作者来决定，而往往取决于读者的理解能力、知识结构、性情特征及其他情境化要素，这便是为何在文学鉴赏中常出现"一千个读者就有一千个哈姆雷特"现象的话语解释。从这种意义上说，主体是由话语造就的，处于权力关系网络的人并非一座孤岛，而是由话语符号所造就的某个范畴。因此说，话语机制及其对陈述的内容本身具有独特的权力效果。

按照后现代主义者的理解，管理学作为观察、描述、分析、规范和预测管理活动的一种理论体系，其本身就是特定言说者根据其所处的管理环境和价值立场所构造出来的话语系统。后现代管理者认为，作为话语体系的管理理论因历史及个体而变化，人们事实上在管理学文本中的话语机制及其语境中获取意义。人们对管理知识的拓展是一个逐步呈现的过程，每一种管理理论的发展都构成具体阶段中的特定管理学话语，因而所谓的普适性的管理科学或原理根本就不存在，它只能是某些特定言说者根据其需要强化其权力效果的话语机制，在全球强行推广这种普遍主义管理学体系的结果就是实证主义（科学主义的方法论基础）在管理研究中的话语霸权的确立，这便使非实证主义的研究在管理学中被视作"他者"而在话语机制中处于不利地位并限制了其微观权力的运作能力。管理学话语体系中的权力角逐及紧张关系反映了意识形态在管理学中的竞争关系。无论是卢卡奇等人的社会决定论还是阿尔都塞等人的文化决定论，意识形态在本质上都被视为一种有关价值的观念系统，它对于人们的社会行为具有先在的影响，这种先在的价值观往往决定了学术研究的方法论和研究视域（吕力，2011）。既然管理学在本质上是一种承载特定话语机制的观念体系，而意识形态的本质则是有关价值的观念系统，那么管理学本身是否具有意识形态特征就取决于管理学话语是否具有价值成分。

根据福柯等人的解释，话语的内容包含着相关的认知过程及特定的社会关系，话语机制是不同群体或个体之间权力斗争的载体和结果，因而其间必然具有某种利益与价值诉求。一方面，从话语言说者的角度出发，尽管言说者可能尽力以客观、中立的科学态度来从事研究工作，但其陈述话语之时无法在根本上回避价值问题。马克斯·韦伯（2008年中译本）曾指出，在科学研究中价值取向往往先于并决定研究对象的存在，经验研究事实上只是研究者在一定价值观的支配下选择了它作为研究对象；此外，选择必然涉及价值判断，经验材料的意义根源于使它值得认识的价值观而不是它本身（马克斯·韦伯，2008）。因而，无论秉持科学主义立场的管理研究者还是秉持人文主义的管理研究者，无论其聚焦于事实因素的主观努力有多大以及所运用的数学模型如何精确，他们在选择管理研究问题、研究对象以及研究方法时都渗入了价值判断的成分。另一方面，从话语接受者的角度出发，学术文本所承载话语的根本意义主要取决于话语接受者对话语内容的理解和需要，而这一切都与价值因素息息相关。如对于泰罗主义的原始文本，不同的国家或同一国家的不同阶段都会有不同的合理解释：具有理性主义传统的德国人会强调其中的正式程序与等级因素，具有浪漫主义传统的法国人可能强调管理者个人权威的重要性，而具有实用主义的美国人则可能排斥僵化的等级体系而寻求在情境中来解释权威。无论何种解释都渗透着文本接受者的信念、立场及现实需要等价值因素。因此说，无论从管理学话语言说者出发，还是从其话语接受者出发，管理理论本身都无法杜绝价值判断问题，也就无法回避意识形态问题。

近年来，国内学者韩巍（2008）、李平（2010）与彭贺（2009，2011）、吕力（2011）等人曾围绕管理学是否具有意识形态特征进行争论。韩巍（2008）等认为，管理研究者应该秉持"存疑—批判—探索"的科学态度，发展能够运用科学的分析方法和经验数据来检验并能够与主流管理知识承接的管理理论，拒绝形形色色的意识形态、权威意志或长官意志在管理学中的诱惑，尽可能排斥价值判断及一厢情愿的文化情结纠缠。彭贺等

（2011）则认为管理学要做到完全的价值无涉是不可能的，与其信奉虚假的价值无涉信条，不如主动承认价值判断的地位并将其限定在某种可接受的范围之内。无论争论的双方持有何种观点，他们都一致认为所有社会科学必须要面对意识形态问题。既然有此共识，争论双方在对待管理学的意识形态及价值判断问题的态度上产生分歧的根源在哪里？

笔者认为，以上争议源于双方对管理学是何种性质的话语存疑，这便涉及管理学的性质问题。管理学是否应该考量或回避意识形态问题必须从管理学的学科属性这一元命题中澄清。韩巍等人以科学主义立场来规约管理学的研究，主张尽可能排斥意识形态问题渗透入管理学之中，源于他们视管理学是或者应当成为一门精确的科学（science），即从自然科学的意义上来理解和规范管理学研究。而彭贺、吕力等人则从学科（discipline）的意义上来理解管理学，认为管理学是一门介于自然科学和社会科学之间、兼具人文特质的学科，由此必然强调价值要素在管理研究中的合法地位并能够淡然面对或接受管理学中的意识形态问题。前文已经指出，从管理的人性依据剖析，管理学之"学"应该从"学科"意义上来理解，管理学是管理科学、管理伦理与管理艺术"三位一体"的，以解决现实管理问题为导向的综合性知识，对跨学科知识的吸纳使之成为与自然科学、社会科学与人文学科综合交叉的，以问题解决为导向的应用学科。由此，我们应该正视管理研究中的意识形态及价值介入问题。在整个管理学的学科体系中，管理伦理与管理艺术应该毫无忌讳地正视或公开自己的意识形态及价值立场，两者共同构成了管理研究的哲学部分。管理哲学为管理科学提供了基本假设，决定了管理科学研究对象的选择及管理科学方法的运用。管理科学则应尽可能地回避主观性的价值判断，以数据事实来验证其基本假设。目前主流的实证主义研究范式存在将管理学科等同于管理科学的倾向，它在全球推行的同时隐去了其基本假设的意识形态特征，并在"价值无涉"的客观主义原则中使其接受者丧失质疑其意识形态的愿望、意识及思考能力，从而给非西方国家的管理研究带来了一些不利后果。

7.1.2 管理学范式承载的意识形态及其扩展的殖民后果

从管理学的话语特征来看，为管理学研究提供基本假设和理论框架的范式本身是为管理科学研究提供方法论前提的管理哲学部分①，因而与价

---

① "范式"常是科技哲学研究的核心内容之一，自然属于管理知识体系中的哲学部分。

值观联系紧密并具有较强的意识形态色彩。在科技哲学中,福柯的话语理论与库恩的范式理论都被认为与结构主义有较深的渊源,两者与瑞士学者皮亚杰的结构主义心理学有较为清晰的思想继承关系,均强调特定时代的知识框架或思想结构对认识的支配和形塑作用(孙国东,2011)。特定时代的知识框架与思想结构往往由影响当时价值观的意识形态及文化体系决定,因而话语、范式与意识形态三者之间具有密不可分的文化勾连。对于管理学来说,无论是科学主义范式还是人文主义范式,目前均倾向于自然科学常用的实验室研究或实证主义方法,寻求理论本身的普遍主义或普世主义功能。管理学界的高端刊物 AMJ(*Academy of Management Journal*)在上世纪 80 年代初就几乎只接受采用实证主义研究方法的论文(Joseph W. McGuire,1982),近年来国内高端管理学刊物也大抵如此,由定性研究日益转向规范化的量化与实证研究,管理研究的科学主义倾向越来越明显。从后现代主义视角来看,管理学的科学主义研究范式是诞生于欧美国家尤其是美国本土的知识体系,更多地承载着美国人观察与分析美国管理问题的意识形态,奠基于此的管理学知识体系也是欧美国家文化价值观在管理领域的渗透与发展。此种管理知识体系在全球推广的结果是欧美学术传统和意识形态的扩充以及欧美话语在世界管理研究中霸权地位的确立。

美国文化学者亨廷顿对支配管理科学化研究的普世主义的意识形态特征有鲜明的洞见。他指出,普世文明的概念是西方文明的独特产物,是西方对付非西方社会的意识形态,普世文明的概念有助于其他社会模仿西方社会的实践和体制以为西方对非西方社会实施文化统治辩护(萨缪尔·亨廷顿,1988)。目前管理学研究中的意义荒芜及亚非拉等后发展国家管理实践中的文化乡愁均与西方管理学以科学的名义在全球推行欧美实用主义及功利主义意识形态密切相关,将研究对象集中在物质的或可感知的领域而以"价值无涉"原则排斥精神与价值研究。如"经济人"假设本身就是对人的物质性需要做出的一种价值判断,而在此假设支配之下的管理科学研究却要求人们价值中立,这本身就是一种价值渗透或意识形态扩展。意识形态的扩展的结果是许多后发国家在与国际管理接轨的同时丧失了其民族特性而完全融入全球化的潮流。匈牙利文化批判家卢卡奇以马克思主义立场揭示了实证主义的资产阶级意识形态色彩。卢卡奇指出,资产阶级立场的学者将那种不对事实进行客观中立研究的做法视为非科学(卢卡奇,1992)。用实证科学的方法来研究社会历史现象反映的是资产阶级的意识形态。这种观点的内在逻辑是，以经验的方法观察自然，以数学的原则来衡量自然的实证主义精神与合乎理性地使用资本并按照资本主义方式合乎理性地组织劳动的资本主义精神是相通的，培根、孔德发展的实证精神与马克斯·韦伯合理化的资本主义精神都是启蒙理性的不同表现形式，两者受基于工具理性的计算逻辑支配。这种排斥情感与价值因素的计算逻辑对管理研究的影响，前文已有详细介绍，此不赘述。

可见，主流管理理论所预设的普遍主义与实证主义原则都具有西方意识形态特征而并非是其宣称的价值中立原则。从欧美等西方国家来说，诞生于其本土的西方管理学在承载与传播"价值无涉""科学至上""股东至上""实证至上"等功利主义、实用主义与经验主义意识形态方面是非常成功的，它对欧美学术在世界文化格局中确立霸权地位并更好地谋取其他利益做出了积极贡献。但从非西方国家的管理研究与管理实践来看，管理学的范式扩展则造成了两方面的殖民后果。

其一，西方学术对东方世界的文化殖民。后发国家提高本地管理水平的一条捷径是移植与学习发达国家相对比较成熟的管理经验与管理理论。但由于西方管理学先入为主的强势地位使其掌握着现有管理研究的话语权，非西方国家的管理教育与管理研究受当前非平衡的话语机制制约而出现与西方管理研究同质化的趋向。这便使包括中国在内的后发国家在管理移植过程中存在一个严重问题，即纯粹复制西方管理理论而缺乏本土反思及创新。由于历史的原因，美欧国家挟其政治、经济及军事影响力，使其学术及教育的影响力在非西方国家长驱直入，从而对非西方国家的学术及教育产生宰制性及支配性的影响（杨国枢，2008）。在后现代主义的重要流派后殖民主义看来，目前的东方世界并非其本来面目，而是西方话语体系造就的产物，是被驯化的东方。后殖民主义认为，东方并非一种自然的存在，而是由于西方与东方之间存在着一种非对等的权力支配关系与霸权关系，这就出现了"被制作"或"被驯化"的东方（爱德华·萨义德，1999）。也就是说，西方的学术体系虚构了一种落后或愚昧的东方形象，东方国家由于在经济与政治上需要寻求西方国家的支持则接受了此种非平衡的话语机制。尽管后殖民主义忽视了东方国家在本国历史发展选择中的主动作用，但其对西方话语机制的文化殖民问题进行了深刻揭示。西方管理理论以普世主义、科学主义与价值中立的面貌向全球扩展在事实上加剧了近代以来西方国家对东方国家的文化殖民。

其二，异质系统对生活世界的殖民。台湾学者黄光国（2008）认为，人类所知悉的世界是由自己建构的，自我建构的世界可以被区分为两种："微世界"与"生活世界"（杨国枢、黄光国、杨中芳，2008：61）。每一门科学的建构都可以被视为一个相应的"微世界"，也可称为科学世界。管理学家在某一主题引导下，根据某种特定观念针对某管理现象所做的解释便是"微世界"的一种。"生活世界"是现象学大师胡塞尔提出的概念，意指一种"生动的体验世界"，是"一个人在其自己所居住的世界的各种直接参与活动的总和"（D. Lowenthal，1961）。也就是说，生活世界是一切事物自我呈现的世界，是个人在未有科学知识之前在认识其生活经验的过程中做出的各种不同解释和反应。人们在未形成系统化的管理知识之前，便常依据生活世界中自发性解释和反应的常识来从事管理活动。

根据后现代主义的解释，科学世界与生活世界各有一套不同的语言游戏（language game）作为规则，并且语言游戏必须根植于生活形式①之中。在科学世界与生活世界的关系中，具体的生活世界是科学世界的基础，科学世界却是一种与生活世界截然不同的另类存在。这是由规范两个世界运行的不同语言游戏造成的：科学世界的语言游戏是一种"技术性思考"（technical thinking），具有强求或挑衅的性格，要求以最少的成本获得最大的收益；生活世界的语言游戏则是一种"原初性思考"（originative thinking），是生活在同一文化中的人们在其历史长河中建构的自然语言，是一种前技术性和前逻辑的存在境域，其丰富性根植于个人直接体验的生活感受（杨国枢、黄光国、杨中芳，2008：61～64）。两个世界的不同语言游戏及思维方式蕴含着科学世界背离并压制其所赖以存在的生活世界的倾向，这在哈贝马斯（Habermas，1978）那里被称为"系统对生活的殖民"。哈贝马斯指出，随着科学世界的发展，理性化的生活世界日益被分化为政治、法律、经济诸系统，大多数系统秉持"技术性思考"的原则追求"物质再生产"目标。为达到这一目标，每一系统中的人都会寻求最有效率的"微世界"来解决其在工作中遭遇的各种问题。这样，金钱和权力就逐步取代生活世界中的自然语言而变成系统整合的媒介。长此以往，系统脱离生活世界的规范制约而愈趋自主，终于导致系统之指令开始工具化生活世界，这便是系统对生活世界的殖民

---

① 所谓"生活形式"是指，在特定的历史和文化条件之下，人们以其所继承的风俗、习惯、制度、传统等文化遗产作为基础的思维方式（杨国枢、黄光国、杨中芳，2008：61～62）。

(Habermas，1978)。

作为"微世界"之一部分的管理学在日益科学化的过程中与管理实践愈行愈远，并导致生活世界出现文化乡愁与意义荒芜现象。也就是说，在科学主义管理学范式主导下，人们所开辟的管理系统在追求"物质再生产"目标中极其成功，但却逐渐背离管理存在的生活形式而失去了人们在长期历史实践中建立的意义关联。对中国等非西方国家来说，由管理科学建构的管理系统对当地人生活世界的殖民也就更加严重。这是由于，非西方国家并没有在本地人生活世界的基础上建构一套自己的管理"微世界"，而是完全移植了西方管理理论，从而建构了一种甚至与本地生活世界毫无关系的异质性系统。西方世界的管理系统对其生活世界造成了一定程度的殖民后果，但毕竟此管理系统是由诞生于西方本土的管理知识建构的，系统与生活世界尚有很大程度的契合性。而非西方国家移植的西方管理知识相对于本地人的生活世界来说则是一种完全异质性的系统，其殖民后果也就更加严重。欲摆脱这种殖民后果，非西方国家应该重新建构在本地人生活世界基础之上的管理学，也就是要摆脱欧美管理研究传统的影响，从本地生活世界的历史文化脉络出发建构本土化的管理学。

7.1.3　文化自觉：中国管理研究本土化取向的内驱力

改革开放之后，与其他非西方国家一样，中国的管理研究始于对西方管理知识的移植与介绍，因而现代意义的管理科学在中国其实是一种舶来品。国内管理学者常不加批判地照搬西方管理理论、概念、方法及工具，尽量与国际主流研究范式接轨以试图建立适用于全人类的普适性管理理论，而事实上这种研究取向仅仅验证诞生于西方国家的管理理论是否在中国的情境中适用，其结果是制造了很多脱离了中国本地文化传统与社会脉络的虚假不实的管理知识。目前中国学术与教育机构强调国际认可度，要求学者在国际期刊发表英文论文，尤其要在美国期刊上发表（Leung，2007）。在此类科研激励机制下，中国管理研究者为成功发表论文，大多采取修正西方管理理论的渐进路径来获取西方学术共同体的认可，而鲜有学者在国际化的制度压力下从本国情境出发对管理进行基础理论研究（Zhao & Jiang，2009；Leong & Leung，2004）。此种研究取向使中国管理的研究理路与研究方法成为一种程式化的训练，熟练化地运用这些程序就意味着中国的管理研究达到国家化与规范化的标准。管理研究范式上的盲从带来了两方面的结果，其一是确实提高了中国管理研究的科学化与规范化程度,其二是生产了许多虚假无用的管理知识。因为"有关西方人之心理与行为的理论、概念及发现,常不能有效地涵盖非西方人之心理与行为的特有内容及历程"(Yang,1999)。承载着西方价值文化与意识形态的管理范式无法与本地管理情境有效对接,普适化的科学主义研究观察与分析的对象是脱离了本地社会文化脉络即具体情境要素的抽象的人与社会,这种研究取向并没有使中国管理学研究获得广泛的认可,从而也未能真正提高其在世界管理学术界中的地位,却使中国管理研究者在国际化的制度压力与文化认同之间陷入尴尬的两难境地:若想在现有学术机制中发表论文必须接受西方管理研究范式的支配,而在采取西方管理范式来研究中国社会的管理问题时却使自己成为一个西式的人,并有意无意地抑制自己中国式的思维观念与哲学取向。

　　由于管理学话语由谁来言说并不重要,关键是话语陈述所体现出的特定观念及意识形态,因而当中国管理学者使用西方主流研究范式时,它体现的不是"中国管理学"的话语权,而是西方管理学的话语权。由此"重构"的中国管理学话语权事实上是对"西方管理学在中国的话语权策略"的重构(吕力,2011)。此种背景下,西方管理学范式在中国迅速扩展,这便自然产生西方管理学术对中国管理研究的话语宰制以及西方管理系统对中国人生活世界进行殖民两种后果,使中国管理学无力满足或引领中国管理实践的发展需要,而只能一味地移植和拓展西方管理制度与学术话语。管理知识的移植不同于资本、设备、技术等物质实体的转移,而是涉及人及其心理这一复杂的文化因素。因而,管理移植必须进行本土化创新,以使管理知识深刻嵌入在本国的政治、经济、社会、历史、生态及文化脉络之中。从此视角看,中国管理研究应该摆脱西方管理学的宰制性影响,发展一种本土化的脉络研究策略,以开创为中国社会特殊的管理实践服务的本土化管理学,树立管理学研究的中国话语。此种背景下,如果中国的管理研究者复以"科学普适性"与"国际规范化"来约束本土化取向的不成熟研究并将之视为"民族狭隘性"的表现,就可能会逐渐销蚀中国管理研究者的学术人格。对此问题,我国近现代学术的一批开拓者为作为后进者的我们树立了榜样。国学大师王国维以自身的学术历程说明,重实证、重逻辑的西方学术传统与重思辨、重情感的中国学术传统相互补充,以本国的问题为研究重心,将两者结合起来方是中国未来学术研究的合理取向。海外新儒家的代表人物余英时以其毕生精力在西方学术圈内专注于中国儒家学术传统的现代转化问题,并强调中国的学术研究必须以整体的眼光关注中国文化这一独特系统（余英时，2006）。上世纪 80、90 年代，在杨国枢、黄光国等教授的呼吁与奔走之下，台湾心理学界掀起了"心理学本土化运动"，对促进台湾社会科学的本土化研究产生了重大影响（杨国枢、黄光国、杨中芳，2008：68～69）。在管理学界，反而是深处欧美文化圈内的徐淑英等人率先提出了中国管理研究的本土化与情境化问题。至于中国大陆的管理研究，从 2004 年华中科技大学创办《管理学报》并随后开辟"管理学在中国"专栏，以及 2008 年首届"管理学在中国"学术会议在西安交通大学举办算起，自觉性与意会性的本土化管理研究还处于蹒跚起步的阶段。

　　与欧美等国家本土管理研究是一个自发过程不同，由于历史的原因，中国完全本土的管理学已经不可能产生，我们只能自觉建构本土化的管理学。欧美国家的管理研究在尚未受到某种强势的外来管理范式支配的情形下，根据当地社会、文化及历史脉络，自然而然地建构并发展了本国原生性或内生性的本土管理学，中国目前接受和移植的主流管理理论对中国来说是西化管理学，对欧美国家来说则是原生的本土管理学。在西化管理学的强烈冲击下，完全不受欧美管理分析框架、概念和方法影响的中国本土管理学也就不再可能出现而只能产生本土"化"的管理学。而这种本土化的管理理论在中国也已经不可能自发产生，只能通过高度意会性的努力来自觉建构，管理研究中的文化自觉也就同时成为中国新生代管理学者的历史使命。中国现代社会学的奠基人费孝通在反思中国社会学研究弊端时曾明确提出了"文化自觉"的观点，即生活在一定文化中的人对其文化有自知之明，对本国社会的发展历程和未来趋向有更充分的认识，也更能在此基础上了解其他文化与自身文化的关系。只有认识自己的文化，理解所接触到的多种文化，才有条件在当今多元文化的世界里确立自己的位置（费孝通，2004）。文化自觉是费孝通晚年积极倡导的一种核心思想，充分体现了一位对中西方文化均十分了解的学术大师建构本国学术话语以更好地服务于本社会实践的历史责任感。尽管以文化自觉精神对管理进行本土化研究尚很不成熟，也可能存在诸多学术规范问题，但中国管理学术界对之应该抱持更加宽容的态度，因为它毕竟选择了一条正确的研究路径。

　　当然，中国管理的本土化研究也必须进行科学的学术训练，在以本土社会文化脉络及意识形态建构本土化理论体系的同时尽量与世界管理知识对接起来，否则一些低水平的重复研究不但无法建构文化自觉的本土化管理学，反而会造成管理理论的过度繁衍而成为世界管理知识中的"噪音"。

总之，从福柯话语理论来看，过分地依赖西方管理理论而忽视中国情境因素可能会导致中国管理研究受西方意识形态及话语霸权的支配；一味地强调本土化研究而不顾世界管理研究的基本规范而使管理研究的本土化取向成为争夺话语权斗争的策略，可能会形成新的"本土化霸权"而产生狭隘的"学术民族主义"。高水平的本土化研究一方面应该能够在自主性研究中创造出更加适用于具体情境的本土知识，建构奠基于本地生活世界的管理"微世界"，更好地指导本地管理实践并在文化自觉中提升本民族在管理研究中的话语地位，从而能够平等地与欧美国家的管理研究进行对话；另一方面又能够与世界管理知识对接，从中国维度出发来丰富主流管理学理论，为全球管理知识的增长做出应有贡献。

7.1.4　范式转换：管理学本土化创新的契机与资源

以上分析解决了"范式扩展背景下为什么要进行本土化研究"的问题，即"管理学本土化何以必要"的问题。尚需继续追问的是"中国管理为什么能够进行本土化研究"，即"管理学本土化研究何以可能"的问题。在世界主流管理理论发生范式转换的背景下，中国管理研究进行本土化创新，既有学术共同体集体反思提供的外部契机，又有丰富的本土历史文化所蕴含的内生资源。

（一）世界管理学范式转换提供的外部契机

前文已经用大量篇幅说明以美国管理理论为主体的西方主流管理学，由于科学主义与人文主义两大范式的分裂与不平衡发展而造成的一系列范式危机：管理考察人文维度的缺失及意义世界的荒芜、组织绩效与人性化的冲突、计算逻辑与情感逻辑在组织中的悖论、管理研究的科学共同体与管理实业界的日益背离等。在此背景下，诸多组织与管理研究者提出了管理研究的范式转换问题（罗珉，2005；彭新武，2007；吕力，2015；Gunn，1995；Carter Crockett，2005），主张未来的管理研究应该强调伦理与文化因素，克服现代主流管理学中技术—经济范式的一元主导格局，使管理考察超越利己主义、物质主义、科学主义及功利主义等单向度发展的局面。后现代管理思潮则直接动摇了主流管理理论的理性主义范式根基，主张后现代社会中的管理应该对现代管理学进行一场彻底的"革命"（Tom J. Peters & Robert H. Waterman，1982；Boje & Dennehy，1994）。无论学者对未来管理范式的畅想有何不同——文化范式、德性范式抑或更为激进的后现代主义范式，他们大都认可管理学应该由科学主义范式主导、科学与人文互斥的分裂范式转向更加富有人文精神、科学与人文并行不悖的整合性范式。

管理学范式危机及其转换诉求是上世纪 70 年代以来，管理学对西方哲学、社会学、文化人类学等整个社会科学领域相继进入各自学科内部危机反思阶段的回应，各领域富有洞见的学者从各个角度对西方社会科学进行了深刻反省和检讨。作为当今主流经济学与管理学哲学支撑的逻辑实证主义早已被历史主义、解释主义及批判理论所取代，管理学范式的危机反思即范式转换不过是其作为一门应用性较强的实践学科所做出的滞后性反应。加之后现代管理思潮在动摇主流管理理论根基的同时提出多元化、差异性及自主性的主张，为运用地方性知识来构建奠基于当地人生活形式的管理理论提供了合法性的理论支撑。这一切都为推动目前中国管理研究的本土化进程提供了重要契机。因为如果西方理性主义行为科学处于强势的顶峰时期，要对管理进行本土研究必然难以取得主流管理理论的认同；在西方管理学界内部都在进行自我批判与反思之时，一种本土化的管理研究策略就可能促进世界管理学术的健康发展而易于被主流研究者接受。

西方管理研究者在反思主流范式内部危机之时，越来越认识到管理学的范式转换在西方文化内部很难自觉实现，因为"每个团体都采用自己的范式来进行保护其范式的争论"（Kuhn，Thomas S.，1970）。正如 Scott（1998）所指出的，将组织与管理视为经济的、技术的和利己的工具与霍布斯、列宁和圣西门这样的社会理论家息息相关，这些人都是泰罗、法约尔、韦伯及西蒙等人的前辈，如此悠久的历史渊源使割断管理学主流研究范式的思想长线几乎是不可能的。因此，欲实现西方主流管理学的范式转变，必须跳出西方世界的文化脉络，改变主导其发展与演化的理性主义文化基因。在此背景下，诸多理论研究将视线投向与西方文明具有异质性的东方文化，以期望从中寻找能够为西方主流管理学研究范式的转换与重构提供启发的新文化资源，如 Gareth Morgan（1986）等人与 Yadong Luo 等（2016）以道家阴阳思想考察了组织的悖论及其革新之道（Gareth Morgan，1986；Yadong Luo、Qinqin Zheng，2016）；Marianne（2000）以道家的太极图式考察了管理中的悖论问题。此外，改革开放 30 多年来，随着中国经济的快速增长以及中国企业竞争力的增强，学术界和实业界越来越期望并鼓励在中国情境下对管理进行本土化研究，这一切都为目前中国管理进行本土化研究提供了良好的外部环境。

（二）中国本土蕴含的管理学范式创新的内生资源

西方学者对主流管理范式的反思与批评为中国管理研究的本土化取向提供了外部契机，但仅有这种契机并不能建构起一种能够促进管理学发生范式转换的本土化理论。中国本土化管理理论建构更根本的条件在于本土所蕴含的范式转换的内生性资源，这种资源使中国的管理研究能够搭建一种与西方管理学截然不同的新的管理研究范式。所谓内生性资源是指，从特定的族群团体或文化团体之本土社会、文化及历史因素中所自然衍生出来的资源要素（杨国枢、黄光国、杨中芳，2008：12），这种非西方国家的内生性资源相对于西方管理学来说是一种情境化因素，而相对于非西方国家自身的管理研究来说则是一种本土化因素。管理学范式转换与重建背景下，欧美学者将视线转向中国而非其他国家的重要原因之一就是中国本土孕育着一种与西方文明具有异质性的独特文化体系及社会脉络。

能够为管理学提供范式转换的本土内生性资源主要表现为中国独特的文化/历史/社会脉络，其中文化基质及思维方式是最重要的部分。对于中国文化与西方文化截然不同的特质，第一代新儒家代表梁漱溟先生在《东西方文化及其哲学》一书中有明确解释。在梁漱溟看来，人类文明有三种路向可以选择：西方文化意欲向前，中国文化调和持中，印度文化则反身向后。西方文化走的向前路向是一种征服自然、改造环境的路向；中国文化则以意欲自为调和、持中为其根本精神来塑造"住世"生活；印度文化反身向后的禁欲观则消极过甚。梁漱溟认为"住世思想之最圆满者无逾于孔子"，若克服掌控、主宰自然的西方文明所造成的诸多现代性弊端，人类社会发展必然要进行根本变革，即"由第一路向改变为第二路向，亦即由西洋态度改变为中国态度"（梁漱溟，1987）。1958年元旦，香港《民主评论》与台湾《再生》两份杂志同时发表牟宗三、徐复观、张君劢和唐君毅共同撰写的《为中国文化敬告世界人士宣言——我们对中国学术研究及中国文化与世界文化前途之共同认识》一文。文章指出，"真正的西方人之精神之缺点，乃在其膨胀扩张其文化势力于世界的途程中，他只是运用一往的理性，而想把其理想中之观念，直下普遍化于世界，而忽略其它民族文化的特殊性……"西方世界所应学习于东方之智慧者主要有以下五点：其一是"当下即是"之精神与"一切放下"之襟抱；其二是对一切普遍之执将起而不待其凸出，即已在心灵内部进行超化，与物宛转之活泼周运的圆而神智慧；其三是温润而恻隐或悲悯之情；其四是接触到人心深处与天地万物深处之宇宙生生之源的历史意识；其五是天下一家之情怀（牟宗三，1989）。

　　中国独特的文化基质对西方理性主义文化传统的补充及救赎价值也得到后现代主义理论的支持。上世纪 80 年代中期，英国著名汉学家葛瑞汉（Angus Graham）等人就明确指出，中国所有早期的哲学家都是后现代主义者或至少是后现代主义的候选人，因为他们都不讲本质、真理或超越的起源，反而强调真理或意义的偶然性、特殊性及局部性，关注的核心议题是对于道德等争论的有效、可能及共时性而非西方文明所追求的绝对性参考点（黄卓越，2009）。美国汉学家郝大维（David Hall）与安乐哲（Roger Ames）也深刻地洞见到：被西方文明边缘化的文化要素在中国文化传统内部以发达的形式存在。中国文化具有一种根植于独特不寻常逻辑的意识，它包含的直觉和信仰精神是经过理性启蒙洗礼的西方世界所难以理解的。这种不同寻常逻辑的意识集中体现在儒家传统中，它为后现代主义"多元化""他者性"和"差异性"的语言发展提供了启发性资源。欧洲学者的后现代主义精神是学界从科学模式转向文艺模式的征兆，在此过程中，西方思想家不断从中国古典思想中寻找资源（David Hall & Roger Ames，1999）。

　　当然，中国厚重久远的历史文化及学术资源经过百年来的现代化洗礼之后，能否在知识经济时代转化为一种后现代智慧，是一个尚需谨慎对待的学术议题。但从以上国学研究者及西方汉学研究者对中西方文化的比较与概括中可知，中西方文化精神具有极强的异质性，由此也使其学术传统与思维模式具有很大不同。具体来说，西方学术以认识论为核心，注重以实验方法进行抽象的实然研究，中国学术则以价值论、伦理学为核心，注重以体验与说教的方法进行具体的应然研究。这表明中国人在认知和解释世界及人事方面与西方学术具有一系列不同的方法论特征：整体与部分互相转化的图式思维不同于西方强调局部分析的线式思维；概念操作上的人文主义倾向不同于西方理性化的计算处理；以模拟方式推理的体验方法而非逻辑方式推理的实验方法，等等。这一切为理性主义、分析取向、线性思维主导下的管理学研究范式带来了新的文化资源，它具有鲜明的人文主义色彩而又兼顾了理性因素，提供了管理学整合性范式的哲学基础——和合精神，使扩展现有管理学研究的方法论范围并建造一种和合范式具有了坚实的文化基础。对于作为管理学本土化文化基因的和合精神的内涵结构及其范式意义，我们将在下一节专门分析。

　　除以上独特的文化基质之外，推动中国管理本土化研究还有其他丰富的历史与社会方面的情境脉络要素。社会制度方面，中国特色的社会主义制度构成了当代中国与西方国家截然不同的政治意识形态，必然内在地要求中国管理理论的建构不能等同于西方资本逻辑主导下的理论体系，这为管理学的本土化研究提供了前置性的制度规约要素。历史因素方面，中国古代丰富的管理经验、新中国成立后本土产生的"鞍钢宪法"等企业管理思想以及30多年改革的特殊管理实践都构成了管理学本土化的历史经验。这些独特的情境脉络都提供了探讨与西方意识形态不同的管理机制的丰富资源。在管理理论的本土拓展方面，中国有丰富的历史文化资源可资借鉴，如和谐精神（席酉民等，2012）、阴/阳思维（李鑫，2013；Peter Ping Li，2014；Li，Xin，2014；Yadong Luo & Qinqin Zheng，2016）等；也有丰富的企业管理实践可供参考，如海尔、华为、阿里巴巴、联想等领先企业在战略设计、组织结构、商业模式、技术创新、人员管理等方面进行的制度创新。这些历史资源与当代企业管理的"中国经验"结合，使得中国完全能够以新的研究范式重构管理学科的理论体系，建设富有本土效用的中国管理理论。

　　总之，中国独特的文化/历史/社会脉络提供了一种与西方科学主义管理和人文主义管理截然不同的理论范式，能够为世界管理学的范式转化与重建注入中国智慧，这些内生性资源使中国管理的本土化研究具有了坚实的基础。以此情境脉络为基础，创造中国管理研究的本土化知识体系，拓展管理考察的华人知识维度，发展更为均衡的世界管理学，在丰富世界管理知识的同时提升中国在管理研究中的话语地位，使之能够平等地与世界其他管理研究者进行对话，共同为全球管理实践的健康发展做出知识贡献，是时代赋予目前中国管理研究者的历史使命。

7.2　和合精神：管理学本土化研究的文化基因

7.2.1　和合精神的研究回顾

　　和合精神虽然源远流长，但真正对其进行集中关注却不到20年时间。上世纪90年代张立文教授最早对"和合"文化进行系统研究和持续关注。就目前的研究现状看，学界已经普遍意识到和合精神的地位和重要作用，公认它是中国传统文化的精髓和民族精神的灵魂，并对其现代转生具有重要现实意义达成共识。并且，对和合精神的研究已经由人类文化学、哲学向管理学、教育学等学科领域拓展。综观这些研究，其理论焦点主要集中在内涵、历史溯源与现实意义三个方面。

第一，对和合精神内涵的研究。涉及和合精神内涵方面的研究主要有含义研究和内容研究两个部分。对于和合精神的基本含义，张立文认为，"和"是和平、和谐、祥和，"合"是融合、合作、结合。"和合"是指自然、社会、人际、人的心灵及文明中诸多要素、元素的相互冲突、融合，以及在冲突、融合的动态过程中各元素、要素和合为新生命、新事物的总和（张立文，1998）。黄如金则将之概括为："和"是指异质因素的共处，"合"是指异质因素的融会贯通。把"和"与"合"联用，突出了事物是不同因素的相异相成和紧密凝聚，体现了中华民族的辩证思想和系统观念（黄如金，2007）。张岱年虽没有直接提"和合"一词，但在对"和谐"的理解中表达了其基本观点。他认为"和谐涵括四方面：一相异，即非绝对统一；二不相毁灭，即不相否定；三相成而相济，即相互维持；四相互之间有一种均衡"（张岱年，1996）。对于和合精神的基本内容，张立文认为从不同侧面看，和合包含差分和合、存相式能、冲突融合、自然选择与烦恼和乐五个方面（张立文，2006）。邱国勇则从关系视角，将和合精神的内涵概括为"天人合一"思想、"内圣外王"之学与"中庸"准则三个部分（邱国勇，2006）。对和合精神内涵的研究使我们清晰地认识到和合精神是一种异质性的元素共处、共生并相互补充、相互融合、相互渗透、相互促进的精神理念，是一种与主客二分、二元对立思维迥然不同的哲学观念和价值系统。但遗憾的是，这些研究多从"和""合"的字面意思上探究其含义及基本内容，没有进行深入剖析和细化，从而给我们留下一个问题：和合精神内涵的深层结构是什么？

第二，对和合精神历史溯源的研究。欲说明和合精神是中华文明中独具特色的部分，必须在华夏文明历史长河中对其正本清源。邱国勇在研究和合精神的渊源时指出，"和""合"两个字早在中国的甲骨文、金文中就已出现。到了春秋时期，《国语》《管子》等书就已将"和""合"两字连用而提出"和合"思想（邱国勇，2006）。如《国语·郑语》中提出："商契能和合五教，以保于百姓者也"。黄如金专门对和合思想进行了文化探考，指出中国古代思想家最初对于和合观念的认识是从人类自身的经验得来的。《周易本义》有云："天地氤氲，万物化醇。男女媾精，万物化生。"意思是，天地阴阳交会，才有了万物的生长；男女媾合，才会有新生儿女的生成；相互交感、交合、和合，才能有新事物的化生。《周易》提出了天、地、人和合思想，并提出太极阴阳和合图式。黄如金还

——梳理了儒家、道家与佛家中蕴含的和合思想，对和合思想进行了全面的历史探察（黄如金，2006：90～98）。王霁、彭新武在研究和合思想的源流时，考察了相反相成、和而不同、中庸、太和等相关思想在先秦诸子百家中的不同表述（王霁、彭心武，2008）。这些研究对我们弄清和合精神的起源及其历史演化有重要作用，但问题是这些研究弄清了源头却没有找到根本，对和合精神正本清源的任务只完成了一半，我们依旧面临着一个根本性的问题：和合精神的哲学根基是什么？它为什么没有在西方产生？它与中国人的文化心理结构与民族特质有何内在联系？

第三，对和合精神现实意义的研究。张立文以和合思维为指导，对自然科学、伦理、人类学、技术科学、经济学、管理学、决策学以及美学进行反思，发展出系统的"和合学"理论，提出和生、和处、和立、和达、和爱五大原理，并主张以和合人文精神来化解当今社会存在的人与自然、人与社会、人与人、人的心灵、不同文明之间的五大冲突（张立文，2006）。李振刚与方国根从文明的视角，探讨了全球化中的中国和合精神的价值，主张在 21 世纪实现中国文化的和合转生（李振刚，2001）。黄如金则从管理的视角，提出一套和合管理理论，并从公共管理、市场营销、战略管理、企业文化建设等多个层面分析了和合精神的价值（黄如金，2006：149～348）。综观这些学者的研究，可以看出目前学界对和合精神的现代价值多是进行整体性、概括性研究，忽视了"和合"的前提是差异性事物之间的对立，这样就使和合精神简单化并带有混沌、模糊的色彩，难以认清其具体的现实意义。这给我们留下的问题是：和合精神如何指向具体的现实问题？

基于以上分析，本书拟进行以下研究。第一，结构研究。即透过字面意义，对和合精神深入细化，从人与自然、人与他者、人与自我三个关系向度研究和合精神内涵的深层结构。之所以选择此三重关系，一方面是因为"和合"的起点是差异性，只有在具有差异性的、对立的关系范畴中才能弄清其真正内涵；另一方面，此三个对立的关系范畴是哲学观照的基础性问题。第二，根源研究。即以华夏民族特有的理性观和文化心理来确立和合精神的哲学根基，以便更深入地对其内涵进行总体性把握。第三，意义研究。即从意义世界荒芜的管理学现实出发探求和合精神在管理学中的范式意义，并从多个维度审视和合精神对分裂的现代管理学多重危机的具体指导意义。

7.2.2　和合精神的内涵结构

(一) 天人和合

中国古代的"天人合一"观念远远不止于人与自然和谐相处这一层意思。欲弄清这一观念的真正内涵及其理论意蕴，必须首先明晰"天"字的含义。"天"在中国古代含义众多，不同的思想家可能赋予其不同的意蕴。其与"命""神""理""性""道"等传统哲学中的关键话语均有难以分割的联系。在此，我们不一一对其做具体分析，而从中提炼出"人格神""外在自然""客观限制"三层关键含义，并以此分别论述"天人和合"的思想内涵。

第一，作为"人格神"意义的"天"即"人格天"，古代所谓的"天意"就取此内涵。"人格天"在古代多以"神"的含义出现，是原始信仰的一个重要部分，也是"天"之观念最为古老的内涵。作为"神"的"人格天"具有一定的意志性，多表达人的某种意愿性，是古代人的价值观与世界观的某种特定反映。中国古代的"神"观念与西方迥异，"中国古代所谓'神'，指各种有超自然性质之崇拜对象，并非唯一主宰者，尤无'创世者'的身份，这与希伯来传统所谓'神'不同"（劳思光，2005：70）。中国古代的神并不是处处都对人事加以干预的主宰，而仅在人力所不及之范围内显其控制力。这些神或为各种超自然现象的化身，如风、雨、雷、电、山、水各有其神，或为人的生活的种种映射，如财神、文神、武神、门神等。并且，与西方诸神相争不同，中国古代的诸神是和平共处的。从"人格天"角度看，天人相合即神人和合：神佑人并裁断人间诸事，古代中国人认为神能够在人所不能及的范围内决定或主宰人事；人敬神并顺应神意（天意），因此有上至皇帝下至普通百姓的各种大小祭祀；人可成神，古代"神""鬼"意义接近，人死后为鬼，部分为神，人活着时通过各种善行修道亦可成神，可见中国古代人神之际可以相通，人神和平相处。

第二，作为"客观限制"意义的"天"即"形上天"，古代所谓的"天命"多取此意。这种意义上的"天"或者"命"表示某种具有必然性的理序或规律。从此角度看，天人相合主要体现为：尊重客观规律（天）与尽人之责任与能动性（人）相统一，合规律性（天）与合目的性（人）之融合。孔子最早辨别"义命之分"，将"应然"（义）与"必然"（命，即天）区分。"君子之仕也，行其义也；道之不行，已知之矣。"（《论语·

微子》) 道之"应行"属于"义",是价值是非问题,道之"行"或"不行"属于"天命",是成败问题。人所能负责的只能是是非问题,而非成败问题,但不能因为成败之计,而不负人之责任、不尽人之能动性(劳思光,2005：101～103)。荀子的"人定胜天"思想其实也包含着天人合一观念,"春耕夏耘,秋收冬藏,四者不失时,故五谷不绝而百姓有余食也。污池渊沼川泽,谨其时禁,故鱼鳖优多而百姓有余用也;斩伐养长不失其时,故山林不童而百姓有余材也。圣王之用也,上察于天,下错于地,塞备天地之间,加施万物之上"(《荀子·王制》)。三个"不失其时"强调了人的主观能动性的发挥必须以尊重客观规律为前提,这种"顺天"思想与其"从天而颂之,孰与制天命而用之;望时而待之,孰与应时而使之"(《荀子·天论》)思想是更为现实、具体并且辩证的天人和合观念(李泽厚,2003：107～108)。人的主观能动性的发挥必有其目的性,而此目的性行为的发生以合乎客观规律为条件,这种合目的性与合规律性的融合是天人合一观念的深层意蕴。

第三,作为"外在自然"意义的"天"即"自然天",它在中国传统文化中普遍存在,尤以儒、道为显,多为阴阳、四时、五行、万事万物的抽象概括。从此角度看,天人和合便指人与自然的和谐统一。这种人与自然的和谐、融合关系首先体现为人与自然平等,并相互融合,和谐相处。庄子认为,人与万物等同,人之形躯是万物之一并与其他万物没有差别,人对自然应取一种观赏与审美的态度,"昔者庄周梦为蝴蝶,栩栩然蝴蝶也。自喻适志与,不知周也。……不知周之梦为蝴蝶与,蝴蝶之梦为周与?"(《庄子·齐物论》)在这里,庄子追求的"真我"与自然事物混同,合二为一,主体消逝在瞬间的感悟之中。个体成为自然的一部分,合规律性(作为客观自然的存在)与合目的性(作为有意识的人之存在)融为一体,主观即客观,规律即目的,人即自然。此处的规律,不同于上文作为形上意义上的"客观限制",而专指自然之理序,而无"限定"意。人的生死也如同其他万物的流变历程一样,均是自然现象,"……变而有气,气变而有形,形变而有生,今又变而之死,是相与为春秋冬夏四时行也"(《庄子·至乐篇》)。宋代张载则明确提出物我同一思想,"故天地之塞吾其体,天地之帅吾其性,民吾同胞,物吾与也"(《正蒙·乾称篇》)。其次,天人和合还体现为自然的人化以及自然与历史的融合、统一。"夫大人者与天地合其德,与日月合其明,与四时合其序,与鬼神合其吉凶。"(《易·乾·文言》)人必须顺天而为,循阴阳之理,而且天(自然)也具有人的品格性能。"天有日月，人有两目。地有九州，人有九窍。天有风雨，人有喜怒。天有雷电，人有音律。天有四时，人有四肢。……岁有三百六十五日，人有三百六十五节。"（《黄帝内经·灵枢·邪客》）董仲舒的"天人感应"理论更是将天道与人事对应，按照自然之理建构官制，实施统治。"为政而任刑，谓之逆天，非王道也。"（《春秋繁露·阳尊阴卑》）人事、政治、制度与阴阳、四时、五行相类比而存在，并相互关联、相互影响，彼此构成一个和谐、稳定、平衡、统一的有机体组织，并在动态中不断绵延和巩固（李泽厚，2003：117～149）。赋予天人的道德品性，然后又把它作为人性自觉的来源与本质，天作为物质性自然，同样具有了人的精神气质，这样，天人一体不仅在物质、自然上相连，亦在精神情感上相通，天与人合二为一，互相参照，共生共进。

（二）群己和合

群己和合是个人与他者、群体或社会的和谐、融合关系。在群己关系上，与西方偏重个体价值的个人主义、自由主义不同，中国形成了偏重群体的集体主义。这种群体主义价值取向非常注重和谐、合作、融洽的人际关系，强调个人对群体、社会的责任意识，但也没有忽视作为个体的人的价值。只不过这种关系的处理非常微妙，如不做深究，很容易认为中国的群己关系中个人完全被群体所湮没。中国自西周建国，就凸显人之价值，人文主义色彩逐渐突出。孔子的儒学便是对周初制度及其内在的人文主义的总结和升华，并使人文主义成为中国文化传统的深层核心价值。这种人文主义强调作为"类"的人的价值，但类价值的强调实质上由作为个体的人的价值推衍而来，自我（个体）与类（群体）有着密不可分的内在联系。群己和合便体现在对这两者的恰当处理及其和谐、融洽关系的构建。

第一，中国的群己关系注重群体与社会的价值，并通过对伦理规范的强调以维系之。先秦儒家与墨家均强调人的合群性。孔子从恢复周初彰显人文精神的制度秩序出发，提出"仁、义、礼"观念体系。从人性出发，提出孝悌、尊长、诚信、仁爱等一系列交往伦理，将作为未成文的习惯法的原始礼仪发展为系统的理论体系，突出了"礼"的政治与社会意义。在荀子那里，合群成为了人与动物的根本区别，正是因为人能"群"，才使"制天命而用之"成为可能，合群性使人类能够形成远远强于个人的组织能力，从而能够与"天"（自然）相接，产生相对于自然的主动能力，而不再单单"畏天命"。既然合群如此重要，就必须注重群体的价值，以维系群体的秩序和利益为先。墨子的"兼爱"理论就明确要求个体必须兼顾其他社会成员的利益，并且应当有为群体而牺牲自我的精神。另外，除注重群体的人文传统外，中国相对封闭的地理环境和频发的重大自然灾害，同样有一种发展整体主义与集体主义的要求。总之，注重群体价值并强调个体对群体的责任，成为中国文化中根深蒂固的组成部分，并代代相传，经久不息。如："穷则独善其身，达则兼济天下"（《孟子·尽心上》），"鞠躬尽瘁，死而后已"（诸葛亮《后出师表》），"为天地立心，为生民立命，为往圣继绝学，为万世开太平"（张载《张子语录》），"先天下之忧而忧，后天下之乐而乐"（范仲淹《岳阳楼记》），"苟利国家生死以，岂因祸福避趋之"（林则徐《赴戍登程口占示家人》）。此种道义责任意识与群体主义观念至今虽有淡化，但仍然是中国人心理结构与价值观的重要部分。

第二，群体与社会的价值根源于个体的心理情感、个体意志与自觉心。中国的群己观并不是一味地强调群体价值，也同样关注并彰显个体的价值。在马克斯·韦伯看来，人的社会行动总会以一定的道德原则为依据，而人所依据的道德原则主要有两种，即责任伦理的原则和信念伦理的原则。责任伦理回答社会行动中"怎么做"的问题，信念伦理回答社会行动中"为什么"的问题。遵循责任伦理的社会行动具有形式合理性，遵循信念伦理的社会行动具有实质合理性（苏国勋，1988）。形式合理性关涉社会行动的手段，具有工具属性；实质合理性关涉社会行动的目的，具有价值属性。与奠定西方现代化哲学基础的形式合理性不同，儒家哲学偏重价值合理性，即实质合理性，但也未完全忽略形式合理性问题。中国的哲学在理论上总是兼顾两面，追求一种不偏向任何一个极端的圆满解决方式。中国古代维系群体价值的伦理规范在表达与形式上具有责任伦理性质，而实质上是一种信念伦理，因为这种伦理规范并非纯粹由外在某种本体或权威强加给个体，而是来自个体某种内在的东西并成为其内在信念。群己和合之所以能够实现，在于中国哲学对群体与个体进行了同样的观照和恰当的平衡，并发展出了一种特殊的平衡逻辑：将注重群体价值的伦理规范建立在个体的自然情感和自觉心的基础之上。

在孔子的哲学中，"礼"没有停留在维系群体价值的"仪文"，而是上升到了"秩序"的高度，并提出了作为秩序、制度意义的"礼"的根源问题。孔子的主张是，摄"礼"归"义"，进而摄"礼"归"仁"（劳思光，2005：83～90）。简言之，"礼"之基础不在于外在的"天"或其他权威，而在于人之自觉心或价值意识。"君子义以为质，礼以行之。"（《论语·卫灵公》）"义"即人之正当意识，是人的自觉心之显现。一切习俗传统，都不是"礼"的真正基础，基于"正当"意识的自觉心才是维系"礼"的价值标准的唯一根源。人之所以能够求"正当"，在于人能立公心，即人有"仁"。"仁"是孔子学说的中心，也是其思想主脉之终点。"夫仁者，己欲立而立人，己欲达则达人。"（《论语·雍也》）"我欲仁，斯仁至矣。"（《论语·述而》）在这里，"仁"即"公心"，即视人如己，净除一切私累的境界。公心不必外求，不受约束，全由自己决定，根源于人之自觉心。孟子的心性说从人性的基础上进一步发展了"仁"的内涵，更加凸显了人的自觉主宰能力。这样，维系群体价值的"礼"及其价值标准、伦理规范都建构在个体的自觉意识上，从而使群体与个体达成内在的和谐统一。与孔孟不同，荀子突出强调了群体的价值，注重外在规范的作用，并认为由"礼"建立的规范秩序能够克制、改造和约束人的自然欲求。孔、孟、荀的共同之处是，充分注意了作为群体的人类社会的秩序规范（外）与作为个体人性的主观心理结构（内）相互适应这个重大问题，只是偏重点有所不同（李泽厚，2003：100）。中国的群己关系能够内在地达成和合状态，就根源于这种理论逻辑。

总之，群己和合突出表现为一种和谐、融洽的人际关系，在这种关系处理中，儒家思想巧妙地兼顾了群体与个体的双重价值。儒家思想的一个重要特征是突出人际交往的重要性并提出一系列交往伦理规则，探求一种和谐、融洽的人际关系。"和而不同""和生万物""忠恕之道"、中庸思想都是其中的精华。儒家思想在世界上最早系统化地说明了人与人之间的交往对于社会及个体的重要意义。这种意义，一方面在于文化传统的承继以及社会秩序的维系，另一方面则在于个人生存价值之本身，即在交往中个人获得自我认同与满足。

（三）内外和合

中国传统思想很重视对自我问题的观照，即对人生价值与意义的深度思考。在这一问题上，儒家一方面主张积极入世，建立事功，在对群体的奉献中实现自我的社会价值；另一方面又高度观照自我内心的反省与修养，追求并体验一种内在的快感。两者融通、互动是人生存在的真正意义所在，是中国古代士人孜孜以求的理想人格。

第一，内圣外王，内外兼修的人格理想。《礼记·大学》中所归纳的"格物、致知、诚意、正心、修身、齐家、治国、平天下"是儒家"内圣外王"理想人格的经典概括，同时也包含了儒家文化里存在的三种传统：道统、政统和学统。道统是指"诚意、正心、修身"，它是整个体系的灵魂，是个人追求中"内在"的部分；政统（"齐家、治国、平天下"）是个体内在修养的外化、外显的事功，受"内圣"制约；学统（"格物、致知"）为道统而存在，并且是实现"内圣外王"的途径，是沟通"内外"的桥梁。三统分别体现了体（道统）、用（政统）、文（学统）的等级关系，由学入手而修体，由体而致用（顾文涛、韩玉启、吴正刚，2005）。进则"兼济天下"，退亦"独善其身"。"内圣"（"格物、致知、诚意、正心、修身"）以伦理为体，"外王"（"齐家、治国、平天下"）以事功为用。伦理是内在部分，事功是由伦理推导出来的外显部分。道德不仅作为一种社会规范，它本身还具有贯通天道、人道的本体论地位和作用。这种以人为本，以德为先，道德为内，事功为外的东方人生模式，经由从个人修养入手，逐步向他人、组织、社会推导的由内及外的过程。充分彰显了中国古人内外和合的人格理想。

　　第二，先验与体验，他律与自律的内外融通。无论是"内圣"还是"外王"，都是通过一列伦理规范来维系和实现。那么人为什么一定要遵守这些伦理规范呢？这些伦理规范的根源是什么呢？孔子强调了德性修养的重要，开启"内圣外王"的人生理想，但对德性的基础和来源进行深入阐释和发挥的是孟子和朱熹。在伦理学理论中，伦理相对主义认为道德源于现实的条件、环境、利害和教育等，没有也不可能有普遍的伦理准则；伦理绝对主义认为，道德独立于人的利害、环境等，它是普遍的、客观的、不可抗拒的律则，人只能绝对地服从。以孟子为代表的绝对伦理主义是中国伦理哲学的主流，与康德的绝对伦理主义相比，其突出特点是：一方面它强调道德的先验的普遍性、绝对性，所以要求无条件地履行伦理义务，这与康德相似；另一方面，它又把这种"绝对命令"的先验普遍性与经验世界的人的情感直接联系起来，并以它（心理情感）为基础。从而人性善的先验道德本体便通过现实的人的心理情感被确认和证实。超感性的先验本体混同在感性心理之中，普遍的道德理性既是先验本体同时又是经验现象（李泽厚，2003：38~42）。

　　在孟子看来，人区别于动物在于人先验地具有"仁、义、礼、智"四种内在的道德品质，其来源于生来具有的"善性"（"四心"）。"恻隐之心，仁之端也；羞恶之心，义之端也；辞让之心，礼之端也；是非之心，智之端也。人之有四端也，犹其有四体也。"（《孟子·公孙丑上》）"四心"被孟子赋予了先验性质，人的道德来源于此，必须遵守，否则便与禽兽无异。"人之异于禽兽者几希，庶民取之，君子存之。"（《孟子·离娄下》）在强调先验的"善"时，孟子又强调经验的"学"。一切后天的经验学习都是为了发现、保存和发扬、扩充自己内在的先验的善性，此谓"存善"。"生，亦我所欲也；义，亦我所欲也。二者不可得兼，舍生而取义者也。"（《孟子·告子上》）在这里，孟子强调遵循伦理规范不是一种外在强迫行为，而是主体的自我选择。不是服从于某种外在权威，而是听从自身内在的"所欲"，这是一种无上的道德命令，是最高的本体和存在。经过这种哲学处理，孟子一方面讲"天命"，另一方面讲"立命""正命"，从而将个体对道德的遵从由他律（神意天命）向自律（四端、良知）转换，凸显了个体的人格价值及其道德责任和历史使命。这种他律与自律的融通和内在关系，使人的符合德性的行为自然而流畅。人在履行道德责任和历史使命的同时，同样获得了一种内在满足、一种内在超越和自我实现。

7.2.3　和合精神的哲学根基：实用理性

在传统文化中，对立双方之所以能够融通而呈现出"和合精神"，除了以上分析的中国哲学的特殊逻辑外，另一重要的也是根本的原因是，在本体论、认识论和方法论上，中国哲学都有将理性因素与非理性因素中的情感、情绪、情意兼容并达到一种动态平衡的要求和趋向。由此发展出来的实用理性观是汉民族文化心理结构最深层次的内容，是中国人思考一切问题的本源所在，是中华民族最基本的思维方式，也是和合精神得以出现和成立并不断在历史长河中沉淀下来的哲学根源。这种实用理性主要体现在两个方面的特殊处理，即感性的理性化与理性的感性基础。

第一，生命情意的理性化。对于如何实现预设的德性我，孟子的主张是"养气"。"敢问夫子恶乎长？曰：我知言，我善养吾浩然正气。"（《孟子·公孙丑上》）在这里，"言"属于认知范畴的思维活动，"知言"便是一种德性我对认知我的观照，"气"指情意我或生命我，"养气"即德性我按照"心性"之要求对生命情意的转化（劳思光，2005：101～103）。这种"养气"其实是一种"成德"功夫，其最后境界为生命情意的理性化，即将人的生命情感上升到理性的高度，这便是"成德"的过程。经由理性化的感性便具有一种意志力量，使感性行动受到理性的支配与主宰。凝聚了理性的感性力量不同于一般的感性，是人为了某种理性目的有意识地培育和发扬出来的。人正是凭借这种"理性的凝聚"的感性力量，方能与天地宇宙相交通，此谓"存其心，养其性，所以事天也"（《孟子·尽心上》）。这种思想在《礼记·中庸》里有更为明确的表述："喜怒哀乐之未发，谓之中；发而皆中节，谓之和。中也者，天下之大本也；和也者，天下之达道也。致中和，天地位焉，万物育焉。"儒家显然以"情感发抒之得宜状态"为"和"之第一要义。情感发抒得宜，则天下事物皆可安居其位、顺遂生长，如此则人群关系必然和谐，宇宙万物各安其位（江宜桦，2007）。这种"情感发抒之得宜"的行为便是一种人为的理性过程，也就是使人的情感凝聚理性的过程。正是由于这种理性与感情的"和"的力量，天人和合（以心性修养及其理性化与天地宇宙相接）、内外和合（修养心性，自我之情经由"理性的凝聚"以谋事功并成就自我）、群己和合（以意志节制行为以遵循伦理规范）才成为可能。

第二，理性的感性基础。理性的上升并没有被孔孟导向外在的崇拜对象或神秘境界，没有出现黑格尔的"绝对精神"和基督教的"上帝"，而是把它消融在以亲子关系为核心的人与人之间的现实关系之中，使构成宗教三要素的观念、情感和仪式统统环绕在这一世俗伦理和日常心理的综合统一体中，而不必走向神学，使儒学既不是宗教又具有宗教的功能（李泽厚，2003：15）。在孟子和朱熹的哲学里，伦理都被抬升至本体的高度，对人具有绝对的约束作用，但这种认识与西方完全形上的道德本体论（如康德）不同，因为在孟子、朱熹那里，伦理的本体地位与人的心理情感息息相关。张载区分了"天地之性"与"气质之性"，认为"天地之性"是与天地同体共性的普遍必然的永恒秩序、规律，"气质之性"则是与有限的、特殊的感性相关的各种欲求、功能。前者支配、主宰后者，但又存在于后者之中。"形而后有气质之性，善反之，则天地之性存焉"（《正蒙·诚明篇》）。可见，先验的、理性的"天地之性"必须要在经验的、感性的"气质之性"中寻找。朱熹同样把形而上、理性化的"天命之性"、道德法则最终归结到充满感性血肉的心理情感上，这就使其整个宇宙观、世界观带有人情化、生命化的意味。感性的自然界、人界与理性的、道德的、本体的天界不但没有被分割，反而彼此相互渗透、合二为一了。

李泽厚把这种理性与感性相互交融，理性以感性为基础，感性受理性支配，来自生活经验又以生活经验为指向的理性观称为实用理性。这是一种与西方理性观迥然不同，带有鲜明中国印记的理性观。西方世界在"上帝死了"以后，经笛卡尔、牛顿等巨匠逐渐将人的理性推向形而上学，形成了人类中心论，并伴随着资产阶级的兴起与科技革命的突飞猛进，逐渐走向一种纯粹的科学理性（工具理性），并主导了西方近代社会的演化过程。实用理性与西方世界中的实践理性也有根本区别，它们在对待人的情感上有截然不同的态度。李泽厚认为西方实践理性（伦理行为）只是一种"绝对命令"和"义务"，与任何现象世界的情感、观念以及因果、时空均毫不相干，这样就比较彻底地保证了它那超经验的本体地位（李泽厚，1998）。而中国的实用理性则是经验上升的理性，是与情感和谐交融的理性。和合精神的真正哲学根源正是这种与西方工具理性迥异的实用理性。在这里，形上的理性来源于自然情感而又超越于情感之上并约束情感的外泄，理性与感性总是纠葛在一起并自然地融合成一种伦理秩序，成为指导人们日常行为规范的内在法则。这样，一种宗教性的神秘本体成为人情日常之用，伦理规范与心理欲求水乳交融，具有形上意蕴的道德理性与现实的人之自然感情合二为一并在总体平衡中不断互动。理性与情感两者相互纠葛，是中国文化的阴阳两极，两者相互包含，相互依赖，相生相克，平衡互动而成和合之精神。

7.2.4　和合精神的后现代指向：从"现代性分裂"到"和合之境"

人类现代社会的发展与基于工具理性的科学主义息息相关。笛卡尔"我思故我在"的哲学命题使存在与自我意识相关联，开启了人与世界的自觉分离的过程。当假定自我意识为主体时，自我意识之外的客观世界就被假定为对象和客体了，由此形成了主、客分裂的二元对立思维。启蒙运动依靠人之自我意识（理智）将人性从中世纪的神性遮蔽中解放出来，此后理性成为人的觉醒意识的体现。推动社会进步的人的理性日益转向工具理性（科学理性），并在黑格尔那里上升到本体的高度。马克斯·韦伯则把理性化与现代性等同。他将现代资本主义、法律和官僚制以及清教徒的职业伦理观的本质归结为形式合理性（即工具理性、技术理性）。"这种理性之所以是形式的，乃由于依据这种合理性所引导的后果具有最大程度的可计算性，能够达到预期的、可能的目标"（陈嘉明，2006）。正是形式理性的这种优势，使其成为人类战胜"神"之后征服其他一切的工具。人类一旦掌握了它便似乎无所不能，开始了征服自然并为道德、信仰等精神价值做理性规定的过程。

随着工具理性在人类生活的各个领域中无限膨胀，理性日益自律化并成为目的本身，从而导致目的和手段的错位，主体自由和人的生存的价值意义逐渐被遮蔽起来。技术理性所蕴含的普遍性的、必然性的逻各斯同人的自由、尊严、情感和个性之间产生了强烈的张力，理性带来的只是一个合理化的"科学世界"，它助长着功利性、占有性的追求，压抑着人的幸福、自由和解放，导致人的意义、价值体系的崩溃和精神家园的丧失（李楠明，2005）。主、客体二元对立与分裂的结果是人的分裂，人的意义世界与物质世界的分离。整个社会在物质增长与技术进步的同时，伴随着贫富分化、弱肉强食、人的异化、道德沉沦等一系列"现代性分裂"问题。"分裂"的现代社会中，人类痛苦、迷茫、无助乃至堕落、沉沦，为寻找荒芜的意义世界，矫正工具理性带来的弊端，我们必须召唤情感与价值的到来以及与"分裂"相对应的"和合"思维。以和合精神为指导，发掘实用理性精神，在生活与生产的各个方面妥善处理对立双方的关系，人类必能达到科学与人文互补，理性与情感水乳交融，"万物并育而不相害，道并行而不相悖"（《礼记·中庸》）的"和合之境"。

（一）实用理性与人性救赎

一切理论范式与实践模式争论的实质是关于"人"的认识问题，尤其是对"人性"的不同理解。现实的人性既具有理性因素，也具有情感等非理性因素，而理性又有价值理性与工具理性之分。工具理性极力排斥和消解情感、情绪等非理性因素的作用，而价值理性则与价值观、情感等非理性因素息息相关。现代社会中工具理性的恶性膨胀使理性压抑情感，工具理性压倒价值理性。秉持价值中立原则，人类在冷漠无情中追求物质财富的最大化，这种片面和畸形的"进步"背后是"人性"的扭曲和消沉，"现代性分裂"的实质是人性的分裂。人的理性与情感其实规定着人的双重属性，"就它从外部被感官感知而言，它使自己表现为一种物质的生活；就它从内部通过自我体验把握自己而言，它使自己表现为一种精神的生活。这两个方面是共存的。维持和繁衍生命是人的物性，寻求生命的意义是人的神性"（戴茂堂，2004）。由工具理性观主导的现代发展模式，片面追求物质进步，使人的意义世界逐渐荒芜。在丹尼尔·贝尔看来，资本主义工业生产迅速发展中"经济冲动力"不断亢奋，而限制物欲的"宗教冲动力"却节节败退、最后殆尽。人性中的物性与神性极端失衡，造成人自身内部的一种自我分裂，这是一切现代化问题得以产生的根源。

欲从根本上改变这一现状，我们需要从"人性救赎"这一哲学命题中去反思人类的一切理论范式与发展模式。在当下世界，人性的修复就是重新发掘情感、信仰、价值观、情绪等非理性因素的价值并还其与理性等重的本位。丹尼尔·贝尔在为社会非人性化与人性堕落悲叹的同时指出，克服人性裂变与堕落的钥匙在于弘扬"宗教冲动力"。他认为人应该靠宗教而不是技术来把握复杂的现实，"我在此提出一个冒险的答案，即西方社会将重新向着某种宗教观念回归"（丹尼尔·贝尔，1989）。贝尔关于宗教召唤以使人性归真的主张使我们认识到情感、信仰等非理性因素是人性修复和平衡的主要诉求，但是对宗教的回归具有很强的理想色彩，况且对非理性的重视不能排斥理性的积极作用，人类的发展需要一种理性化的秩序，只是这种理性不能是工具理性，而应该是一种融通理性与非理性的"合成之物"。和合精神的哲学根基实用理性恰恰是这种沟通人的理性与情感，融通人的物性与神性的"合成之物"。

理性与情感、工具（技术）理性与价值理性、科学主义与人文主义是人类发展必不可少的"两翼"，缺少任何一方都会导致社会的病态发展。作为和合精神基础的实用理性精神，融理性与情感于一体，兼顾了工具理性与价值理性两个方面，可以说是连接理性与情感、工具理性与价值理性的桥梁。实用理性的高明之处就在于，它本身作为一种理性因素，并不排斥人的自然情欲需求，反而将之作为合理性的起点，这样"合理"与"合情"成为一个问题，合理者必然合情，合情者也合理。实用理性对人性的救赎就体现在这种理性与情感的和合之中，它不是使人性重新回归到世俗之上的宗教，而是在日用人生之中实现人性的现实修复与完善。一方面，情感的介入使我们在追求生产进步和经济效率的过程中可以寻找人类的精神家园和价值归宿；另一方面，理性的凝聚使我们不至于在审美情趣和诗情画意中止步不前，因为它高度重视经验与现实，是一种蕴含着冷静与思辨并能够"经世致用"的理性。发展实用理性要求我们克服"价值中立"的科学态度和"无我"的冷静思维，以参与者的"有情"态度来观照生活中的一切，欣赏生命情意，追求温暖与快乐人生，以此化解人类的情感危机，拯救和重建日益分裂的人性世界。

（二）天人和合与生态平衡

自工业革命以来，生态问题就一直伴随着人类物质生产的进步，只是在早期未能引起重视。生态问题应该包括自然生态与精神生态两个方面，工业化进程中经济增长以自然环境的污染和生态失衡为代价，导致的灾害不时地困扰着理性却又麻木的人们；同时人的精神世界也被严重污染并伴随着人性的失衡，如犯罪、吸毒、自杀等社会问题与日俱增。工具理性的话语霸权确立之后，人类不仅征服了自然，将其置于自己的控制之下，任意索取，为我所用，尽可能地按照人的主观愿望将其改造为一个人为的世界；同时人类也征服了神，将其置于世俗生活之外，并在"祛魅"的过程中也排斥了一切"神性"的东西，这就导致了人与自然的对立以及人的物性与神性的对立，双重对立的结果是物质世界与精神世界同时面临着严重的生态问题。

　　天人和合思想是疗治西方"人类中心主义"与"唯理论"所造成的生态恶化与精神分裂问题的良方，它所蕴含的生态哲学对于我们解决生态问题有重要的现实价值。一方面，面对作为"自然"的天，我们应该超越或扬弃人类中心论，与自然和谐相处，在追求人类的幸福中，也要尊重其他一切生命形式，因为自然万物的运行与人的生命活动息息相通，人的一切行为应该与自然协调一致。另一方面，面对作为"人格神"与"客观限制"的天，人类应该有所畏惧，寻找并敬重我们生活中的"神"——某种信仰体系；并要明白在人生中哪些是我们可以做的以及哪些是我们不可以做的；明白人的理性的范围和极限，确定合适的行为尺度，有所为有所不为，放弃"人是万能的""人为万物立法"的傲慢思想，追求合目的性与合规律性的统一，以此来化解逐渐恶化的精神危机。

（三）群己和合与道德重建

　　在康德看来，道德行为来自人类内心的"绝对命令"，按照功利主义法则，为了某种利己动机而做出利他性的行为不是一种道德选择。也就是说，道德的价值本源是理性所无法规范的神性。然而现代社会在启蒙之初就开启了"祛魅"过程，逐渐将诸神驱赶出世俗生活，正如韦伯所说，"我们的时代，是一个理性化、理智化，总之是世界祛除巫魅的时代；这个时代的命运，是一切终极而最崇高的价值从公众生活中隐退"（Max Weber，1946）。上帝退场之后的人类就确立了自身的个体主体性并使之不断膨胀，"个体的主体性和自我意识的生成和走向自觉，是现代性的本质规定性之一，是全部现代文化精神的基础和载体"（赵庆杰，2008）。个人主义与自由主义思潮，伴随着由其衍生的竞争意识，蔓延到现代社会中的每个角落，引发愈演愈烈的道德困境。

　　对于重建现代道德，目前西方社会的主导方法是在功利性目的指导下，依靠人的理性尽可能地将道德制度化，这种通过外控途径，迫使人们为利己而采取利他行为的设想本身就是利己主义的同义反复，不可能带来康德所说的真正的道德生活。而回归古代，将诸神请回世俗生活中只能是某些宗教信仰者一厢情愿的梦想。我们如何不求助于"神"而在现实生活中确立某种道德信仰呢？中国古代的群己和合观启发我们，个人与社会、与他者完全可以和睦相处，人类没必要非得在个人主义与群体主义中走向任何一个极端，从自我内心出发，自觉地遵循社会道德，这种行为本身在成就别人的同时，也成就了自我内心的完美。而且这种群己关系的和谐建立在人的自然情感基础之上，"己所不欲，勿施于人"，遵循一种由内而外、推己及人的路径，这就不再是功利性的博弈行为，也不是来自遥不可及的神谕，而是出自一种真实的自然情感。这种道德行为的逻辑是，父母对自己有生养之恩，爱护父母、遵循"孝顺"之道是人之常情；进而由己推人，自己爱护父母，别人也同样如此，因此由爱护自己的父母而去爱护他人的父母是一种顺推的人之常情。这种移情与换位思维就建立在人的自然情感之上，是一种自然、自觉而非人为、强制的和谐，是中国"道法自然"智慧的体现。道德力量的本源是内在的"自律"情感，群己和合所凭依的自然情感建立在人的生理—心理结构之上，具有极强的现实性，同时也能上升到信念与信仰的高度，如中国古代的孟子与朱熹，赋予其"绝对命令"的意义而又不离现实的感情基础，因此它不是神性却能具有神性的特征。按此思维和路径开启道德建设的自觉、自为维度，辅以西方理性化制度设计的外控、他律方式的优势，重建现代道德就能实现理想性与现实性的统一。

（四）内外和合与价值重塑

"启蒙时代的理性的技术性异化，及其所导致的技术理性和工具理性现象，其最终的恶果是造成人的存在价值的丧失"（许斗斗，2004）。工具理性操控的社会里，人成为社会大机器的一个零件，人依靠自身的理性战胜了自然和神灵之后也在价值的迷失中丧失了自身的自主性。在霍克海默看来，古代泛神论使对象精神化，而近现代工业化却把人的灵魂物质化。现代社会中的价值多元主义与伦理相对主义，几乎使所有的选择与一切事物都成为合理性的存在。这种宽容与多元化的背后，是物化社会中人的价值危机与自主性的丧失。面对价值迷乱的场面，尼采与后现代主义者提出重估一切价值的主张。人的价值绝对不能走向虚无，否则完全物化的人就如同行尸走肉，丧失了人之为人的本质。

价值的重估仅仅是反思，价值重塑才是目的。我们需要在价值的否定与重估中创造新的价值，为人类的生存寻找意义之所在，以使人的行为方式在迷乱的世界中有所凭依。中国传统的内外和合思想克服了人与自我关系的分裂，构造了一个以伦理为核心的"内圣外王"的意义世界，使个体的自身价值与社会价值得以完美地统一。一方面要有追求外在事功的抱负，在奉献中实现个体的社会价值，使人生不在虚无中丧失为人的意义；另一方面要有内在追求，注重个人修养和内在之美，在自我实现中体验内在愉悦。这种内外兼修、进退自如的选择是中国人安身立命的最圆满至善的价值标准。虽然随着时代的变迁，在现代化的滚滚潮流中这种意义体系受到激烈的否定，内外和合思想仍然可以给我们提供一种处理自身内在价值冲突的合情合理的思维方式。只要我们追求个体自身的和谐与完美，这种内外兼修以求和合的安身立命之道就有其现实合理性。另外，内外和合思想还启发我们确立行为的价值规范必须做到自律与他律的内外融通，而在当下尤其要重视启动自律的内在方面。通过制度设计与道德规则的制定来规范价值观只是价值重塑的一个方面，这种外在的约束只有通过个体的内在认同才能长久发生作用。正如张立文所说："人类自我心灵世界的和谐、平衡、快乐，只有依赖自我来调适，异己的权威力量并不能真正解脱人类自我心灵世界"（张立文，2006）。因此，在现代社会人类必须高度重视教育在价值重塑中的作用，教育可以实现人文化成，只有这种无形的化成力量才能渗透到作为意义系统的整个价值网络之中，并通过人的内在心理机制自觉外显为符合美德的行为。

第八章 文化传统与本土管理学的理论向度

在管理学本土化的必要性与可能性澄清之后,本章继续研究管理学本土化如何建构的问题。本土化管理理论的建构是一项复杂的系统工程,其间涉及本土化的概念、方法、模型和框架及其效用检验等一系列问题,不可能在短期内以有限的篇幅来阐释清楚。在这些繁杂工作中,从本土的文化/历史/社会脉络出发,在与西方主流管理学治理、组织、领导与控制等知识体系对接的基础上,构建本土化的理论向度以向世人展示中国管理学的大体轮廓和关键维度是当务之急。

建构本土化的管理理论首先需要明确脉络分析的基本原理。本土化的管理学理论体系要建构在本土化的价值观和意识形态之上(吕力,2011),因为这些东西构成了"当地人自身的意义系统"(杨国枢、黄光国、杨中芳,2008:84~85),建构于当地人生活形式之上的管理"微世界"才更能契合本土管理实践中的心智模式与文化生态。本土的价值观及意识形态要在嵌入于社会生活方方面面的现实情境脉络之中寻找,因此,本书以当代中国的文化/历史/社会脉络为分析起点来构建效用导向的本土化管理理论。Lauden(1992)指出,评估某项理论的合理性与进步性时,应主要着眼于"其解决问题的效力"(its problem solving effectiveness),即它是否能为重要问题提供适当之解决途径,而非询问其是否为真、是否得到确证或否证以及是否能在现有知识论的架构中得到认可(Lauden,1992)。管理学是一门应用学科,"解决问题的效力"必然是管理实业界评判其理论价值的重要标准,同时也决定管理学是通过实践来检验的经验性学科。在 Lauden(1992)看来,某一事物是否会被视为经验性问题,部分要取决于我们所持有的理论预设,而一切经验性的问题都是在某种确定性的脉络中产生并且多少会受到此脉络的界定,在某一脉络中能够引发出问题的情境,在另一个不同脉络中未必能够引出相似问题。中国本土化的管理理论应该在本土文化/历史/社会脉络中导出特殊的情境问题并与西方现有管理理论的基本架构对接，由此便可能获得既具有本土契合性又能丰富世界管理知识的本土化理论。

脉络分析是本土化管理理论建构的基本策略，那么如何对这种本土化研究策略进行衡量呢？Yang（2000）在研究华人本土化心理学时提出了"本土契合性"的概念：不论采用何种研究典范、策略或方法，研究者的研究活动（课题选择、概念厘清、方法设计、资料搜集、资料分析及理论建构）与研究成果（所获得的研究结论及所建立的概念、方法、工具及理论），如能有效或高度显露、展示、表现、反映、符合、象征、诠释或建构被研究者之心理与行为及其生态的、历史的、经济的、社会的、文化的或族群的脉络因素，此研究即可谓具有本土契合性。具有足够本土契合性的研究方称得上本土化研究，而通过本土化研究产生的知识即为本土化知识（Yang，2000）。这种从脉络因素寻找理论之本土契合性的策略被称为"脉络化本土契合性"（contextualized indigenous compatibility，CIC）。Yang（2000）进而认为 CIC 特别适用于将心理行为及其脉络视为不可分割的整体现象或问题的研究。管理作为一种具有明确意向性的特殊实践，必然不能将参与者的心理行为及特定的管理情境分隔开来，分析中国某一企业的某种财务活动，需要以中国人的心理行为与该企业特殊的财务场景结合起来，如果以美国人的心理行为来解释该中国企业的财务活动，则难以获得真正具有"解决问题的效力"的有用知识。因此，脉络化本土契合性研究是建构本土化管理学的理论框架并对其进行有效衡量的恰当途径。

那么与当代中国管理实践密切相关并具有本土契合性的脉络因素都有哪些呢？笔者认为，作为本国文化基因并嵌入到社会生活方方面面的和合精神对本国的企业管理实践有重要的规约作用，它作为一种历史/文化因素已经扩展到中国当代社会的各种情境之中，成为目前中国文化/历史/社会脉络中的"元精神"①。这种"元精神"在当代中国管理实践之中又表

---

① "元"的英译为"meta-"，意即"超越""在……之后"。"元"在与某学科名称相组合所构成的名词中的含义是：以一种批判的态度来审视原来的学科属性、结构和其他表现的更高一级形式的学问。"meta"起源于"metaphysics"一词，后人在整理亚里士多德的著作时，将其《物理学》之后的著作称为"metaphysica"，直译为"物理学之后"，是以"作为存在的存在"（being as being）为研究对象的"第一哲学"，它探讨的是世界本体的原理，其含义与我国古代关于"道"的概念相近。《周易·系辞》有"形而上者谓之道"的说法，因而"metaphysics"常被译为形而上学，形而上学回答的是世界的本原等问题，代表了一种整体性概括和反思，详见吕力（2010）。此处的"元精神"指"和合精神"作为中国其他一切文化精神现象之本源性的形而上学概括。

现为人情主义、家庭主义、礼治秩序及伦理本位等一系列具体的脉络化因素。这些因素作为一种文化性意识形态在中国已有数千年的思想渊源并成为目前中国各项政治、社会、文化制度建构的重要依据，从而对各个领域中的管理活动产生根深蒂固的规制作用，成为中国管理理论不同于西方意识形态影响之下的主流管理理论的一大特色。因而，从人情主义、家庭主义、礼治秩序及伦理本位等文化/历史/社会脉络出发，我们可以构造一种更具有本土契合性的整体性"意义之网"（webs of significance）（Geertz，1973）。以根植于本地生活形式的这种网络来观照中国管理的组织、领导和控制等各个维度，可以对本土化管理学的基本轮廓有一清晰的认识。

8.1　和合治理：和合精神与本土化管理学的治理模式

以作为中国文化基因的和合精神为哲学基础和前提预设来建构管理理论，可以依据天人和合、情理和合、群己和合及内外和合此四维内涵来考察管理的基本问题。由此建构的管理理论能够融通理性与情感双重逻辑，设定组织自身存续发展与股东、员工、顾客、社区及自然环境等利益相关者合理诉求的双重价值目标，并使管理参与者的物质需要及精神需要均能得以充分满足，将企业作为经济组织的物质目标与作为社会单元的社会责任有机地嵌入在一起。这种模式与预设参与者为原子式孤立个体，强调单维度的物质激励，以专业分工及责任分割为基本原则而"分而治之"的主流管理模式有很大不同。为标识此种本土特质以区分于主流理论中的"分化管理"模式，本书将基于和合精神文化基因的本土组织的管理范式称为"和合治理"模式，并就其缘起背景、内涵结构、理论构架及运行机制进行深入剖析。

8.1.1　管理与治理：从"分化"到"和合"的创造性转换

前文在研究现代管理范式之时，已经详细地剖析了科学主义与人文主义两种范式在主流管理理论中的分化问题及其在整个管理思想史演化中的来龙去脉。这种范式分裂及其承载的思维模式的不平衡发展，在导致管理理论丛林蔓生的同时，还造成诸多管理因素在实践中的分化，可以说主流管理理论支配下的管理模式是一种"分化管理"。分化管理突出表现在以下具体方面：其一，企业与其他社会系统的分化。在现代社会，企业作为资本运作与增值的生产、流通中心而被标示为一种经济系统，从而与政治系统、文化艺术系统之间形成清晰的界限。丹尼尔·贝尔在《资本主义文化矛盾》一书中对现代社会不同系统之中的文化矛盾有深刻揭示。贝尔认为，现代资本主义社会经过二百多年的发展，日益分化出经济、政治与艺术文化三大领域，它们之间分别围绕着自身的轴心原则，以不同的节律交错运转甚至逆向摩擦。其中，以企业为基本细胞的经济领域的运行遵循"效益原则"，其目标是最大限度地获取利润；以政治与法律部门为核心的政治系统遵循"平等原则"运行，其目标是维护社会秩序，仲裁各集团的利益纷争；以艺术和思想为核心的文化系统则遵循"自由原则"，其目标是自我表达和自我满足。政治、经济与文化三大系统的分化及其冲突是资本主义社会的内在危机（丹尼尔·贝尔，1989）。其二，人性与效率、心灵发展与物质利益在管理目标体系中的分化。目前各管理流派均面临着计算逻辑与情感逻辑的悖论而难以在平衡二者的前提下提供一种可行的管理机制，前文对此已有详细论述。其三，群体在组织生活中的分化。组织本来是集合群体的力量完成特定的意向性目标的行为或实体，但目前组织中的管理体制将股东、经理人、技术人员、操作工等各管理主体分化为对立的管理者与被管理者，从而在组织中造成紧张的人际关系并形成群体身份的束缚。管理者处于组织权力与利益链条的中心地带，而被管理者则被视为管理中的他者而处于边缘地带，控制与反控制的斗争就成为此"中心—边缘"链条中的常态逻辑。管理层通过一系列规章与程序设计，要求被管理者无条件地服从以增进管理中的可控性和最大产出，而被管理者则通过工会等渠道与资方或管理者谈判，反对这种缺乏人性的权力控制，要求增加工作中的自主性。管理层级之间以及管理者与被管理者之间的群体对立及其冲突恶化了管理中的人际关系并造成许多不必要的组织内耗。其四，管理中的责任分割。现代经典组织理论中的分工原则及其连带的权责界定原则内在地会导致部门间的隔阂与对立。部门对立与劳动分工预设的一个突出问题是管理主体的责任分割。在突发事件来临或环境突变的情形下，员工不能根据新的情境采取有利于整个组织的行动，因为在主流管理模式中每个个体都被赋予具体而明确的责任，在此责任范围之外的事务员工都无权干涉，否则就会违背组织的规章制度而遭到惩罚。这种责任分割一方面降低了组织的整体行动能力，另一方面也使员工因固定在某一附带明确职责的岗位之上而限制了其全面发展的能力，从而对组织中的人性产生消极影响。

　　针对现代管理诸多"分裂"逻辑所造成的"对立""竞争""分化""控制"等弊端，我们需要寻找一种包含"合作""整体""多元""互动""自治"等意蕴的新管理模式来矫正其过多的工具理性倾向。作为中国文化/历史/社会脉络之"元精神"的和合精神，在人与自然、他者以及自我关系维度上恰恰提供了一种消解现代管理工具理性过度化所造成的以上诸多弊端的方法。本书将奠基于中国和合精神这一文化基因之上的组织新型管理模式称为"和合治理"。"和合"是对"分化"的超越，对此前文在剖析和合精神内涵之时已有详细论证；"治理"同样也是对"管理"的批判与超越，这同样得到具有后现代主义倾向的管理理论的支持。法国学者Michel Crozier（1989）针对劳动分工与责任分割等现代管理问题曾指出，现代"管理"因其科学化而被贬低，后工业社会中的环境变革对组织提出的要求超越了传统的管理范围，管理需要走向更高层次的"治理"。后现代组织的变革并不只是关涉到结构和个体的自主性问题，而且是一个宏观的治理问题（克罗齐耶，2009）。治理与管理的区别在于，"管理体系是一种按照责任进行层次划分的分工网络，治理则是所有参与者的自主性网络"（程杞国，2001）。"治理"的概念远远突破了传统的"管理"范畴，全球治理委员会（1995）对"治理"的内涵从四个方面进行了界定：其一，治理不是一整套规则而是一个过程；其二，治理过程的基础不是强制性控制而是协调；其三，治理的主体是多元的，既包括公共部门也包括私人部门，既包括管理者也包括被管理者；其四，治理不是一种正式化的制度约束而是持续的互动。

　　需明确的是，此"治理"非经济领域常出现于"公司治理"一词中的"治理"，而是与近年来社会学、政治学等学科反思公共领域管理问题之本质并建构未来公共领域的理想管理模式时提出的"治理"或"善治"概念相近。治理的内涵与公共性紧密相连并需要在关系中理解，美国政治学者Mathews（1994）指出，"公共"一词意味着一个人业已进入成年，能够理解二者之间的联系，这种成熟意味着对自我的超越，即一个人或组织不仅能够与他人合作共事，而且能够为他人着想。治理的这种内涵在某种程度上正是和合精神在管理中的外化特征或体现，也可以说，和合精神为现代"治理"理念提供了坚实的哲学支撑。考察华人企业组织行为的学者也发现了"治理"的公共性与关系性特征：彭正龙、赵红丹（2011）通过问卷调查研究了本土企业管理者及其直接下属的样本，发现中国企业组织中的强制性组织公民行为表现甚为明显；Farh（樊景立）等人在研究华人组织中的关系（guanxi）时指出，在以中国为代表的高度集体主义文化中，组织成员更可能基于亲属、同乡等关系网络或利益网络而与某一群体联系在一起（Farh, Tsui, Xin & Cheng, 1998）；郑伯埙等认为中国台湾、香港及东南亚华人企业组织明显展现出突出的网络关系特征（杨国枢、黄光国、杨中芳，2008:728～730）。华人组织管理的这些表现都可以"和合治理"标识并可能将之发展为一套系统化的理论。本书采用"治理"术语来考察一般性组织管理问题，以期增强组织管理中的公共性程度，扭转市场运行中的私有逻辑对企业等组织管理带来的资本压迫、分配不公、群体分化及道德缺失等消极影响，建构适合中国本土脉络并与后现代社会契合，能够与主流管理理论对接的本土管理模式。

8.1.2　和合治理的概念及内涵结构

尽管话语主义者认为概念本身的实在意义并不重要，其话语所指需要在概念受众的主观理解中去寻找，但从建构主义立场来说，对概念的界定及对内涵的厘清仍然是建构理论之始。和合治理的概念和内涵需要在"和合"（精神）与"治理"两个术语的结合中界定。从上文的介绍中，我们对"治理"的内涵提炼出关系性、公共性、多元性、过程性及自主性等关键特征，"和合治理"作为"治理"模式之一种，内在地也必须具有以上特征。在上一章剖析中国管理的文化因子时，将和合精神的内涵归结为四个基本维度：情理和合、天人和合、群己和合、内外和合。"和合治理"作为由"和合精神"这一中国本土文化基因衍生的治理模式，其内涵也内在地包括和合精神的以上四个维度的内涵并受其节制。除了这种结合需要外，和合治理还必须顾及国际化、规范化的需要以与世界主流或前沿管理知识对接。

综合以上考虑，笔者认为和合治理是组织在动态的开放系统中，确立物质性目标（效率）与精神性目标（人性）双重价值体系，通过整合内外多元力量，构造理性计算系统与情感价值系统相互耦合的双重控制体系，在和谐、合作的人际关系中根据具体情境需要进行教谕式调解，共同达到组织自身目标并满足组织内外利益相关者社会期望的治理模式。从此定义上看，和合治理明显地突破了西方管理学中科学主义与人文主义分裂的二元对立式思维模式，试图以中国和合精神在从价值确立到具体调控的一切组织生活中整合两大范式。此外，和合治理在扬弃经典管理理论的"计划、组织、领导和控制"框架时，承接了中国伦理、直觉、体验等非理性思维传统，在与西方现代管理知识对接的同时又富有后现代主义意蕴，因而它不仅能够更好地指导中国本土的管理实践，而且能够更好地适应知识经济时代全球管理的需要。这样以和合精神的四维内涵为基础，从构建理论内涵的环境预设、目的体系、手段体系及具体方法四个角度，我们可以大体勾画出和合治理的内涵结构，如图8—1所示。对于和合治理的具体内涵，我们可以在与主流管理模式的比较中从以下四个角度进行准确把握。

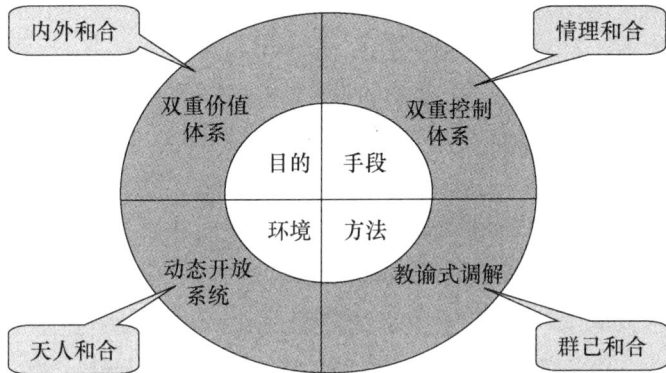

图 8—1　和合治理的内涵结构

资料来源：作者绘制。

其一，内外和合与组织的双重价值体系。内外和合作为个体与自我存在关系的内在和谐状态，本身构造了一种存在意义系统，对于矫正由于工具理性在组织生活中的过度张扬所带来的意义荒芜及自我认同的消逝有重要意义。组织的价值、使命等哲学预设反映在其目标设定之中，目前的组织及其管理系统设定的是物质维度上的单一目标体系，参与者在组织中获取的是由资本或劳动带来的经济价值，在被隐喻为谋生场所或竞技场域的组织中，参与者除了按照组织管理流程进行机械操作之外，难以发现自身存在的价值。工具理性在组织生活中的悖论是，科学精神的发展除了完善组织的理性控制体系之外，还激发了工人大众的自我觉醒意识，工人在工作中的要求不只是物质财富上的平等，还有为了自身的道德权利而打开一条自我实现的道路，由此管理必须满足工人正当的伦理及社会需求（Oliver Sheldon，2003），而对此种需求的满足则与组织的物质性目标形成强大的内在张力，冲击了理性控制体系本身的合法性。中国内外和合思想克服了人与自我关系的这种分裂，为个体的存在构造了一种由内及外、推己及人、自我认同与社会使命兼顾的"内圣外王"的意义世界。将此意义体系推衍到组织生活中，可以发现，组织及其管理在为社会提供产品和服务、为股东创造资本价值、为员工提供薪资报酬之外，还应顾及每一个参与者自我认同的内在精神需要。由此，组织就必须在目前的经济性目标体系之外，凸显出组织的情感价值网络，重视每一个参与者的安身立命及自我实现。己我内外和合思想事实上拓展了组织存在的使命，使其立场由投资者、管理者向包括员工在内的所有参与者转向，使其内容由单维度数字化的经济效益转向物质与精神、效率与心灵兼顾的双重价值体系。

其二，情理和合与组织的双重控制体系。情理和合的实用理性是和合精神的哲学根源。中国人之所以能够摆脱西方文化传统中理性与感性的二元对立思维，将理性与情感融通在一起加以考量，就在于其观察事物、解决问题之时抱持一种实用导向。从商周巫史文化中解放出来的中国理性，既没有走向希腊人孜孜以求、闲暇从容的抽象思辨之路（西方传统），也没有走向印度人洞明世事、厌弃尘务的解脱之途（印度传统），而是发展出一种执着于人间世道的实用探求（李泽厚，2004）。正是各种日用生活中的具体问题之解决难以将理性智慧与自然情感抛离，中国在漫长的历史传统中形成了理性与情感融通的和合精神。此种情理和合的实用理性提供了一种与目前组织生活的主流观点截然不同的控制体系。一般认为，控制是管理的核心要义或关键步骤，组织目标的设定及执行都需要在控制中按照确定性的方向发展。也就是说，控制活动本身在组织生活的地位毋庸置疑，但问题的关键是通过什么来实施控制，即控制选择何种具体的途径。主流管理理论为此设定的是清除人的情感、价值、信仰、直觉等一切非理性因素，依靠人的理性精神来建造一套精确化的标准程序或等级体系，由此所导致的诸多人性问题已经在前文有详细剖析。情理和合的实用理性并不是要彻底取消这套维持组织秩序并增进管理效率的控制系统，而是在精于计算的理性控制体系之外，搭建另外一套基于情感的价值系统以弥补传统控制机制的不足。以福柯等后现代主义者的观点分析，情感价值系统与理性控制系统一样，同时是一种控制机制，但它运行的具体机制是基于认同的微观权力的"规训"过程而非现代管理模式设定的强制性威慑或惩罚过程。也就是说，情理和合思想要求以柔性的自我控制系统来补充硬性的控制系统并使两者在具体的组织场域和管理情境中实现耦合互补，在达成组织的功利性目标过程中不至于使人性受到贬损，实现由内外和合设定的组织的双重目标价值。

其三，天人和合与动态开放的管理系统。奠基于主客体二元对立思维的主流管理理论视组织为开发、征服环境的一种工具性存在，此种取向与生态环境恶化及人之精神分裂问题的关联备受生态主义者与存在主义者的批评。前文已经指出天人和合思想在疗治西方"人类中心主义"与"唯理论"所造成的生态恶化与精神分裂问题中的现实意义。将此推延到管理领域，天人和合思想对当代管理的一个重要启发是，组织与其环境形成一种动态、自然的开放系统，组织的存续与发展需要奠立在满足此环境系统需求的基础之上。组织置身的"现实"是政治、经济和文化三大系统不时互动的混合体，组织的主要决策及其执行效果是三个系统综合作用的结果。以企业组织为例，作为经济单元的企业存在诸多非市场领域的交集，其管理活动除了自身内部基于理性的成本效益核算之外，还受到员工心理结构、当地文化习俗、企业所在地环境监管部门及相关法律政策的影响。

在天人和合思想指导下，组织的管理活动需要在此开放系统中综合考量对于一切利益相关者的社会责任，既包括对于股东、员工、供应商、代理商、顾客等契约型利益相关者的社会责任，也包括对于社区、公众、政府等非契约型利益相关者的社会责任。不同内涵的"天"与"人"之"和合"也有不同的含义：作为人格神的"天意"要求组织顾及文化系统中的精神需要，考虑组织存在的文化价值并构建有所敬畏的组织信仰体系，为股东和员工提供安身立命的精神家园；作为客观限制的"天命"则要求组织以管理活动存在的内部规律来对待组织的其他利益相关者，勿夸大管理者的理性能力而盲目将人的直觉、情绪等非理性因素清除在管理之外，而应该遵从人的自然需要及满足这种需要的自然规律来协调供应商与代理商的内外部管理事务；作为自然环境的"自然天"则要求组织考虑发展的环境代价，在节约自然资源、维护生态环境的基础上考虑自身的持续发展。总之，天人和合思想要求组织的管理活动以"道法自然"的律令将包括员工、顾客、自然生态在内的一切环境要素视为与组织存续息息相关的开放系统并对利益相关者承担相应责任。

其四，群己和合与基于伦理技术的教谕式调解。群己和合解决的核心议题是个体与他者之间的人际关系，在中国古代典籍中常以"伦"的形式存在。"人伦"就是基于伦理纲常的人与人之间的关系秩序，是古代中国人修身、齐家、治国、平天下的核心依据。这同时也表明，中国文化传统中的群己和合的内在要求是一种伦理关系。在经马克斯·韦伯"祛魅"之后的现代管理中，伦理的考量在主流的组织与管理理论中一直处于边缘位置，这是导致现代管理模式中人际关系紧张及经营者屡现"败德行为"的一个深层次原因。当然，以群己和合来规制组织生活并不是要在组织中召唤传统伦理，中国古代伦理思想同样存在许多弊端，它与西方理性精神一样构筑了一种宏大叙事并形成强大的压迫系统而剥夺了个体的自由权利。和合治理对群己和谐关系的强调是在继承世界优秀文明基础之上扬弃中国传统的伦理精神，以中国伦理的中庸和合之质为指导思想，以后现代管理者倡导的行动中的审美伦理为具体之用，强调以福柯作为自我技术的后现代伦理精神为本位来构造中国传统的和谐人际关系，并以此为依托对组织的具体管理活动进行设计。此种观念在具体的组织生活中的可行性途径就是前文所提及的"教谕式调解"，即根据具体的情境要素，管理者在微观权力的"场域"中依照自我理解和训练的伦理技术，对管理的相关事宜进行情景化调控。这种治理方式既能在组织中重建伦理精神与和谐人际关系，又能避免传统伦理对个体自由的压迫。

8.1.3　和合治理的运行机制及理论架构

理性与情感融通的实用理性是和合精神的哲学根源，这在第七章已有专门论述。在和合治理的内涵结构中，除了情理和合直接决定的双重控制体系之外，组织的双重目标价值体系、组织与利益相关者构成的动态开放系统、基于伦理的教谕式调解都能在根源上找到实用理性的影子。和合治理的四大构件则是实用理性在组织的目的（价值）、手段（制度）、环境（战略）、方法（策略）等不同层面的不同展现。这样，寻找和合治理的运行机制及实现途径其实就可以归结到情感与理性如何在组织生活中得以恰当地融通起来这一问题。第六章中，在考察组织运行中的逻辑悖论及其整合机制时，建构了情感逻辑与计算逻辑组织内耦合机制，为研究和合治理的运行机制搭建了基本框架。不过，在第六章建构情理和合的组织内耦合机制的理论出发点是在普适意义上整合现代管理模式日益分裂的两大范式，此处则从管理学本土化的角度，在双重管理逻辑耦合机制的基础上重点考察和合治理在本土脉络中的运行过程及其关键维度。

结合前文的理论分析，图8—2中的双重管理逻辑耦合机制具有四个关键性维度：一是理性计算系统与情感价值系统的识别及建构，它是整个耦合机制得以实现的前提条件；二是组织局部秩序中基于伦理的自我技术，它是和合治理在具体场景中得以完成的关键步骤；三、四分别为耦合机制运行中的两个关键节点：促使双重管理逻辑聚合的亲和催化器和防止两种逻辑分化的紧张缓冲阀，二者共同构成和合治理的保障机制。在漫长的历史积淀中，由本土文化元素决定的耦合机制的四个关键维度天然地可以在本土的文化/历史/社会脉络中找到对应的管理智慧或实现方式，也就是说，实用理性的组织内耦合机制的每一个关键步骤都可能以中国本土管理元素来实现。

其一，儒法并用的"礼治"制度使古代中国的社会结构形成了费孝通所说的"礼治秩序"（费孝通，1986），在某种程度上将道家与儒家无为而治的管理理想落实在国家统治与社会控制之中，对古代中国社会的长期稳定与发展有很多贡献。这种礼治秩序事实上就是理性控制系统与情感价值系统在社会控制层面的成功实践，将之灵活运用到当代的组织管理领域，对于我们实现双重管理逻辑耦合的第一个步骤颇有助益。其二，家族作为传统中国之经济与社会生活的核心，促使中国人形成几乎凡事以家为重的家族主义观念（李亦园，1982），对中国的组织及其行为有重要影响（杨国枢，1995）。将家族主义推及组织生活中，可以发现家庭作为一种以血缘亲情维系的高聚合性组织，是理性计算与情感价值得以充分融合的理想场域，恰能充当耦合机制的亲和催化器角色。其三，中国古代社会整合力量中的核心要素是伦理，在某种程度上可以说中国是以伦理为本位的社会（梁漱溟，1987），而伦理在后现代主义看来恰恰是矫正管理中的理性偏颇，恢复人之情感与信仰因素的要件。前文指出，情感与计算双重逻辑耦合的"场域"是基于某种自我技术的微观权力博弈过程，伦理在微观权力的目标性聚合过程中具有关键性的作用。组织局部秩序中的管理活动是针对具体情境进行教谕式调解的"干预"过程，以伦理本位的中国文化脉络来看，此种干预实质上是基于伦理的德性领导过程。其四，关系（guanxi）在中国社会及组织生活中特殊的重要作用已经在学界取得某种共识，并引起理论界与实业界的高度关注。自费孝通（1948）提出"差序格局"概念之后，黄光国（1985）则提出更为具体的"人情与面子"关系模式（黄光国，1985）。无论对关系如何解析，其对中国组织、团体及个人行为和效能都产生重要影响，尤其是人情、面子作用下的中国人际互动对于缓和理性与情感在组织生活中的冲突有积极作用，基于人情主义的关系管理就在某种程度上发挥着耦合机制中紧张缓冲阀的作用。

由此，我们结合中国独特的文化/历史/社会脉络在理性与情感双重逻辑的耦合机制中确立了和合治理的四个关键维度：导向无为而治的礼治秩序、组织基于家庭主义的家庭隐喻、基于伦理本位的德性领导（教谕式调解）以及基于人情主义的关系管理。如图8—2所示，此四种从本土脉络推导出的管理要素，分别位于情理耦合机制的四个关键部分，因而可以说，由四者共同构成的和合治理是情理耦合机制在中国本土的实现形式，和合治理的运行机制就嵌入在情理耦合的运行机制之中。

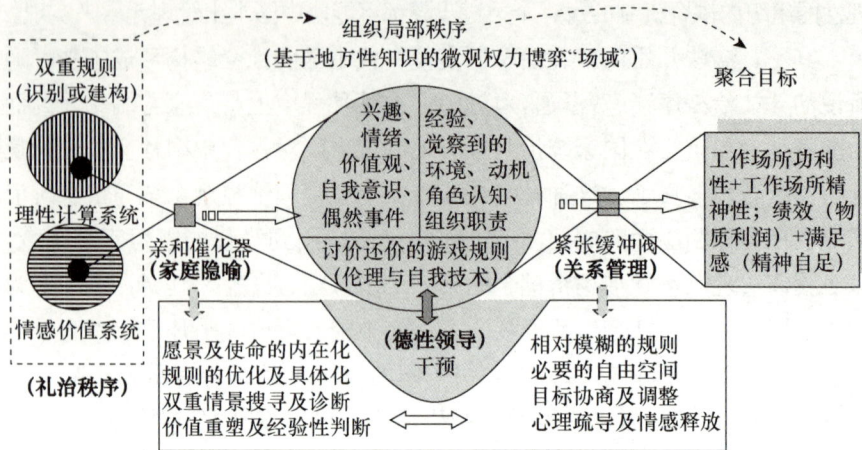

图 8—2　和合治理的运行机制及关键维度

资料来源：作者绘制。

尽管和合治理运行的关键维度由本土文化/历史/社会脉络导出，但它建立在普适性的情理耦合机制之上，因而在达到某种成熟程度之后能够推及其他国家的组织管理实践运用之中。将礼治秩序、家庭隐喻、德性领导与关系管理进一步细化，勾画出其具体的结构并使之与主流管理知识大致对接起来，我们就能够描绘出和合治理的基本理论框架（见图 8—3）。在图 8—3 中，礼治秩序等四种本土概念都可以细化出各自的二级结构，能够与控制、组织、领导、协调、战略等主流管理知识的核心要素一一对应起来，并可以划归到现代管理与后现代管理两种范式之中。如礼治秩序主要涉及主流管理理论中的控制与组织两类问题，其中仁德教化与刑罚惩戒可以视为两种控制机制，前者是基于情感的自我控制，属于后现代管理的范畴；后者是基于结构的强力控制，可以归到现代管理范式。礼治秩序中的等级结构与情景调控维度则可以视为两种组织机制，前者在正名的要求下形成一套关于礼的等级，是组织结构化的需要，属于现代管理范畴；后者强调礼治之等级设计符合人之自然需要，礼治之施行本质上是遵循人与宇宙规律的自然系统，这便是一种自组织机制，属于后现代管理范畴。当然，这种细化只是大体勾勒出和合治理的基本轮廓，其与主流知识的对接也并非严密。无为而治、家族主义、人情主义等本土脉络及和合治理的细化在此都未能进行深入阐释，这部分内容将在后面章节具体研究每种机制的构念及运行过程时中详细交代。①

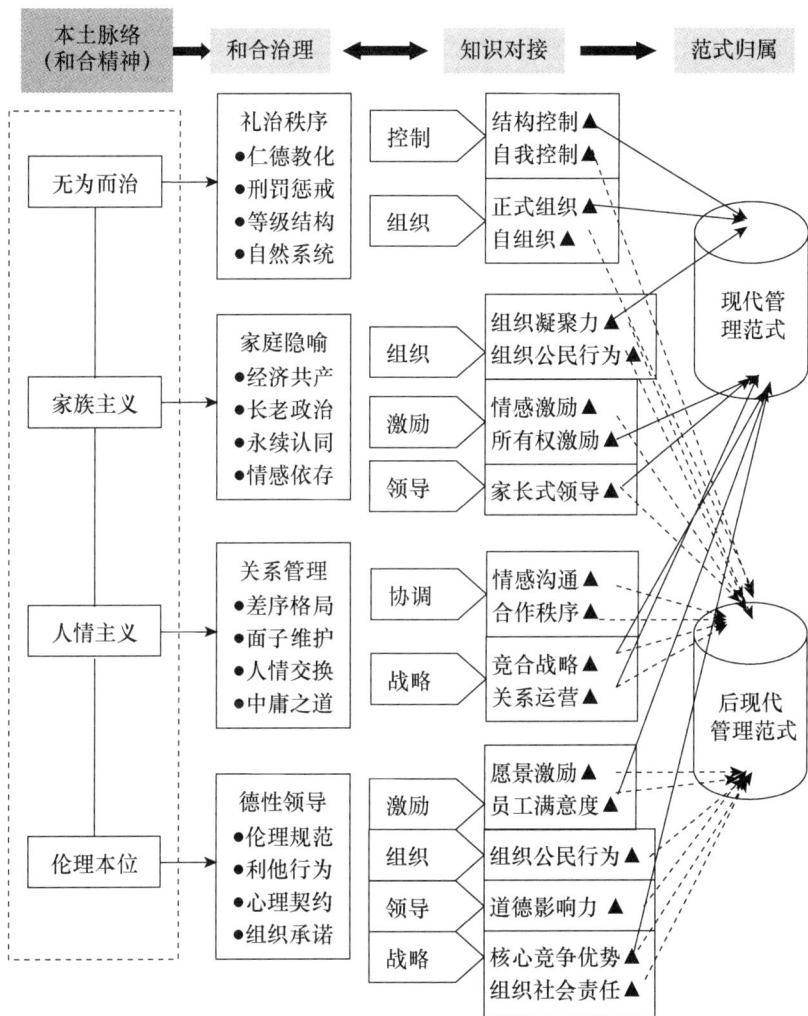

图 8—3　和合治理的理论架构及其与主流管理知识的对接

资料来源：作者绘制。

① 基于关系、面子和人情主义的关系管理已经有相对成熟的研究成果，如黄光国（1988）的权力游戏理论，翟学伟（2005）的人情、面子和关系网络理论，罗家德（2008）基于社会网视角的圈子理论及对中国关系信任机制的研究（Luo，2005）等。由于研究时间和文献掌握的限制，本书难以对前人研究有所突破，因此不再对基于人情主义的关系管理进行拓展研究。

8.1.4　和合治理在管理学中的范式整合意义

管理学的本土化研究是在主流管理学范式转换的背景中进行的，第七章也已经指出，奠基于独特文化基质与本土脉络的中国管理理论具有范式转换与创新的世界性意义。那么，从本土文化/历史/社会脉络中产生的和合治理有哪些范式意义呢？在图8—3中，从和合治理的理论架构与主流知识对接可以直观地看出，和合治理兼有现代管理范式与后现代管理范式的属性，是现代主义与后现代主义、科学主义与人文主义两组对立性范式在管理中融合的整合性范式。依据前文对管理学范式的整合研究，和合治理的范式整合意义突出表现在以下两个方面：一是管理中的人性整合，二是组织中的逻辑整合。

和合治理的理论基础是和合精神，和合精神对人性的处理最突出的特征就是理性与情感相互融通的实用理性观，无论是天人和合还是内外和合，都是理性因素与感性因素交织的产物，由此在组织管理中推导出的双重价值体系及双重控制体系也成为和合治理最重要的理论标志。实用理性是一种基于实践的理性观，具有明显的问题解决意识和实用倾向，这也是它未能走向西方注重抽象思辨的纯粹理性的缘由，而这种理性在实践中则表现为内外和合的伦理精神，即将自然情感与工具理性融合在仁义之德中，并以更为具体化的礼仪形式来推行，这也是中国情感化伦理与西方理性化伦理迥然不同之处。这种不同表现在管理之中就是，和合治理在宏观管理中建构的双重目标价值体系及双轨制控制机制是一种"礼"治秩序，具有明显的道德化特征，而在具体的管理事宜中，和合治理则强调根据具体情境按照"情、理、法"次序进行权变性考察并做出合乎伦理的决定，这种调解式管理更像是一种基于伦理的教化，具有明显的"教谕"功能，但与古代具有统治性与压迫性的宏观伦理不同，和合治理所弘扬的是一种具有后现代主义特征、作为自我技术的私人伦理和生物性权力。由此可见，中国和合治理与西方分化管理截然不同的是，其人性基础不是理性与情感分裂、科学与人文对立的二元人性观，而是理性、情感与德性兼具并以德性将理性与情感贯通起来的完整人性结构。因此说，和合治理在人性基础上成功整合了主流管理理论中的科学主义与人文主义两大范式。

和合治理的运行机制是在情感价值逻辑与理性计算逻辑的耦合机制中建构的，因而其本身就是情感与计算两种组织逻辑耦合的表现形式与实现途径。根据第六章的分析，和合治理自然地在逻辑上整合了主流管理理论中的科学主义与人文主义两大范式。和合治理的理论架构也能明显体现这种耦合逻辑，如礼治秩序本身是由情理和合思想导出，"礼"是一种兼有理性计算与情感价值的伦理形式，礼治秩序也就是一种两大逻辑耦合的自然系统。此外，组织的家庭隐喻也是一种耦合机制，因为"家"虽以血缘情感为主要维系纽带，但也具有理性控制的职能，同时处理家庭内部的各种情感与利益关系是"家长"角色的突出特征。再有，中国社会中的人情、面子已被诸多学者证明是一种兼有工具性关系与情感性关系的混合型社会资本（黄光国，1985）。因此说，和合治理在具体的管理逻辑或权力的运行方面也具有整合性特征。

和合治理作为整合性范式并非呈现出理性与情感、科学与人文平衡发展的均衡态势，而是情感主导理性、人文主义压过科学精神的一种非均衡范式，这对于矫正"祛魅"的主流管理中工具理性排斥情感价值、科学主义压过人文主义的非均衡态势有更为现实的补充与救赎作用。此种当下的救赎作用表现在两个方面：一是突出的人文主义色彩有利于缓解科学主义范式主导下管理的人性弊病，二是突出的后现代主义色彩有利于缓解现代主义范式主导下管理的效能弊病。

首先，前文已经指出，科学主义管理排斥管理中的艺术与哲学成分，导致诸多人性化诘责，而和合治理鲜明的人文主义色彩恰好可以消解这种批评。人文主义范式在以人际关系为核心的中国人看来，是与人们心灵深处的自然情感和世俗生活的需求相通的，其对伦理亲情的召唤更能引起中国人的认同（罗珉，2005）。中国管理学所蕴含的丰富人本主义思想在管理实践中将科学、艺术和哲学三种元素融合起来，中国管理学的意义在于推动管理学研究从科学主义范式走向人文主义范式（戴国斌，2010）。但设想以人文主义范式取代科学主义范式，同样存在现代管理中非此即彼的简单化倾向，和合治理则在兼顾两种范式合理成分的基础上适当地强调了人文主义的重要性，因而提供了一种更为审慎的管理范式理论。其次，在后现代管理者看来，现代管理对环境的简单设定及其机械式管理已经难以适应时代需要，科层制组织及旧有管理模式在环境动荡的后现代社会面临着效率与效能的质疑。和合治理对环境的设定则是一种动态开放系统，而在具体的运行机制或操作中，和合治理在总体上表现为一种自然系统或自治模式。如在"外儒内法"建构的礼治秩序中，儒家构造的情感价值系统在多数历史时期是一种显性知识并占据管理中的主导性话语地位，法家设计的理性控制与刑罚威慑系统则作为一种隐性知识被视为应慎用的选择，而在特定时期将这两种管理系统的主次地位颠倒过来的君主往往会受到道德的诘责而被视为"无道之君"。这种由儒家情感伦理主导的双重控制机制，就是一种具有网络特征的自然系统（罗家德、王竞，2008）。Eswar与Raghuram两位学者也指出了中国管理的这种自然特质，并称之为关系驱动范式，他们认为如若要在中国取得良好的管理效果，战略规划者必须将关系视为中国情境中一项独特的战略资源，关系运作中的不胜任者将会导致战略机会的丧失或运营成本的增加（Eswar & Raghuram，2006）。根植于本土脉络的和合治理的自然特质及关系特征，更加接近于后现代主义倡导的自组织范式，在某种程度上和合治理是一种基于关系的网络型治理模式。

8.1.5　结语

根植于本土文化/历史/社会脉络而又能与既有世界管理知识对接的和合治理，提供了与主流的西方管理学具有不同范式意义的新管理形态，是一种兼有现代管理范式与后现代管理范式的综合性理论。和合治理一方面因脱胎于本土情境脉络而能更有效力地指导本土管理实践，另一方面其超越于理性主义管理范式之处则使其更加亲和后现代管理而更能适应知识经济时代的管理需要。中国许多既有管理经验、制度资源及组织文化具有某种程度的后现代性，与后现代管理具有契合之处，这为精于解构而拙于建构的后现代管理提供了研究的经验性依据和范本。在后现代思潮中建构具有本土优势的特色管理理论以克服西方管理的现代性弊端，这是在中国社会的情境脉络中研究管理的一大优势。当然，和合治理的研究目前尚处于概念提出与理论建构的起步阶段，自然难以按照规范化的方法进行实证检验，但任何一种管理理论的效用都应该有经验上的支撑，待和合治理的理论建构相对成熟之时，以科学的方法对之进行严谨的设计与检验是必不可少的步骤。

此外，还需要清醒地认识到，礼治秩序、伦理本位、家庭主义、人情主义等文化传统及社会脉络都与古代集权体制的诸多弊端混融在一起，在以之作为本土资源承继文化传统以重建管理范式的同时，必须对其内在弊端保持警惕，以批判性继承的立场使之在后现代社会进行创造性转化，消除其在乡土社会中浸染的小农主义及专断主义色彩，在民主社会重新激发其于组织管理的积极合理作用。礼治秩序等管理思想及制度资源与后现代性的诸多契合之处恰恰也表明中国的现代性历程还有很长的路要走，前现代性的制度资源在展现其后现代优势的同时也会暴露其在科学理性方面的不足，这就需要中国管理研究者在审慎地批判西方管理的同时，抱持学习与宽容之心态对待主流管理理论，避免从缺乏文化自觉的西方学术霸权走向封闭保守的本土学术霸权。

8.2 礼治秩序：无为而治与本土化管理学的控制机制

受不同价值观驱动，学者对组织及其管理的经验或现象进行观察，往往具有不同的感受和认知，进而形成各种不同的组织隐喻（organization metaphors），其中"机器"是学者对目前组织生活最主要的隐喻之一。以泰罗和马克斯·韦伯为代表的古典管理理论和组织理论学者将组织隐喻为"机器"，组织中的人被隐喻为机器上的"齿轮"或"螺丝钉"，由此设定了一种通过等级链条进行精确化控制的机械式秩序。组织的管理过程就是设定各种理性化、精确的制度、规则和程序以使组织这架机器得以最大效率地运转。该组织秩序观时至今日仍然是主流经济学和主流管理学所努力追求的重要价值。将组织隐喻为机器与人类古老的机械思维密切相关，美国著名组织理论学者 Gareth Morgan（1986）在批判组织的机器隐喻时，开篇引用了庄子《汉阴丈人》（亦作《农夫与桔槔》）中的典故①：

> 子贡南游于楚，反于晋，过汉阴，见一丈人方将为圃畦。凿隧而入井，抱瓮而出灌，滑滑然用力甚多而见功寡。子贡曰："有械于此，一日浸百畦，用力甚寡而见功多，夫子不欲乎？"为圃者仰而视之曰："奈何？"曰："凿木为机，后重前轻，挈水若抽，数如泆汤，其名为槔。"为圃者忿然作色而笑曰："吾闻之吾师，有机械者必有机事，有机事者必有机心。机心存于胸中则纯白不备，纯白不备则神生不定，神生不定者，道之所不载也。吾非不知，羞而不为也。"子贡瞒然惭，俯而不对。（《庄子·天地篇》）

---

① Gareth Morgan 引用这段文献时误将文献中的子贡视为庄子本人，但对引用故事的大意及其承载的管理内涵释解得十分清晰和准确。

在此典故中，汉阴丈人（为圃者）之所以拒绝使用子贡推荐的省力工具（槔），是因为他认为其间存在一种"机械—机事—机心"的逻辑，这种逻辑推理的结果是"纯白不备、神生不定、道之不载"，即人类本真状态、生活乐趣及内心安宁的丧失，从而成为所使用机械及其所生产产品的附庸。庄子此处的本意并非要使人类社会返回原始状态，而是对物质文明发展缺憾的一种疑虑和批判，以维系"道"之存续。以此典故看，这里的"道"就是人类与自然、他者及自我内心之间的一种平衡状态，即中国文化所凸显的和谐境界。Gareth Morgan（1986）指出，汉阴丈人如果来到现代社会定会无比失望，因为机械及机械思维（机心）已经深深影响到我们生存世界的每一个方面，似钟表一般运行的程序化的组织生活更是如此。从故事本身涉及的人物来看，此寓言是中国道家思想与儒家思想之间的一种对话，从汉阴丈人"羞而不为"及子贡"瞒然惭"可以推断，作为中国传统文化两翼的道家思想与儒家思想均主张对"机心"有所控制以使人类保持其本有的安宁状态。

那么，中国古代的社会组织及其控制机制是否避免了 Morgan 所说的"机心"对人及其组织生活的侵蚀与奴役现象呢？由于生产工具是生产力的重要构成因素，从社会发展所必需的技术支撑来看，任何一种社会的存续都不可能完全避免这种异化现象。但总体上，中国管理的经验提供了一种能较大程度上控制"机心"的途径，产生了与西方主流管理理论中设定的"命令—服从"式等级秩序不同的礼治秩序。事实上，儒道两派思潮对控制"机心"的具体途径有重大分歧：道家主张"绝械"以"去机心"，即完全排斥使用机械以保持淳朴之态，这便是一种无为而治的途径；儒家则主张以"仁"来"限机心"，而在具体的制度设计方面，"仁"之施行成为"礼"，"礼"治（管理）之结果就是"礼治秩序"。因而，道家仅仅提供了一种管理理想却不能将之具体化，而儒家则将这种理想在社会运行和组织形式中落实下来，两者在控制"机心"以使人们在组织化生活中保持自然愉悦之态方面殊途同归。

8.2.1　"无为而治"的管理理想与"礼治"的管理设计

无为而治是中国古代政府与社会管理的纲领性蓝图。作为一种管理理想，无为而治思想最早是由老子提出的，同时也是道家思想的精髓。在道家看来，人类社会的治理途径应该遵循自然之道，即"人法地，地法天，天法道，道法自然"（《老子》第二十五章），而自然界运行的规律是"清静""寡欲"与"守拙"等，如"水善利万物而不争"（《老子》第八章）、"大音希声，大象无形"（《老子》第四十一章）。以这种自然规律来考察人类的管理活动，老子认为管理存在四种境界："太上，不知有之；其次，亲而誉之；其次，畏之；其次，侮之。信不足焉，有不信焉。悠兮，其贵言。功成事遂，百姓皆曰：我自然"（《老子》第十七章）。在这四种境界中，管理者"无为而治"而被管理者"不知有之"的自然状态是最高境界。管理者无为的目的是通过减少强制性干预来激发被管理者的自我管理能力，正所谓"我无为而民自化，我好静而民自正，我无事而民自富，我无欲而民自朴"（《老子》第五十七章）。作为管理的最高境界，无为而治同样也得到儒家的认同。孔子就曾感慨道："无为而治者，其舜也与？夫何为哉？恭己正南面而已矣！"（《论语·卫灵公》）。在《汉阴丈人》寓言中，当丈人说明拒绝使用机械的理由时，子贡之所以"瞒然惭，俯而不对"，也是由于其老师孔子对此道理曾有相似的教诲。（统治者、管理者）无为而治与（民众、员工）自我管理同时也是后现代管理者的一项基本主张，它与主张去中心化（de-centralizing）以增强自主性（autonomous）的自我管理（Cooper & Burrell，1988；Boje & Robert，1994）颇有契合之处。

在道家思想体系中，无为而治仅仅作为一种管理理想存在，因为将自然规律直接推衍到人类社会，以自然之不争、无私及谦和特征来预设人类的行为并非完全恰当。而在儒家的发展过程中，无为而治的管理理念被嵌入庞大组织结构及复杂人际关系之中，形成一种礼治秩序而建构出一种无为政治的社会现实。在孔子的思想体系中，"仁"作为人之内在的伦理—心理状态是人性中最为本质的东西，但以"仁"（德）治天下作为最高的原则需要在实践中具体化，这便有了作为"仁"之外在实体的"礼"和外在形式的"仪"。在孔子看来，"礼"是以血缘为基础、以等级为特征的氏族等级体系，而"仪"（钟鼓乐器等）则是"礼"在操作过程中的形式化。"礼仪"不是毫无意义的繁文缛节，其原型都有极其重要的社会功能及政治作用，并在一定程度上保存了原始的民主性和人民性（李泽厚，2003）。"礼"在荀子思想体系中成为理论探讨的核心观念，作为社会制度、规范和秩序，已经获得了高度理智的历史性理解。荀子认为，"绳者，直之至；衡者，平之至；规矩者，方圆之至；礼者，人道之极也"（《荀子·礼论》）。也就是说，内在的仁义道德必须经由"礼"这种外在的规范才可能存在，因而"礼"才是"仁义"之"经纬蹊径"和"人道"之准绳。这样，荀子从现实的群体性规范秩序和整体性的统治立场出发来解释"礼"
之价值，事实上将"礼治"作为实现儒家"仁义"理想的现实途径。虽然
荀子的礼治思想依然遵循孔孟传统中的情感—心理—道德理论，但确立了
它在政治统治和社会控制中的现实支撑，实际上开创了后世以严格等差级
别为特征的社会控制和国家统治的思想基础。

　　在礼治设计中，上至皇帝贵族，下至平民百姓，都必须遵循孝亲、尊
师、纳谏、守法等共同的礼仪规则。虽然有等级之差别，但在此管理体系
中，居高在上的君主绝非可以完全抛却礼之约束而行肆无忌惮之事，历史
上不乏群臣反对和矫正君主"非礼"行为之事，也不乏因挑战礼治传统而
败事亡国之君。由于受源远流长的礼治传统约束，中国古代的管理模式就
不能以完全专制独裁的"人治"概括之。学者常以"人治"和"法治"来
分别表示东方管理与西方管理的两种模式，费孝通先生对此提出明确质
疑。费孝通（1986，2006 年版）认为，所谓人治和法治之别，不在于
"人"与"法"两字之上，而在于维持管理秩序时所凭借的力量和所依据
规范的性质。法治并非表示法律本身能够进行统治和管理，而是社会上的
各种关系需要根据法律维持；同样，"人治"表面上看是拥有权力的人任
凭一己好恶来决定组织及社会中的一切关系，但费孝通指出，这种所谓
"人治"其实在历史上几乎不可能存在。因为，社会上共同生活的人们，
其相互之间的权利、义务及行为，如果没有一定的规范依循，社会必然会
混乱不堪而难以进行"治"了。依据这种逻辑，中国古代社会并非缺乏法
律和没有秩序，恰恰相反，中国古代的社会秩序相当稳定，直到受到近代
外来工业文明和政治运动的冲击才产生结构性危机。在礼治传统的约束
下，中国古代社会事实上是一种伦理与法律融通的"礼治"社会，它既与
西方社会基于契约关系的"法治"不同，也远不是人们所谓统治者专制独
裁而不受任何权力制约的"人治"。中国传统社会得以长期稳定的基础是
基于一种礼治秩序，这种秩序支配下的政治逻辑正是无为政治（费孝通，
1986）。也就是说，社会及其管理过程中的各种关系不是主要凭借法律，
当然也不可能凭借主观的个人，而是通过作为传统经验和习俗的"礼"
来实现的，它本身带有自组织的特征和机能，使之无论如何改朝换代，
社会的基本结构并无剧烈的震荡。事实上，儒家对于社会秩序的礼治设
计将道家无为而治的至高统治理想落实到社会管理与控制的操作实践之
中，这是中国文化本身圆通自洽和中国社会管理圆满成熟的一个重要
体现。

8.2.2　礼治秩序的现代管理内涵

秩序及其维持是管理活动最一般的条件和基础性目标，即便是后现代管理所倡导的混沌之中的管理也需要寻找边缘中的秩序，无为而治的自然状态虽是管理的一种理想状态，但是这种自然状态的前提却是有序且可控的，完全无序而不可控的状态不能称之为管理状态。那么，礼治秩序的管理学内涵是什么呢？回答这一问题需要厘清"礼""礼治"与"秩序"等基本概念。

台湾学者劳思光认为，作为孔子学说之始点的"礼"有广狭二义，狭义之礼指仪文而言，广义之礼则指具有实体内容的制度（劳思光，2005），这也能反映出前文所述之"礼"（内在化的广义之礼）与"仪"（即形式化的狭义之礼）之别。更具体而言，在儒家学说中，礼是以血缘为基础（自然主义）、以仁义为宗旨（伦理导向）、以等级为特征（理性建构）的氏族社会体系，它实际上是一系列对一切氏族成员具有强大约束力和强制性的未成文的习惯法（李泽厚，2003），它与传统及经验相联系并渗透于社会生活的方方面面。"礼治"则是与"法治"相对而言的一种管理模式，即维系社会规范并处理各种管理关系的依据是未成文的"礼"而非明确成文的"法"，这种以"礼"作为组织及社会管理基本依据的统治方式或管理模式称之为"礼治"。对于"秩序"，学术界曾提出多种概念，其中以哈耶克的概括较为权威。哈耶克（1973）指出，"无数要素之间形成了一种紧密联系，允许人们通过对整体中的某个时空的了解而能够对其余部分准确进行某种预期的状态即为秩序"。即秩序是能够使人们在某种局部条件中准确预期其他结果的规则系统，学术界对秩序的争论往往围绕着"准确预期如何达成"即"秩序如何形成"而展开。对此问题的不同回应大体可以归为两类，即哈耶克所谓的"建构性秩序"和"自生性秩序"（自然演化秩序）。

综合以上分析，可以将礼治秩序的管理学内涵界定为：以自然伦理为宗旨和基础，以等级序列为表征，来源于组织经验、传统和习俗并被参与者认同，能够对组织行为及其员工行为进行准确预期和控制的规则系统。所谓"自然伦理"是来自血缘、亲情等自然情感的伦理规范，如由恻隐之心（同情心）、推己及人（同理心）和羞耻之心（自尊心）等心理构成的"仁义"体系，它既然是礼之深层来源和基础，同样也就成为礼治秩序的基础和宗旨。"等级序列"是礼外在性表现的一个突出特征，《礼记》中明确界定了礼的基本功能是"别贵贱，序尊卑"，即"夫礼者，所以定亲疏、决嫌疑、别同异、明是非也"（《礼记·曲礼》），而要达到这一目标，就必须构造一种基于声望、资历、身份及权力的等级序列。此外，礼治秩序与法治秩序的一个基本区别是，它所凭借的"礼"来源于组织经验、传统和习俗等历史积淀的约定性价值，更多地表现为非成文的组织文化；而法治秩序则主要来源于基于理性计算的组织权力等级和职位权利义务的清晰界定。但这并不表明礼治秩序不具备法治秩序所具有的强制性特征，礼及其伦理依据同样具有强制性功能，只不过这种强制相对较为委婉，通过认同和内化而转化为后现代管理者所谓的自我规训过程，虽是一种自我技术，但规训的产生与社会宏观环境中结构化权力的运行息息相关，同样反映了社会文化和习俗对组织个体的强制性功能。

礼治秩序与主流管理模式相比，其最突出的特征在于它是一种两重性秩序，既有建构性又有自发性，是建构性秩序和自生性秩序的混合产物。礼治秩序的建构性来自它本身是儒家对原始礼俗进行理性加工设计以"别贵贱，序尊卑"，通过分别定异，把亲亲、尊尊等自然主义伦理从抽象概念外在化为可操作的具体制度和仪式，以此来强化社会统治和组织的稳定。礼治秩序的自发性则源于礼之基础是经验、习俗和传统中寄予的自然情感及价值，而自然情感对人之行为的调节和规范常常是一种自律方式，即通过家庭、学校的教化和生活中的耳濡目染使普遍设定的礼仪取得组织成员的认同，从而使之自觉地履行相应的义务，以此保证人与人之间的关系存在某种准确预期，在自生演化中拓展和维系组织秩序及其长治久安。

8.2.3　礼治秩序的结构维度及运行机理

从礼治秩序的相关影响因素及其运行的历史经验中，我们可以抽象出礼治秩序得以形成及其运行的基本机理。作为具有某种预期导向的社会控制体系，礼治秩序是包括伦理、习俗、惯例、法律、制度和纪律等多种形式的规则系统。此规则系统在内容上大体可以区分为仁德教化系统和刑罚惩戒系统两个子系统。仁德教化系统是以"仁德"这一儒家聚焦的伦理精神为核心，由道德、习俗、惯例等内在化的隐性要素构成的规则体系，即道格拉斯·诺斯（1991）所谓的非正式规则，此规则本质上是一种情感价值系统，它在本源上来自人的情感和价值，其功能也是进一步生成和维系人类之情感价值系统。刑罚惩戒系统是以"刑罚"这一法家聚焦的控制手段为核心，由法律、制度和纪律等外在化的显性要素构成的规则体系，即道格拉斯·诺斯（1991）所谓的正式规则，此规则本质上是一种理性计算系统，它在本源上来自人之理性计算能力，其功能则是进一步生成和维系合乎理性的秩序并从中获取现实利益。就两种子系统之间的关系来看，仁德教化子系统是礼治秩序的根源和基础，刑罚惩戒子系统是礼治秩序的条件和保障，仁德教化系统决定并约束刑罚惩戒系统，而刑罚惩戒系统则保障和维持仁德教化系统。也就是说，从礼治秩序的塑造来看，仁德教化系统作用于刑罚惩戒系统的过程是一种生成机制，而刑罚惩戒系统作用于仁德教化系统的过程则是一种保障机制（见图8—4）。

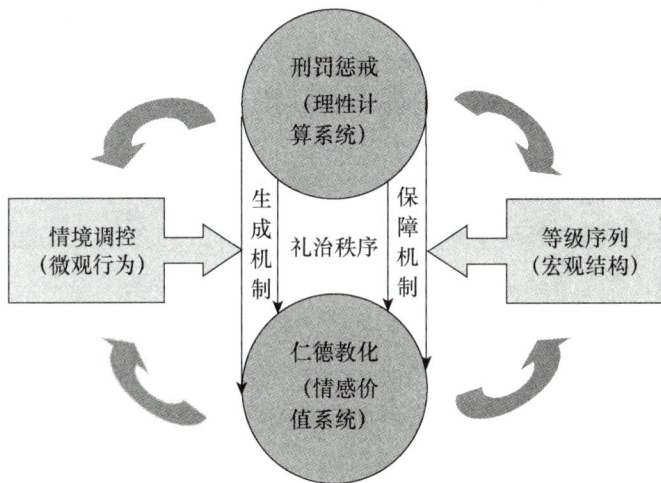

图8—4　礼治秩序的结构维度及其运行机理

资料来源：作者绘制。

礼治秩序两种子系统之间的运行关系突出体现在集"礼治"思想之大成并贯通儒家、法家思想的荀学体系之中。① 在荀子看来，仁德等自然伦理依然是一切规范的来源和基础，而内在的仁德必须通过外在的行为规范（即礼仪）才可能存在，律法和刑罚则能有效地推进这些行为规范的实施。也就是说，作为内在基础的仁德体系与作为外在保障的刑罚体系综合作用才能形成礼治秩序，这在组织生活中便是前文所述的正式规则与非正式规

---

① 荀子在思想史中的地位不仅仅在于他是礼治思想的集大成者，更是由于他开拓了儒家思想一个重要方向，即对现实历史的人为改造。如果说孟子对孔子学说的发扬主要在"内圣"方面，荀子则极大地发扬了孔子学说的"外王"方面（李泽厚，2003）。此外，荀子还是法家思想的开拓者，法家思想的学术代表韩非子和实践代表李斯都是荀子的学生。事实上，荀学作为儒（礼治）、法（法治）思想交汇与分流的集中体现，对儒家思想在汉代武帝之后成为中国文化主流有不可磨灭的重要贡献。

则的耦合机制，只不过在组织的礼治秩序形成过程中，伦理、情感及价值观等组织文化因素及其规范下的非正式组织有着更为根本和基础性的作用。这些非正式规则在组织中通过教化而内在化于每个员工的心理结构之中，使之主动做出有利于组织目标的预期行为，还能够有效地约束其具体行为。此外，组织文化也大体规定了组织正式结构进行惩戒和赏罚的基本依据和大体格局。

那么，组织中的仁德教化系统与刑罚惩戒系统之间的互动如何实现呢？从古代社会礼治秩序形成的历史经验来看，两种子系统之间的互动同样有生成与保障两种机制。在宏观结构方面表现为一种基于身份、地位和权力的等级序列（落脚于惩戒），这是礼治秩序的外在保障机制；在微观方面则表现为结合具体场景并依据"情、理、法"次序而进行的情景化调控（着眼于教化），这是礼治秩序的内在生成机制。在宏观结构方面，无论是作为强制惩戒的刑罚体系，还是作为内在教化的伦理纲常，都被划分为无数界限分明的等级序列，前者是基于权力职位的从最高统治者到基层官僚的金字塔式等级制度，后者则是基于伦理纲常的"君君、臣臣、父父、子子"及"天、地、君、师、亲"等不同人群之间的礼仪等级。权力等级与伦理等级在实践中的功能都是确立一种"名分"差别，具有不同名分的人处于组织和社会结构的不同等级之中，自然也被赋予不同的角色要求。在承担各种分化而又固定的角色时，组织中的人员被强制性地纳入一种结构化的礼治秩序之中，违背秩序都会受到应有的惩罚，这种惩罚可能是来自权力等级序列的暴力惩罚，也可能是来自伦理等级序列的社会诘难，当然由于礼治秩序两种子系统之间的内在关联，在古代中国两种惩罚更多的时候是结合在一起的，因道德问题而受到暴力惩治的历史事件颇为常见。

在微观行为层面，古代中国的社会控制凸显出情景化问题，十分强调针对具体的人员或事件选择不同的控制途径。即使存在明确的成文法（刑律），管理者依然可以针对不同的管理问题和涉及人员，采取不同的控制手段和做出截然不同的判定。因为除刑律等成文法之外，控制者还受另外一种更为强大的非成文法约束，这便是产生于历史传统之中的仁德伦理体系，控制者需要综合考虑"情、理、法"各种因素，协调和平衡不同人员的利益关系，并在人情、天理和国法之间做出妥当的取舍。因此说，具体运作中的礼治秩序其实是一种情景化调控过程。但这并不表明礼治秩序的微观运行是一种随意的行为，因为控制者在拥有多重控制标准的同时，也受到多重标准的约束。人情、天理和国法三种标准同时对控制者发挥作用，而事实上三者之间有很多冲突，遵循国法的控制未必符合人情，兼顾人情过多则未必与天理相符。这种复杂局面中的审慎控制行为对管理者的素质要求就相当高，中国古代的科举取士就是为筛选出德才兼备的行政人才，同时科举制度也使管理者受到正规的知识训练和伦理教育，这对胜任未来的管理工作有着至关重要的作用。

8.2.4　礼治秩序的自组织特质及人文意蕴

在礼治秩序的运行过程中，围绕权力和伦理而形成的结构化等级序列塑造了礼治秩序的建构性秩序，是一种基于宏观权力的垂直控制系统；针对具体管理问题而依据以往的经验和情、理、法多重标准进行的情景化调控则塑造了礼治秩序的自发性秩序，是一种基于微观权力的地方自治系统。因此，礼治秩序是建构秩序和自发秩序的综合体。但礼治秩序运行机理中存在一系列特殊的隐性预设，这些预设使礼治秩序在总体上表现为一种具有自组织特质的演化秩序。这些预设体现在两个方面：其一，在等级序列中，仁德伦理是刑罚惩戒的基础并决定其行使程度；其二，在情境化调控中，自然情感和伦理重于国法和刑律而在控制过程中被优先考虑。

在哈耶克（2000）和诺斯（1991）等人看来，伦理是来自历史传统和习俗中的非正式规则，具有自发演化的特征。在论及和合精神之时，前文已经指出，中国的仁德伦理来自基于血缘和宗法关系的人之自然情感，而在礼治秩序中，这种与天相通的自然情感及其体现的自然主义特征深深渗透到结构化的制度和刑律体系之中。如汉代兵役制度中二十三岁壮丁始服兵役的规定，刑罚制度和结算规定中的秋后处决和秋后算账，唐代婚姻制度中对休妻的"三不去"规定①，均顾及了人之自然情感和伦理。钱穆（2005）曾对汉代二十三岁始服兵役的规定进行解释：在古代中国，男丁到二十岁成人，可以独立从事农业耕种，但由于气候影响，平均三年中会有一个荒年，因而在节用的条件下，"三年耕，有一年之蓄"。一个壮丁，二十受田，至二十三岁时，便可能有一年储蓄来抽身为国家服役了。因而，汉代对服兵役年龄的规定，充分顾及了服兵役者的家庭负担，它"不

---

① 中国自西周时对休妻就有"七出"的约定，即"不顺父母""无子""淫""妒""恶疾""多言"和"窃盗"。唐朝时，在"七出"的基础上补充了"三不去"规定，即"有所取无所归""与更三年丧"和"前贫贱后富贵"，详见《唐律疏议·户婚律》。

仅是一种经济的考虑，实在是一种道德的决定"（钱穆，2005）。秋后算账顾及秋收这一农忙时令，休妻制度中的"三不去"规定也同样是出于道德考虑。此外，仁德伦理和道德教化是礼治秩序追求的主要目标和主要控制途径，而以暴力为后盾的刑罚体系在多数历史时期都被视为应慎用的威慑机器，重施刑罚的管理者往往被谴责为无道之人而备受道德诘难。因而，礼治秩序中的结构化等级序列并非固定不变，不同朝代的官制和刑罚大不相同，它经常因世道人心和伦理规则的变迁而不断调整，这是礼治秩序呈现出自然演化特征的一个重要方面。在礼治秩序的微观运行层面，作为地方性知识的管理实情和作为判断标准的人情往往发挥着首要的作用，因而控制者的管理经验和价值判断等主观性因素往往对控制的最终结果有重要影响。南宋《名公书判清明集》记载了地方官审理案件时的判决文书，清晰地呈现出"实情、事理、国法"三项次序感，合情、合理（天理）原则在具体案件的判定中往往优于合法原则。这就使礼治秩序的塑造主要来自具体性的事件和特定的人员而并非某种固定的外在驱动力量（如法律等）。这种没有清晰的外部命令或有显性规则但不必僵化遵循而自发形成秩序的控制现象就是一种自组织过程（Hermann Haken，1983），使中国古代社会的组织过程呈现出复杂的自我矫正系统特性。国内部分学者也发现了中国管理的自然系统特质（罗家德、王竞，2008），但未对中国管理的运行机理及具体环节进行细化分析，从而未能对这种自然系统的自组织过程进行较为彻底的揭示。

自组织演化中形成的礼治秩序事实上在一定程度上实现了老子"道常无为而无不为，侯王若能守之，万物将自化"（《老子》第三十七章）的无为而治理想。Kenneth Cloke & Joan Goldsmith（2002）等具有后现代管理倾向的学者倡导非人性化的、机械而低效的权威式管理必将被自我管理所取代，这与礼治秩序也颇有契合之处。礼治秩序提供了一种与西方主流管理理论塑造的法理秩序截然不同的管理秩序。法理秩序以合理性为根本诉求而追求稳定性与精确化，如前文所述，它内在地要求最大程度上去除情感、伦理、价值等非理性因素以实现组织的去人格化，因而常招致非人性化的批评。礼治秩序则将伦理系统作为管理秩序塑造的主要力量，强调以潜移默化的形式进行控制并要求在塑造组织秩序的同时实现对人的教化功能，这对提高组织参与者的道德水平和自我实现有一定的现实意义。无论是结构化的等级序列中对伦理教化的强调，还是具体控制过程中的自我调解，礼治秩序都凸显出了人的价值及其自主作用。从这个角度来看，礼治秩序所具有的人文意蕴是科学管理模式所不能代替的独特价值。

礼治秩序在运行机理和历史经验方面都体现出的自我管理理论有深厚的理论基础和经验支撑，但礼治秩序与 Kenneth Cloke 等人（2002）的自我管理与自我控制相比存在一个重大弊端，就是嵌入在等级序列之中而未与组织民主结合，这也是其屡次被批评为人治和专断的深层次原因。因而，对于礼治秩序能否成为后现代管理的一种普适性形式，还是一个有待于深入研究的难题。但可以明确的是，礼治秩序作为一种本土化的控制机制，具有西方管理模式不可取代的作用和价值，将之与现代民主制度结合起来，同时审慎地扬弃其在特定时代中的不良要素，对知识经济时代的组织管理将大有助益。

8.3　家庭隐喻：泛家族主义与本土化管理学的组织模式

对组织及其管理模式的建构深受作为基础假设与总体原则的组织范式的影响，而范式的提出和发展则始于作为人类表象思维之集中体现的隐喻，因而对组织隐喻的考察，是深化对组织范式的认识进而建构恰当的组织管理模式的一项基础性工作。同样地，从本土文化/历史/社会脉络出发，比较内在于人类思维之中的中西方不同组织隐喻，从中发掘影响组织范式建构的本土性组织隐喻，进而结合全球化与网络化的时代环境及组织前沿理论以建构本土化的组织模式，对发展本土化管理学并提高本土组织的管理水平有重要的理论与现实意义。

随着社交网络、电子商务、移动通信等信息网络技术和数字制造、云计算技术等大数据处理技术的发展，组织逐渐出现横向一体化的网络化趋势，网络组织成为更具环境适应力的新型组织模式（贾根良，1998；林润辉、李维安，2000）。模块化生产网络、平台型企业、战略联盟、虚拟企业、产业集群、贸易商社等新型组织形式不断涌现，并日益成为社会经济生活的主导力量。网络组织的出现使马克斯·韦伯开创的经典科层组织理论受到巨大挑战，新的技术、制度环境和文化价值观推动着企业向"去科层""互组织"和"无组织"（克莱·舍基，2009）的方向演化，工业革命以来人类社会经济生活高度"组织化"的进程受到阻滞。与西方组织相比，中国组织远未发育到韦伯所谓的合理性与合法性基础之上的理想科层制程度，由于传统价值观的嵌入和正式制度约束的不足，中国企业原本就组织化程度较低而人格化色彩较浓。那么，中国企业弱组织化的社会架构与具有悠久历史传统的关系思维能否在大数据时代转化为一股"去科层化"的积极力量而走在新一轮组织变革的前列？

近年来，组织与管理研究者愈来愈重视中国本土情境因素对管理理论与组织行为的影响。中国是个关系取向的社会（杨国枢，2004；Wong，2010），建立在血缘、地缘及个人互动经验基础之上（翟学伟，2005）的"关系"是中国本土组织运行及其治理效果的重要约束条件和触发机制。与西方社会更多地凭借"弱连带"获取信息与结构洞利益（Granovetter，1985；Burt，1992）不同，中国人更倾向于运用特殊取向的"强关系"建立以人伦为基础、具有网络封闭性的组织结构，并以此获取中介利益及封闭利益（Xiao & Tsui，2007；罗珉，2011）。西方的人际关系理论及组织分析范式受理性主义预设影响，强调对个人效用最大化的追逐并以此推导组织存在和运转逻辑，使其人际交换与组织协调具有等值倾向，而此等值效果的实现唯有通过成本—效用分析的计算逻辑来达成（高良谋、胡国栋，2013）。遵从人情主义而非理性最大化逻辑是中国组织与管理的重要特色，许多学者研究了人情关系等因素对本土企业的影响，认为它们对华人组织行为产生重要作用（黄光国，1988；郑伯埙，1995；罗家德、王竞，2008；Fan，2002）。那么，是什么影响着中国人际关系模式及本土组织的运作逻辑？在其影响下，本土企业在组织定位、组织功能和组织结构等方面，与法约尔、韦伯和汤普森等西方学者开拓的理性组织理论有何不同？对这些问题学者鲜有揭示和深入研究。

有学者研究发现，中国人的关系建立在家庭伦理基础之上（翟学伟，2005），被视为家庭关系的对外延伸（梁漱溟，1987；Chua et al.，2009）。家族主义是中国传统伦理文化的基本精神，深深地渗透在中国社会的伦常关系、价值观念、民众行为方式及组织制度设计之中。受家族主义影响的中国、日本等东亚国家往往将组织"隐喻"为家庭或家族①，并

---

① 日本学者间宏（1993）在《日本经营的系谱》一书中曾专门分析了构成现代日本经营模式核心的经营家族主义，它的核心理念是为增强企业的命运共同体意识，将企业组织类比为"家族"，以家族中的长幼秩序来设计日本企业的劳资关系和其他管理制度。

以此来设计相关的经营管理制度（间宏，1993；郑伯埙，1995）。由于对组织及其管理模式的建构深受作为基础假设与总体原则的组织范式影响，而范式的提出和发展则始于作为人类表象思维之集中体现的隐喻，因而对组织隐喻的考察，是深化对组织范式的认识进而建构恰当的组织管理模式的基础性工作。本书以"组织隐喻"（organization metaphor）为突破口来检视家族主义文化情境如何界定和塑造本土组织的本质及功能并揭示其与西方主流组织理论的差异，进而结合大数据时代的环境特征及中国当下文化、制度情境建构本土组织的特殊治理机制。

8.3.1　西方社会的组织隐喻及其演化的历史规律

隐喻（metaphor）作为一种传统文学语言意指"一种言说方式，言此而意彼"（阿利斯特·麦克格拉斯，2000）。后现代主义哲学使隐喻从传统的文艺领域拓展到科学研究领域，从而消解现代科学话语的客观性。组织研究领域中的隐喻是观察者用形象的语言对组织的某些本质的高度提炼或对其某些现象进行高度概括以形成的直观感知。隐喻"大多受直觉的驱使，把乍看起来毫无联系的形象创造性地连接起来"（Ikuijiro Nonaka，1991），将某特定经验领域提升出来的理念性东西话语化，因而是"在语言和客观世界之间存在的一个中间层次的认知"（Soteria Svorou，1994）。隐喻不可能揭示或概括组织与管理领域的所有本质与现象，只能提供某种片段性却很清晰的认识，因而是"观察和思考组织及其现象的一种重要方式"（Gareth Morgan，1986）。尽管隐喻因其非精确性、模糊性及缺乏清晰的学理界定而遭到某些有科学主义倾向的组织研究者抵制，但由于一切语言在某种程度上都具有比喻或象征性（Lakoff ＆ Johnson，1980），隐喻往往在基础假设和观察取证无法得以实现的理论发展初期具有决定性作用，它对组织研究具有重要的暗示和预设作用。基于此，近年来越来越多的组织与管理领域的优秀学者密切关注着组织隐喻的相关研究，尤其对语言及隐喻如何代表或揭示组织生活投入了极大兴趣（Joep P. Cornelissen，2005）。

不同时代的人们在不同的价值观驱动下对不同的经验形象进行观察，对组织的使命及组织生活有不同的认识和感知，也就形成了各种不同的组织隐喻。以泰罗和马克斯·韦伯为代表的古典管理理论学者将组织隐喻为"机器"，这样组织中的人自然就被隐喻为机器上的"齿轮"和"螺丝钉"，组织管理就是设定各种理性化、精确性的制度、规则和程序以使组织这架机器得以最大效率地运转。霍桑试验之后的组织行为研究者发现并强调组织的非正式规则部分，将情感与效率共同推衍到组织考察的核心地带，从而使组织被隐喻为人与人之间彼此互动的"社会网络"，组织管理就是依据不同的需求协调网络中的各种人际关系并尽可能地调动员工积极性及组织士气。这两种隐喻观念分别厘清和把握住组织的效率与人性层面，对组织现象进行片面的抽象概括并都有利于改善组织的管理水平，但效率与人性的对立使组织被碎片化。社会系统学派的代表巴纳德（Chester I. Barnard, 1958）尝试对组织隐喻进行整合性建构，认为古典组织理论者把组织隐喻为"骨骼"，同时又结合当时行为科学的发展，将组织的价值观和道德隐喻为组织的"血肉"，从而使组织成为一种活性的生物体。

随着知识经济时代环境的动态变化及复杂性科学的发展，组织的隐喻由牛顿物理学范式支配的机器隐喻日益走向生物学范式中的有机体或生命体隐喻，这一点已逐渐取得多数组织研究者的认同。在此基础上，一些学者针对传统组织理论过于强调技术层面而淡化价值文化层面的弊端，开始从文化、心理及价值层面思考组织的隐喻。美国现代组织管理学者摩根（Gareth Morgan，1986）把组织隐喻为"心理囚室"（The Psychic Prison），即组织是关系约定的总和，组织中的各种约定的关系制约着组织参与者如何观察、分析和行动的无意识假设，因而人们往往被自己约定的组织关系所控制并成为自我奴役的积极参与者。"心理囚室"的组织隐喻与后现代主义者福柯（1979）的"全景敞视塔"隐喻有异曲同工之妙。这两种组织隐喻都揭示了人们由于对各种组织制度及技术的麻木适应及认同，而逐渐进行自我规训的现实，只不过福柯强调了伦理作为一种自我技术在组织运行过程中的积极意义，从而拓展了组织控制的伦理维度。

从组织隐喻的发展历程来看，可以大体厘定三种趋向或演化规律。一是，西方社会组织的隐喻一直在理性逻辑（rationality logic，简称"R"）与情感逻辑（affection logic，简称"A"）之间徘徊，但总体受到理性逻辑的节制，组织被多数学者视为实现理性设定的功利性目标的工具性存在。如图8—5所示，泰罗、法约尔和韦伯的机器隐喻将工具理性根植于组织理论之中，走向了理性—效率逻辑的极端，而梅奥等人的人际关系及行为科学学派则将组织视为一个情感互动的自然系统，将组织推向了情感逻辑的极端。巴纳德的有机体隐喻是以系统视角对组织运行的理性逻辑与情感逻辑的一个探索性整合，福柯和摩根的"全景敞视塔"与"心理囚室"隐

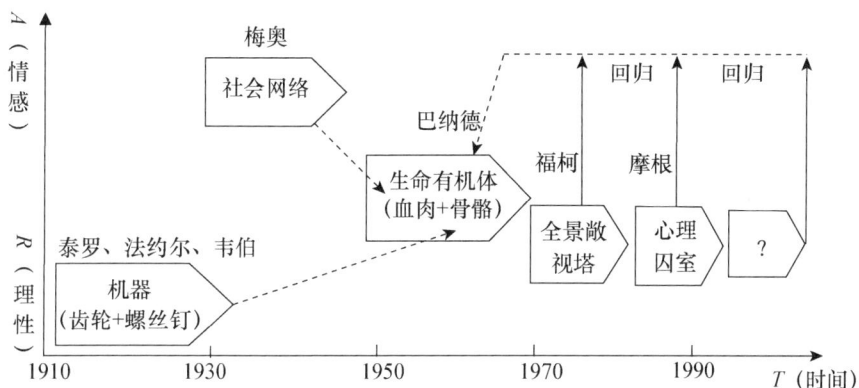

图 8—5 西方组织隐喻的演化历程及其逻辑脉络

资料来源：作者绘制。

喻都是延续巴纳德的框架，批判和思索组织中的理性逻辑如何压制人的自然情感，释放出向巴纳德的整合框架回归的信号。二是，随着环境的日益复杂，对组织的考察将更多地由简单线性思维主导的机器隐喻走向复杂性、非线性思维主导的有机体隐喻。但这并不表明，组织就不具备其机械性的一面，结构与制度等组织"骨骼"的物理性特征不可能消除，未来的组织隐喻考察应该秉承巴纳德的整合传统，从现实性与综合性两个视角建构作为生物体的全景式组织隐喻。三是，机器、心理囚室及全景敞视塔等组织隐喻表明，制度、程序与技术等基于工具理性的控制手段不恰当地主导组织生活，从而压制了组织中的人性发展。这些隐喻恰如其分地印证了马克斯·韦伯（1987）早在 1930 年提出的"工具理性对道德生活进行侵袭与宰制"的命题。也就是说，人们在组织生活中对物的过度依赖使人自身的力量和情感被物本身所吞噬，温情被冰冷的理性遮蔽，组织化的人因受制于物而在工具理性逻辑中丧失其本质。因此，未来的组织隐喻研究必须将情感、伦理与价值因素推衍到组织考察的核心。简言之，科学而恰当的组织隐喻研究一方面需要将组织的物理特征与生物特征综合起来进行整合性研究，另一方面需要将组织的理性因素与情感因素综合起来进行整合性研究。华人社会的家族主义及其在组织生活中的延展恰恰为新环境下的组织变革提供了适当的视角。

8.3.2 华人社会的"泛家族主义"及其在组织管理中的延展

中国社会的组织结构与组织行为深受家族主义文化情境的影响。深受以伦理为本位的儒家传统影响，中国人的组织非常注重基于血缘及地缘的人情与关系，人情主义成为中国人际关系与组织行为的重要建构力量，而其背后的运作机理则是家族主义及其泛化。在儒家文化传统中，"仁者，人也"，中国人往往在"二人"关系中去界定"人"的内涵，这种"二人"对应关系就是情意的感通，它必须以"二人"之间衍生的"人情"作为内容。也就是说，中国人的个体并没有一个清晰明朗的自我"疆界"，个体在对外塑的角色进行内省时，其"存在"感才开始浮现，否则便是一个没有自我认同感的"无名人"（孙隆基，2011）。"二人"之间关系的建构领域及典范形式便是"家"及"家庭关系"，个体只有组建了家庭，能够用自己组成的家庭人伦关系去规约其社会行为，才能算是真正的"成人"。在中国语境下，没有家庭关系的纽带维系，个体存在的"一意孤行""孤男寡女""孤苦伶仃""孤陋寡闻"都被视为不良的消极状态。

　　梁漱溟（1987）与费孝通（1986）分别以"伦理本位"和"差序格局"来概括中国社会关系和结构的基本特质，但两者都承认家庭家族关系是中国社会里最核心和最重要的关系。梁漱溟"伦理本位"构念的起点就是基于家庭亲子血缘关系的伦理关系，并将之进一步推衍到整个社会关系，也就是说，人类真、善、美等感情发端和培育在家庭，家庭关系是伦理本位的基础和起点，因而传统中国以伦理关系组织社会关系，进而以家庭结构建造社会结构。费孝通的差序格局概念也是在对中国社会里的"家"进行分析的基础上提出的，尽管费孝通谈到了地域差序，但在结构稳定的乡土社会之中，地缘关系是血缘关系在空间上的投影，因而中国乡土社会最为基础和重要的差序格局是家族关系中的差序格局，中国社会整体层面的差序格局是家族关系对外扩展和开放的逻辑结果。传统中国社会以家庭为核心组织经济及社会生活，形成凡事以家为重的家族主义（familism）以及与之紧密相关的思维模式和社会行为方式（叶明华、杨国枢，1998），使家族主义成为儒家思想乃至整个中国传统文化的核心和本质（Andrew Collier，2001）。

　　学界对家族主义的解释大多将之视为一套态度系统。Burgess、Locke和Thomas（1963）认为家族主义是包含以下五个组成部分的完整态度系统：一是强烈的归属感，即家庭内所有成员认定自己属于同一个家庭共同体，家庭之外的人则被视为外人而加以防范；二是追求家族的成就，即个人为达成家庭之目标而充分整合其行动，以促进家庭整体的成就为荣耀和奋斗目标；三是家产共有，即家中土地、钱财及其他器具物品，都是为家

庭所有成员所共享的财产；四是抵御外侮，即当家庭中任何成员受到外人
之攻击时，其他成员皆会团结起来共同保护或支持他；五是重视家族的永
续存在，即帮助已成年或有独立能力的家人成家立业，建立一个新的家庭
以使家族不断扩展和延续。这种解释充分揭示了家族主义的内向性的共同
体特征，但缺乏层次性和实证支持。台湾学者叶明华和杨国枢（1998）从
认知的、情感的和行为意愿的三个层次，对中国本土的家族主义的内涵进
行了详细剖析并开发了三套量表对之进行了实证检验，得出的家族主义内
涵及其相关要素如图 8—6 所示。

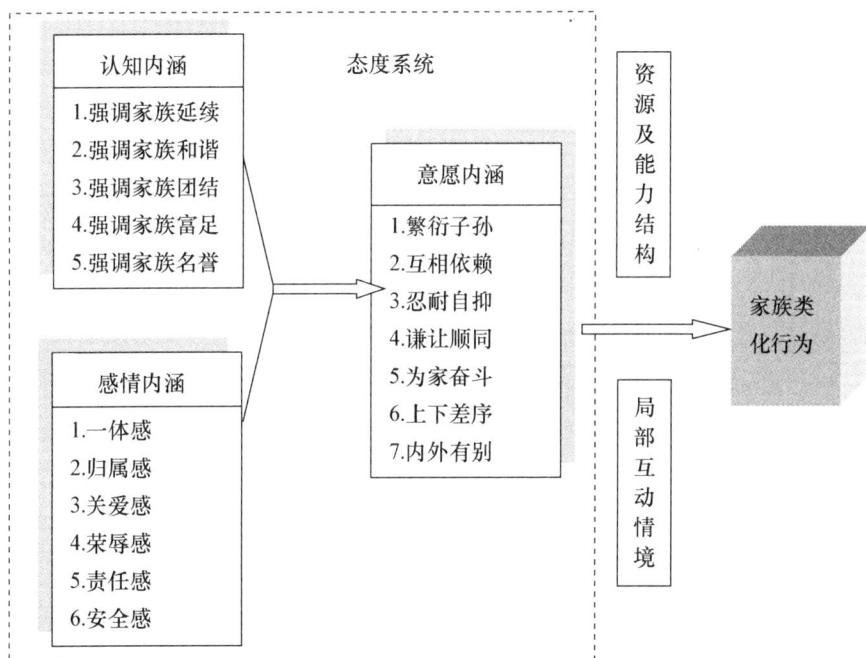

图8—6　家族主义的内涵及构成要素

资料来源：根据叶明华、杨国枢（1998）整理而成。

　　家族主义是一套复杂而有组织的认知、情感及行为倾向的态度系统，
大体包含心理学中的知、情、意三个层面紧密关联和相互作用的内涵要
素。在认知层面强调家族延续的重要性可能进一步产生感情层面的一体感
和归属感，也可能影响到意愿层面繁衍子孙的行为倾向；认知层面上强调
家族荣誉可能进一步产生感情层面上的家族责任感、关爱感和荣辱感，也
可能强化意愿层面为家族奋斗的行为倾向。此外，认知层面的内涵与感情
层面的内涵具有明显的相互依赖关系，而二者共同对行为意愿层面的内涵

具有互涉性效果。家族主义内涵作为一套态度系统对爱家、护家和利家等家族类化行为的影响可能并非直接而单纯的，而是受到个人能力与资源结构以及外在具体环境要素博弈互动过程的影响，在相似经验、惯势和情境中产生刺激类化的结果。总之，家族主义作为一种本土性的文化脉络，具有塑造类家族集体主义行为的内在倾向。这些行为表现为：人们社会生活的运作尽量以家族为重而轻视个体，家族的生存重于个人的生存，家族的荣辱重于个人的荣辱，家庭的团结重于个人的自主，家庭的目标重于个人的目标。

　　家族主义由家庭延展到企业、国家等其他非家族组织从而产生类家族行为的过程或倾向被称为"泛家族主义"，它是"一种将家庭以外的团体与关系予以家庭化的习惯"（杨国枢，2004）。在传统中国社会，家族中的生活经验和习惯常是中国人唯一的一套组织化生活的行为模式，因而在参与家族以外的团体或组织活动时，他们自然而然地将家庭组织视为其他团体之组织的典范，将家族中的结构形态、关系模式及处事方式推广与延展到非家族的团体或组织，并将家庭中的人际关系与伦理类化（generalize）到行号、社团、郡县、国家等其他社会情境或团体之中。在中国文化中，个人没有也不希望有牢固的自我疆界，而是在家庭人伦确定的社会关系中相互渗透和彼此依赖，"在家靠父母，出门靠朋友"的观念便是泛家族主义的一个直观反映。

　　泛家族主义在中国社会的长期演化中已经深深内化到中国人文化—心理结构之中，从而成为华人心智模式的一个重要部分，这种深深嵌入民族心理和价值思维上的隐性烙印很难因时代的变迁而发生骤变。泛家族主义至今对华人社会的企业、政府等组织架构及行为仍有重要影响，甚至超越制度、程序、规章及政策等正式规则而对组织管理发挥着主导性的作用。在企业组织形式方面，受泛家族主义影响，在中国内地、港澳台及东南亚等华人支配的经济区域中，家族企业或由家族控制的系族企业是这些地区经济的主体。① 这些企业一般由第一代企业家创办而后将公司财产和权威传递到下一代，外人较少有染指其控制权的机会。家族企业的所有权及重

---

① 中国内地的江、浙、粤、闽等东南区域的民营企业家族主义色彩表现比较突出，而在国有企业分布相对广泛的北方地区，家族企业未能取代国有企业而成为经济主体，但由家族控制的中小企业在数量和总体规模上已经占有较大的比例，并呈繁荣发展之势。此外，传统国有企业在领导方式、福利制度及管理风格等方面也都表现出鲜明的家族主义特征。

要控制权一般都掌握在家族核心成员手中，企业在创办新事业或扩大经营时一般由家族成员主导或寻找家族信任的伙伴，委托信得过的至亲好友或亲信，采用人脉关系而非授权给专业的外部人员来开拓新事业。此外，东南沿海及台湾等地部分企业集团的内部整合也主要依赖于血亲和姻亲关系维系（孙治本，1995）。家族企业及类家族企业的经营行为典型地反映出了家族主义强调家族富足感、团结感、一体感、安全感和内外有别等在认知、情感及意愿等多个层次的内涵。

在组织间关系方面，华人家族企业之间常沿着"消费者—零售商—进口商—制造商—外包商—家庭加工商"链条形成相互依赖的组织间网络（inter-organizational network），这种网络关系往往是私人关系的放大，在拥有类似家人的情感关系时，网络节点企业之间能够建立长期的交换关系，由于它一方面能够减少信任危机，另一方面能够降低交易成本，因而能够产生强大的竞争力。在组织内部管理与领导行为方面，家族主义对华人企业的影响更为明显。由于华人企业员工对组织具有强烈的一体感、归属感、关爱感以及强调团结、互相依赖的家族意识，华人组织常形成与泰罗主义截然不同的温情主义管理风格。温情主义管理将组织隐喻为家庭，强调组织参与者的凝聚力、归属感以及管理者对员工的关爱。在这种家庭式组织中，一切参与者视组织为家，雇主与雇员之间类似于父子关系，雇主及管理者拥有绝对权威，在监管员工的同时也会爱护和关怀员工的发展，下属及员工对待雇主及管理者则会忍耐自抑和谦让顺同，由此形成上下级权力距离较大的家长式领导（郑伯埙，1995）。在家族主义理念影响下，华人组织的温情主义管理还往往依照家庭结构和家庭关系来建构组织结构和组织关系，由此形成一系列独具东方特色的组织制度，这方面主要包括年功序列制、长期雇佣或终身雇佣制、岗位轮换制、技能丰富化以及管理者与普通员工在地位和身份上的去差别化（如"鞍钢宪法"等）。

家族主义在向不同的组织类型泛化的过程中，由于血缘、地缘等关系的亲疏及情境适应性的利益调整结果的不同，往往使中国社会在不同的组织中形成不同的"圈子"，并采用不同性质的组织逻辑。泛家族主义关系模式大体由"家人""拟家人"（亲信）"熟人""生人"等四个圈子层次构成，形成关系强大和信任度大体呈现费孝通（1986）所说的差序格局的结构，如图8—7所示。对于家人及拟家人化的亲信，一般采用利他主义的情感组织逻辑，相关组织行为被视为一种义务或关怀；对于熟人根据具体情境和资源能力结构采用工具性的计算逻辑与关怀性的情感逻辑混合的人情交换法则，相关的组织行为往往具有"施"与"报"的利益考量和情感期待；对于其他的陌生人，则依循利己主义的计算逻辑，按照规章制度和程序法则行事。泛家族主义关系模式中四个圈子使用的三种逻辑，只有"生人"之间的行为逻辑类似于西方经典组织理论设定的理性逻辑，其他两类行为逻辑则渗入诸多情感色彩而削弱正式制度的功效。

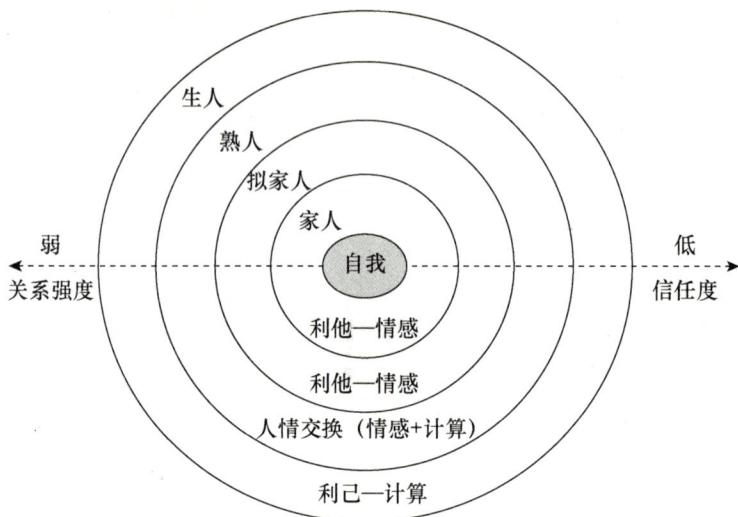

图8—7　泛家族主义关系模式的结构及其组织逻辑

资料来源：作者绘制。

　　在文化背景、主导逻辑、价值导向、结构特征及内容表现等多个维度，泛家族主义关系模式与西方现代组织人际关系模式都具有异质性特征，而与大数据时代西方后现代组织的人际关系模式则具有诸多契合之处，详见表8—1所示。后现代组织与管理理论是随着网络社区、数字制造等信息技术的蓬勃发展而形成的反思现代组织范式的一股新思潮。后现代组织理论批判了韦伯开启的现代西方组织理性化进程及其"祛魅"思想，主张启动重新回归自然与情感的"返魅"进程，这与泛家族主义"天人合一"和"道法自然"的天命观、强调礼治和人伦的伦理观、心意感通和情感体验的理论进路都不谋而合。不同的是，泛家族主义关系范式与西方现代组织范式都构筑了一种占有性与中心化的等级控制体系，只不过前者依据人伦的差序格局构筑权威，而后者依据职位和权责体系构筑权威。后现代组织范式则反对一切形式的权威和中心主义，倡导倾听他者、去中心化和自由平等的网络格局，这是传统中国关系范式需要结合现代技术要素和制度环境进行改进和完善的地方。

表8—1　　泛家族主义"关系"模式与西方（组织）人际关系模式的多维比较

比较维度	中国传统"关系"模式	西方现代人际关系模式	西方后现代人际关系模式
文化背景	天命观（天人合一）	理性观（"祛魅"）	自然观（"返魅"）
主导逻辑	家族主义	个人主义	自由主义（去特权化）
价值导向	等级伦常	权利义务	主体间性（主体离心化）
理论前提	心意感通	心意相隔	倾听他者（去中心化）
路径方法	情感（体验）	理论（实证）	话语（诠释）
结构特征	差序格局	团体格局	网络格局（去中心化）
关系取向	他人取向	自我取向	平等取向（去中心化）
关系成分	情感统摄理性	理性剥夺情感	情感救赎理性（去理性化）
基本内容	命中注定（缘） 人情法则（情） 礼治秩序（伦）	上帝赋予（神） 人际定律（理） 社会契约（法）	情感体验（情） 价值重估（伦） 交往理性（理）

资料来源：作者整理。

泛家族主义在企业、学校、医院及政府等非家族组织中的延展，使中国社会避免了僵硬无情的现代法权关系和去人格化的组织冷漠，同时也使中国本土组织的正式化与理性化程度较低，组织的正式制度在运行中往往受到非正式规则的冲击。在泛家族主义影响下，中国人的组织行为与工作关系往往重友谊、爱面子、看人情、守信义、托熟人、攀关系、讲忠诚，这种过于浓重的人格化色彩使中国各类组织在理性化、规范性程度方面与西方相差甚远。也就是说，与西方组织相比，中国是一个弱组织化的国家，但这恰恰顺应了知识经济时代组织"去科层化"和"网络化"的演变趋势，为精于解构而拙于建构的后现代组织与管理理论提供了恰当的运行经验和组织样板。因而，泛家族主义也使中国在信息网络技术主导的大数据时代建构后现代组织和克服现代组织的诸多理性困境时具有特殊的本土优势。作为一种情境脉络，泛家族主义对本土组织的内涵、功能界定及治理逻辑方面，都与西方主流的现代组织理论不同，在新时代的组织变革中蕴含着丰富的积极力量。

8.3.3 本土组织的家庭隐喻：概念重塑及关联预设

在诸多组织隐喻中，沿着组织演化的内部规律，建构一种综合性和现实性的组织隐喻以消除对组织的片段性或极端化解释，是当代组织理论健康发展的一种趋向。华人社会的家族主义及其在组织管理领域的延展为我们提供了将组织隐喻为家庭的可能性和必要性。传统的组织隐喻，无论是古代组织理论的机器隐喻、现代组织理论的心理囚室隐喻乃至后现代主义的全景敞视塔隐喻，大都将组织视为一种消极力量而存在，有将组织类比为争权夺利的竞技场或奴役与被奴役的牢笼倾向。本土组织的家庭隐喻则冲击了这一传统的思维惯式，从而赋予组织温情色彩，将之改造为一种积极的存在。这种隐喻及与之相关的一系列关联预设的转变涉及组织概念的重塑等基础性命题，因而是组织观念的根本性变革。

组织的语义及其作为一项活动的起源本身都决定组织是一种人类改造自然和社会的积极力量。对于组织的语义本源，中国古代有"纺织"之意，如"夫组织之匠，成文于手"（《吕氏春秋·先己》）即存此意；在西方，组织（organizaiton）与器官（organ）紧密相连，意指器官（organ）之间的协调活动（organize）及活动之结果（organization）。无论何种语义，其反映的共同特征都是人之联合及协调行动，这种特征也直接反映在组织的起源和内涵方面。组织作为一种人类活动起源于人类个体力量及资源的有限性，正是为达成个体无法独自实现的特定目标，人类才产生集合群体的力量以共同努力的动机和行为。巴纳德对组织的经典定义就是"两个以上的人有意识地协调其活动和力量的开放系统"，并认为组织的本质是人与人之间的协作关系（Barnard，1938）。也就是说，组织在本原上是作为一种满足人之需要而通过群体的行动来达成个体无法实现的目标的积极力量。

工业革命以后，随着工具理性及其主导的科学主义范式对组织及管理影响的不断深入，组织正越来越频繁地被视为权力分化、社会分层、人性异化、身份压迫等困扰当代社会各种弊端的根源（Scott，1998）。究其原因，这一切与组织的科层化及去人格化密切相关。组织的科层化和去人格化作为现代组织理论的精髓，虽很有必要并具有某种制度与逻辑上的必然性，但其极端发展却导致计算逻辑与情感逻辑的背离，并使组织及其行为逐渐偏离了人及其协作这一组织存在的本质。正是在这种逻辑支配下，人们往往将组织尤其是企业当作纯粹的经济集合，把组织参与者当作理性经济人，同时把组织成员之间的关系以及组织与成员的关系当成市场交易或买卖关系，以市场机制代替管理职能，以纯粹的经济关系分析甚至直接代替伦理、文化等社会关系，从而在成本/效用分析和物质主义导向下使管理过于功利化和简单化。由此组织被隐喻为机器、囚室、竞技场等消极力量就成为一种自然的逻辑结果。欲改变这一现状，必须将组织还原为其本质，即作为人与人之间的协作关系系统。科层化高效率地解决了人与人之间的协作关系问题，但这种途径过于相信理性的力量而将人的情感要素边缘化，导致组织背离人之真实需要。人与人之间的协作，除了通过科层化将精于计算的人类行为纳入日常交易规则之外，还有另外一种更为自然的协作关系，即家庭成员之间基于情感的信任合作关系。本土组织的家庭隐喻就是一种重塑组织概念以使其回归本原的有效尝试。

　　家庭是人类社会自然组合且最古老的组织形式之一，其在人类历史上的复合功能、稳定结构及对个体生活的影响是其他一切经济组织或政治组织均难以比拟的。与企业等组织不同，家庭作为一种特殊组织，其组建及存续的基础是婚姻、血缘、情感等自然纽带，由此而联合起来的人群，以其作为夫妻、父母或兄弟、姐妹的社会身份相互作用和交往，形成了一个稳固的文化共同体（《中国大百科全书·社会学卷》，1991）。家庭可谓人类社会中功能最为繁杂的组织形式，其复合功能大体包括繁衍后代和抚幼养老的生理功能，情感慰藉及需要满足的心理功能，物质生产、分配和消费的经济功能，社会学习、宗教传承的社会功能，儿童教导和培育的教育功能以及休闲娱乐、身心发展的文化功能。这种功能的复合性决定家庭中存在生产关系、权力关系和情感关系等复杂关系，但与其他一切政治、经济及社会组织相比，能够表征家庭组织特质的关系是情感关系，感情互爱和伦理关怀是家庭建立和维系的决定性要素，但这种情感关系与经济关系又混合在一起，共同决定着家庭的发展状况，因而"家庭是建立在一定经济基础之上的作为人类感情的物质体现的最基本的社会组织"（南占江、南洋，1984）。基于血缘情感、相似体验的伦理关怀与基于生产、分配的经济计算，共同维持着家庭各种纵横关系和复合功能。由此可见，家庭是情感逻辑与计算逻辑自然耦合以构造稳定协作关系的理想组织形态，以家庭来反思和构造组织隐喻是克服现代组织隐喻弊端以对组织进行综合性考察的理想选择。

　　缺乏情感价值要素是现代组织隐喻的一大缺陷，目前的组织隐喻需要在理性计算逻辑之外构造一种情感关怀逻辑。关怀伦理恰恰始于家庭组织，家庭成员之间的关怀是一种最为自然和真实的伦理反映，情感之自然流露、兴趣与成就的自由表现等都是家庭组织所特有的，正如 Bachelard (1964) 所说，"这是我们的第一宇宙，地地道道的一个真实的宇宙。当我们亲密地看着自己的家，再简陋的住所也是美的。谈及'简陋的家'，人们常常赋予这一空间以诗性的特征"。以关怀体己和富有诗性特征的家庭来隐喻组织，就避免了现代组织隐喻中的机械化和冷漠化倾向，组织不再是严格作为容器的一个物理地点，"为了安居而建筑好的地点将一种已经存在的与人的联系扩大为安居的整个生命世界。而且，由于我们与房屋的材料结构之间日益增加的亲密关系，我们在这里住得越久，房屋就越像我们身体的延伸。当我们在住所里越发感到'自由自在'和越发体会到'归家'的感觉，它们就成了按照我们自己身体的形象而创造出的场所"(Cascy, 1993)。也就是说，家庭式组织不仅仅是一种物理存在，同时也成为内在于个体生命本身的一部分，因此发展家庭式的关系，组织在整合情感逻辑和计算逻辑的同时，也兼有了物理特征和生物特征，组织的家庭隐喻是物理学隐喻与生物学隐喻的结合，这正符合组织隐喻发展演化的内在规律。

在家族主义导向下，组织的家庭隐喻不仅改变了传统的组织印象，重塑了组织的概念和功能，而且确立了一系列基础性的关联预设，对组织的管理模式产生诸多连带性的影响。

其一，家庭式组织的使命是创造价值而非生产效用。以家庭隐喻组织，组织不再是参与者追逐个人效用最大化的功利性竞技场所，而是通过集体协作创造价值的一种生物性存在。这种价值既包括传统组织进行成本—效用计算的经济价值，也包括产生个体自我认同和愉悦身心的精神价值与情感价值。

其二，家庭式组织的结构趋于柔性化和网络化，在基于理性计算的正式科层结构之外，应该发展和培育基于情感价值的关系网络。家族主义的实质就在于它是建立在周孔教义的伦理道德基础之上和在中国现实情境中形成的亲属（kinship）、血缘（lineage）及其扩张的关系网络（Fukuyama, 1999）。这种网络关系既有父子代际的垂直关系，也有夫妻及兄弟姐妹之间的横向水平关系，两种关系整合的基础是基于血缘的亲情和责任。与此相对应，家庭式组织应该在成员的"共同愿景"与"共同体验"基础之上打破传统僵化的垂直结构，发展基于家庭式情感和关怀伦理的纵横交织式网络协作关系。

其三，家庭式组织的经济—财产关系是一种非均衡的共产和共享制度。与西方世界家庭财产独立制度不同，在中国家族主义传统中，家庭的经济—财产关系事实上是一种具有共产主义倾向的分享制度，即所有家族成员共同拥有整个家族的一切物质财富，但这种分享不是均衡分配，而是由家长（族长）支配，根据嫡庶、长幼、亲疏原则在家庭成员之间进行差别式分配，各分支或成员之间具有相互供养抚恤的义务，这在财产继承方面表现最为突出。基于家族主义的家庭式组织在所有权方面强调共享制，组织的出资人、管理者与普通员工共同拥有财产所有权，财产的最终支配权集中在处于家长式领导位置的经营者之手，经营者对管理人员及员工进行股权激励并根据组织盈利情况进行分红。

其四，家庭式组织的政治—权力关系是一种基于教化权力的长老政治。权力是组织中政治行为的核心，家庭式组织中的政治行为具有伦理规制的特色，这是由于家族主义的内涵及其依托的权力形态均具有伦理特色。费孝通（1986）指出，在中国传统社会结构中，既有专断的横暴权力，也有民主的同意权力，以民主与否的尺度衡量中国社会的权力运行并不确当，基于教化性权力的长老统治是对中国社会权力运行最恰当的表述。教化性权力在家庭内部的亲子关系中表现最为明显，但它又不限于亲子关系。凡属文化性认同而非政治性强制的行为都包含某种教化性权力。[①] 所谓长老政治则是指，由在组织中辈分、资历和威望（在家庭或家族中则指家长或族长）最高者行使权力，依据某种约定俗成的伦理规则对组织成员进行教化式管理的过程。因而，家庭式组织的领导模式是具有典型伦理特色而又兼具威权特征的家长式领导，激励往往采取依据工作年限、教育程度、道德威望和社会地位进行奖赏或晋升的年功序列制。

其五，家庭式组织的文化—心理关系强调情感依存与休戚与共。与"囚室"或"牢笼"等组织隐喻不同，家庭式组织在文化—心理方面的最大特色是强调情感依存和对组织的心理认同。深受中国家族主义文化影响的日本东京商业会所曾旗帜鲜明地表示，企业所有者以"完美的家族制度应用于雇员，以家长般的温情亲切对待雇员，或照顾其家庭、子女，或在其遇到不幸时加以安慰。万事皆以温情待之，则雇员必会视雇主为家长，同甘共苦，一朝有事，必挺身而出"（吴佩军，2010）。基于情感的家庭式组织在劳资关系方面往往采取长期雇佣制，在领导与激励方面往往采取情

---

① 也就是说，文化从本质上说必须是同意的，但文化对于儿童等社会新分子则是强制的，这种强制不是依托暴力而是通过社会伦理进行教化的过程。

感和伦理感召制度，这一切都会增强员工对组织的认同感和责任意识，因而家庭式组织中的组织公民行为往往较为普遍。

8.3.4　家族主义信任与本土组织的网络治理机制

组织的家庭隐喻使我们对组织的建构回归到巴纳德所塑造的组织本源，即组织是合作或协作行为的集合系统。对于组织成员之间的协作，传统的组织管理更多地强调科学的制度、结构和规则的设计，而忽视了基于信任的积极合作关系。泰罗制是低信任度、高标准化和规则至上的工厂制度的缩影，"遵循泰罗原则所组织起来的工厂，无异是对员工宣告公司不信任他们，公司认为他们无法承担重大的责任，因此把交代给他们的工作都细分成很小一部分，并且要求他们样样都得照公司的规矩来做"（Fukuyama，1999）。官僚制组织通过精致的控制机制来强制实现预期的协作，它同样不需要组织成员之间的信任作基础。梅奥的"霍桑实验"及巴纳德的组织理论，发现和强调了人际互动的非正式组织，由于非正式组织的情感逻辑使之易于形成信任关系，以人际关系角度来建构组织，在逻辑上可以更多地从伦理和文化方面来规划组织的信任机制，但泰罗制和官僚制的强势原则及其承载的科学主义范式阻滞了这条道路的发展，结果使20世纪的组织实践始终在官僚制框架下修补和完善，组织结构的科学化设计以及管理方式的技术化被不断地强化，而组织中的信任机制则一直未能在组织实践中得以充分彰显。

在组织化的社会中，信任机制在组织生活中的缺失导致组织所在的社会环境在某种程度上普遍存在信任危机，而人际间的不信任则进一步强化了组织内部管理及理性化的制度设计。由于缺乏人际信任，森严的等级制度和精细化的流程规则使组织内部成员缺乏安全感而生发受迫和压抑之感，组织成员基于私人之间的情感纽带或更多地在利益驱动下自然结成多个非正式群体以共谋私利，这便是组织内结盟。由于信任机制及伦理规则的缺失，非正式群体相互之间讨价还价的平台只能凭借权力系统，因此结盟成为各小团体之间相互争斗乃至尔虞我诈的主要形式，组织的竞技场和囚室特征则越发明显。基于权力利益而非人际信任的组织内结盟还容易强化组织群体行为的囚徒困境从而进一步威胁组织正式目标的达成。Granovetter（1985）曾以剧院失火的形象场景来说明这种囚徒困境，失火之时群体同时挤向大门而造成集体伤害并非一种非理性行为，而恰恰是在理性算计之下各行为主体追求个人利益最大化而造成的"N 名囚徒困境"博弈结果。但这种情况在家庭内部却极少出现，因为家庭内部成员在具体的家庭关系和共同生活体验中建立的信任使每一个人的行为都可以预测。因而以家庭隐喻组织，借助家族主义文化来重建组织信任机制，是整合组织行为以更好地实现组织成员之间协作或合作的恰当途径。

信任机制是除权威与价格之外，对组织结构、关系及行为进行系统整合的第三种机制。张康之（2008）对人类社会组织形态及其整合逻辑进行了历史性考察，得出的结论是：组织存在权威、价格与信任三种整合机制（如表 8—2 所示）；单一的权威整合机制是农业社会组织的主要整合途径，权威与价格的二元整合机制是现代工业社会组织的主要整合途径，而由权威、价格和信任构成的三维立体网络整合机制将是后工业社会组织的主要整合途径；依据整合逻辑划分，农业社会、工业社会与信息社会分别形成权威主导型组织、价格主导型组织和信任主导型组织；信任与合作具有同构关系，信任是合作的基础和前提，而合作则促进信任的产生，全面审视信任的功能并在信任基础之上重建组织结构与形式，是当前组织建设的一项重要任务。维持合作关系尤其是合作意愿，则是组织与管理实践的基本逻辑，是包括管理在内的组织各项活动内在统一的基础。

表 8—2　　　　　　　　　　组织治理的三种整合机制比较

比较维度	权威整合机制	价格整合机制	信任整合机制
社会形态	农业社会（传统文明）	工业社会（现代文明）	信息社会（后现代文明）
主导逻辑	权力逻辑	市场逻辑	伦理逻辑
整合规则	强制服从（任务）	等价交换（利润）	互信合作（互动）
整合形式	垂直纵向整合	水平横向整合	立体网络整合
整合途径	等级控制	价格调节	自我管理
整合特征	高效率、低自由度	低效率、高自由度	高效率、高自由度
管理角色	集权者（君主）	职业经理人	领导者（领袖）
组织价值	物本导向	资本导向	人本导向
组织结构	U 型组织（简单科层）	M 型组织（复杂科层）	N 型组织（网络组织）

资料来源：作者整理。

泛家族主义是一种特殊的信任机制，与西方基于契约与制度的普遍主义信任相比，根植于儒家文化价值体系的家族主义信任具有特殊主义取向和非正式性。也就是说，家族主义往往没有明文规定的制度或法律依据，其存续主要依靠传统习俗和教化伦理等非正式规则。在非正式规则指导下，人们往往将组织内外人员分为"拟家人""熟人""陌生人"三类（为保证组织管理能力的提升和持续发展，非家族企业往往依靠制度理性将具有血亲关系的"家人"排斥在企业之外），领导者对于拟家族人员信任度极高，而对于后两者则表现出较低的信任度或不信任，中国的信任结构也表现为一种内外有别、对外层层扩散而信任度递减的波状差序格局。

泛家族主义所蕴含的一体感、归属感、关爱感、荣辱感、责任感及安全感使之成为一种内在的（基于血缘、姻缘和共同体验）、自然的（基于情感的自发倾向）的信任机制，基于家族主义信任之上的组织可以产生合作的内在动机，这一功能仅仅靠强制性的公共伦理规制难以实现，更远非建立在权力或资本等外部性的利益诱因基础上的组织可以比拟。家族主义信任的内在性与自然性还能够有效弥补权力与价格机制的外在性及强制性缺陷，它使基于共同的内在体验和自然的情感交流的"感召—合作"关系取代了官僚制组织僵硬的"施动—回应""命令—服从"与"成本—效用"关系。家族主义信任同时在权威整合中的等级性与价格整合中的平等性之间起到某种"桥介"作用，由于情感依存及归属感的存在，组织成员之间在处理冲突之时易于达成妥协和共识，从而有效缓解了组织整合中的强制性权威通道与平等性交换机制之间的矛盾。

在家族主义信任的影响下，中国本土组织围绕拟家人、熟人和陌生人三个圈子（三者在特定情境下可以相互转化），分别形成由信任、价格和权威三种逻辑主导的立体网络治理机制，其主体由彼此互动与协同的感召机制、交换机制和惩戒机制三种机制构成，如图8—8所示。在中国目前情境下，本土企业的治理主要依靠技术、制度与价值观三种触发机制，其中泛家族主义价值观形成的关系网络对其他两者产生重要影响。大数据制造与处理技术已经在中国蓬勃发展，它形成了即时互动和交互影响的社区网络，使个性化的情感表达得以实现，在泛家族主义影响下，企业往往将必要的技术服务外包给自己的拟家人或熟人主导的供应商。此外，处于市场转型关键时期的中国，政府主导下的制度环境对企业资源获取及权力运行产生强有力的规制与约束作用，为提高企业资源获取能力，本土企业在泛家族主义影响下，往往通过各种途径与政府相关规制部门建立私人情感关系，使得企业政治行为在中国本土组织治理中具有特殊重要性。

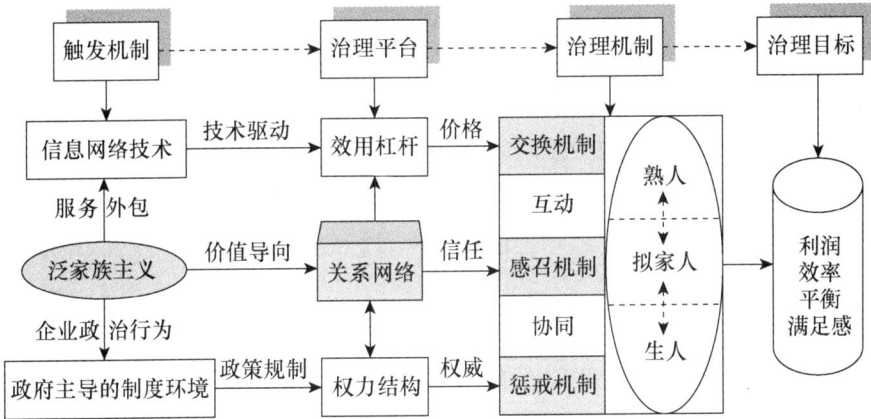

图 8—8　中国本土组织的立体网络治理机制

资料来源：作者绘制。

　　泛家族主义信任、政策规制与信息网络技术分别构筑了关系网络、权力结构和效用杠杆三种本土组织的治理平台。计算机信息网络技术影响企业成本效用核算的技术优势，它构成企业采用何种技术以及如何获得该类技术必须考虑的效用杠杆，衍生出熟人之间基于价格逻辑的交换体制，这种交换或是人情的或是利益的，一般具有按照等价原则获取回报的效益期望。家族主义则构建了组织内外活动的关系网络，它是组织处理各种工具性和情感性关系以获取资源支持和关键技能的基础平台，基于信任逻辑构建了表现为具有强烈感情或责任倾向的感召机制，主要使用于拟家人圈子。政策规制影响组织间权力配置、组织活动领域及组织内部权力结构，它建构了基于权威逻辑的惩戒机制，主要适用于陌生人圈子，是基于合法性与合理性而构筑的组织活动的最后屏障，并为交换机制和感召机制提供基础性的制度架构。

　　在目前的制度环境与文化情境中，本土企业事实上形成三个维度的治理途径：基于权威责任考量的纵向权力惩戒机制，基于成本效用核算的横向交换机制和基于特殊信任关系的交叉感召机制，从而使治理结构表现出三维立体的网络形态。组织外部的技术服务外包、企业政治行为、组织间关系协调以及组织内部的经理人选拔、员工激励和资源配置等事宜都依赖于三种机制的交互作用。其中，强调技术效用和成本核算的交换机制是现代市场体制下组织治理的基本途径，也是本土组织人情主义交换的主要平台；惩戒机制是本土组织治理的最后屏障，一般适用于陌生人之间，本土组织中的员工往往认为规范、制度、规则、程序、章程和法律等正式约定只适用于一般情形，必要时可以有所例外而灵活运用，而判断是否必要的依据，则是关系的种类和情感的亲疏；也就是说，泛家族主义构筑的感召机制是组织治理的润滑剂，能够用于缓解纵横两个维度产生的权力利益冲突。与西方组织不同的是，本土组织治理的目标也具有复合性，既有工具性的利润和效率要求，也有权力的平衡和情感上的满足感。当三种机制围绕组织治理的复合性目标取得协同效应时，治理效果最佳。

本土组织的网络治理机制使之在复杂性和不确定性日益增加的现代技术与制度环境中，具有极高的弹性适应能力。泛家族主义影响下的本土组织治理结构具有一种自组织能力，它能够通过高度确定性的强连接关系缓冲技术创新及制度变迁对组织治理带来的冲击。此外，寓于情感与忠诚的关系可以在优化组织资源配置的同时，大大降低用于拟家族人员控制的代理成本，并减少用于组织内外部沟通和协调的交易费用。但另一方面，家族主义信任在本土组织治理中也具有明显的消极影响，一是最具代理能力的人才未必能够家族化，基于家族主义信任的组织治理就难以保证维系长期的治理效率，同时使未被拟家族化的人员产生不信任感和被剥夺感进而影响其工作态度；二是家族主义关系网络冲击交换机制和惩戒机制的功效，在缓解两种机制紧张关系的同时也可能降低其效率，并在组织内部营造不公平氛围和加剧权力斗争，进而增加组织摩擦成本和削弱组织整体行动能力；三是拟家人、熟人与陌生人角色的转化具有难度，本土组织建构的内外部关系往往具有锁定效应，这对其治理开放度和治理能力的提升都具有很大限制，不利于建立现代性的大规模企业组织。

8.3.5　家庭隐喻与中国本土组织的未来变革

沿袭近年来学界对关系（Meiling Wong，2010；Zolkiewski & Junwei Feng，2012；Chao C. Chen et al.，2013）、人情（黄光国，1988；Li & Tsui，2002；Tsui，2006）等本土管理特殊情境要素的讨论，笔者将泛家族主义作为中国人际关系模式及本土组织的运作逻辑和文化基础，系统考察了泛家族主义影响下的本土企业在组织定位、组织功能和组织结构等方面与西方主流组织研究范式的迥异之处及其特殊治理机制。研究表明，与西方基于契约与制度的普遍主义信任相比，根植于儒家文化价值体系的泛家族主义是一种具有特殊主义取向和非正式性的信任机制；在中国目前情境下，家族主义信任、政策规制与信息网络技术分别构筑了关系网络、权力架构和效用杠杆三种本土组织的治理平台，依循信任、权威及价格三种逻辑形成由感召机制、惩戒机制及交换机制纵横交错组成的治理网络，该机制使中国本土组织的运行具有较强的自组织功能和环境适应能力。

通过对组织研究范式的演化过程及中西方企业的比较分析可知，中国人往往将家庭中的情感要素推演到组织领域，使公共领域与私人领域界限模糊，这与严守契约精神、恪守分工原则和公私分明的西方组织行为具有较大不同。同时，本研究拓展了Granovetter（1985）的社会资本理论，指出信息和信任在中国是特殊的组织资源，二者都受到关系亲疏的影响，强连接关系更加有利于中国本土组织的运转及治理，该观点深化了罗珉等学者（2011）对中国网络组织的相关研究。此外，本研究延续和丰富了近年来对"关系""人情"和"面子"等中国本土管理理论的讨论，以泛家族主义厘清了这些特殊情境产生的文化脉络及其背后运行的深层逻辑。本研究另一理论贡献是，从微观的组织治理领域，揭示了作为文化传统的经济伦理对于三十多年来中国组织演变及经济增长的潜在影响，进一步佐证了马克斯·韦伯有关经济伦理影响和塑造经济组织形式的观点。韦伯（2012年中文版）认为，相似的经济组织形式与不同的经济伦理结合，会按照各自的特点产生不同的历史作用。儒家泛家族主义伦理在改革开放后深深嵌入在本土组织的制度变迁和经济增长进程之中，促使中国产生与西方社会不同的组织隐喻和企业分析范式。这些理论突破进而可以推演出以下三点理论启示。

（1）中国本土组织的家庭隐喻及对组织运行的情感价值系统的重视，可能是克服西方组织工具性取向弊端的一股积极力量。在西方社会，组织隐喻及研究范式一直在理性逻辑与情感逻辑之间徘徊，但总体受到理性逻辑的节制，组织被视为实现理性设定的功利性目标的工具性存在，从而使人类的情感价值因素在组织中受到贬抑，这也是后现代主义对现代主流管理理论进行批判的焦点所在；而泛家族主义影响下的本土组织，如中国内地的江、浙、粤、闽等东南区域的家族企业和传统的国有企业，使基于情感价值、相似体验的伦理关怀与基于生产、分配的经济计算两种逻辑有机地融合在一起，共同维持着家庭式组织的各种纵横关系和复合功能，增强了其对复杂的近代社会变迁的环境适应能力，同时在某种程度上减轻了现代化进程对中国社会造成的人情冷漠的阵痛。家庭是情感逻辑与计算逻辑自然耦合以构造稳定协作关系的理想组织形态，以家庭来反思和构造组织隐喻是克服现代组织隐喻弊端以对组织进行综合性考察的理想选择。

（2）中国本土组织的治理机制与基于经济核算和委托代理关系的传统公司治理不同，它是一种企业、政府与社区多方参与、多元互动的社会治理机制。公司治理以财务收益和权力控制为重心，主要存在价格与权威两个整合元素，而欠缺信任与伦理这一更为广泛的社会治理维度。虽有独立董事与连锁董事等外部人员和关系网络存在，但其系统开放性仍然依赖基于计算逻辑的经济利益。本土组织的治理则融通了价格、权威及信任三种机制，情感与伦理因素的介入突破了传统治理的经济计算逻辑，兼顾了组织自身经济目标并有助于满足组织内外多方利益相关者的社会期望，因而在某种程度上是一种理性计算系统与情感价值系统相互耦合的治理体系。此外，泛家族主义使组织的治理没有明显的外部界限，一切受此文化脉络约束的情感相关者与利益相关者均可能介入组织事务并对治理效果施加影响。本土组织也十分注意与所在社区、政府及其他企业之间维持一种友善关系，将陌生人转化为熟人或拟家人，通过整合内外多元力量获得外部资源，开拓新的业务领域并向网络化组织发展。

（3）中国企业弱组织化的社会架构与具有悠久历史传统的泛家族主义关系思维能够在大数据时代转化为一股"去科层化"的积极因素，对组织的家庭隐喻使本土企业可能走在新一轮组织变革的前列。大数据时代的技术变革引发新一轮的组织变革，传统组织的内涵、功能及其治理都面临新的挑战。泛家族主义及对人情、关系和面子因素的重视，在一些学者看来是影响中国组织正式化、制度化和规范化的重要障碍，因为这些因素降低了中国企业的组织化和理性化程度，甚至阻碍整个社会的现代化进程。从历史规律看，组织的理性建构是中国本土企业不可逾越的阶段，但弱组织化的现状同时为大数据时代企业组织的网络化、平等化的变革趋势提供了恰当有利的条件。在理性与非理性的两难选择中，未来的中国组织研究应结合大数据时代的技术制度环境，发掘泛家族主义对于组织运行的积极作用，研究一般性的组织整合及其治理问题，致力于将组织塑造为一个高信任度的合作领域，恢复人类在组织生活中的创造力、主动性和革新能力，这同时也是泛家族主义信任对于组织考察和管理研究最有价值之处。

8.4　德性领导：伦理本位与本土化管理学的领导机制

在管理理论"丛林"中，近年来不断繁荣发展的领导理论对当下中国的管理实践有特殊的重要意义。一方面，领导活动在组织管理中的地位特殊，它对内决定战略的制定并在很大程度上决定组织结构和组织机制，而环境对组织所施加的影响也需要通过领导来体现。另一方面，更为重要的是，在"官本位"传统无法短期内消除的中国当下组织中，领导活动及领导者对组织的生存与发展有着特殊的重要意义。因此，以"领导"为聚焦点来系统探索中国的组织管理问题是合情合理的选择，领导理论的本土化也就成为建构本土管理学的重要环节。

8.4.1　"伦理本位"与德性领导的逻辑起点

目前对于中国组织环境的分析，国内管理领域的企业家、政策分析人员和理论研究者常从经济水平、教育程度、市场环境、人力资源等方面的特殊性出发，而易于忽略中国社会的伦理特质这一对组织行为产生重要影响的社会实情。对于中国社会的伦理特质，哲学、社会学及文化人类学领域的研究者已在某种程度上达成共识。梁漱溟对此曾指出，"融国家于社会人伦之中，纳政治于礼俗教化之中，而以道德统括文化，或至少是在全部文化中道德气氛特重，确为中国的事实"（梁漱溟，1987）。这便是中国社会的"伦理本位"，即中国社会的各项活动均以始于家庭亲子血缘的伦理关系为核心，形成注重伦理关系网络和情谊化生活习俗的社会特质。中国的伦理本位传统源自儒家思想的建构，蔡元培对此指出，"我国以儒家为伦理学之大宗。而儒家，则一切精神界科学，悉以伦理为范围"（蔡元培，1996）。如此，从伦理出发，"为政以德""孝治天下""礼治秩序"等也就成为中国古代领导实践中的基本规定。中国的传统伦理精神在管理中的特殊意义在于它化解了西方理性与情感二元对立、非此即彼的传统认识论弊端，将理性与感情因素融通在一起，而尤为重视情感因素。韦政通指出，"以家族为中心的伦理，特别重视的是'情'，情是维系伦理关系的核心……在中国文化里，情与理不对立，理就在情中，说某人不近情，就是不近理"（韦政通，1988）。钱穆则将这种情理相互融通的伦理特质直接以"德性"概括，他指出，"中国文化之内倾……主要从理想上创造人，完成

人，要使人生符合于理想，有意义、有价值、有道德。这样的人，就必然
要具有一个人格，中国人谓之德性"（钱穆，1989）。

在孔子以前，中国德性的原初内涵是天道之性和天人沟通的一种媒介，
即"以德配天"（《尚书·尧典》）。经过儒家思想的系统化改造，德性成为
来源于人的自然情感的一种积极元素，所谓"君子尊德性而道问学"（《礼
记·中庸》），成为一切道德的出发点而非道德本身（这点与西方亚里士多
德的德性论传统有所不同），进而被引申为治国理政和个人修行的基本准
则。儒家伦理本质上是一种德性伦理，格外注重道德的内在修养功夫。儒
家的德性伦理并没有像目的论、义务论伦理那样成为一种律令而强加于个
体，而是通过"推己及人""由内而外"的自然过程得以实现。"德者，得
也，得其道于心而不失之谓也"（朱熹《论语集注》），"内得于己，谓身心
所自得也；外得于人，谓惠泽使人得之也"（段玉裁《说文解字注》）。通过
这种"忠恕之道"，儒家的德性伦理事实上是一种道德实践和修养功夫。其
"内圣"范畴，意在涵养德性；其"外王"范畴，则是领导效能的显现。

在后现代管理视域中，中国本土领导理论的建构可以从儒家"德性伦
理"这一特殊文化因子及其形塑的"伦理本位的社会脉络"出发，只有这
种研究才能保证领导理论与被研究者之心理与行为及其社会、文化、历史
脉络密切或高度契合，才能真正称得上是本土化的研究取向。由此，中国
本土领导理论就需要建构在儒家"德性人"假设之上并深深嵌入以伦理为
本位的社会文化脉络之中。为更深刻反映传统中国德性主义主导下的领导
文化及其精神实质，并与后现代管理所倡导的价值精神结合，本书将这种
本土化的领导理论称为"德性领导"。当然，此种构念的提出不能完全依
据一厢情愿的主观判定，亦必须有能够被多数学者接受的科学依据，唯有
此方能以学界规范的语言与方法将此研究推向纵深。

任何一种完整的理论体系都有其基本的逻辑起点。德性领导作为一种
领导理念，有其得以成立的内在科学依据，即领导与伦理两者内在关系上
的勾连。唯有某种逻辑上的勾连，使得领导与伦理有共同的基础，两者的
结合才具有可能，德性领导才可能真正成为一种科学的领导观念和领导模
式。那么领导与德性之间到底有何内在联系？

在儒家的领导理论中，领导与伦理的内在关系体现在"内圣"与"外
王"之间的逻辑推演。"内圣"（"格物、致知、诚意、正心、修身"）以德
性为本，"外王"（"齐家、治国、平天下"）以领导为用。"内圣"与"外
王"之间的内外关系即伦理与领导之间的内在关系，也就是说，道德伦理

是内在部分，领导是由伦理推导出来的外显部分。儒家的这种以伦理为内在基础的领导体系是一种以人为本，以德为先，道德为内，领导为外，德主刑辅的东方领导模式，是一种从自我修养入手，逐步向他人、组织和社会推导的由内及外的过程（顾文涛、韩玉启、吴正刚，2005）。领导与伦理虽然性质虽然不同，但却追求类似的目的，即通过主观努力达到某种理想的秩序，所不同的是两者分别聚焦于秩序的有效性和价值性。

　　领导与伦理的结合体现了将管理活动的有效性与价值性相融合的合理趋向。与管理相比，承担激励功能的领导本身更具有伦理性质，它一方面要按照客观规律改造自然和组织化的社会，另一方面也要体现和提升领导参与者的个体价值。美国领导学者伯恩斯（2006）曾指出：从某种程度上讲，"领导是一种领导者与追随者基于共有的动机、价值和目的而达成一致的道德过程——这种一致建立在追随者与领导者一样的'真正'需要的基础上"。从这种意义上讲，领导是一种道德过程。另一方面，伦理也具有领导的性质。伦理关系渗透于一切社会人际关系中，并在社会的运行中起着相当大的规范作用，只不过与领导的外在规范作用不同，伦理是一种内在约束——内在的自我要求和自我追求，它所指向的是自我的内部世界，是主体对人类行为的基本原则和基本价值取向的信念。伦理作为人类对自我的规范和约束，通过教育、模仿等手段内化、渗透到主体的心智模式之中，凝结成为主体性格的一部分，对领导参与者的行为具有非强制性的潜移默化作用。因此说，伦理在本质上是一种非强制性影响力，是对自我实施的一种内在控制，即伦理是一种自我领导能力，并通过自我领导延伸到对外部世界的领导。这正是儒家所倡导的"内圣外王"的领导理想。由此可见，伦理具有很强的领导性质与领导功能。

　　总之，领导与伦理紧密相关并具有内在的共通性：领导的伦理性质与伦理的领导性质。两者虽然本质属性不同，但有共同的价值追求，即通过人的主观努力实现理想的组织秩序和生活状态。这种内在的共通性与共同的价值追求，便是德性领导的逻辑起点。在这个起点上，德性领导就可能真正成为一种领导科学和领导艺术，其丰富的理论意蕴才能在知识经济时代绽放异彩。

8.4.2　德性领导本土内涵的四维界定

　　德性领导的具体概念很难用西方传统的理性标准进行科学界定，由于德性在中国社会是一种实用理性，因而在科学与艺术之间、实践与理念之间，德性领导更是一种实践中的理念或者行动中的理论，是具有浓厚的民族特色的本土领导构念。结合德性领导的逻辑起点及领导活动规律，本书认为，德性领导是领导者秉持人本主义理念，通过涵养内部德性，以伦理决策为核心，在特定的领导场景中与被领导者达成一种心理契约，在无形中自然形成群体价值观和组织凝聚力，上下同心协力实现效益和情感兼顾的复合性领导目标的过程或活动。这一概念的内涵有四个基本维度：人本理念、伦理本位、心理契约与隐性方式。

（一）人本理念

人本主义哲学虽产生于近代西方，但领导活动中的人本理念在中国早已有之。春秋时期的管仲论述其治国之道时谈到："夫霸王之所始也，以人为本，本理则国固，本乱则国危"（《管子·霸言》）。管仲的"以人为本"理念与孟子倡导的"民本"思想息息相通，尽管都有其固有的历史局限性，但剔除其阶级局限，至今依然能够发现其间闪耀的领导思想光芒。德性领导以领导过程中的伦理维度为核心，它承认人性的复杂性，不排斥理性因素，但更加关注人性中富于柔情的非理性部分，如信念、忠诚、信义、宽容等。因此它更加符合真实的人性，是真正以人为本的领导模式。德性领导追求组织的效益这一经济目的，同时也追求人的发展这一社会、文化目的。德性领导把满足人的合理需求和促进人的全面发展作为领导活动的根本出发点和落脚点。在领导过程中，德性领导尊重人的主体地位和目的导向，激发人的积极性、主动性和创新性，使被领导者参与领导，共享组织发展的一切成果。通过德性领导，可以使领导者在服务他人、奉献社会的过程中，既达到组织的期望要求，又体现了自己人生的价值，因此德性领导有利于实现人的工具性与目的性的统一。

（二）伦理本位

在考察公共组织的治理模式时，张康之（2004）指出，人类社会的治理要先后经过统治型政府、法制型政府和服务型政府三种形式，它们分别以权力、法律和伦理为核心和本位。笔者认为，处于工业社会向信息社会过渡时期的中国，在广泛的管理领域中采取基于伦理本位的管理时机尚不成熟，它必须以完善的科学管理和思想准备为基础，但在处于宏观战略层的领导活动中突出伦理的核心地位是完全必要和及时的。在组织管理中，20世纪中后期出现的企业文化与领导伦理理论，也同时彰显了伦理因素在组织领导中的价值。美国学者McClelland（1973）曾提出一个冰山模型：管理如同一座漂浮在大海里的冰山，露出水面的部分占三分之一，对应于管理中的规范、标准、技术、程序和方法等有形管理；潜隐在水下的部分占三分之二，对应于组织成员的价值观念、道德伦理、人际关系、文化传统、风俗习惯等无形管理。在此冰山模型中，制度、规则是显性部分，文化与伦理是隐性部分。隐性部分在整个管理系统中不仅占的比重大，而且处于根基地位，影响显性部分的效率（McClelland，1973）。德性领导挖掘出隐性的文化因素中最核心的伦理部分，探究其在领导过程中的具体作用及其实践。德性领导以伦理为本位，将领导理论及实践由表层引向深层，在各种领导活动的影响因素中突出强调伦理与文化因素。伦理在领导过程中是一种非权力影响因素，主要来源于领导者的德性和情感等内在因素，它关注什么是公正、公平、正义或善，依靠社会舆论、传统习俗和人们内心的信念来维系。伦理在领导过程中有十分重要的作用，"为政以德，譬如北辰，居其所而众星拱之"（《论语·为政》）。这句关于德治的经典论述至少有两层意思：一是强调领导者的道德表率作用，领导者应该"修己以治人"，以德性的力量从事领导事务；二是伦理为领导之本，领导者活动应体现价值理性，自觉以德性作为用人行政和治国理民的首要标准。

（三）心理契约

心理契约（psychological contract）的概念最早由阿斯里斯于 1960 年提出，用来描述组织和员工之间存在的隐含的、非正式的交换关系。在领导活动中，领导者的权力以接受者的认同为基础并通过它来发挥作用，其间必然存在一种中介性的东西，即权力从发出到接受者认同有一个转化过程，心理契约恰恰能承担这个功能。心理契约的起点是个人与组织之间的互惠，德性（美德）则是心理契约形成的主导力量之一。德性促使被领导者与领导者（代表组织）达成一种心理默契，这种默契作为一种无形契约，消除了组织目标与个人动机之间的冲突，是个人对组织的一种有关作为与不作为的强有力的承诺。由伦理导向的心理契约包含以下几种内容：领导者对被领导者的尊重与爱护并做出相应的承诺；被领导者对领导者权威的认同与理性服从；被领导者对领导者和组织的忠诚感；双方对组织使命的一致感和对组织的归属感等。德性领导的基础建立在领导者与被领导者在各种基于伦理的文化氛围和相关制度形成的心理契约之上，没有这种基于德性与双方相互承诺的责任或义务的心理契约，德性领导很难发挥实质性作用。其实，德性领导是被领导者对领导者的一种心理认同，通过这种认同，组织目标与参与者的目标取得最大程度的一致性，经过目标内在化过程，组织领导中形成上下一致的合力均衡状态，使领导目的实现水到渠成。因此德性领导是一种自然性影响力，其作用的发挥不经由强制性的权力系统，而是依靠被领导者发自内心的情感，经由双方的心理契约，产生更加符合组织目标的自愿而积极的行为。

（四）隐性方式

复杂的领导环境中更需要一种简约的领导方式。领导力的本质是领导者与追随者之间的影响关系，双方从共同目标出发，力图获得真正的变化和结果。卓越的领导者依靠其超凡的德性魅力和远见卓识，提纲挈领、化繁为简，使下属感觉不到其领导活动及其压力的存在，下属在领导者设定的各种正式和非正式的规则中充分自主地行事。德性领导追求的理想领导模式是无为而治和自我领导，是一种隐性的领导方式。现代社会变革的速度很快，多元价值观并存，各种管理要素瞬息万变，在这种情况下，德性领导者不求做大做强，而是追求圆满，使社会、客户、员工及其家庭等认同组织，组织也乐意为他们服务并将这种服务视为组织的一种内在责任，同时在这一过程中也高度尊重员工在组织发展中的作用及地位，这样领导者与被领导者通过双方的情感沟通，组织的"心"与员工的"心"紧密结合在一起，领导者"有所为有所不为"，化领导为无形，以使组织的发展与员工个人的发展合二为一，员工与组织形成一种心理契约，两者在和谐中奔向共同愿景。这种领导方式，对领导者来说就是"无为而治"，对员工来说就是自我领导（胡国栋，2007）。所有的领导力都既可用来制造幸福，也可以用来制造罪恶，因而领导具有价值取向。德性领导要求领导者要善用道德、情感等内隐性的因素来感化被领导者，并运用各种方式和途径来加强自身以及追随者的道德修养，双方在合作中形成群体的价值观与凝聚力，共同提升各自的道德境界并圆满实现领导目标，因此这是一种简约而隐性的领导方式。

8.4.3　德性领导的运行机理及其后现代意蕴

德性领导的运行机理类似于礼治秩序微观运行机制中的情景化调控（如图8—9所示），只不过更加强调领导活动的去中心性、非决定性及其教化功能。在分析情感与计算的组织内耦合机制时，前文指出，组织局部秩序中的多元主体互动需要某种主导逻辑将之导向聚合性目标，而承担这一功能的"干预"过程类似于中国古代司法制度中的"教谕式调解"。德性领导的功能性实质即是此种教谕式调解，即在某种共同认同和内化的价值观支配下，领导者根据组织具体情境中的显性知识与默会知识的互动，根据以往的经验、习俗和组织制度对各种管理问题进行恰当的调解以达到与主流价值观相一致的教化目的，而教化则进一步促进组织局部秩序中耦合逻辑的生成，为德性领导提供更为深化的价值导向和明确的经验支持。教谕式调解的形成受到两个方面力量的推动：一是由组织制度与政策塑造而在上下级之间以及领导者与追随者之间缔结心理契约，二是由个体素质和组织文化塑造的负责任的领导行为。负责任的领导行为与心理契约共同使领导者在具体的领导情境中进行教谕式调解。德性领导对领导者的个体素质要求有德性修炼水平、伦理决策能力及职业伦理观，组织文化则体现在一系列支撑德性行政并对之进行规范的准则、范例及信条之中，两者分别从内在自觉及外在规范两个角度规约了领导者负责任的行为。由职责角色、协作安排、异议渠道及参与程序等构成的组织制度和由社会期待、组织职能及经济法规影响的组织政策共同推动了心理契约的生成。当然心理契约的生成不仅受制度及政策的影响，领导者负责任的行为，如身先士卒、道德垂范及个体修养等也与心理契约之间有相互作用。此外，领导素质、组织文化、制度及政策相互之间也彼此发生作用。

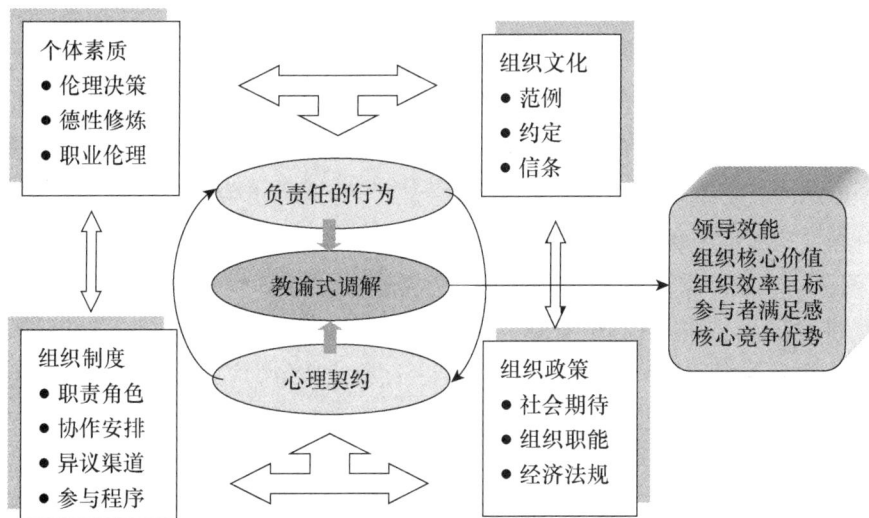

图 8—9　德性领导的结构维度及运行机理

资料来源：作者绘制。

　　教谕式调解所导向的领导效能除了传统的组织效率目标之外，因其对情境化要素的充分考量及教谕性质而能带来较传统领导模式更高的员工满意度或参与者满足感。除此之外，教谕式调解更主要的功能是维系组织的核心价值并创造核心竞争优势。组织核心价值的维系和使用直接体现在教谕式调解的形成过程之中，而其核心竞争优势则来自德性作为一种特殊资本的独特性及难以模仿性。总之，德性领导的效能可归结为价值创造和竞争优势两个方面，其中价值创造既包括效率、利润等经济价值的实现，同时也包括满足感、组织公民行为、组织使命认同等文化价值。而对于德性领导的竞争优势，将在下文进行详细分析。

从德性领导的运行机理来看，它具有后现代管理者所倡导的去中心性特征，但又未完全消解领导者的中心性位置，而是以伦理纽带将相关参与者整合在领导者依旧是关键节点但无专断之权的互动网络之中。权力是领导活动得以实现的基础，西方主流管理与领导理论中所预设的权力模式是结构化的"技术—经济权力"（法理权力）范式，而德性领导所运用的权力并非集中在领导者一人，而是由主导性的领导者与具体情境中的主体进行互动的结果。但是这种权力同时也不完全是散布于具体情境的多元主体之中的生物学权力，而是结构化的法理权力与微观性的生物学权力的结合体。虽然领导者个体的德性修炼及其伦理决策能力对德性领导的实施有重要作用，但制度与政策等结构化的组织因素同样对领导行为存在影响。费孝通（1986）将这种在中国礼治社会中既非来自法理制度，也非来自个人魅力，而来自"知书达理"的权力称为"教化权力"。"知书达理"体现了教化权力的"教化"特征，它本身是对在长期历史积淀中所形成的价值体系的认同和承继，这表明教化权力的行使与特定的价值体系联系在一起，有利于主流价值观及组织文化的形塑和内化。此外，教化权力之"权"有"权衡"之意，它表明作为中国本土特色的权力形态本身带有鲜明的情境性判断色彩，从而具有了某种生物学权力去中心化和自我规训的特征。

德性领导所赖以实现的教化权力及其教谕式调解的功能性特征，同时也消解了现代主流管理理论中对理性的先验性、客观性预设，使理性具有相对性、体验性及社会性等后现代主义特征。德性领导在运行过程中并不完全依照组织制度或法律政策来实施，而是诉诸并未明文规定而是约定俗成的各种组织文化及领导者的个人体验。由"知书达理"者在具体情境中所进行的教谕式调解大多寻求一种"常识式的正义衡平感觉"（滋贺秀三，1998）。因此，德性领导者在领导过程中具有相当大的自由裁量权，而未被组织的各种硬性规定和刚性制度约束。也就是说，德性领导不以确定性为最高旨趣，它并不严格依据事先存在的客观性规范做出最终判断，而是立足于一般的价值观基础上，针对每个具体的领导活动做出合乎"情理"的适当选择。这便消解了理性在主流管理学中的先验性及客观性特征，在这里，"理性只能是具体的，而不是经济学和理性选择理论所主张的那样，在一个具体的场景之前就界定了一个先验的选择偏好。一定时空条件下的经济、政治以及意识形态等制度性因素，直接塑造行为主体关于目标和利益的界定"（Lindberg，Campbell & Hollingsworth，1991）。此外，德性领导的教化功能使之具有特定的意义指向。在后现代主义者看来，人类的行动总是具有主观上的意义。意义代表的是行动主体关于因果关系的认识，没有任何领域的行动单纯地顺从无须甄别的客观现实。也就是说，领导者只有理解领导的目的，"领悟行动主体对于行动与目的因果关系，才能解释行动"（鲍威尔、迪马吉奥，2008）。德性领导的特定价值导向凸显了对行动与目的因果关系之理解的重要性。当然自由裁量范围的扩大自然隐含着领导者专断和滥用职权之倾向，但是德性领导的某种非正式规则既然被认为合乎"人情"和"天理"，就"必定是为多数人共同认可的，可以由一般有常识、理智的人加以验证确认的。当然它也可能被滥用，但滥用的过程和结果都可以很容易地被一般人看出来，所以其滥用反而比较困难"（胡永恒，2008）。

8.4.4　德性领导的内外建构机制

德性领导是从中国传统社会的领导经验归纳出的一种新型领导模式，那么它如何在现代社会的具体实践中落实呢？在德性领导的运行机理中，影响其运行的两个关键要素是人员（个体）与制度（组织）。从人员方面看，可以进行道德教化以提高领导者及其追随者的伦理水平和内律意识，以增强其自我控制与自我领导能力，这是德性领导得以实现的内律机制。从制度方面看，可以通过伦理的制度化设计，对组织人员进行道德约束，使领导者对其决策与监督过程进行伦理考量，这是德性领导得以实现的外控机制。

（一）人员教化：德性领导建构的内律机制

道德教化针对的是组织中的个人的道德品质，其目的是增强领导者及其追随者道德认知和道德判断的能力，增强领导者道德感召的能力，提高双方的道德素质水平。人的道德判断与其智力发展水平是平行的，人的道德言行从他律（服从外部的规范要求）发展到自律（听从内心的命令），道德判断从重视行为效果（客观责任）发展到关注行为动机（主观责任），从关心自身利益的取向发展到关心他人利益的取向，再逐步上升到道德原则的取向（李春成，2003）。道德教化就是使人的道德水平与意识由低级阶段发展到高级阶段，由客观责任发展到主观责任，并在这一过程中增强领导者进行德性领导的能力。具体来说，这种内律机制的实现大体有以下几种途径。

　　第一，伦理教育。学校和家庭是伦理教育的主体。从教育开始，灌输领导伦理的知识与技巧，这是德性领导实践的最广泛的基础所在。只有富有美德的人，才有可能实施基于美德的领导。目前各国教育中普遍存在的一个问题是，注重知识和理性的开发与训练，忽略美德的教育与考核。为此，我们需要系统反思教育制度与教学内容的设计，尤其对管理类、政治类的学生要强化领导伦理学教育，注重领导伦理学课程的设置与研究。第二，伦理训练。领导者在员工培训中，不仅要有技能传授，也要有道德训练，确保每个员工既有熟练的业务技能又有良好的职业道德。为此，可以尝试在员工培训规划中设立专门伦理培训班或在培训中增加伦理培训课程。对领导者的伦理培训则可以通过开设领导伦理培训班，使他们意识到遵守道德规范的重要意义，使其树立德性领导的基本观念，增强其实施德性领导的技能。第三，道德筛选。道德筛选就是根据道德水平进行选择性用人，即在选举、聘任、任命、招聘等领导者与员工的各个入口环节，牢固把握道德关，选择其深层目标、价值观及道德水平与组织的要求最接近的人员。"选择性人员招聘以建立高度一致的深层目标，其费用几乎总是比改变组织中现有成员的多样化目标所需的成本低"（安东尼·唐斯，2006）。道德筛选在道德教化中的一个重要优势是能够节省大量用于培训与教化的费用，因为，通过道德筛选的人员，其目标与价值观通常已经"凝固"到行为模式之中，这为实施德性领导提供了非常便利的条件。第四，道德修养。提高领导者德性领导能力的一个重要前提是领导者及其员工必须具备高尚的道德情操，而高尚的道德情操除了持续的培养和训练外，还需要个人的自我修养，只有这种自觉的道德修养才能使道德成为自觉的和习惯化的行为方式。道德修养的实质是将外在强制变为内在自觉的过程。修身养性的目的是塑造完美的道德人格。

　　（二）制度规约：德性领导建构的外控机制

　　德性领导的制度设计主要针对组织制度的伦理化或伦理的制度化。这是从"外部控制"的视角保证德性领导的日常化、规范化与稳定性。德性领导不应是一种单纯的道德说教，倘若权力落到道德低劣者手中，就会成为谋取个人私利的工具。"当人们处于从恶能得到好处的制度之下，要劝人从善是徒劳的"（萨拜因，1996）。因此，德性领导需要伦理的制度设计来保证。这种外在的制度机制，既有对领导者道德腐化的抑制作用，又有对领导者采取积极的道德行为，实施德性领导的激励与促进作用，因此也是抑制论与实现论的结合。道德制度化的本质在于将抽象、崇高的道德原则和各种具体的社会制度结合起来，使其成为带有强制性的、能够约束和引导人们行为的制度力量，从而使德性对领导者由"软约束"变为"硬约束"。具体来说，这种外控机制的实现大体有以下几种途径。

第一，道德立法。道德立法是道德制度化的高层实现形式，道德制度化到一定程度往往反映在道德法制化。在宏观的国家与社会领域，道德立法主要表现在道德的法律化，即将达成社会共识的伦理规范纳入国家的法律体系中去；在微观的组织领域，道德立法主要表现在伦理规范的法则化，即将组织文化中的道德要求与伦理传统法则、规则、规范等形式固定下来，成为约束组织成员基本行为的要件。第二，道德监督制度。道德监督制度是伦理制度化的一个主要内容。目前世界很多国家的政府与企业都掀起了一场伦理运动，具体措施主要有：揭发领导者的道德弊端，开通揭露不道德行为的电话热线，成立伦理委员会或伦理办公室，建立财务公开制度或者其他利益冲突的公开制度等（乔治·弗雷德里克森，2003）。道德监督还可以设立专门的机关，并以立法的形式确定其职责和权限，专门负责对领导者及其员工的伦理行为进行监督并对违反伦理的行为进行惩处。另外，建立完善的道德监督制度必须有配套的参与制度做支撑。第三，道德决策制度。决策是领导者的关键职能，也是整个领导活动成败的主要影响因素之一，对组织行为有着决定性的影响。为保证德性领导的有效实施，必须在决策阶段赋予道德的保障和约束，建立相应的道德决策制度。具体可以在领导者决策环节建立道德咨询、论证制与决策责任追究制，凡一项政策在正式出台之前必须经过一定的道德咨询、论证环节，专门考虑其对社会各方面的影响。第四，道德考核制度。德性领导主要通过美德与员工建立一种心理契约，从而促使员工实施自我领导。这一领导过程未必是自然、顺畅的，可能会遇到各种阻碍，因而需要一定的制度予以保障，这便是建立道德与绩效考核之间的联系，即道德考核制度。对员工来说，职位的升降、奖惩是其特殊关注的利益函数，在对员工的任免、职位升降、奖惩中引入道德考察与道德赏罚机制，是领导伦理得以发挥其激励与规约作用的重要保证。

8.4.5　德性领导的多元竞争优势

（一）德性在领导中的基础性作用

新制度经济学的代表人物道格拉斯·诺斯（1991）在其制度变迁理论中指出，制度变迁由三个因素共同决定，即正式规则、非正式规则和实施机制。正式规则是由人们正式建立的各种制度安排和正式契约，非正式规则是人们在长期的社会生活中逐步形成的习惯、习俗、道德规范、文化传统、价值观念以及意识形态等不成文规则。尽管在现代经济社会中正式规则占据着越来越重要的地位，但是追根溯源，正式规则来自非正式规则，任何一种制度在最初都表现为非正式规则的形式。也就是说，在制度变迁的过程中，非正式规则居于基础性的地位，正式规则的演变受到非正式规则的支配。在领导过程中，领导方式的选择也必然受制于一国或组织长期形成的道德伦理、价值传统等非正式规则。制度、技术、程序等正式规则必然有其隐性力量做支撑，并通过这些隐性力量发挥作用。如果领导理论、观念与方式违背一国或一个组织的伦理传统，无论它多么完备与优秀，也必然不得长久。从这个意义上说，作为非正式规则的德性在领导的诸多影响因素中有着基础性的作用。

萨乔万尼（2002）将领导活动区分为三个层面：领导之手——属于领导的行为与技术，指领导者运用策略在领导活动中形成的组织方案、政策或工作程序；领导之心——属于领导者所珍视、向往以及所承诺的愿景、信念和价值等伦理层面；领导之脑——属于领导者在脑海中形成的心智图景（mindscapes），是经年累月的实践所发展出来的指导行动的理论，以及运用理论反省情境的能力。领导之心塑造了领导之脑，领导之脑驱动了领导之手，对决策和行动的反思又肯定或重塑了领导之心和领导之脑。居于领导之心层面的德性领导在整个领导过程中同样处于基础性与先导性的地位，这与诺斯的制度变迁理论不谋而合。优秀的领导制度、规范和技巧，如果没有德性的驾驭与保证，就如同海洋中迷失航向的轮船，其强有力的马达不知要将它驱向遥远的何处。

（二）德性作为一种领导资本的独特性

在现代领导伦理研究者中，有一些学者将道德视为一种资本来探讨其在领导中的作用（如西班牙学者西松、新制度经济学交易费用理论的代表者威廉姆森等人）。从资本的角度研究道德在领导中的意义有其危险和不足之处，它没有将德性真正内化为价值追求，而从功利主义出发，将其作为一种手段，寻找其在领导中的工具效用。但此种研究取向对我们深入认识德性领导的竞争优势很有裨益。道德资本可以被定义为卓越优秀的品格，具备美德或者优秀的品格可以被视为道德资本，它们是个人身上积累和发展起来的生产能力和财富形式（阿莱霍·何塞·G·西松，2005）。概括来说，德性作为领导过程中的一种独特资本，与知识、金钱、技术、人力、文化等其他资源因素相比，主要具有以下独特优势。

其一，关注人的全面发展与真正幸福。人力资本、知识资本、文化资本或社会资本仅从有限的方面（例如健康、知识、智力、技能或社会关系等各方面）去完善个人。但道德资本却非常不同，它将人作为一个整体进行全面的完善，正如亚里士多德所指出的，在金钱和物质财富、享乐、政治和荣誉四者之间，只有美德才能导向真正的幸福，对美德的追求是人类的最佳生活方式（亚里士多德，2003）。

其二，没有风险。西松（2005）指出，美德与其他形式的资本的最根本区别在于，"美德不能像其他形式的资本那样具有善恶二重性或者同等的效用"。从美国安然公司事件和安达信事件等案例中可以发现，领导者无论多么优秀，其德性的缺失都能带来致命的灾害。拥有才干、财富、良好的教育背景和社会关系的人也可能将这些优势用于从事错误之事，将这些资本转化为沉重的债务，而这恰恰是美德永远不会产生的后果，因为美德不会被用于罪恶的目的。

其三，低交易成本与高收益。交易成本是人与人打交道的成本，它是相对于人与自然打交道的生产成本而言的，任何一项交易活动都需要消耗一定量的稀缺资源，威廉姆森恰当地将交易成本比喻为物理学中的摩擦力。领导过程是无数个交易行为的集合，在这个过程中，德性领导通过道德的黏合作用和基于心理契约而产生的各方信任关系，极大地降低了组织内部的不确定性，从而降低了交易成本。此外，德性资本一旦形成，只会不断地积累和收益，而不会有任何损耗。物质资本作为简单的、暂时的工具会逐渐在使用中损耗价值，德性则会在内化过程中不断增值，从来为组织带来持续的收益。

（三）德性领导的难以模仿性

德性领导的另一可持续性竞争优势是难以模仿性。此难以模仿性主要来自德性的不可替代性、多样性与长期性。首先，在影响力的诸多构成要素中，最不可缺失的是品德。因为领导者在其他方面的某些不足可以通过其他替代性要素来弥补，如知识缺陷可聘请顾问，能力不足可由领导层的其他人员来弥补。而品德则不能由别人来弥补，它是比智慧、能力更加重要的深层次性要素，而且某一组织成功的德性领导模式在领导要素不同的另一组织未必能够发挥同样的作用。其次，品德是多种多样的，每一个领导者根据其主客观条件都可以发展出不同的品德，并以不同的方式来实施德性领导。最后，某一独具特色的德性领导方式的形成绝非一日之功，它需要领导者与被领导者在特定的环境中经历长时期的交互作用方能定型，这就使德性领导方式在短期内难以移植。

在领导力的影响因素中，不存在与德性具有同样竞争力的其他资源。美德不能购买和预算，只能通过领导者的主观努力，带领追随者一道在长期的实践中才能建立起来。这种德性资本的独特性与其形成的艰巨性也表明德性领导难以模仿。一般讨论"难以模仿性"，是从成本角度分析的，即如果竞争对手为模仿或复制某类资源或能力需要投入的时间、人力和财力很多，则处于成本劣势，表明这类资源"难以模仿"。然而，"要获取卓越伦理主要的却不是成本问题，而是观念问题以及把伦理观念付诸行动的决心问题。虽然建立卓越伦理也需要有投入（如进行伦理培训和伦理控制等），但不是说只要投入了足够的时间、人力和财力就能建立起卓越伦理"（周祖城，2002）。德性的这种特点决定了建立卓越伦理的难度很大，历时较长，一旦稳固下来也难以很快消失。此外，建立起来的美德与组织中的各种具体的场景——历史、结构与人员等——紧密契合，其他组织对此进行完全复制几乎是不可能的。德性领导的这种长期性、不可替代性与难以模仿性使其成为组织实施可持续竞争战略的一个主导力量。

第九章 "鞍钢宪法"：管理思想本土化创新的历史范例

在现代管理学诞生百年之际，作为中国企业管理精华的"鞍钢宪法"也已走过五十多年历程。从管理思想的百年演变轨迹看，"鞍钢宪法"不但是一种产生于中国本土并与特定社会体制及文化传统相适应的管理理念，而且是对由泰罗开启，经法约尔、韦伯不断强化，直到今日仍然主导管理学发展的西方科学管理范式的批判和超越。"鞍钢宪法"一方面深深根植于中国国情，另一方面与后现代管理这一世界管理潮流具有许多内在契合之处。在知识经济时代，组织日益增长的变革压力与管理中人性化的诉求，使"鞍钢宪法"显得更加弥足珍贵。透视"鞍钢宪法"中蕴含的后现代管理思想，不仅对解决后工业社会中现实的管理问题有重要启发，而且可以为探索中国特色的企业管理模式提供思想源泉。

9.1 "鞍钢宪法"及其后现代管理思想解读

9.1.1 "鞍钢宪法"的内涵界定及其思想流变

"鞍钢宪法"是新中国成立后社会主义经济建设思想在企业管理实践中的反映。1956年后，中央高层领导对企业管理中的苏联模式开始进行反思和批判，尤其强调了苏联"一长制"领导体制滋生的官僚主义与我国长期追求的企业民主化管理目标之间的矛盾。1960年3月，在对辽宁省委递交的一份文件的批示中，毛泽东针对"一长制"淡化政治观念并侵害职工利益的弊端，强调国营企业要实行党委领导下的厂长负责制并坚持"两参一改三结合"，"鞍钢宪法"由此正式产生。

学界对于"鞍钢宪法"的具体内涵存有争议。崔之元（1996）认为

"鞍钢宪法"的内容就是"两参一改三结合",即工人参加管理,干部参加劳动,改革不合理的规章制度,工人、干部、技术人员三结合。此为狭义的"鞍钢宪法",是刘少奇对成都量具刃具厂管理经验的总结和中央工业部的理解。戴茂林(1998)则认为"鞍钢宪法"包含密不可分的三方面内涵:一是政治挂帅与群众性技术革命,此为企业的指导思想;二是与苏联"一长制"不同的党委领导下的厂长负责制,此为企业的领导体制;三是"两参一改三结合",此为企业的管理原则。这同时也是毛泽东在批示中所概括的广义"鞍钢宪法"。任何一种理论都是其所在时代实践需要的产物。从尊重历史的客观立场出发,研究"鞍钢宪法"亦不能脱离特定时代的政治实践及其意识形态。"鞍钢宪法"产生的时代背景及其理论渊源决定它绝非仅仅是一种纯粹的企业管理理念,而是涉及人的自由与解放等重大政治问题在企业这一微观领域的展现和延伸。因此,笔者认为,"两参一改三结合"是"鞍钢宪法"的核心内容,但不能完全说明"鞍钢宪法"的历史原貌和理论本质。无论从尊重历史还是从现实需要出发,都应该考察广义的"鞍钢宪法"。

　　"鞍钢宪法"产生后,一系列体现其基本思想的制度安排与管理方式逐步出现或加强。主要包括职工代表大会、技术表演竞赛、一条龙协作赛、技术研究小组、三结合小组和诸葛亮会等。这些制度与方法极大地提高了国有企业管理者与职工的工作积极性与创造性,有力地促进了企业经营绩效的提高。但由于特殊的时代原因,"鞍钢宪法"及其各项制度设计被扭曲或破坏,其蕴含的科学精神及人文精神尚未充分展开就为时代的滚滚潮流所淹没。

　　与在中国昙花一现不同,"鞍钢宪法"在国外却经历了截然不同的命运。20世纪70年代,以精益生产、工作小组和无库存、零废品为基本内容的"丰田模式"引起世人瞩目,并迅速被欧美国家引入本国企业生产管理实践,使团队协作与全面质量管理大行其道并被学界推崇备至,形成了与以流水线生产和高压管制为特征的福特制迥异的后福特制。后福特制与"鞍钢宪法"思想具有某种一脉相承的延续关系,"两参一改三结合"是团队合作的雏形,"鞍钢宪法"的精神实质就是后福特制。深入考察"鞍钢宪法"与后福特制的文化渊源,我们发现,后福特制继承了"鞍钢宪法"的整体性思维与和合思想,而这正是中国传统文化的重要特征。后福特制在经由日本向全球传播的过程中,与形成于20世纪60年代的后现代主义思潮在经济领域中合流,至20世纪90年代,后福特制由一种新型生产组织形态升华为后现代管理并成为世界性管理思潮。

后结构主义者德里达的"空间时间化"和"时间空间化"的"延异"观（Jacques Derrida，1974），为我们梳理"鞍钢宪法"的思想流变提供了一种新的叙事语言。后福特制与"鞍钢宪法"都是后现代主义思想在不同时间与不同空间中的"延续"与"变异"，三者在精神上具有某种承继关系。后现代管理作为一种世界前沿管理理论，其批判与解构思想对于后发国家的经济管理如何避免"现代性分裂"问题以同时兼顾管理的现代性与后现代性尤为重要。研究后现代管理思潮的本质及其与"鞍钢宪法"的"延"与"异"关系，探寻其理论深层的内在通约之处，对深化"鞍钢宪法"的理论价值并改善中国企业管理实践具有重要的现实意义。

9.1.2 "鞍钢宪法"与后现代管理的深层通约——管理中"人的解放"问题

广义的"鞍钢宪法"与后现代管理都不是一种纯粹的经济现象，它们都蕴含着一系列丰富的哲学与政治思想。两者共同的理论聚焦点是经济管理中人的解放问题。人的自由与解放是文艺复兴以来人类孜孜以求的理想价值目标，现代主义者使人类依靠理性精神从神的遮蔽与奴役中解放出来，而后现代主义则进一步要求人类从工具理性及其压迫之中解放出来。经济与管理领域中的解放则指，生产及管理领域中的人在经济生活中摆脱物与他者的束缚及压迫，这些压迫主要来自现代性得以确立的科学主义、工具理性主义、物质主义、进化主义及中心主义等思想根源。从思想渊源、批判对象和理论本质的剖析中，我们均能找到"鞍钢宪法"与后现代管理的这种共同指向。

其一，思想渊源考察。将研究对象放在特定时空背景之下加以考察的情境脉络分析是考察新事物发展演变的重要方法。社会主义改造完成后的中国在毛泽东思想主导下掀起了经济建设的高潮，苏共二十大后，中国也在迫切寻找适合中国国情并体现社会主义制度优势的管理方式，"鞍钢宪法"正适时地满足了这种需要。从当时背景看，"鞍钢宪法"是毛泽东思想在经济领域的自然延伸，是将马克思主义与中国经济管理实践相结合的产物，其思想源头是马克思主义。后现代管理则是后现代主义这一哲学思潮在经济领域的扩展，其思想源头是后现代主义。后现代主义与马克思主义具有千丝万缕的联系，两种理论共同聚焦于资本主义社会生产与生活中人的异化与分裂问题。马克思一生致力于对资本主义及其基本逻辑的批判，在资本主义的统治确立后不久，马克思就充分阐述了资本主义的各种经济危机、文化危机与社会危机，这些思想被利奥塔、杰姆逊与丹尼尔·贝尔等后现代主义者继承并进一步发展。利奥塔（1979）批判了资本主义知识构筑的"宏大叙事"及权力话语（a powerful discourse）对人性造成的压迫，同时将矛头指向以启蒙理性为基础的资本主义政治、经济与文化教育制度；Fredric Jameson（1981）对马克思主义哲学进行了当代阐释，认为马克思早已确立了后现代主义的"恰当立场"并提供了一种"我们当今用以恢复自身与存在之间关系的认识方式"。可以说，马克思主义与后现代主义对资本主义及其基本逻辑导致的一系列现代性弊端的共同批判，使两者之间具有内在通约与契合之处，这一点正是"鞍钢宪法"与后现代管理内在统一的深层根源。

其二，批判对象审视。崔之元（1996）认为"鞍钢宪法"是"对福特制的僵化的、以垂直命令为核心的企业分工理论的挑战"。其实，这只是"两参一改三结合"所反映出的表面特征。"鞍钢宪法"批判的是整个资本主义经济体系及资本雇佣劳动的剥削逻辑。社会主义革命的根本使命之一就是推翻资本逻辑主导下的劳工被剥削、被压迫现象。"鞍钢宪法"是这种政治解放在经济生活中的展现，消除资本对劳动的奴役与剥削，实行按劳分配，消灭阶级与阶级对立才是毛泽东推崇"鞍钢宪法"的基本初衷。后现代管理的批判对象是工具理性主导下的整个科学管理体系。在后现代主义者看来，现代管理片面张扬工具理性使管理者成为占有性与中心性的主体，并构造了一种统治与控制关系，剥脱了职工、女性与少数民族等边缘化弱势群体的主体地位，使之远离管理之外，成为与机器等同的被控制对象。他们要求消除现代管理的中心主义与霸权主义，主张去中心化（de-centralizing）与去总体性（de-totalizing），实施尊重差异性与多元化的自主管理与参与管理（Stewart R. Clegg & Linda Rouleau，1992；David M. Boje & Robert F. Dennehy，1994）。可见，"鞍钢宪法"与后现代管理批判的共同焦点都是少数人与多数人的不平等身份及其剥削与压迫关系，两者都主张经济领域的平等与民主，强调弱者在管理中参与决策的权利。只不过"鞍钢宪法"批判的是资方对劳工的压迫，而后现代管理则批判强势群体（包括资方、男性及掌权者等多种群体）对弱势群体（职工、少数民族及女性等边缘化群体）的压迫，前者强调阶级对立与阶级解放，后者则淡化阶级观念，而引入种族、性别与阶层等更广泛的分析单位。

其三，理论本质透视。崔之元（1996）与贾根良（2002）认为"鞍钢宪法"的精神实质是"后福特主义"，这是狭义的"鞍钢宪法"与后福特制之间表面的形似之处，并不能作为"鞍钢宪法"的理论本质或精神实质。抛开广义的"鞍钢宪法"，忽略"鞍钢宪法"与后福特制之间不同的制度属性，仅从生产组织形式及其管理方法这一层面分析，难以透视"鞍钢宪法"的真正本质。"鞍钢宪法"中的政治挂帅与党委领导下的厂长负责制虽带有过强的意识形态色彩而使企业管理实践发生扭曲，但却揭示了"鞍钢宪法"的真实本质是人在生产中的社会关系而不是简单、纯粹的经济问题。我们认为，"鞍钢宪法"的理论本质是职工当家作主，这是"人民当家作主"这一社会主义政权本质在经济生活中的体现。社会主义改造完成后，人民获得当家作主的地位，但国家的各项政治、经济与社会事业不可能由工农群众自发去完成，只能由其阶级代表——中国共产党实施并保证这一地位。在企业中实行政治挂帅并设立党代会就是强调职工对于工厂的主人翁地位，而建立职代会则是"鞍钢宪法"允许职工直接进行自我管理和参与管理的一项重要尝试。政治挂帅及其相关制度安排已被实践所否定，其错误在于这种制度设计及其反映的生产关系超越了当时的生产力发展水平，但不能由此否定其理论意旨的正确性及其揭示的"鞍钢宪法"的性质。

后福特制的理论主旨是追求高于福特制的效率和利润，而未涉及更深层的生产组织中的社会关系，这是其与后现代管理的重要不同；后福特制没有涉及社会制度属性及阶级解放这一宏大问题，这是其与"鞍钢宪法"的根本不同。生产效率、利润与质量也是"鞍钢宪法"的重要目标，但这仅是其实践的自然结果，而不是其根本意旨，更不能反映其理论实质。我们认为，塑造具有主人翁意识的主体性的人，保证职工对生产管理的主导地位，防止物质主义的异化，将职工从资本主导逻辑中解放出来，实现人的自由而全面的发展是"鞍钢宪法"的根本目的。"代替那存在着阶级和阶级对立的资产阶级旧社会的，将是这样一个联合体，在那里，每个人的自由发展是一切人的自由发展的条件"《共产党宣言》，这是整个马克思主义理论体系的核心原则，"鞍钢宪法"就是此原则在中国企业管理领域中的合理展现。后现代管理的理论本质同样是实现管理中人的自由与解放，是一场公开宣告冲破现代剥削与奴役之镣铐的管理革命，是向工业资本主义宣战的马克思主义在当代微观经济管理领域留下的痕迹和在后现代社会发出的余响。后现代管理批判现代管理的理论假设和研究方法，它不仅仅是一种纯粹的经济管理理论，而且是针对科学管理模式及其哲学基础造成的剥削与压迫现象的一场管理革命。

"鞍钢宪法"与后现代管理都是一种消解现代性压迫的管理革命，主张人人在管理中实现自我主宰与自我管理，以真正实现经济民主与经济平等。所谓经济民主，在宏观上指将现代民主国家的基本原则——"人民主权"贯彻到经济领域，使各项经济制度安排依据大多数人的利益建立和调整；在微观上指促进企业内部贯彻民主管理，依靠劳动者的创造性来提高经济效率。"鞍钢宪法"与后现代管理均有此主旨，只不过其消解压迫与实现经济民主的具体内容及实现途径不同。前者深受马克思主义政治观影响，消解的是企业中资本对劳动的压迫，强调生产关系的彻底变革，通过保障职工对资本的主导地位及对管理的主导权利（体现在党代会与职代会的职能中）来实现。后者消解的则是管理中强势群体对弱势群体的压迫，主张通过福柯（1977）所说的去中心化、去边缘化与去分化的"微观政治"途径来实现。

9.1.3 "鞍钢宪法"的后现代管理思想指向

"鞍钢宪法"不仅在思想渊源、批判对象及理论本质上和后现代管理是深层通约的，而且其具体管理内容与后现代思想亦是一脉相承的，作为其核心内容的"两参一改三结合"都具有丰富的后现代管理意蕴。

（一）"两参"：参与管理与"去中心化"

受亚当·斯密劳动分工理论的启发，泰罗遵循效率至上逻辑，最早提出计划与执行相分离的管理原则，使企业中的管理者与被管理者两大主体的界限日益分明；法约尔提出的权责明确与等级服从等原则，使管理者与被管理者进一步分化；马克斯·韦伯则通过一系列基于合理性与合法性的规章体系与制度建构，使管理两大主体的分离制度化和组织化。管理者依靠其掌握的权力及物质资源，迫使员工按照他们的标准和意愿从事效率最大化的机械活动，在各种强制性的规章和制度之下，员工成为没有思想和机械行动的物化的人。这样，组织中的所有人事实上在管理系统中都被纳入"中心—边缘"特征鲜明的链条之中，被边缘化的人受中心权威者的控制与压迫。后现代管理者猛烈批判这种控制主义与权威主义所形成的话语霸权，他们认为"现代主义是将特权主义与排他主义制度化的'进步'神话，它忽略了一切与之不相适应的'他者'的故事与声音"（Dowid Boje & Robert Dennehy，1994），主张消解具有剥削性与压迫性的中心主义，将管理系统与管理活动"去中心化"，倾听管理中的另类声音，关注被科学管理边缘化和压制的弱势群体的利益。

"干部参加劳动，工人参加管理"是"去中心化"以消解管理两大群体之间对立情绪的重要体现。它模糊了管理者与被管理者的界限，取消了"中心—边缘"链条上的群体身份认同。"两参"摆脱了科学管理遵循的工具理性逻辑塑造的种种规则、制度与程序对人的自主性的奴役，消解了管理者在企业中的中心地位以及管理中的统治与控制关系，消除了管理者奴役和压迫职工的话语霸权，转向一种去中心化的、分散的自主性管理。企业职工代表大会是"工人参加管理"的重要制度体现。通过职代会，职工不仅能够监督管理者的决策行为是否合理，而且能够参与企业的日常管理，甚至取得与经营者几乎同等的地位而对企业的运营起某种主导作用。"三定一顶"制度是"干部参加劳动"的具体形式，"三定"即通过定岗位、定职责、定时间将干部参加生产劳动落实到具体工作，"一顶"是指根据干部的具体情况要求每人学习一至两门专业技术，在其能够独立操作之后顶替班组的定员进行劳动。这种制度安排，使管理者能够切实参加劳动并接受工人的监督，避免了高高在上的特权阶层的出现。"两参"及其制度设计发现了科学管理中被"中心"边缘化的"他者"的地位和存在意义并使之参与到管理事务之中，使管理主体由中心"扩散"到边缘，充分体现了国有企业中工人、技术人员与管理者的平等地位。在此制度下，组织中没有被边缘化的"他者"，人人都是企业的"主人"，生产经营事实上成为一种自主劳动和自我管理形式。

（二）"一改"：制度创新与"重新想象"

后现代管理者推崇人的情感、想象力等非理性因素，因为它们往往是创新的源泉，而创新则是后工业社会中企业管理的核心理念。后现代管理强调企业环境的"混沌"特征。混沌呈现的基本特征是非重复性、非线性、非确定性与非预测性，依靠传统的管理制度与管理技术，企业无法在混沌中正常存续与发展。德鲁克（1999）主张企业系统反思现有管理体系以应对挑战，"所有的组织必须做好抛弃现在所做的一切的准备"，Tom Peters（1992）则呼吁摧毁一切以进行"重新想象"（re-imagine），迎接一个"好奇、创造力和发挥想象力的新时代"。与现代管理强调的创新观念不同，后现代创新突出环境的动荡特征，要求对现存的组织管理制度进行彻底反思；另外，与基于理性控制思维并由组织中的少数人垄断信息的传统"封闭式"创新模式不同，它重视直觉、灵感与想象力的作用，强调创新过程中的自主性与人性化。

"改革不合理的规章制度"即对企业管理中的一切不合理安排进行"破旧立新",激发企业职工的创新热情及创造能力。"鞍钢宪法"诞生后,以鞍钢为代表的国营企业,尊重集体智慧,掀起大规模的群众性创新运动。在"一改"的号召下,群众性技术革新掀起高潮,技术研究小组、技术表演赛等创新制度及创新活动不断涌现。当时针对的"不合理"的规章制度,主要是泰罗制与福特制相结合造成的资方对劳方进行控制与压迫的管理体制和规章,"一改"即摧毁旧体制中一切压迫人、奴役人并压缩人的自由创造空间和主动能力的不合理规定,建立一套保障职工当家作主地位并激发包括工人与技术人员在内的所有人创造力的新规章制度,这一过程恰似后现代管理者主张的"摧毁一切"与"重新想象"。"一改"更富有后现代管理意蕴的是,其创新过程是与"两参""三结合"一起推动的,使普通的一线员工与技术人员参与并成为创新的主体,由此使创新摆脱了科学管理模式依靠管理者及高级技工"自上而下"推行,将员工与客户等利益相关者排除在外的传统创新模式,在创新的过程中鼓励职工自我管理,因而是一种自主创新过程。在知识型员工为主的后现代组织中,知识主要存在于基层,后现代创新必须实施自我管理与自主决策,使知识重新实现从管理层到员工的回归。"鞍钢宪法"的"一改"思想,就实现了这种知识向基层的回归并消解了由于知识独占而形成的权力霸权,使组织中的知识与权力分散化,在"重新想象"的创新过程中同时建构了一种新的自我控制与自我管理体制。

(三)"三结合":团队协作与整体思维

James Thompson(1967)曾指出,当人的因果信念所支配的活动被用于创造人所欲求的结果时,工具理性便不可避免。人类的经济及管理行为就是一种典型的逐利活动,在工具理性主义驱动下,现代管理的科学化过程同时也是管理中诸因素不断"分化"(differentiation)的过程。这主要表现为,管理者、技术人员与工人不断分离并形成各自不同的利益追求,管理中的每个人只能在自己被明确规定的责任范围内行动,对关系组织整体却与己无关的事宜缺乏热情和干涉权,这就使组织整体事实上被分割成无数个"片段"。这种"分化管理"理念与方式一方面极大地降低了组织的整体行动能力,另一方面由于分工原则下职工只能重复从事机械、简单的活动,不利于人的全面发展,严重损害人的精神健康。后现代管理者与此针锋相对,批判科学管理的这种"分而治之"的管理理念,主张以整体性思维与合作理念来"去分化"（de-differentiation）。德鲁克就曾指出不区分"技术分工"和"社会分工"，将生产中的社会关系按照技术逻辑进行分割是一个"逻辑谬误"。新的管理范式将组织视为一个完整的关系网络，而不是被等级链条和规章制度分割的无数个"碎片"，现代管理倡导的"价值链"（value chain）应该被"价值网"（value network）取代。

"三结合"即领导干部、技术人员和工人群众在生产、管理与创新中互相合作，可以说是后现代社会中团队协作与工作自治小组的雏形，日本的"丰田生产方式"其实就是工人、技术人员和管理者的团队合作。毛泽东提出的"三结合"继承了中华民族传统文化中的集体主义精神与和谐观，将被后现代管理者推崇的整体性思维植入了企业管理之中。后现代管理者认为劳动分工、部门分隔使人的主动性和能动性被剥夺，流水作业的机械活动侵蚀了人的自觉主动意识，由此而倡导整体性思维及组织内合作，与中国古代思想之源流——太极图中蕴含的有机整体观及阴阳和合思想契合一致。这种整体性的和合思想在"鞍钢宪法"的"三结合"中充分体现，这正是"鞍钢宪法"之所以成为"后福特制"萌芽并与后现代管理息息相通的关键所在。三结合小组、技术革新小组与诸葛亮会等制度安排使企业中的管理者、技术人员与工人三方不再彼此隔绝，而是共享信息，互帮互助，共同治理企业。这样就消除了科学管理中群体分化与责任分割造成的管理弊端，三结合小组内部的所有员工对整个小组负责，小组成员之间是一种协作关系而非竞争关系。小组内部虽有分工但不明确，每一个成员都可以根据环境变化及时做出有利于整体的行为，极大地提高了组织对环境的整体适应与反应能力。而且"三结合"所彰显的集体主义精神，在很大程度上缓解或消除了管理三大主体之间的对立关系，在强调和谐、稳定与秩序的企业文化中营造了一种和谐的人际关系网络，在员工、技术人员与管理者之间形成了一个稳定的信任合作机制。这种团队协作与整体性思维是对科学管理"分而治之"原则与"碎片化"组织的一种批判和超越，是组织实施"和合治理"的成功探索。

9.1.4　"鞍钢宪法"的时代生命力

在管理思想百年演变的历史进程中，考察"鞍钢宪法"产生及扩散的情境脉络，笔者发现："鞍钢宪法"是中国传统文化与特定时期的社会主义政治、经济体制结合的产物，其经由日本的后福特制迅速向全球扩散，并与后现代主义合流后发展为一股至今方兴未艾的后现代管理思潮。"鞍钢宪法"与后现代管理在思想本质上都是对泰罗制以来以理性化为基本走向的整个现代管理理论的批判与超越,其批判矛头均指向资本主义及其现代性逻辑造成的一部分人对另一部分人的剥削与压迫,这是两者在思想根源上的内在通约之处。在"去中心化"管理、"重新想象"、整体性思维等方面,"鞍钢宪法"也蕴含着丰富的后现代管理意蕴。但必须明确的是,在内在通约之外两者也具有许多根本性的差异。一方面,"鞍钢宪法"蕴含着劳动主导的生产关系的彻底解放等革命思想,而后现代管理仅仅是一股批判现代管理之弊端的思潮,虽然它一样批判管理中的剥削与压迫关系,但未涉及劳资关系的彻底变革这一宏观意旨。另一方面,后现代管理剥离了"鞍钢宪法"特殊时期的政治意识形态色彩,主张对现代管理之科学主义范式的彻底变革,主张建立普适性的管理理论范式,更凸显了其作为一般管理范式的强大生命力。

在后现代管理思潮日益扩展的知识经济时代,"鞍钢宪法"在中国的命运更让人深思。"鞍钢宪法"在中国被淡化的原因大体可以归结为三个方面:其一,"鞍钢宪法"嵌入的特定体制使其缺乏制度性支撑资源。"鞍钢宪法"所嵌入的社会结构缺乏一种制度性关联的中间组织,高度集中的政治经济体制从根本上铲除了"鞍钢宪法"有关"经济民主"的精神赖以存在的土壤。其二,"鞍钢宪法"的意识形态色彩使之在"文革"结束后被有意淡化。"鞍钢宪法"因其产生的特定背景容易被贴上"左"的标签而与改革开放的发展潮流格格不入。其三,资本活力的释放使奉行劳动主导逻辑的"鞍钢宪法"缺乏发展空间。我国确立建设现代企业制度的国企改革目标后,西方企业公司治理制度和管理方法被全面引入,资本活力的充分激发和对劳动的压抑使"鞍钢宪法"进一步被淡化。但另一方面,"鞍钢宪法"并未在中国消失,"两参一改三结合"的思想已经渗入国有企业治理的方方面面,使国有企业管理带有明显的人文主义色彩和家庭式的温馨,依然呈现出与效率导向的西方科学管理截然不同的特征。近年来一些民营企业模仿国有企业建立职代会并鼓励职工参与管理,充分说明"鞍钢宪法""死而不僵",并可能成为一种知识经济时代迫切需要的管理模式的重要思想来源。"鞍钢宪法"之所以仍然能够在当代中国生生不息,主要有两方面原因。其一,"鞍钢宪法"是诞生于本土并与民族文化高度契合的思想资源,因具有一定的内生性及适应性而呈现出持久的生命力。其二,"鞍钢宪法"蕴含了丰富的后现代管理思想,实现了合规律性(科学)

与合目的性（人文）的统一，与知识经济时代对人性化管理的诉求契合一致，因此而获得了新的生命之源。

9.2 管理移植与范式创新的演化分析
——基于"鞍钢宪法"的研究

一般认为，管理应区分两类知识，一类是基于人类共有管理实践活动而产生的普适性的管理知识，一类是基于一定环境下某些管理实践活动而产生的特殊性的管理知识（黄群慧等，1993）。后者能否进行移植、如何移植以及移植之后如何创新是比较管理学研究的核心命题及基本目标。比较管理学诞生伊始尚缺乏规范性的分析方法，包括研究方法、分析范式、学科界限在内的基础研究的不足在很大程度上限制了比较管理学的发展。近年来，生物学中的演化分析方法被逐渐导入经济学与管理学领域，演化经济学（evolutionary economics）已成为经济学领域的基本分析方法之一，探讨演化分析方法在比较管理研究中的应用路径的文章也已出现（蔡立新，2010）。但截至目前，鲜有学者以演化分析方法来专门研究管理移植问题。另外，多数学者在研究管理移植时关注的核心问题是如何在中国移植西方成熟的管理理论（Hui & Tan，1995；郑伯埙，1990；等等），其理论研究的旨趣是在中国情境中验证西方前沿管理理论，却少有学者研究中国本土产生的管理思想在国外移植中的问题。经过30多年的改革开放，中国经济的快速发展创造了为世人瞩目的"中国经验"，管理学界迫切需要回应"企业管理的中国经验是什么"以及"它在世界管理中的地位及意义"等重要理论与现实问题。本节即以新中国成立后本土产生的重要管理思想——"鞍钢宪法"为研究对象，运用演化分析方法建构管理移植的动态分析模型，并以此模型分析"鞍钢宪法"在20世纪中西管理思想演化过程中的历史地位，最后论述了从"鞍钢宪法"的演化分析中获得的启示，即如何在中国情境中使之由一种话语知识再次走向管理创新。

9.2.1 比较管理视域中的"鞍钢宪法"："墙内开花墙外香"

"鞍钢宪法"是中国本土诞生的特色管理思想。1960年3月，在对辽宁省委递交的《鞍山市委关于工业战线上的技术革新和技术革命运动开展情况的报告》的批示中，毛泽东宣称："鞍钢宪法在远东，在中国出现了"。

　　"鞍钢宪法"的产生源于对苏联"马钢宪法"的反思与批判。位于乌拉尔地区的马格尼托格尔斯克钢铁基地是苏联最大的钢铁联合企业，受列宁在全俄推介泰罗制的影响，该厂建立了一系列严格的分工与标准化制度，并与当时实行的"一厂制"企业领导制度结合，形成了高度集中、等级森严、管理规范的企业制度，成为整个苏联企业管理制度的范本，这就是对新中国成立初期企业领导体制及管理制度产生深远影响的"马钢宪法"。1956 年苏共二十大之后，毛泽东等党和国家领导人对企业管理的苏联经验开始进行自觉反思，认为"马钢宪法"所滋生的官僚主义等问题严重背离了我们长期追求的企业民主化管理目标。1959 年底至 1960 年初，毛泽东在读苏联《政治经济学（教科书）》时，就对社会主义公有制建立后的管理问题进行了深刻反思，强调管理不能脱离广大的劳动职工。以"两参一改三结合"为核心的"鞍钢宪法"的适时出现，使专业化管理与职工参与管理实现了有机结合，既继承了"马钢宪法"的科学管理精神，又增加了中国特色的人文主义精神，极大地调动了职工进行生产、建设的积极性与创造性。

　　"鞍钢宪法"在全国推行过程中又得到不断丰富与发展，出现或强化了技术表演竞赛、一条龙协作赛、技术研究小组、三结合小组和职工代表大会等一系列富有科学精神与人文精神的管理制度或规范，并产生了以无私奉献、艰苦奋斗为基本内容的"大庆精神""两弹一星精神"等社会主义企业文化。但是随着"文革"的发动，整个国家的政治经济生活陷入极端的混乱与动荡，"鞍钢宪法"及其各项制度安排被扭曲、破坏及至消失。尽管改革开放之后，"鞍钢宪法"未能在中国发扬光大，但"两参一改三结合"的管理精神却已深深植入中国企业管理者与职工的内心深处，成为中国特色企业管理制度的一种理想典范。事实上，如果剥去特殊时代的政治色彩，"鞍钢宪法"也堪称中国现代企业史上第一次自主性的重大管理创新。

　　既然"鞍钢宪法"在中国昙花一现，而且未在当代中国企业管理中产生甚多影响，那么"鞍钢宪法"何以在今天能够进入比较管理的视域？后福特制发轫于日本的"丰田生产方式"，也称"精益生产"，即工人、技术人员和管理者实施团队合作，各管理主体不再固守传统僵化的劳动分工，而是随时随地解决管理中出现的各种问题。前文研究指出，后福特制中显而易见存在"鞍钢宪法"的影子，生产合作、小组工作、参与管理等相似的制度安排使人们思索两者之间的内在关联。崔之元 (1996)、贾根良（2002）认为，"鞍钢宪法"就是后福特制的萌芽与雏形。他们指出，"两参一改三结合"用今日的术语来说就是团队合作，是对福特制下僵化、以垂直命令为核心的企业管理模式的挑战，并认为"鞍钢宪法"经历了"墙内开花墙外香"的过程，在国内随着"文革"结束而逐步销声匿迹，在国外却发展成了以日本管理模式为代表的后福特制。对此，也有学者提出疑问，认为"鞍钢宪法"与后福特制的内在关联是研究者赋予"鞍钢宪法"的主观臆断，是在"以某种理想化的态度来构筑过去"（高华，2000）。但根据笔者所掌握的材料看，"鞍钢宪法"与今日引进的美日等国家所谓的先进管理制度确实具有某种内在关联。据鞍钢党委调研室原副主任、后担任全总副主席的陈秉权回忆，1960 年后鞍钢曾来过几批日本客人，他们对鞍钢的"两参一改三结合"最感兴趣；1978 年，陈秉权到日本访问，看到日本企业管理的做法基本就是当年向他们介绍的"鞍钢宪法"那一套；冶金工业部原副部长周传典也回忆说，1982 年他到日本访问时，原新日铁社山加宽曾对他表示，新日铁就是学习了"鞍钢宪法"的管理办法（顾威，2009）。2000 年 5 月，中国远洋集团总裁魏家福参加美国 GE 组织的总裁研讨班时，曾向 GE 前总裁韦尔奇指出 GE 奉行的群策群力制度借鉴了中国"鞍钢宪法"的"两参一改三结合"思想，韦尔奇对此表示认同（张哲诚，2000）。可见，尽管崔之元等人对"鞍钢宪法"与后福特制关系的某些观点存有商榷之处，但其对"鞍钢宪法""墙内开花墙外香"的判断却可视为一种事实存在的现象。

　　在此，暂且不论"鞍钢宪法"与后福特制的具体关系[①]，仅就"鞍钢宪法""墙内开花墙外香"的现象而言，笔者认为它释放出一个重要信息：被推崇备至的丰田模式及方兴未艾的后福特制是否移植了中国的"鞍钢宪法"？由此，"鞍钢宪法"就在比较管理中具有了研究价值："鞍钢宪法"为什么能够在中国而非苏联等其他社会主义国家产生？"鞍钢宪法"与盛行于今日的西方主流管理范式有什么根本不同？中国本土诞生的这一思想在世界管理思想移植历程中处于何种地位？而回答所有问题的关键则是建立管理移植的理论分析框架。

---

　　① 对于"鞍钢宪法"与后福特制关系的深入探讨，可参见高良谋、郭英、胡国栋：《鞍钢宪法的批判与解放意蕴》，载《中国工业经济》，2010（10）。

9.2.2　管理移植与创新的演化分析模型

管理移植是某一国家或某一组织针对具体的管理问题，通过引进和吸收外来的管理知识来提高管理水平并实现管理创新的动态过程，其实质是知识之转化、传播与创新。管理移植是一个多阶段的动态过程，包括管理知识的获得、传播、学习、整合和创新等，而管理创新则是管理移植的最终目的。管理移植与人类的管理实践一样历史久远，它具有两种基本的形态：其一是跨时间的管理移植，即将过去某一时期的管理知识移植到目前的管理实践之中；其二是跨区域的管理移植，即将某一国家或某一地区的成功管理知识移植到另一国家或地区的管理实践之中。这两种形态也是比较管理研究的基本问题，但目前学界关注的核心问题是跨区域的比较管理研究。本书欲将管理移植的两种形态进行结合，研究管理知识在时间和空间两个维度中的演变过程，并在此时空坐标中确立"鞍钢宪法"的具体位置。

能够被移植的管理思想及管理理论必然是具有一定生命力的活性管理知识，因而管理移植的基本过程其实就是管理活性知识的演化过程，我们可以以生物演化过程来考察管理移植的过程。另外，管理移植的主体是企业，而企业则在某种程度上可以类比为生命有机体。企业进化理论认为企业的成长存在类似于生物进化的多样性、遗传性、选择性三种机制，知识的组织、创新及其路径依赖等进化过程对企业成长至关重要（Nelson & Winter，1982；Winter，1984）。企业具有自己的生命周期，经历出生、成长、成熟和死亡等成长阶段，每个阶段都面临着特殊的问题及困境，并且影响着下一阶段的变迁过程。基于此，我们完全可以以生物学中的演化分析方法来建构管理移植的分析框架。

社会科学中的演化分析方法建构在演化认识论基础之上。这种认识论将认知视为主体通过认识活动而获得认识结果的过程，这些结果作为潜在的知识成分可以看成是已有知识的遗传和变异，各种变异只有通过竞争和选择的考验，才可能成为正式的知识单元并在系统中遗传下去（Campbell，1969）。基于这种认识论的演化分析方法具有三种基本机制：遗传（inheritance）机制、变异（variation）机制和选择（selection）机制。"遗传"是指旧有知识如果能够促进事物的进化就会被保存下来，这种知识便是一种作为进化基础的"基因类比物"，是生物体保持相对稳定并实现代际传递的基本演化单元或承载因子；"变异"则是生物体受内外环境影响而展现的新奇性特征；"选择"是根据遗传因子对变异进行差别性消除或筛选。演化主体受遗传机制影响而不断地自我复制，但随着具体情境的变化，完全地自我复制受到冲击而难以避免适应性的变异，遗传和变异综合作用的选择机制则决定了演化主体的最终演化方向。

将演化机制推衍到管理考察之中，我们发现，管理思想遗传机制的主导因素是文化基因，而其变异机制则由管理所依赖的具体情境要素驱动。首先，文化是标志某一国家或区域的管理思想与其他国家或区域具有异质性的基本因素。文化心理学家 Shweder 等认为人类具有"一种心智，多种心态"（Shweder, Goodnow, Hatano, Le Vine, Markus & Miller, 1998），即人类具有生理决定的共同心智，而不同的文化则塑造出不同的特殊心态。也就是说，文化可以作为与生物基因相对应的人类社会基因。其次，管理在不同的时空维度里发生不同变迁的影响要素是具体性的情境要素。Tsui（2006）指出，国家、行为、组织、工作群体和人际层面的属性都构成影响管理及其效度的情境性因素，情境化是在中国进行本土研究的关键要素。因而，管理会随着不同时空情境要素的变迁而难免发生变异。这样，以演化分析方法的三种基本机制为理论基础，以中、西方两种文化基因及其情境要素为基本维度，我们可以建构遗传与变异中西互动的管理知识选择机制，即管理移植的二元四维动态演化模型，如图 9—1 所示。

图 9—1 管理移植的二元四维动态演化模型

资料来源：作者绘制。

在此模型中，对管理移植起基础性作用的是遗传因子，对管理移植起修复作用的是具体的管理情境。管理移植的遗传因子是管理知识承载的深层文化精神，管理移植的变异诱因则是移植管理的国家或地区的情境化要素。东西方管理最深层的区别在于两者生长于两种截然不同的文化传统之中。以中、日为代表的东方管理注重情感与理性的融合以及管理的整体性和动态性，彰显的是作为中国传统文化精髓的和合精神，即异质性元素的和合共处及相辅相成（张立文，2006）；以欧、美为代表的西方管理则注重工具理性，强调管理目的之功利性、管理手段之最优化以及两者之间因果关系的清晰化和严谨性，彰显的是根源于古希腊的西方理性精神。中西方两种不同的文化精神就构成了管理移植中的遗传因子，无论管理知识如何移植，这种文化精神是难以改变的深层内核。中西管理移植往往在两种遗传因子的互动中交互作用，互相影响，大体保持一种知识的平衡状态，以此使中西方管理彼此保持各自的基本性征。如果在管理移植中发生了遗传因子的突变，则说明管理知识发生了根本性的改变，这也往往预示着管理思想与管理理论的重大创新。中西方管理移植的遗传机制即在两种遗传因子的互动中进行。而管理移植的变异机制则是由具体的管理情境诱发，移植管理知识的国家或地区必然面临着与被移植国家或地区不同的管理情境和管理问题，因而管理知识的变异不可避免。由此，决定中西方管理移植方向的选择机制就是两种遗传因子与两种具体情境要素二元四维式的动态互动的过程。

　　20世纪的管理移植曾出现四次高潮（熊平安，2004）。第一次大规模的管理移植是1911年泰罗制诞生后，美国和欧洲掀起传播与应用科学管理的高峰；第二次大规模的管理移植是二战后，在战争中受到严重创伤的欧亚各国为恢复本国经济而掀起的学习美国企业管理经验的高潮；第三次管理移植是20世纪70年代，美欧对亚洲尤其是日本管理方法的学习和引进，出现了以美国为先导并波及世界许多国家的以移植日本管理为特征的第三次管理移植浪潮；第四次管理移植是20世纪90年代初至今，全球化环境下世界各国在经济发展中不断对外开放，进行跨国投资而彼此移植所在国家管理经验而引发的管理移植新热潮。问题是，以往由于缺乏具有说服力的管理移植分析框架，我们难以深入透视这四次移植高潮的深层过程，也无法理解这四次移植之间管理思想的断裂，并且在所有管理移植中都难以发现中国的知识话语。作为世界经济最大增长极之一的中国，不可能在整个世纪的管理移植中丧失全部话语。从"鞍钢宪法"与后福特制的内在关联中，便可窥一斑而知全貌。具体如何认知上世纪管理移植的全貌及"鞍钢宪法"在其间的位置，需要将"鞍钢宪法"与后福特制放在管理移植二元四维动态演化模型之中进行细致考量。

9.2.3 20世纪中西方管理移植的演化历程及"鞍钢宪法"的历史地位

1911年泰罗发表《科学管理原理》，标志着近代科学管理理论的诞生，开始了管理移植与管理思想演化的漫长历程。泰罗制产生不久后被发展为福特制，福特制是一战后至20世纪70年代西方大型制造企业的主导性生产形态。70年代后期，随着西方社会的经济产业结构、劳动市场结构、社会阶层结构的剧烈变动，福特制逐渐被重视团队协作的后福特制替代。80、90年代的欧美则掀起学习全面质量管理及团队协作的高峰。在20世纪的东方社会，中国的"鞍钢宪法"及日本的丰田模式则是两国形成的具有本地独特色彩的管理创新。20世纪东西方看似毫无关联的管理思想，在我们的管理移植与创新的演化模型中便能够梳理出一条管理知识传播、转化与创造的清晰路径。以管理移植的二元四维动态演化模型为分析框架，以"鞍钢宪法"为分析核心，围绕"鞍钢宪法"的来龙去脉，我们大体可以将20世纪的管理移植历程梳理出两条传播路径。第一条传播路径为：美国的伯利恒钢铁厂（泰罗制）—福特的"T型车"生产流水线（福特制）—苏联的马格尼托格尔斯克钢铁厂（"马钢宪法"）—中国的鞍山钢铁厂（"鞍钢宪法"）；第二条传播路径为：中国的鞍山钢铁厂（1960年的"鞍钢宪法"）—日本的丰田等公司（70、80年代的丰田模式）—美国、西欧的卓越公司（80、90年代的团队合作与全面质量管理）。两条路径以"鞍钢宪法"为中介被串联为一条主线，如图9—2所示。由于管理知识本身承载的文化基因的自我复制及各移植国家或地区具体管理情境的诱导，管理移植主线中的每一个环节都存在着遗传机制与变异机制，两者综合而成的选择机制便决定着其下一阶段演化的基本方向。

泰罗在管理思想史上的伟大贡献是将西方理性精神植入管理领域，使传统的经验管理上升为科学管理。综观泰罗所提出来的一系列管理原则及管理方法，提高劳动生产率始终是其核心目的。在泰罗所处的时代，精于计算的工具理性逻辑成为取代传统经验知识的必然选择。由此，明确的分工、清晰的责任界定、严明的控制等级及标准化的程序成为管理的基本原则和主要途径。尽管在泰罗的理论文本中，他本人表达了劳资双方合作以实现一场"心理革命"的设想，但其设定的一系列管理原则及管理方法组成了一个彻底理性的工具盒，掩盖了其理论中的人文意蕴。加之泰罗之后一批效率专家在推广科学管理理论时，不断将之理性化和具体化，使泰罗

美国的伯利恒钢铁厂（泰罗制）　1911

理性精神（基因A）在管理中植入（里程碑1）

变异：与规模生产结合　遗传：分工与标准化控制

福特的"T型车"生产流水线（福特制）　30年代

变异：与苏联模式结合　遗传：分工与标准化控制

苏联马格尼托格尔斯克钢铁厂"马钢宪法"30—50年代

遗传：分工、标准化与等级控制　变异：与毛泽东思想及中国情景结合

突变：东方和合精神（基因B）在管理中植入（里程碑2）

中国的鞍钢"鞍钢宪法"　1960

遗传：团队合作与整体思维　变异：精细化与质量控制

日本的丰田模式（后福特制）　70、80年代

遗传：团队合作与整体思维　变异：个人主义与授权

美、欧的卓越公司（团队合作与全面质量管理）　80、90年代

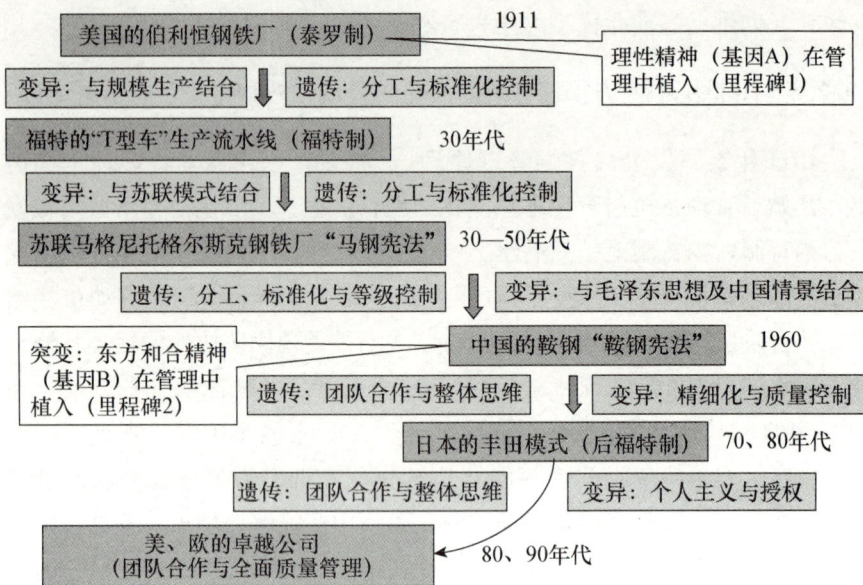

图9—2　20世纪中西方管理移植的演化历程

资料来源：作者绘制。

制成为现代理性管理理论的标准。尽管工具理性在管理中的片面弘扬带来了很多非人化的弊端，但泰罗在管理思想中植入了西方理性精神这一根深蒂固的文化基因，彻底改变了经验管理效率低下的面貌，对20世纪前半期的管理移植产生了极为深远的影响。

　　泰罗制形成后迅速在欧美各国扩展。至20世纪30年代，随着资本主义市场的扩大及生产技术的提高，在汽车、铁路、通信等领域，出现泰罗制的升级版本——福特制。福特制指的是第一次世界大战以后，在美国福特汽车公司开始推行的泰罗制加流水线生产为主要内容的劳动组织方式和生产管理模式。泰罗制遗传给福特制的是进行理性控制的分工与标准化，而日益增长的市场需求及发达的生产技术构成了诱使泰罗制变异的情景要素，由此泰罗制摆脱了严密分隔的生产工序，而与规模生产结合，形成一个个完整的生产流水线，改变了原来单个产品独立生产的格局，大大提高了生产效率。福特制在20世纪30年代传入社会主义苏联，与政治、经济高度集中的苏联模式结合，再一次发生变异，形成了以马格尼托格尔斯克钢铁厂为代表的"马钢宪法"。"马钢宪法"继承了福特制分工与标准化控制的遗传因子，却结合苏联高度集中的具体情景，强调管理者与被管理者之间的严格界限，并建立了更为森严的等级控制结构，从而将福特制发挥

到极致。新中国成立初期（50 年代），迫于严峻的国际形势，奉行"一边倒"的外交政策，在企业管理领域自然引进了苏联的"马钢宪法"，由此也继承了马钢分工、标准化、等级控制等遗传因子。但是，由于中国与欧洲属于两种完全异质的文明，泰罗制、福特制经"马钢宪法"传入中国之后，面临着极为不同的管理情景，因而难免发生巨大变异而启动与以往路径截然不同的选择机制。1960 年，"马钢宪法"与毛泽东思想、中国文化传统及社会主义中国的具体管理情景结合发生巨大变异而产生"鞍钢宪法"，管理移植中遗传了半个世纪的西方理性精神被中国和合精神取代，泰罗制以来的管理移植出现了基因突变，由此使整个 20 世纪的管理移植出现重大转折。

　　"鞍钢宪法"产生后，管理移植中的遗传因子被彻底改变，由原来的分工、标准化及等级控制转化为团队合作意识及整体性思维，管理中主体与客体的极端对立被"两参一改三结合"中的和睦相处及团队协作取代，传统的群体身份分隔、责任分裂及部门对立被打破。由此改变了 20 世纪后半期的管理移植的传播路径。20 世纪 70、80 年代，发轫于日本丰田模式的后福特制便继承了"鞍钢宪法"中的和合精神这一遗传因子。精益生产、装配岛及工作小组构成了后福特制的基本内容。与福特制相反，后福特制通常与更小型、更灵活的生产单位相关，这种生产单位能够满足更大范围以及各种类型特定消费者的需求。尽管"鞍钢宪法"与后福特制出现在不同时代的不同国家之中，从管理移植的演化历程考察，两种管理思想具有时间上的延续与内容上的继承关系，同时也由于传播过程中情景化的需要，"鞍钢宪法"也发生了一定程度的变异。崔之元（1996）与贾根良（2002）都发现了"鞍钢宪法"与后福特制之间的承继关系，将"鞍钢宪法"作为后福特主义传播、扩散链条上的重要一环。如果考察两者产生的文化渊源，就能发现"鞍钢宪法"遗传给后福特制的文化基因是整体性思维及合作精神，而这正是中国儒家文化的一个基本特征，两者能够分别在同属儒家文化圈的中国和日本诞生也绝非偶然。但另一方面，任何管理理论都与其特定的社会背景紧密结合，脱离了特定的文化共同体及政治体制，就会在遗传中发生难以避免的变异。"鞍钢宪法"传入日本之后，与日本精耕细作的传统生产劳作精神结合产生了精细化的生产模式，与日本民族精益求精的认真精神结合而使日本的企业生产极为重视质量管理。这些都是"鞍钢宪法"在向日本扩散时针对具体的情景化问题而发生的适应性变异。

　　丰田模式在第三次管理移植高潮中被美、欧所谓的卓越公司争相学习，从而使后福特制在世界范围内迅速扩展。在这股管理移植的高潮中，"鞍钢宪法"中的和合精神作为移植的遗传因子发挥了自我复制作用，使后福特制在欧、美各个国家都强调合作意识及人文关怀精神，极大地改变了以往分离、分裂与对立的理性管理控制思维。但丰田模式在向美欧各国扩散中同样也具有变异机制。如，美国根据其本国传统及管理情景，在继承丰田模式精神内核的同时，强调了授权及创新的重要性；瑞典则将丰田模式发展为工作自治小组，将装配线（assembly line）改造为"装配岛"（assembly island），使工人不再像从前那样在装配线上重复单一的任务，而是八至十人一组，组员根据具体情形的变化灵活行动，互相协作，对整个小组负责。Alexander Styhre（2001）对丰田模式中的"持续改进"（continual improvement）这一质量管理技术在瑞典的变异进行了研究。他考察了瑞典的三家公司，指出它们都倾向于淡化"持续改进"在日本产生时所带有的集体主义的色彩，而将这一技术与个体主义、创造性等联系起来。这正是"持续改进"这一诞生于东方文化传统中的管理方式嵌入瑞典的社会环境中所做的必要转换。

　　从以上对 20 世纪中西方管理移植演化历程的分析中，我们可以清晰地发现中国本土诞生的"鞍钢宪法"在整个管理思想流变过程中的历史地位。可以说 20 世纪管理移植具有两个里程碑或两个起点，其一是泰罗制，其二是"鞍钢宪法"。泰罗制将西方理性精神这一文化基因植入管理之中，使科学管理知识在 20 世纪的上半叶稳定地横行欧美乃至苏联；60 年代诞生于中国的"鞍钢宪法"则将东方和合精神这一文化基因植入于管理之中，从而使管理移植的整个历程发生基因突变，并改变了以后管理移植的基本形态和传播路径，使之由从西方向东方传播改为自东方向西方传播，为世界管理知识的增长和完善做出了卓越的贡献。这也同时说明，中国人在管理移植中并非只有完全照搬西方成功经验或仅对西方成熟理论进行情景化验证这一条路可走，只要具有合适的管理环境，与本国文化传统和具体管理情景进行合理结合，中国人在管理创新方面的能力不逊于世界其他国家。

9.2.4　演化分析中"鞍钢宪法"的未来境遇：从管理话语走向管理创新

　　从 20 世纪管理移植的演化分析中我们确立了"鞍钢宪法"的历史位置，但我们依然面临着一个重要困惑："鞍钢宪法"为何在境外成为后福特制的雏形却在当代中国境内处于销声匿迹的窘境？根据 Julian Birkin-shaw 与 Gary Hamel 等人（2008）的研究，管理创新分为激发（motiva-tion）、发明（invention）、实施（implementation）和理论化与标识（the-orization and labeling）四个阶段，在历史上"鞍钢宪法"都曾经历过此四个阶段，无疑它是在移植泰罗制以来的西方管理理论过程中的一项重大管理创新。但令人遗憾的是，"文革"之后，它仅作为管理的一种知识话语在世界传播与扩散，而没有在本土激发出新的管理形态。因而，在今日我们面临着这样一个重要使命，即如何使"鞍钢宪法"由一种知识话语升华为一种新型管理形态或管理制度，在当代中国重新激发出其积极意义并使之再次理论化和标识为一种管理创新。

在此我们需要考察"鞍钢宪法"诞生的条件及其"墙内开花墙外香"境遇的原因。"鞍钢宪法"之所以能够在社会主义中国产生，一方面是由于当时的中国刚刚解放不久，"人民当家作主"的社会主义政权极大地激发了全国民众发展社会主义生产的革命热情，由此，毛泽东思想从一种政治意识形态自然延伸到企业管理领域而为"鞍钢宪法"的诞生提供了思想触发机制；另一方面，当时依然保持着建国初百废待兴、必须一切从实际出发的建设理性，由此方能将本国文化传统中的和合精神这一文化基因注入管理领域。正是革命精神与对本国国情的理性审视的结合使"鞍钢宪法"得以在社会主义中国产生。相比之下，"鞍钢宪法"不能在西方社会诞生是由于西方从根本上缺乏和合精神这一文化基因，工具理性的片面弘扬使管理沦为精确化控制的手段而走向了人性的反面。

那么，"鞍钢宪法"又为何没有在社会主义苏联诞生？从历史与现实两个维度考察，我们认为存在以下两个主要原因：其一，与欧美国家类似，苏联（及俄罗斯）在历史上同样缺乏和合精神这一文化基因。尽管古代俄罗斯文化在总体上呈现出"既非东方又非西方"的"兼容性"与"两极性"特征（雷丽平，2001），其发展模式及深层结构也与西欧诸国不尽相同，但是它们都受到以基督教为主导的宗教文化的巨大影响，两者大体上始终保持着某种一致性，今日人们将俄罗斯归为欧洲国家，在很大程度上便缘于两者在文化上的承继性与相似性。"中间性"与"两极性"则使俄罗斯人成为各种矛盾的集合体而易于走极端，未能发展出中国本土自然产生的妥善处理矛盾的和合精神。其二，20、30年代的苏联，官僚理性压过了革命热情。列宁领导的苏维埃政权在一战的夹缝中诞生，政权建立初期面临着各种反对武装的层层包围，根本不具备社会主义中国政权在建国初期的压倒性优势。内忧外患迫使其对包括企业在内的一切组织实施高压控制，列宁甚至提出"共产主义＝苏维埃政权＋泰罗制"的口号，引进当时西方最严厉的企业管理制度，以克服本国自由散漫的传统管理习气。随着政治、经济高度集中的苏联模式的形成，企业管理日益走向官僚化，机构化的官僚理性严重压抑了民众的创造热情，革命精神及创造热情的消逝是"鞍钢宪法"不可能在社会主义苏联诞生的另一个重要原因。

"鞍钢宪法"为何又出现"墙内开花墙外香"的现象？笔者认为，这是由于革命热情与实践理性在中国逐渐失衡所造成的。"鞍钢宪法"出现的背景是中国的革命浪漫主义不断增强的时期，中间虽然也曾经有一些理性的调整，但是这种革命浪漫主义在"文革"中被"四人帮"不断抬升而丧失了最基本的理性精神，使企业管理完全不顾成本和效率，革命取代了生产，最终导致"鞍钢宪法"被赋予无限上纲上线的政治色彩而变得名存实亡。也就是说，"鞍钢宪法"在中国的悲剧命运源于不断上升的革命浪漫主义完全压倒理性精神而成为企业各种活动的中心，这种特殊的政治情景促使其发生走向衰亡的变异而成为政治牺牲品。而战后的日本，在美国政府的扶持下，一直在建设国家的创造热情及理性精神之间保持着合理的平衡，结合本国精益求精的农耕传统及集体主义精神，使"鞍钢宪法"逐渐升华为丰田模式而实现了本土化管理创新。

"鞍钢宪法"的产生条件及其"墙内开花墙外香"的演化历程，启发我们可以从以下角度来思索"鞍钢宪法"在中国未来如何从一种管理话语再次理论化为管理创新。

其一，在理性与激情之间保持必要的张力。Barley 和 Kunda（1992）的管理话语理论及 Abrahamson（1997）的管理时尚理论都指出，无论是管理话语还是管理时尚的发展都呈现出一种理性与规范或者说理性与人文交替发展的模式。并且，理性管理模式始终在管理模式的发展之中占据着主导地位，即使在所谓的规范管理理论比较凸显的时期也是如此，只不过这一时期的规范性的管理话语、管理时尚相对于前一个时期来讲有了比较明显的增加而已。也就是说，西方的管理理论，尤其是规范性的或者说那些强调人本的管理理论，它们的发展是处在一个讲求理性的背景之下的。"鞍钢宪法"在中国的消逝便是由于缺乏这种必要的理性精神。未来我们如想使"鞍钢宪法"从一种管理知识话语再次成为一种管理创新，就必须在创造激情与脚踏实地的理性精神之间保持必要的张力，使两者平衡发展而非一方压倒另一方。

其二，重视对本国文化资源，尤其是和合精神的研究。从管理移植的演化分析可以看出，"鞍钢宪法"之所以能够成为一种管理创新并改变了管理移植的传播路径，其根本原因在于移植外国理论的同时植入了本国的优秀文化基因。近年来的"国学热"正在出现向管理渗透的趋势，这是在中国经济获得迅速发展并且经济总量跃居世界前列的情况下，中国人民族自信心开始增强的表现，也是一种文化自觉的必然。深入研究本国传统社会中的管理经验，结合本国的具体管理情景及面临的特殊管理问题，融入传统文化中的精髓，是对所移植的外国管理理论进行适应性改造的一个主要途径，也是建构企业管理理论的中国话语的必然选择。但是，另一方面，也必须清醒地认识到，这种结合不能脱离企业的实践需要，必须要注意国学过于注重"道"而忽略"器"、过于注重思辨而缺乏科学理性的问题，否则这种结合式的研究可能丧失必要的理性精神，使国学与管理的结合成为一场新的管理时尚而非一种真正的管理创新。

其三，关注中国特色社会主义这一管理创新的主要现实背景。按照Abrahamson（1997）的看法，理性管理和规范性管理话语之所以会呈现交替出现的情景，是因为二者都是一种提高管理效率的方式，每一种管理模式的发展都逃脱不掉边际贡献递减的规律。于是当一种管理模式边际贡献降到比较低的时候，另一种管理模式就会应运而生。改革开放30多年来，我国企业管理基本上在移植国外的理性管理模式，而对其缺乏本土性考量，因而真正本土化的管理创新十分有限。毫无疑问，我们所移植的理性管理模式在中国改革开放30年的经济发展中有着不可估量的贡献，但是一方面其边际贡献正在不断递减，另一方面其间难有中国本土管理话语，因而我们迫切需要基于本国情景的管理创新。我国目前正在建设的中国特色社会主义无疑是当代管理创新的最大国情和最为真实的情景，从这样一种宏大的情景出发，反思西方理性管理模式，必然能够使之变异为适应我国国情的管理创新。另外，Barley和Kunda（1992）发现，理性和规范性的管理话语的出现与经济周期存在着一定的关系，在经济危机之后往往出现的是规范性的管理话语。可以预测，在后金融危机时代，人文性与规范性的管理话语将会再一次凸现出来。而马克思主义对经济中人之解放问题的强调及对人的全面发展的重视将有可能成为新一轮规范性管理话语的思想来源。将管理移植与创新深深植入作为马克思主义中国化最新形态的中国特色社会主义建设，将有可能使得中国的管理创新既有世界性意义又带有鲜明的中国特色。

9.2.5　"鞍钢宪法"的当代价值及其管理启示

本节通过建构比较管理的演化分析框架，考察了 20 世纪中西方管理移植的演化历程，确立了中国本土产生的"鞍钢宪法"在其演化路径中的重要地位，表明管理思想的发展是中西方交叉影响、互动作用的过程。这便纠正了当今中国管理学研究的一种流行观点，即中国的管理学完全移植西方管理思想。本研究则充分说明自管理学诞生百年来，管理思想的演进并非完全是"西学东渐"的过程，在 20 世纪后期，以"鞍钢宪法"为标志的东方和合精神的植入，改变了管理移植的基本形态及演化方向，日本及中国本土产生的管理思想对欧美世界的管理发展同样产生过巨大影响。这同时也说明，中国的管理学研究没有必要完全移植西方的管理理论，只要条件具备，我们完全能够创造更加符合自身实践需要的本土管理理论并为世界管理思想的发展做出贡献。这一研究思路的拓宽，对于我们反思诸多相关问题具有很大启发。以下我们围绕比较管理学的学术使命、"鞍钢宪法"的本土价值及世界意义等问题进行简单讨论。

（一）管理移植、创新与本土化

目前我国管理学研究已经开始走出盲目追随西方管理学主流研究范式与理论的时期，进入了自我反思与自觉建构的崭新阶段。对此，我们面临的一个首要问题是：进行跨文化比较研究的学术目的是什么？比较管理的学术使命是建设普适性的管理科学以融入国际潮流还是建设服务于本地人并具有自身民族特色的本土化管理学？尽管比较管理无法回避管理移植问题，但探讨管理移植的内部规律绝非是为了更好地移植他国的管理经验与管理理论，而是为了更好地服务于本国的管理实践。也就是说，在比较管理中，移植不是目的，而是进行自主创新以实现管理学本土化的一种途径。

在中国进行比较管理的研究是对管理移植问题的自觉反思。管理移植的实质是管理知识在不同时间或不同区域内的传播、转化与创新，创新是其终极目的。然而，目前我国管理移植中存在一个严重问题，即纯粹复制西方管理理论而缺乏本土反思及创新。由于历史的原因，美欧国家挟其政治、经济及军事影响力，使其学术及教育的影响力在非西方国家不断扩大，从而对非西方国家的学术及教育产生宰制性及支配性的影响（杨国枢，2008）。改革开放之后，中国的管理学研究始于对西方管理知识的移植与介绍，因而现代意义的管理科学在中国其实是一种舶来品。国内管理学者常不加批判地照搬西方管理理论、概念、方法及工具，尽量与国际主流研究范式接轨以试图建立适用于全人类的普适性管理理论，而事实上这种研究取向仅仅验证了诞生于西方国家的管理理论是否在中国的情境中适用，其结果是制造了很多脱离了中国本地文化传统与社会脉络的虚假不实的管理知识。管理知识的移植不同于资本、设备、技术等物质实体的转移，而是涉人及其心理这一复杂性的文化因素。因而，管理移植必须进行本土化创新，以使管理知识深刻嵌入本国的政治、经济、社会、历史、生态及文化脉络之中。从此视角看，目前逐渐兴起的比较管理研究应该摆脱西方管理学的宰制性影响，发展一种本土化的脉络研究策略，以开创为中国社会特殊的管理实践服务的本土化管理学，树立管理学研究的中国话语。如此，管理学的跨文化比较研究就有可能成为一场严肃的反思性学术运动而非追随西方管理思潮的一种研究时尚。

（二）"鞍钢宪法"蕴含的本土价值：管理学本土化的重要资源

管理学本土化研究的必经途径之一是"对中国管理实践中的特殊难题和独特成功经验进行更深层次的挖掘、总结和研究"（李维安，2007）。唯有嵌入本地历史文化脉络与社会制度之中并且符合本国人心理结构的本土管理经验，方能成为管理学本土化的原始材料及重要构件。"鞍钢宪法"诞生在社会主义中国进行经济建设的特殊时期，与中华民族历史中的和合精神一脉相承，契合社会主义制度下"人民当家作主"这一政治体制的内在要求，并在特定时期发挥过重要作用。从 20 世纪管理知识移植的演化分析中，本研究确立了"鞍钢宪法"在世界管理思想传播中的历史地位及其里程碑意义。因而，可以说"鞍钢宪法"是中国本土诞生的、承载民族文化基因并能够代表东方管理特色的成功经验，是我们建构本土化管理学的重要资源。

具体来说，"鞍钢宪法"蕴含的本土价值体现在其对构筑本土化企业管理模式有以下两方面的内在约定。其一，在劳资关系方面，以劳动为主导，兼顾劳动与资本的双重逻辑，建构和谐劳资关系，探索既能激发资本活力又能确保职工参与管理的现代形式。上文已经指出，中国特色社会主义是进行管理创新的重要现实背景，任何科学性与普适性的经济与管理理论都不能完全剥离其意识形态色彩，任何脱离这一制度规约的管理理论都难以说是真正本土化的创新。这就决定了我国企业管理理论必须为大多数人服务，在经济领域体现人民当家作主这一原则。"鞍钢宪法"正是中国特色社会主义在经济管理领域的自然延伸，对我们处理当代中国的劳资关系冲突仍然具有借鉴作用。当然，我们同时也必须淡化特定时期"政治压倒一切"的浓重意识形态色彩，强调"鞍钢宪法"与世界管理潮流相融通的科学性与合理性方面。其二，追求和合治理，强化合作意识，缓解不同管理主体（管理者、技术人员及操作工人）之间由于群体身份分割而造成的冲突。"鞍钢宪法"彰显了中国和合精神在企业管理中的意义，它与西方管理片面张扬理性精神而强调分工、标准化与等级控制不同，强调管理过程中人际关系的和谐，使管理富有温情和更加人性化，体现了东方管理的重要特色。总之，"鞍钢宪法"作为本土诞生的成功管理经验，与社会主义意识形态及和合精神文化传统恰当地融合在一起，为我们对管理进行本土化创新提供了一个成功范本。

（三）"鞍钢宪法"承载的世界意义：范式转换与重建

当今管理学研究存在多种竞争性范式，根植于西方理性主义文化基因的科学主义范式主导了管理学的发展，伦理始终未能成为解决企业伦理困惑的指导原则而融入库恩所谓的"支配性范式"（overarching paradigm）(Collier, 1998)。Crockett(2005) 为此专门对管理学理论范式进行了伦理考量，从文化的视角将当今管理学研究中存在的竞争性范式概括为四种：利己主义范式、康德主义范式、社会—经济范式及德性范式，并对主流的利己范式进行了批判。面对多种竞争性范式的存在，Gunn (1995)认为管理学需要实现研究范式的转换，以走出主流科学主义范式、利己主义范式的支配。然而，范式转换在西方文化内部很难自觉实现，欲实现西方主流管理学的范式转变，我们必须跳出西方世界的文化脉络，改变主导其发展与演化的理性主义文化基因。承载了东方和合精神这一文化基因的"鞍钢宪法"则为此提供了恰当的经验样本，为西方管理学主流研究范式的转换与重构提供了新的文化因子。

"鞍钢宪法""墙内开花墙外香"的特殊历史遭遇表明，我们过多地在乎"鞍钢宪法"的时代色彩及特殊政治意义，从而未能对"鞍钢宪法"这一经验本身及其背后承载的文化价值进行深入研究，这样就忽略了"鞍钢宪法"作为一种新管理范式所具有的生命力及其在世界管理学中的普适性价值。也就是说，"鞍钢宪法"不仅是管理学本土化的重要资源，同时其蕴含的管理规律及其对当代管理学的批判与重建价值亦可以推衍到其他国家，20 世纪后期"鞍钢宪法"在日本及欧美国家的扩散表明了这种可能性的存在。目前我们最需要做的是，以管理思想演进之内部规律反思整个科学管理范式之利弊，深入拓展"鞍钢宪法"对于重建一种新管理范式的意义，如其蕴含的整体性和关系性思维、理性批判精神与人性解放意蕴，以及劳动主导、限制资本等经济民主思想。如此，"鞍钢宪法"就可能在知识经济时代实现创造性转化，更好地服务于全球化背景下的企业管理实践。总之，我们认为，只要我们以科学、客观的研究标准及规范的研究方法，深入剖析"鞍钢宪法"及其承载的和合精神这一文化基因在世界管理思想演化与发展中的范式意义，"鞍钢宪法"必然能够在知识经济时代的管理之中重新焕发出强大的生命力。

第十章　中国本土企业化解管理悖论的经验研究

　　前文在后现代主义背景下构建了本土管理学的基本框架，但尚未进行经验检验以取得实践支撑。管理本质上是提升人性的群体性实践，任何管理思想都不能脱离实践而凭空产生。成熟的本土管理理论应该达到历史与逻辑、理论与实践、宏观与微观三个层面的统一。目前，中国已经涌现了海尔、华为、阿里巴巴、联想、腾讯、TCL、宝钢等一大批卓越企业，在管理模式创新领域积累了丰富的本土经验，为深入发展具有"本土契合性"和"后现代前瞻性"的中国管理理论提供了宝贵的实践资源。本章在与西方企业的主流管理模式进行对比的基础上，选择海尔、李锦记作为国家控股的混合所有制企业、民营经济中的家族企业两类现代公司的典型代表，挖掘本土企业化解效率与人性悖论的关键举措，并研究其在知识经济时代的普适性价值，以期将后现代主义、传统文化与当代网络技术结合，在实践层面验证并细化前文提出的管理范式本土化创新与后现代整合的理论框架。

10.1　海尔模式：平台型企业的自组织机制与价值观管理

　　海尔是互联网时代组织变革和管理模式创新的先锋企业，也是中国本土企业借助传统文化智慧对西方管理模式进行批判学习和变革创新的典范。"人单合一双赢管理模式""倒三角组织""自主经营体""开放式创新平台""小微公司""集体创业家平台"等是张瑞敏自 2005 年以来在海尔推动的一系列深层次和震撼性的组织与管理变革。这些变革已经深刻触及世界主流管理模式和经典组织理论百年来的内生痼疾，是本土企业进行管理移植与创新的辉煌绽放，引导着世界企业在新的时代背景下不断探索新的组织运作机制。在中国特殊的文化与制度背景下，海尔的组织与管理创新是如何发生的？其运作机制是什么？它又如何利用新科技革命下的技术条件和中国本土传统智慧，化解效率与人性这一管理史上的百年悖论，从而使其管理创新具有广泛的世界意义？

10.1.1　效益与人性并进的中国海尔集团

2015 年 8 月，由中国企业联合会和中国企业家协会共同发布的"中国企业 500 强"名单中，海尔位居家电行业第一。从 1984 年到 2014 年的 30 年历史里，海尔集团从一个负债 147 万元的破旧小厂，成为一个年收入达到 2007 亿元的大型跨国公司，在全球拥有 8 万多名员工并有青岛海尔（600690. SH）和海尔电器（01169. HK）两个上市公司，其在白色电器①市场的占有率连续 6 年蝉联全球第一。

海尔不像富士康等制造类企业，在经济效益增长的同时面临着诸多非人性化的诘难，也不像一些片面强调人性关怀而在经济效益方面难以发展壮大的公司。海尔成功的真正表现在于，作为一个经济组织，它通过一系列管理创新，化解了效率与人性的管理悖论，在经济效益和人性化管理方面齐头并进，均取得了卓越的成效。从销售收入及市场占有率两个指标可以看出海尔取得的经济效益，而其人性方面则体现在人性化设计、人性化营销、人性化服务与人性化管理等多个维度。

1984 年张瑞敏接管的青岛电冰箱总厂，当年负债 147 万元，连工资都难以发放。但经过 30 年的艰苦创业，海尔集团的全年销售收入由 1984 年的 348 万元剧增到 2014 年的 2 007 亿元，并呈现 30 年连续增长态势，如图 10—1 所示。海尔集团的大型家电品牌全球市场占有率在 2009 年达到 5.1%，开始跃居第一位，自此连续增长，至 2014 年这一数据达到 10.2%，连续六年蝉联全球第一位，如图 10—2 所示。目前，海尔在互联网时代背景下顺应消费升级趋势，致力于产品迭代引领与结构升级，加速高端家电品牌"卡萨帝"发展，努力打造新的增长极。《青岛海尔 2015 年半年度报告》显示：凭借"卡萨帝"云珍系列冰箱、海尔星厨系列冰箱的良好表现，海尔在快速增长的多门冰箱领域的市场份额同比提升 2.48 个百分点至 27.74%，在对开门冰箱领域市场份额同比提升 3.23 个百分点至 26.37%，均居行业领先地位。

---

①　白色电器是指能够减轻人们的劳动强度、改善生活环境和提高物质生活水平的电器（最初产品多为白色），如洗衣机、部分厨房电器、空调、电冰箱等。与之对应的是黑色电器，是指带给人们娱乐、休闲的电器（最初产品多为黑色），如电视、音响等。

(百万元)

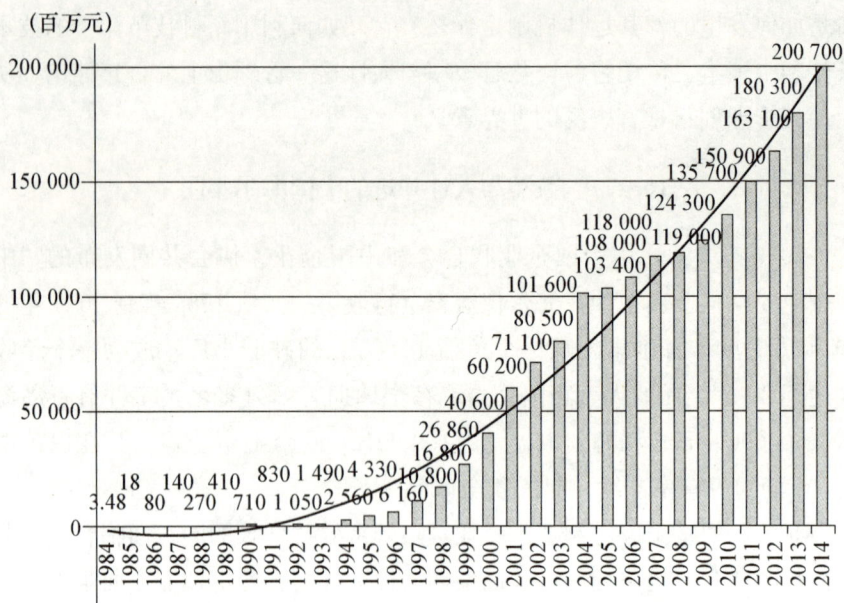

图 10—1　海尔集团全年销售收入（1984—2014）

资料来源：根据海尔官网、海尔年报提供的相关数据绘制。

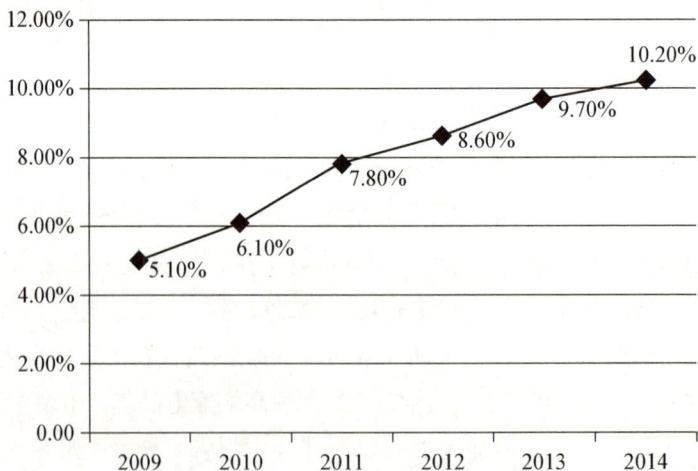

图 10—2　海尔集团大型家电品牌全球零售市场占有率（2009—2014）

资料来源：根据海尔官网、海尔年报提供的相关数据绘制。

与此同时，海尔的品牌价值也日益飙升，2015 年 9 月 17 日，第 21 届中国品牌价值 100 强榜单正式发布，海尔以 1 288.6 亿元的品牌价值连续第 14 年蝉联榜首，并且远超出排名第二的企业 387.42 亿元。

在经济效益不断刷新的同时，海尔在实施人性化管理和提升人的生活品质领域也有突出表现。在产品设计环节，海尔力争按照亚洲人的生活习惯，打造最个性化和人性化的产品。2014 年，海尔推出 801L 超大容积对开门冰箱，该款冰箱安装了海尔利用智能光感技术独创的"Smart Window 智慧窗"，使冰箱能够自我感知和选择与环境匹配的最佳亮度及开关门状态，并据此自动调节风机和压缩机的转速。此外，该款冰箱能够与客户进行便捷式互动，一旦用户走近冰箱，"智慧窗"便自动调节为透明模式，方便用户查看和选择食物。[①] 在营销环节，海尔多年坚持"以用户需求为核心"，建设专门的开放性交互平台来挖掘用户需求，以用户体验作为营销重点，为用户提供网络时代最佳的智慧生活体验，体现出一种人性化的品牌经营方式。海尔十分重视售后服务，是国内最早提出由"制造商"向"服务商"转变的大型企业集团，将自身定位为向用户提供美好住居生活解决方案的服务企业。基于此，海尔的营销观念从传统的"以企业为中心卖产品"转变为"以用户为中心卖服务"。海尔提出的"真诚到永远"的营销口号已经成为国内高质量服务的标识，对于购买其无氟空调及热水器的消费者，海尔无条件地承诺无论任何时间和任何地点都享受 10 年或 8 年的包修，这在国内外同类产品供应商里都十分罕见。内部管理方面，海尔对其员工格外尊重和信任，将他们视为追求自身价值实现的独立个体，进而打造平台，充分授权，增强员工的决策参与权限和组织认同感。海尔还通过庆功会、运动会、郊游、生日庆典和组织舞蹈队、音乐队、美术班、摄影班等满足员工情感及兴趣的需要，增强海尔人的集体荣誉感和组织凝聚力。

海尔这种效益和人性相平衡的艺术是如何实现的呢？效率目标要求以理性计算逻辑来衡量公司是否以最低的投入获取最大的效用，人性目标则要求以情感价值逻辑来衡量公司是否使外部顾客和内部员工获得满意和认同。在经典的组织与管理理论看来，两者在投入与产出关系方面存在控制/感召、成本/效益、他组织/自组织方面的逻辑悖论。我们认为，海尔对此悖论的成功化解得益于其强大的组织创新与管理能力。为厘清这一问题，以下详细剖析海尔组织变革的技术、制度背景和历程，并进一步挖掘

---

① 参见《海尔冰箱人性化设计受追捧，专家称最符合亚洲人》，中国品牌网，2014-02-20，http://www.showpp.com/ppnews-17103/。

其背后的运作机制及管理逻辑。

10.1.2　海尔的组织变革：工业 4.0 背景下的平台型企业

作为管理的载体，组织思想及其外在化的结构形式是企业资源配置和战略运转的核心。海尔一直注重结合特定时代的技术、社会背景和具体的管理情境进行组织创新。自第一次工业革命催生建构在合理性与合法性基础之上的科层组织以来，近现代企业先后经历了科层组织、事业部组织、网络组织三类组织形态，目前的互联网时代正在发生新一轮深层次的组织结构剧变。钱德勒（2002）在对 19 世纪 80 年代到 20 世纪 30 年代的杜邦、通用汽车、新泽西标准石油与西尔斯公司四个美国大型企业进行历史考察的基础上，提出企业组织的结构追随其战略演进的经典命题。该观点在海尔的组织变革进程中得到了充分体现。海尔自 1984 年至今的 30 多年，先后启动五次战略变革，诱发四次大型的组织结构调整（如表 10—1 所示），几乎浓缩了人类近现代组织结构变革的全部历程，在某种程度上是人类企业组织百年演变的历史缩影。

表 10—1　　　　　　　　海尔集团的组织结构演进路径

	科层制企业	事业部制企业	网络型企业	平台型企业
起止时间	1984—1991	1991—2005	2005—2012	2012—2019
时代背景	改革开放	邓小平南方谈话、中国加入WTO	互联网时代	新工业革命
技术条件	简单机械技术	复杂机械技术	互联网技术	"大智移云"技术
组织战略	名牌战略	多元化战略、国际化战略	全球化战略	网络化战略
组织形态	"正三角"	扩大化的"正三角"	"倒三角"	利共体、"小微"
组织逻辑	他组织（集权）	他组织（分权）	自组织（权力散播）	自组织（无组织）
资源配置	垂直整合（统管）	纵向一体化（并购）	横向一体化（外包）	平台整合（共享）
典型事件	"砸冰箱"、全面质量管理	"休克鱼"、海内外建厂、并购	"人单合一"双赢模式、自主经营体	孵化"小微"创业

资料来源：根据《海尔人》报刊、张瑞敏系列讲话、王钦（2014）和曹仰锋（2014）整理。

　　改革开放初期的 1984 年，张瑞敏刚到海尔就从规范和约束员工日常行为开始尝试进行管理变革。1985 年，张瑞敏带头当众砸毁 76 台有质量问题的"瑞雪牌"冰箱①，正式开启海尔追求卓越质量的品牌战略。张瑞敏提出"名牌就是企业生命""要么不干，要干就干第一"的质量至上观念，正式确立"产品质量零缺陷"的经营理念，实施全面质量管理。为配合名牌战略，海尔根据当时的技术与资源实力决定退出洗衣机市场，专注于"名牌冰箱"的生产，并于当年利用引进德国利勃海尔的生产技术，合作生产了亚洲第一台四星级冰箱——"琴岛—利勃海尔"。当时海尔的组织结构是与机械技术及规范的质量管理相适应的科层制，依据合理性与标准化的专业化原则，划分设计、生产、营销、人事等职能部门并自上而下地垂直整合和配置各种组织资源，呈现出典型的"正三角"形态。为配合名牌战略，张瑞敏引进西方的技术理性和管理规范，使海尔的科层制结构日益完善与规范。

　　名牌战略实施下的海尔在技术、管理、人才、财务及文化方面日益标准和完善，1991 年 12 月 20 日，青岛电冰柜总厂和青岛空调器总厂合并，正式成立海尔集团。在邓小平南方谈话之后，国内市场环境进一步改善，集团化的海尔不失时机地实施了多元化的扩展战略。在将冰箱产品做到全国最好的基础上，海尔逐步将产品扩展到洗衣机、空调、冷柜等相关产品，1997 年之后，进入彩电等黑色家电和信息家电领域。海尔多元化的方式是稳妥和渐进地激活"休克鱼"，兼并、重组和盘活青岛红星电器厂、广东顺德洗衣机厂、合肥黄山电视机厂、莱阳电熨斗厂等 18 家经营观念落后而停滞不前的相关企业。1999 年 4 月，海尔在美国南卡罗来纳州建立第一条家用电器生产线，启动国际化战略，随后在美欧推行研发、生产与销售"三位一体"经营模式。为配合多元化与国际化战略，海尔建设了围绕冰箱、空调、洗衣机、电子等产品的事业部，以及北美、欧洲、中东、亚太、华东、华南、华北、东北等区域事业部，从而将组织结构调整为事业部制，各事业部成为总公司控制下独立运营的利润中心，大大提高了资源配置的效率并增强了各事业部根据具体市场变化而灵活运营的能力。海尔的事业部是一种相对分权的纵向一体化组织架构，但本质是在产品和区域

---

① 当时海尔员工月平均工资 40 元，而一台"瑞雪牌"冰箱的价格是 800 多元，接近一名员工两年的工资。张瑞敏拒绝了将冰箱低价处理给员工的建议。如今，他砸冰箱所使用的大铁锤珍藏于中国国家博物馆，"砸冰箱"事件也成为海尔集团具有符号意义的文化之魂。

方面规模化的科层制企业，表现为扩大化的"正三角"组织形态。

2005年，海尔已经成为"巨无霸"式的现代大型企业集团，面对互联网信息技术发展对传统管理方式的挑战，海尔实施了利用世界资源打造本土化主流品牌的全球化战略。在此阶段，海尔意识到只有"异质性"的资源与能力才能获取"差异性"的国际竞争优势。对于如何捕捉和塑造特殊的资源与能力，海尔瞄准了互联网技术及其诱发的网络思维。对外进行横向一体化扩张，通过创建战略联盟或外包等合作形式进行强强联合以整合利用全球资源，对内则以顾客为导向再造企业流程以推进组织变革，提高资源配置和人员管理效率。为实现最快的速度满足用户需求，海尔主动打破原来的事业部结构，摧毁企业内部的"墙"，将传统的职能管理关系变成市场关系，使每一个员工的利益都直接与市场对接。通过实施人单合一双赢模式和自主经营体模式，海尔打破旧有组织的部门壁垒，将权力散播到具体的员工个体，将规模庞大的"正三角"组织颠覆为面向市场灵活运转的"倒三角"组织。

2012年12月，为更好地服务于客户需要和提升企业运转效率，海尔集团宣布实施网络化战略，致力于打造互联网时代的平台型企业。这一时期海尔直面新工业革命时代大数据、智能制造、移动互联网及"云计算"等技术（简称"大智移云"）的发展形势，针对自主经营体存在的契约过多、内容烦琐、个体本位、目标分歧等问题，建设战略自主经营体、市场一线自主经营体和研发、制造等资源部门共同面向客户、全流程融入和各利益主体通力协作的"利共体"。2014年底，强调内部创业孵化的"小微"组织形式出现。"小微"是海尔"在线员工"（合作伙伴）与"在册员工"（具有合同关系的正式员工）共同创业、主动结成的合作组织，是为用户负责的独立运营主体，充分享有决策权、用人权和分配权。至此，海尔真正成为人才无边界、组织无边界的开放式平台，各利益相关者在此平台共享和整合资源，将潜在的需求转化为现实的利益。和原来的"倒三角"组织相比，海尔的平台型企业是一种"节点闭环"的网络组织，进一步打破了组织内部的水平边界并使外部边界具有高度渗透性，从而将开放、平等、共享、分权及动态等互联网技术影响下的网络特征与平台思维融入组织建构之中。

海尔的组织变革及其经济效益表现再次印证了钱德勒关于组织能力和管理力量而非市场结构决定企业增长的观点，而且通过其30年的企业实践证明，这种组织与管理能力没有最优模式，唯有持续不断地进行组织变革和管理创新才能获取持续的竞争优势。海尔从科层制企业，经由事业部制向网络组织和平台型企业转变的过程，揭示了工业革命以来人类经济组织及其管理模式变革的基本规律。从第一次工业革命到第四次工业革命的历次组织与管理变革（如表 10—2 所示），都在海尔具有不同程度的体现。海尔目前致力打造的平台型企业也引领互联网时代企业未来组织变革的趋势。

表 10—2　　　　　　　　工业革命与企业组织、管理模式变革

工业革命	标志技术	组织结构	组织范式	管理模式	员工角色	权力流向	整合逻辑
工业 1.0	蒸汽机	科层组织（U）	他组织	科学管理	执行者	自上而下	权威（集权）
工业 2.0	电力	事业部制（M）	他组织	科学管理	执行者	自上而下	权威（分权）
工业 3.0	计算机	网络组织（N）	自组织	契约管理	参与者	横向分离	价格（计算）
工业 4.0	大智移云	平台组织（P）	自组织	价值管理	创客	自下而上	伦理（共享）

资料来源：作者整理。

第一次工业革命中以蒸汽机为代表的机械技术走入工厂，迅速地以一种工具性、理性化的方式塑造组织生活。企业逐渐发展为依据等级链条自上而下进行精确控制的科层结构，去人格化和高效率的科层组织成为与当时机械技术相对应的基本组织形式。这种组织在第一次工业革命时期的经典形式是一元集权的 U 型结构组织（united structure organization）。U型组织是一种结构相对简单的集权组织，按职能（研发、生产、销售、人力、财务等）划分部门和组织资源，各部门均没有独立性，依靠自上而下的权力结构沟通协调任务并由企业高层领导直接管理。

第二次工业革命时期，随着铁路、轮船等运输技术及电话、电报等通信技术的发展，跨区域、跨行业的市场扩张成为可能，许多企业实施多元化战略，总部对众多庞大的业务或区域部门进行评价和协调变得日益复杂，在解决复杂性与多样性环境带来的管理与决策的困难问题中逐渐发展为事业部制组织（multi-divisional structure organization），即 M 型组织。M 型组织是 U 型组织在空间和业务范围上的扩大化，但在保证总部战略决策权威的前提下赋予各事业部独立运营和战术决策的权限，因而是一种相对分权的组织结构，适应了纵向一体化的大规模组织灵活开展业务的需要。

　　二战后，以计算机信息技术、原子能技术及航天技术的应用为代表的第三次工业革命，将全球连成一个网络，沟通和协作的便利大大缩短了不同区域及行业中企业与企业之间的距离。在此情境下，以 IBM、微软等为代表的企业实施"归核化"战略，在业务领域进行纵向分离与横向一体化，聚焦于核心业务或产品，剥离多余或不具备竞争优势的业务或产品，在生产、研发、服务、销售等领域通过分包或战略联盟的形式与其他企业缔结契约进行合作。对内则建立"后福特"式的扁平化结构，通过授权及流程再造等方式重视基层员工自主及团队协作的意义。内部结构的扁平化与外部企业之间的横向联合形成了网络组织（network organization），即 N 型组织。其代表形式主要有后福特制、战略联盟、产业集群、模块化生产网络等。网络组织是不同企业根据经济契约进行的战略或业务合作，依然具有组织边界，基于经济利益和特殊信任的市场契约是维系纽带。

　　2013 年 4 月，德国政府发布"工业 4.0"高科技战略计划，人类科技发展及工业生产进入新的时代。大数据、智能制造、云计算和移动互联网的技术影响日益深入和广泛，通过影响市场交易场所、交易时间、交易品类、交易速度对企业战略、组织机构及商业模式都产生重大冲击。日益兴起的大数据存储与处理技术，使工业时代对精确性和因果关系的伦理追求将不再重要，事物之间的混杂性和相关性将释放出更多的潜在价值，数据取代品牌和产权成为更富价值的公司资产和新型商业模式的基石（维克托、肯尼思，2013）。新科技革命背景下，互联网已经由"器物"层面上升到无所不在的抽象的新时代精神，成为"一种思维方式、一种生活方式，一种包括互联网精神、互联网理念和互联网经济的哲学观"（李海舰，2014）。其突出的技术标志是物联网，即一种由物与服务的联网（internet of things & services）构成的信息物理融合系统，它所连接的不是传统意义上的计算机，而是包括移动终端在内的具备万维网接口的任意设备（乌尔里希·森德勒，2014）。物联网使企业内外资源的整合与协作实现去中介化、去渠道化，通过点对点、端对端和直通直达的方式降低各种交易成本，它使互联网与制造业、金融业、零售服务业等各行业融合起来，推动人类生产与生活进入"互联网＋"时代。

　　海尔 2012 年以来打造的平台型企业正是"互联网＋组织结构"的结果，是工业 4.0 时代未来企业组织形式的典范，即企业的 4.0 版本。我们认为，平台型企业是工业 4.0 时代受互联网思维影响，以兴趣、体验逻辑聚合的基于普遍主义信任的自由联盟，是企业与社会协作经营，在战略、结构和文化层面均具有"平台"特征的新型组织形式。平台型组织（platform organization），简称 P 型组织，是网络组织在"互联网＋"时代的社会化和扩大化，它进一步扩展了企业的外部网络，使组织可以无边界地与社会领域相互渗透。P 型组织以社会需求为导向，其权力散播于社会各底层领域，并以自下而上的方式使各种个性化的产品与服务诉求流向企业决策中枢，企业调动和整合平台资源为之提供服务，因而是一种社会力量驱动的自组织机制。第三次工业革命塑造的网络组织以成本效用核算的价格逻辑聚合，是某一区域、行业基于特殊主义信任形成的由旗舰型企业主导的横向结构。与之不同，第四次工业革命塑造的平台型组织则以互信、共享、自由、协作的伦理价值观来整合散播于各角落的社会资源，是一种释放社会情感和以普遍主义信任联结的网络平台。由于顺应新时代人类技术与伦理价值观的需要，平台型企业代表着人类经济组织的未来演化趋势。

10.1.3　协同演化的自由联盟：平台型企业的结构及自组织机制

作为工业 4.0 背景下的新型组织形式，平台型企业运作的组织逻辑及关键装置是什么呢？作为有理性行为能力的人类群体系统，平台型企业在互联网时代的复杂情境中，消解了传统组织的权力中枢作为一种外部指令的干预力量，建构各方基于利益与兴趣的自主互动和协同演化的平台，其形成与运转具有典型的自组织特征。耗散结构理论创始人普利高津认为，如果不受制于外部特定指令的干预，复杂非线性的系统内各要素按照某种默契的规则，自发运转而又自动协同地形成有序结构的过程是一种自组织机制（普利高津，1998）。Hermann Haken（1988）认为，自组织在获得时间、空间或功能的结构过程中，外界力量不是通过强加于体系而是以非特定的方式作用于体系，使之自发、自主演化。环境能够挑选具有动态适应性和自我进化的企业组织，自组织系统由其内部各要素之间的非线性相互作用推动系统自生演化，因其演化的动力在于系统内部而非外部特定驱动力，因此系统各构成要素及其整体便成为一个类似于生物种群的环境适应性系统。

平台型企业打破由外力施加的旧有科层组织秩序，在互联网时代不确定性的、混沌无序的初始状态中，寻找特定时空下相对稳定有序的组织结构。根据耗散结构理论（普利高津，1998），自组织的产生需要具备以下条件：其一，组织是一个自然的开放系统，能够与外界环境动态自觉地进行能量交换；其二，远离平衡状态，系统能够不断地打破利益与力量上的平衡状态，并产生新的有序结构；其三，系统各要素具有非线性因果关系并相互作用，变量之间的关系呈现模糊和非确定性特征，在某时空界限以协同与协作的方式耦合互动，便能在无序中形成有序结构；其四，存在促使系统自动演化的涨落现象。在稳定平衡的组织结构中，系统存在随机、微弱并且可控的涨落，但在远离平衡态时，系统的涨落会具有非线性、不确定的属性。当达到某一临界点，微弱的涨落会通过非线性要素的相互作用生发出足以影响整个系统的剧烈涨落，从而打破旧有平衡状态，向新的有序结构演变。

海尔的平台型组织建设始于互联网技术与思维驱动下的经营观念的转变。为面向一线顾客对外部情境进行动态把握，海尔启动了网络化战略，日趋灵活的战略柔性则与传统自上而下的科层组织刚性产生冲突。基于此，海尔建设平台型组织的第一步就是建立以自主经营体为核心的倒三角组织，其核心逻辑是释放和激活底层的力量，即时捕捉外部市场的多样性需要，加强企业内外能量输入与转换，使海尔成为一个自然的开放系统。这是平台型企业自组织机制的首要条件。海尔将企业家精神赋予一线员工，尝试探索互联网思维下的顾客问题即时解决途径，自 2007 年起在庞大的企业内部建立 2 333 个自主经营体（截至 2012 年底），每个自主经营体都是以创造并满足顾客需求为目标，以相互承诺的契约关系为纽带，以共创和分享价值为导向的自组织（曹仰锋，2014）。自主经营体打破了旧有的职能部门分割，聚焦于外部顾客需求的变化，将原来分别属于企划、生产、销售、物流、财务等各部门的人员按照流程进行重新组织，小组经理及成员被赋予更大的资源整合和决策权力，围绕经营体自我选择和界定的共同目标，小组成员集体对从捕捉用户需求到满足用户需求进行全流程端到端的负责（戴天婧等，2012）。

海尔的自主经营体在类别上具有三种形式：一线自主经营体主要包括三类，每一类经营体又由无数个围绕特定目标组建的小型自主经营体构成。一线经营体直接面对顾客提供端到端的价值创造活动，其从事的业务类似于迈克尔·波特"价值链"理论中的基本活动。第二类经营体是平台经营体，主要从事财务、企业文化、人力资源和供应链管理等支撑性活动，是对传统相关职能部分的流程再造和功能重组，其从事的业务类似于迈克尔·波特"价值链"理论中的辅助活动。第三类经营体是战略经营体，由包括张瑞敏在内的最高处决策者组成，其使命是塑造和掌控海尔价值观与战略设计，整合和创造全球各种用户资源，保持企业持续增长的核心竞争力。

在结构与其运行机制方面，海尔自主经营体带来的颠覆性变化是，三类经营体之间并非传统的领导与控制关系，而是依靠"服务契约"和"包销契约"等市场方式实现价值共享和资源协同的关系。也就是说，三者之间没有职务高低，而只有服务活动和创造价值大小的不同。其中一线自主经营体及其员工团队是海尔经营的核心，即时掌控和回应顾客多样性的需求，自主经营体都拥有用人权、分配权和决策权以及自己独立的核算报表，形成一个自负盈亏的独立核算单元和自我管理小组。二级平台经营体则为之提供财务、人力、物流等职能资源方面的支撑性服务，三级战略经营体则为平台经营体提供战略、文化与价值方面的支撑。这样，海尔颠覆了传统自上而下进行目标设定、资源配置和考核控制的金字塔式组织，通过削弱传统科层结构的权力关系和建构平等、协作与互相支撑的组织内市场关系，在结构上形成具有"上宽下窄"特征的"倒三角"组织架构，如图10—3所示。

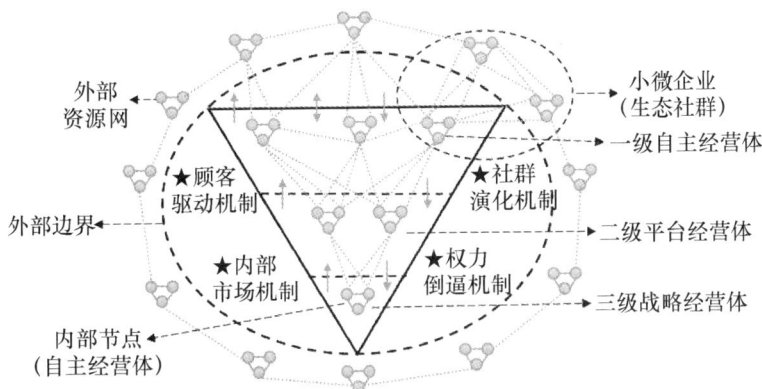

图10—3　平台型企业的结构及其自组织机制

资料来源：作者整理。

"倒三角"式组织结构为平台型企业的运作提供了基本框架，顾客驱动下逆向流动的权力倒逼体系及内部市场制度则使海尔的平台型企业形成上下协同、内外联动的自组织机制。对照普利高津等人提出的自组织机制的发生条件可以发现，海尔自组织机制的形成及运作有四个关键性驱动要素。一是由确定顾客导向，使组织边界模糊化，形成内外互动和远离平衡态的混沌秩序;二是以自主经营体为基本单元,通过自我决策激发员工个体力量,通过上下联动的权力(及其信息系统)倒逼机制使组织具有灵活协调和维系动态平衡的环境适应能力与响应能力;三是各利益主体(自主经营体)之间通过缔结平等的合同契约来高效配置资源,通过内部市场的交换机制而非科层权力的控制体系自发地耦合互动和实现自我优化;四是激发创新精神,整合内外资源,人人皆为创客,通过缔结"小微企业"搭建利益共生和兴趣共享的创业社群,使系统出现非线性、模糊性而又可控的涨落,推动系统自动演化出反复迭代的秩序。

(1) 顾客驱动机制与开放的系统边界。互联网时代的组织面临的环境具有易变性、不确定性、模糊性和复杂性等特征(Bouée,2013),呈现出"无章可循"和"不连续的变化"等混沌状态。为应对这种环境挑战,组织需要处理越来越繁复的"多样性"问题,增强其对环境的动态适应能力和对市场需求的响应能力。海尔的组织变革受到查尔斯·汉迪和彼得·德鲁克的诸多影响,将顾客与用户视为其价值创造体系的起点,通过用户驱动的系统开放和边界模糊来获取多样性和动态能力。2015 年 9 月 19 日,在第二届海尔商业模式创新全球论坛上,张瑞敏表示,传统企业组织的定位以自我为中心,而当代企业只是互联网中的一个节点,其价值导向是不断参与零距离交互和体验的用户,海尔致力于打造从顾客到用户再到生态圈的体验经济。海尔的每个员工都需要与顾客进行"零距离交互",追求"零缺陷、差异化和强黏度",并将顾客服务视为制定战略目标和绩效考核的首要原则。海尔通过人单合一的目标管理体系将企业资源与用户资源紧密地黏合在一起,使企业内部员工与外部顾客的动态交互成为一种经营常态。这种顾客驱动机制取代了传统组织的权力控制体系,使企业与外部市场中的供应商、销售商及其他利益攸关者形成平等互动、良性循环的生态圈,模糊了其外部组织边界。在组织内部,由自主经营体构成的一个个散布的"节点"则取代了旧有的职能部门和固定化的工作岗位,这些"节点"都是在企业家精神驱动下进行平等互动的"虚拟的微型公司",相互之间没有等级差异和权力依附关系,根据绩效情况优胜劣汰和动态组合,这就打破了组织的内部边界。由此,顾客驱动机制下的海尔内外部组织边界都是模糊的,使得外部环境中的新技术、制度及多样性需求都能畅通无阻地流向组织内部决策核心,不断扰动其旧有的平衡状态,为制度创新与员工创业提供源源不断的活力。

（2）员工自治与权力倒逼机制。组织是一个集体互动和利益角逐的政治体系，不同的组织结构意味着不同的权力设计及集体行为调整的政治规则，组织结构变革的深层机制是权力结构的变革。由结构决定的权力为谁拥有及权力流程是影响组织运作的核心要素之一，权力附带着资源、信息、知识等组织利益的生产和输送，影响和塑造着每个组织成员的行为和态度。互联网时代技术环境、市场结构、消费观念及工作方式的变化，使"组织如何解决资源向承担绩效的人倾斜，向顾客倾斜，成为企业应对快速变化的核心"。许多传统企业无法面对外部的变化，就是因为"企业内部资源集中在少数人手里，集中在与市场和顾客非常远的地方"（陈春花，2015）。为解决资源向承担绩效的人倾斜问题，海尔打破原来企业按照部门职能划分的权力结构及自上而下的权力流程。"倒三角"的组织结构在取消组织等级体系的同时也取消了上下级之间的领导控制关系，绩效评价也由领导转变为顾客评价，实际上将权力交给顾客，顾客进而驱动员工行使人权、分配权、决策权三项权力，实施自我领导，其他经营体则提供资源支持。这样就使传统企业"高层管理者—中层管理者—基层管理者——一线员工—顾客"自上而下流动的经典权力机制发生根本性变革，形成"顾客——一线经营体员工—平台经营体员工—战略经营体员工"自下而上的权力倒逼机制。海尔的权力倒逼机制使自主经营体中的员工成为权力中心，目标的制定、执行的监督以及工作激励都由员工自我生成和自动优化，海尔的员工事实上都成为自我负责、人人自治的CEO。

海尔的权力变革是一场"倾听他者"的"底层革命"，与之相配合的是关键资源的配置及信息传播的流程也发生剧烈的变革。它使信息的传递削减了易于扭曲和失真的各种中间环节，实现了端到端和点对点的自由流通，在消除信息不对称弊端的同时也降低了信息搜索成本和提高了组织对外部需求的捕捉和响应能力。组织的资源也不再是高层进行控制和利益垄断的特殊稀缺品，而是员工可以自我创生和支配的共享利益。在海尔的平台型企业，组织行动的动力具有自我复制和内生驱动的特质。顾客驱动和员工自治的"无领导"式的组织变革，使利奥塔、福柯等后现代主义者"去权威化"与"去中心化"的权力设计不再仅仅是一种人性解放的哲学理念而成为提高组织效率的现实制度安排。

（3）全员契约的内部市场机制。经典的组织理论认为，企业产生的本质在于资源配置过程中由权威命令体系支配的科层机制可以降低市场机制的交易费用。随着组织的任务环境复杂程度的增加，科层制解决组织问题的交易费用也日益攀升，科层组织的结构以分权的形式不断实现扁平化，"企业内部的分权可以通过自我实施性质的奖励与惩罚来实现，如果可能的话，就可以避免（或降低）必要的监督（成本）"（奥利弗·E·威廉姆斯、西德尼·G·温特，2010）。借助于物联网、云计算、开源社区等新工业革命技术手段，这种分权的实施更加便捷，进而使科层企业结成内部网络，能够以市场机制来更加高效和低成本地实现组织目标。海尔实现组织沟通与协调的全员契约体系就是这样一种内部市场机制。海尔的各经营体之间不是传统上下级的领导与控制关系，而是平等的资源支持、配合和指导关系，是一种基于价值交换的客户关系，"组织的内部单位之间按照外部市场的价格购买和销售产品及服务"（Miles & Charles，1992）。具体来说，这种内部市场机制通过"人单合一"管理模式实现。海尔的"单"是经由员工筛选并承载特定价值的目标，本质是员工自我认知和用户体验相结合的顾客价值。在海尔，每个自主经营体及员工都是组织进行顾客价值创造活动中的一个节点，其存续的基础就是"单"。"单"的生成、运作、监控都不依赖于上级领导，而是通过"举单上岗""高单竞岗""官兵互选""高单高酬"等一系列制度设计使之自动生成和自我演化。每一个员工都需要选择并努力进入对于自己有价值并能预期实现这种价值的自主经营体，当完成某"单"之后产生高程度需求或寻求更契合自我价值的团队时，也会离开某经营体转而竞聘其他经营体，这一切都取决于"单"的价格高低及其实现程度。自主经营体的组建、兼并、重组或淘汰都依赖于契约合同，根据战略经营体设定的既定规则自发形成组织内市场网络，通过员工高度动态的自我选择来实现。这是互联网时代，在企业利益与效率驱动下，内部市场机制对传统科层管制的反向替代。

（4）自由联盟的"小微企业"与社群协同演化机制。自组织机制的长期维系需要系统与环境进行源源不断的信息与能量交往，以促使系统出现打破秩序固化的涨落现象。海尔通过企业家精神的塑造，打破组织内外边界组建一个个自由结盟的"小微企业"，打造信息、资源内外互动和价值共同创生的创业社群。互联网时代商业运作的隔离机制已经由技术研发转为社群平台，企业的组织将是社群逻辑下的平台模式（罗珉，2015）。海尔的"小微企业"就是这样一种内外资源交换和整合的社群平台。为解决自主经营体契约复杂、内容烦琐和目标分歧等诸多问题，2014年底，海尔正式组建小微组织，将原来相互依赖和资源支持的自主经营体升级到为用户负责的独立运营主体，如"雷神游戏本""智慧烤箱""无尾厨电"

"柜机空调"等都是海尔孵化出的较为成功的小微企业。"小微企业"产生以后，其与平台的相互支撑成为海尔主要的组织关系，"小微企业"为顾客提供全流程服务和从事前端经营，海尔则提供研发、制造、营销、人力、财务、法务等资源与职能平台，"小微企业"与平台之间形成市场结算关系，"小微企业"只有为顾客创造价值才能获得报酬，平台报酬则来自"小微企业"的经营业绩。在此基础上，海尔全面开放自己的组织边界，使外部供应商、经销商和用户等利益相关者与内部员工交叉合作，共同组建"小微企业"。如海尔创建的海立方（Ihaier）平台就是一个全球创业生态社群，它集合 50 亿创业孵化资金、58 991 家生产厂家、6 811 名专家资源、33 112 家销售终端，为全球创业者提供"资金、研发、制造和市场"的全流程创业生态支持（曹仰锋，2014）。利用海尔平台进行创业而与海尔没有任何劳动合同关系的"在线员工"，和那些与海尔具有劳动合同关系的"在册员工"共同构成海尔人才生态圈，两者通过"小微企业"紧密结合起来并实现身份的相互转化。通过这些措施，海尔以顾客价值创造为主线，将组织内外的各种资源统合到一个全流程跟进的目标体系之中，有效减少了多样性的目标分歧和复杂性的合同约定。以海尔创业平台为基础，内外各相关群体在利益或兴趣驱使下自由结盟，人人皆为创客，充分利用互联网技术与思维，形成资源免费、普惠和价值共创、共享的协同演化的生态社群。

10.1.4　价值观管理（MBV）：平台型企业的管理变革

　　海尔向平台型企业转变的同时，嵌入在其组织结构之内的管理基因也相应地发生根本性的变化。这种变革体现在，管理不再主要依赖正式结构确立的权力关系来分配资源和任务，而是依赖于作为非正式规则的共享价值观来进行组织整合，从而完成由传统指令管理向互联网时代的价值观管理（managing by value）的范式转换。互联网思维的冲击使人们的价值判断、行为模式和生活方式发生根本改变，进而将管理的主体、对象及环境都带向全新的领域，因此，互联网技术影响下的管理需要进行根本性的变革。**新的管理范式依赖于激发个体内在价值而非组织价值**，来考虑整体以及个体的行为，如何设立并创造共享价值的平台，让组织拥有开放的属性，为个体营造创新氛围，成为新管理范式的基本命题（陈春花，2015）。值观管理就是在日益复杂多变和模糊的环境下，革新控制思维，激活个体价值，使之通过自主管理和自我激励，高效率地实现组织目标的一种后现代管理模式。

价值观是嵌入在组织的正式结构、战略及员工行为中的非正式规则，价值观管理依靠自觉性、内在化的伦理因素而非强制性、外在化的权威因素来对组织实施管理。从组织层面看，价值观管理是与新技术和制度环境相适应的一套新管理哲学，是释放基层力量和激活员工个体价值的一种新管理模式；从个体角度来看，价值观管理属于福柯所谓的"自我技术"，但这种自我技术并非完全自发产生，而是组织战略中心有意识地引导和干预某种初始条件，在组织中散播并强化特定价值因素，使个体员工不断感染、传播和形塑自己行为的过程。价值观管理的作用机理大体有四个方面。

第一，作为锚定效应的价值观（Huff，A.，Huff，J. & Barr，P.，2000），对个体决策具有焦聚作用。组织中的群体并非铁板一块，组织根据其权威系统设定控制体系和价格机制之后，并非所有组织成员都会按部就班地依据这种体系和机制来计算得失，并采取组织所预期的员工行为。事实上，组织中的个体如何行动，较多地依赖于员工对个体、工作及组织的认知和判断，并根据具体的情境性因素来调解其行为，但在诸多的行为调解过程和无数具体的决策场景中，相对稳定的往往是其（被动或主动）接受并内化的价值观。因而，理性或者非理性的伦理技术或组织的伦理氛围对员工的个性决策行为产生一种认知锚定的效应。由于个体特征差异，无论出于个体的冲动或固定图式，或是个体基于降低决策时间和成本的理性计算，每个员工的决策行为都有其初始条件和定位基点，价值观为这种具体行为决策基点的定位提供参照，构成员工面临特定情境进行不确定性决策的起点和焦点。

海尔的员工将质量视为生命，其动力何在？某日，海尔冰箱生产车间某个员工在下班前例行每日清扫任务时，发现车间多了一个螺丝钉。他为此十分惊恐，因为在他看来，多了一颗螺丝钉就可能意味着某台产品少了一颗螺丝钉，这关系到产品的质量和海尔的声誉。因此，他将此事报告分厂厂长，该厂长竟然下令，当日生产的1 000多台冰箱全部复检。直至深夜，所有员工无人离开，而复检的结果并非成品机器出了问题，而是发货时多放了一颗螺丝钉（曹仰锋，2014）。海尔的日清体系中确实规定了员工例行的清扫任务，但并未说明他及厂长发现一颗螺丝钉之后怎么办。这说明，海尔员工高度注重质量的行为，并不完全在于海尔有诸多质量管控制度和日清管理体系，因为这些强制性的制度和体系不能对员工行为决策起到根本性的作用，也不足以使每个员工将质量意识深入骨髓地去贯彻执行。产生这类行为的更深层原因是员工内在化的"质量至上"的价值观。也就是说，1985年张瑞敏"砸冰箱事件"作为一个故事已经成为海尔所有员工决策行为的一种"锚"，它对海尔诸多员工具体而多样化的行为决策有着强大的锚定和焦聚作用。

第二，作为意义给赋与建构的价值观，对于个体目标与组织目标具有耦合作用。目标是组织结构与行为的灵魂，它既是决策与行动的方向和约束，又是组织参与者认同、满足感及行为激励的源泉。但具象化的个人目标受到更多情境要素的影响，往往与稳定性和结构化的组织目标具有很大分歧，两者的聚合对于减少内部摩擦和提高组织效率至关重要。耦合性目标的形成可以借助强有力的纪律与规范，亦可以通过意义建构来改变认知差异，后者更有助于降低组织局部秩序中用于讨价还价的交易成本。迪尔和肯尼迪（2008）指出，如同远古时代的部落一样，根深蒂固的传统和广为接纳与共享的信念支配着当代的企业组织。而价值观作为经营理念的核心，为所有成员提供共同目标，企业的成功常由于其"成员能够认同、信奉和实践组织的价值观"（迪尔、肯尼迪，2008）。价值观即是通过意义建构将个体认知转化为组织认知，从而获取耦合性目标的过程。张瑞敏在海尔一直倾力打造顾客至上和质量、服务观念，强调"以用户为是，以自己为非"信条，这种观念和信条确立了海尔人判断行为结果的价值标准，给予了其共同的意义取向，促使员工在决策过程中产生一致性行为。与多数企业意义建构过程中的认知矫正经过"自上而下"的传递过程不同，海尔通过"自下而上"的权力倒逼体系实现了意义建构的双向沟通。一方面，战略中心自上而下倡导价值观；另一方面，基层单元自下而上倒逼式地强化价值观。海尔之所以能够以较低的管控成本，通过三级自主经营体实现资源的自由流动和配置，得益于通过双向互动的意义建构过程，增强基层管理者及普通员工的自由裁量权，解决了战略变革实施过程的"中间层"障碍问题。

第三，作为资源组合方式的价值观，对资源的获取、分配及利用具有规约作用。组织的资源获取与配置问题是管理的核心问题之一，以往这一问题的解决往往凭借正式的权力系统和制度。任何制度的执行都需要监督成本，在互联网时代，随着环境的动态变化和信息流量的增加，用于任务检查和信息反馈的成本逐渐增加，通过正式制度进行资源获取及配置的难度和成本也相应增加。由于微信、微博等社交软件的广泛使用，信息媒介旧有的结构限制被极大地削弱，组织的权力逐步向"原本的受众"汇聚（克莱·舍基，2012），在这种情境下，价值观作为一种资源组织方式的作用越来越重要。对资源从何而来以及为谁服务进行意义建构的价值观"是对资源获取和利用的有利约束"（Huff et al.，2000），价值观的匹配能够使战略、结构、流程和员工之间进行连接和协同（Dolan & Gareia，2002）。海尔直面网络技术环境的变化，对普通员工进行大胆授权，在顾客至上、自主创新、资源共享等价值观约束下，通过"人单酬合一"的管理模式，将自主经营体的目标确立、人员组建、任务配置、资源协调、绩效考核及薪酬分配等有机地连接起来，以一种自动生成、自我优化的自组织方式，更加高效地发挥了价值观对资源获取、分配及利用的规约作用。

第四，作为惯性与合法性来源的价值观，对于组织领域的维护及开拓具有辐射作用。价值观一旦为组织成员所接受，就会沉淀为一种在潜移默化中约束员工行为的组织惯性。组织惯性可以矫正偏离组织价值观的行为，维护组织历史上形成的由业务、服务及政策、伦理等构成的生态领域。通过相对固化的心智模式及组织图式，惯性使组织无论受到何种环境的冲击，都能维持一种相对稳定的态势，这是组织在混沌中形成的秩序关键隐性力量。此外，价值也是组织合法性的来源，它决定组织内的哪些行为值得鼓励而被正向强化，以及哪些行为需要规避。在价值观驱动下，组织行为因为合法而不断强化，无数次的认知和行为强化而形成组织惯性，惯性进而使组织合法性更加不证自明。组织的边界可以模糊，但必须具有防护及隔离机制，这是组织维持相对稳定性的重要条件。海尔之所以是海尔，正在于受创新、服务等价值观影响，形成一系列信息沟通和服务供应的组织惯例及合法性规则，逾越了这些规则，则会自动调节其行为，这是海尔在复杂动态环境中能够保护自身生态领域和实现自组织的前提。值得注意的是，组织惯性并不意味着组织惰性而破坏创新，事实上它能够创造新实践及在行为模式中产生变异、选择和保留的持续机会，因而也可能是组织变革的来源（Martha & Brian，2003）。组织惯例在发挥记忆功能和储存组织知识、能力的同时，在个体实践中也具有主观性、能动性和权变性特征，进而可能成为组织变革的重要来源，进而开拓组织领域。如海尔的"雷神"游戏本的发明就得益于海尔的创新品质及顾客至上观念。当三位"80后"员工发现其推广的游戏本与顾客需求不符的时候，充分发挥海尔价值观的能动性，研发与市场上大量存在的轻、薄和便携式的游戏笔记本不同的"雷神"机，并使用户参与到产品公测、产品迭代和质量服务的全过程中，从而推动了海尔新产品的研制及"小微"企业的发展，开拓了海尔原有的生态领域。

作为互联网时代企业的一种新管理模式，价值观管理与传统指令管理相类似的是，其实施过程不是一个孤立的管理环节，而是涉及"使命—战略—结构—效率/满意"的整个流程。从海尔的成功运行经验来看，价值观管理大体经历四个连续性过程：价值生启、战略共识、目标强化、组织沉淀，如图 10—4 所示。海尔价值观管理的第一步是，由张瑞敏等战略核心凝练生成和强力推进价值观。价值观的最初形成往往和组织历史及核心领导个性息息相关，张瑞敏本人是一位永远革新和精益求精的企业家，在执掌海尔的早期他就使质量至上、顾客导向观念及开拓创新的企业家精神根植于海尔的组织管理之中，并通过无数事件不断强化这些价值。在移动互联网及大数据技术不断投入使用的今天，他又将共享、自治的互联网思维融入海尔的价值观之中，进一步凝练和推广创新、创业精神，在组织内外利用各种场合和机会传播创业精神。价值生成之后，海尔高层达成战略共识，于 2012 年底推行网络化战略。该战略是为了响应互联网时代的管理要求，利用互联网技术和互联网思维寻找核心竞争优势的重大举措，同时也以新技术和新思维巩固和强化了海尔早年形成的"人单合一"管控模式。

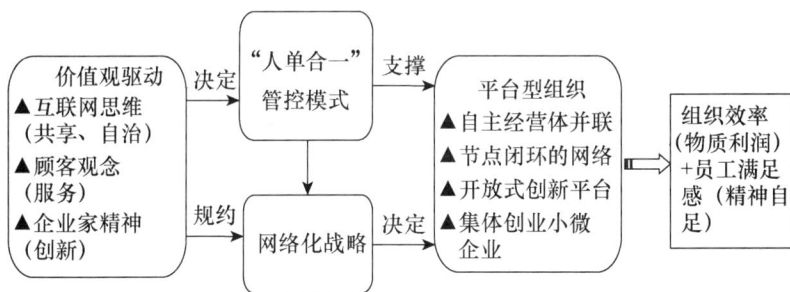

图 10—4　海尔价值观管理与组织变革的关系

资料来源：作者整理。

"人单合一"管控模式是在服务、创新及共享、自治价值观影响下的目标强化体系，由顾客价值（单）、自主经营体（人）、日清体系（行）和全员式管理会计（酬）四个互相连接和协同的制度体系构成。海尔的全员式管理会计系统，不仅将财务管理全流程融入企业的战略运营之中，而且将每个员工视为自负盈亏的创新单位，人人都有一张战略损益表，把企业总资产量化和分解到每个员工身上，员工获取的薪酬由其完成的"单"的价值决定，这就使每个员工创造的财富最大化地与企业价值结合在一起，同时让每一个员工都成为自己的CEO。目标管理做到极致就成为基于共同动机、目的认知的价值观管理，海尔的"人单合一"管控模式就是这样一种具有极强操作性和具有后现代意蕴的管理范式。最后，在网络化战略的决定下和"人单合一"管控模式的支撑下，海尔进行以扁平化和网络化为方向的结构变革，将价值观管理进行组织化沉淀，即建设平台型企业，打造开放式创新平台，将自主经营体并联起来，形成节点闭环的网络，组建内外互动、集体创业的小微企业。

海尔的价值观管理过程起点是价值观（情感伦理系统），终点则是组织效率（理性计算系统），可见在恰当的条件下，非物质性的精神力量能够转化为物质化的产出。海尔审视互联网技术与外部制度环境特征，率先凝练和启动价值观/使命（"共享、自治、服务、创新"），进而形成新的战略（用户驱动的"网络化战略"）与管控模式（目标聚合的"人单合一"模式），然后创新组织结构（"平台型企业"），激活员工个体（"人人都是CEO"），最终提升组织效率和员工满意度。海尔集团官方网站详细阐释了其价值观及管理的关键要素："海尔的愿景和使命是致力于成为行业主导，用户首选的第一竞争力的美好住居生活解决方案服务商。海尔通过建立人单合一双赢的自主经营体模式，对内，打造节点闭环的动态网状组织，对外，构筑开放的平台，成为全球白电行业领先者和规则制定者，全流程用户体验驱动的虚实网融合领先者，创造互联网时代的世界级品牌"[1]。海尔将价值观的锚定效应、意义给赋、资源规约、领域维护及开拓等功能统合起来，其成功经验充分展现了价值管理的运行过程及特殊优势。

10.1.5　海尔模式：根植于中国情境的本土企业管理创新

《财富》杂志中文版2012年发布的创刊15周年专题报道中指出，张瑞敏是过去15年对中国商业进程有深刻影响的企业家之一，"最令人望尘莫及的成就，是他将西方管理经验与中国传统哲学结合的管理思想，成为过去15年间高速发展的中国企业管理者的行动指南"。由张瑞敏在海尔开启的一系列管理创新实践，"为其他中国企业激发组织内部管理创新力提

---

① 海尔集团官方网站：http://www.haier.net/cn/about_haier/culture/。

供了'参照样本'"①。海尔的管理创新，从战略设计到日常执行，从组织结构到组织文化，从任务分配到薪酬激励，是一项复杂而系统的管理创新工程，由平台型企业和价值观管理这两大组织与管理的创新构成海尔管理模式。相对于西方经典的组织与管理模式，海尔管理模式具有根本性的突破，提供了互联网时代中国本土企业组织管理的杰出范式。

Phanish Puranam 等（2014）提供了一个界定和区分新、旧组织的分析框架，有助于认识海尔管理模式对组织带来的变化。组织是各类资源和任务从"分"到"合"的行动系统，从此内涵出发，可以界定组织需要解决的四个普遍性问题：工作分解（将目标分解为不同的任务）、任务分配（将任务分配给组织内不同的员工个体）、激励规定（解决组织与员工之间的合作问题）和信息提供（解决组织与员工之间的协调问题）。组织结构就是针对组织存在的这四个普遍性问题而给出的一组特定的解决方案，新旧组织结构变化的评判标准就是对这四个普遍性问题中的一个或全部是否提供了不同的解决方案（Phanish Puranam et al.，2014）。作为企业这种经济组织属性而存在，海尔内部依然具有利润动机（价格机制）和行政权力（权威机制），但海尔模式从不同方面对这两种机制作用的发挥进行削弱，转为对外围顾客和一线员工高度授权，建设和强化了基于伦理和价值观的信任机制。在工作分解方面，海尔以高度透明和灵活调整的模块化任务取代了专业化的岗位任务和高强度的问责制；任务分配上，海尔通过自我选择和自主并联的"选单"方式代替了自上而下的权力配置；在激励规定方面，海尔去领导化的"人人都是CEO"和"创客"平台，激活了员工从工作本身获取成就感的个体价值，更加强调了内在激励。在信息提供方面，海尔充分利用互联网技术提供的信息平台，打破了传统组织的信息垄断，实现了信息点对点的即时化流动，使不同的人能够平等地工作而不需要过多的权力要素协调其行为。

海尔针对组织结构的四个普遍性问题均提供了与传统组织不同的解决方案，因而其组织与管理的变革是根本性的，依据 Phanish Puranam 等（2014）的标准，可谓提供了一种"新"的组织范式。海尔模式形成的原因有很多方面，如领导人的视野及能力，特殊的市场环境以及相关政策与制度的支持等。在诸多原因中大体可以梳理出四个重要来源：传统文化智

---

① 《15年来影响中国商业15人》，财富网，2011-12-01，http://www.fortunechina.com/business/c/2011-12/01/content_80500.htm.

慧、现代管理方法、后现代主义思潮以及互联网技术，如图10—5所示。其中，中国传统文化是为海尔变革提供思想资源的内部动力和根基，汲取西方现代管理精华为海尔变革提供了制度和方法上的支撑，互联网技术则为变革提供了技术条件，后现代主义管理思潮则为海尔变革提供了先进的理念和方向。海尔模式是技术与文化要素互动之下，现代管理范式向后现代管理范式融合转化的创新性产物。

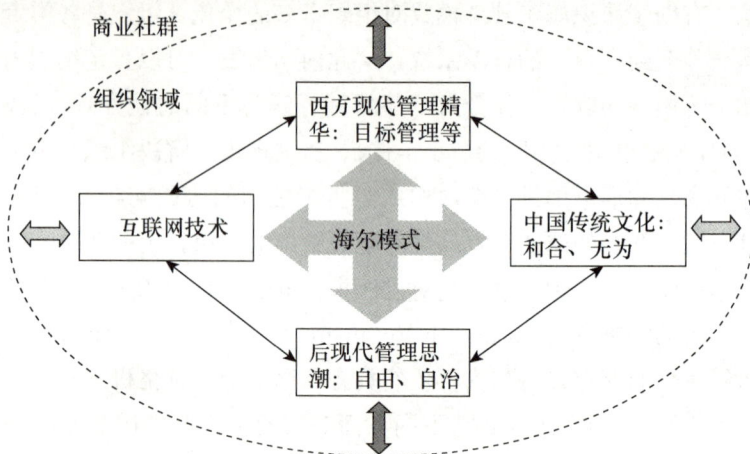

图10—5　海尔模式形成的要素资源

资料来源：作者整理。

　　首先，海尔的变革根植于中国本土的特殊情境，尤其离不开厚重的中国传统文化提供的思想和智慧。海尔模式是一种融合文化深层结构与环境的"当代的"中国管理经验（吕力，2015），塑造了中国人文化心理结构的儒家思想对其产生具有深远影响。"人单合一"管理模式就汲取了儒家的和合精神，将员工任务、员工激励、顾客价值、顾客资源及企业利润等传统管理中分离的要素有力地"合"在一起。人单合一双赢管理模式是中国和合精神与德鲁克目标管理方法成功结合的典范。张瑞敏本人也多次提到中国儒家文化对海尔产生的影响，他将打造透明化的人际关系、启迪员工创新及追求无止境目标分别解释为对儒家"明明德、亲民、止于至善"所阐释的"三纲"的吸收和利用，并将之视为海尔的文化基础。

　　其次，海尔是推行国际化战略较早的中国企业，早在90年代就积极主动地学习西方的先进技术和管理方法。全面质量管理、目标管理与顾客管理等西方现代管理的先进理念和方法，都被海尔较为彻底地引入到企业实践中，并以强大的执行力来贯彻推进。以放眼全球的视野和开放式的学习心态，吸收西方现代管理的先进经验和方法，是海尔推行管理变革的一个重要条件。

再次，海尔的变革充分利用了现代信息技术优势，尤其是迅速、高效地利用了新科技革命产生的大数据技术、智能制造和移动互联网技术及其提供的新思维。2012年底，海尔启动的网络化战略就明确定位于打造互联网时代的企业，其变革中的信息化日清平台、全流程协同的供应链、电子损益表、与顾客零距离接触的虚实交互平台、开放式创新平台及交互社区，都离不开移动互联网技术的支撑。

最后，海尔模式借鉴了西方后现代主义哲学提供的前沿管理理念，这是其管理创新高瞻远瞩，领先和引领时代的重要原因。海尔努力实践的企业无边界、管理无领导、供应链无尺度和企业平台化、员工创客化、用户个性化等一系列组织与管理的新理念，均与后现代主义者倡导的去权威性、去中心性、非理性解放和价值介入等观念高度契合，将组织行动者的个人自由、个人力量和个人价值无限放大和激活，更多地依靠伦理、价值观等自我技术来规训和激励员工。组建自主经营体及小微企业，打造开放式的创新和集体创业平台，更是大大突破了现代管理的基本范式，改变了现代管理利己主义的动力机制，将互联网时代协作共享和利他利己的观念融入到海尔模式之中，以至于在海尔，"人与人在工作中像日常生活那样发生联系，凭借感情、缘分、兴趣快速聚散，而不是像机关、工厂那样靠正式制度长期固定化地强制在一起工作，人们恢复了部落社会才会有的的关系——一小群人自发聚在一起形成一个创业生态圈，在人情、意义和具体现象中体验人生"（克莱·舍基，2012）。

由于特定文化传统的影响，西方管理学界提供的管理理论容易破碎化，需要中国的和合精神及系统思维进行弥补；而中国本土企业在科学方法、操作技术层面也需要向西方学习。因而，中国管理模式的创新需要具有一种"双融"理念，"双融其实就是中庸的现代版本，'庸'就是'用'，中庸就是'用中'"。管理的双融就是在两个看似矛盾的对立面里寻找合理而有用的东西（陈明哲，2016）。虽然海尔的战略的频繁更迭也带来了诸多问题，在组织使命、愿景及长期战略方面仍旧任重道远，但它将传统与现代、技术与伦理、现代与后现代等相互冲突的要素融通起来，为中国本土企业的管理创新及世界管理知识的增长做出了杰出贡献。海尔模式开创了自由创业、自由分享、自我管理和自组织的开放平台和商业生态系统，在商业模式、创新创业、战略管理、组织结构、组织文化及人员管理等诸多领域都有重大突破。它兼顾员工、顾客、供销商及社区等各方利益相关者的需要，极大地推进管理趋向自由、自治和去组织的理想状态，顺应了人性的自然需要，启动了从经营企业到经营社会的管理范式变迁进程，代表着人类未来企业组织与管理的发展趋势。海尔模式是在汲取西方现代管理精华的基础上，融合互联网思维、中国儒家文化与后现代主义的一种后现代组织变革，是中国本土企业在互联网时代管理创新的杰出典范。

10.2　李锦记的家族经营：儒家伦理与市场理性的聚合

　　家族企业既是营利性的经济组织，同时也是维系亲情的亲缘共同体。一方面，家族企业的经营和其他完全市场化导向的民营企业不同，其运作并不完全遵循物质利益最大化的经济理性和市场规律，而是受到家族内部情感、伦理等非正式规则的影响，"关系"对于家族企业的公司治理、资源分配、人员管理、组织流程及代际传承具有特殊意义；另一方面，作为经济组织的优秀家族企业，之所以能够长盛不衰，取决于其"关系"的运作与家族、氏族等组织原始、自然的亲缘关系不同，而是展现出与现代资本运作及职业管理相适应的经济理性与组织理性，使原来的家族关系在某种程度上纳入契约化、制度化和理性化的渠道。因而，家族企业成为传统社会的家族亲情与现代社会的市场理性交汇与冲突最为集中的地方，从中也最易于窥见中国传统儒家伦理与现代市场制度的冲突、交织与融合的复杂关系。本节重点考察以李锦记为代表的华人家族企业独特的经营方式，揭示儒家传统的家族主义文化与现代市场机制在家族企业中的冲突与交锋，发掘中国家族企业在化解效率与人性、伦理情感与经济理性之间悖论问题中积累的相关经验智慧及制度设计。

10.2.1　李锦记集团的百年创业史

　　李锦记集团是闻名世界的中式酱料、调味品及健康产品企业，是国际知名的中华老字号民族品牌。1888 年，在珠海南水镇发明蚝油的广东新会人李锦裳先生创立李锦记，至今已经走过 128 年，成为寥若晨星的中国当代百年名企之一。李锦记总部位于香港新界，在美国、马来西亚以及中国新会、营口、黄埔等地投资设厂，仅其旗下的无限极（中国）有限公司就在中国内地设立 36 家分公司、28 家服务中心和超过 5 000 家专卖店。其酱料调味品行销世界 80 多个国家及地区，蚝油、豉油、辣椒酱、方便酱料等产品逾 200 多款。多年来，李锦记集团以"弘扬中华优秀养生文化，创造平衡、富足、和谐的健康人生"为使命，坚守"务实、诚信、永远创业精神"和"思利及人"的文化理念，致力于为社会大众提供高质量的中草药健康产品，不断精益求精和超越自我，以"跨越三个世纪的人情味"为宣传主题，将"为大众创造平衡、富足、和谐的健康人生"作为企业终极追求，创造了无数辉煌的经营业绩。

李锦记依靠传统的家族亲缘关系，挖掘中华传统智慧，运用现代经营理念，在延续家族事业的同时打造中国家族企业的典范。2005 年与 2007 年，无限极（中国）有限公司连续两届同时荣获美国翰威特咨询公司颁发的"亚洲最佳雇主"和"中国最佳雇主"荣誉。2006 年，无限极（中国）有限公司获得象征中国质量领域最高荣誉的"中国质量鼎"和"中国用户满意鼎"。2008 年，李锦记成为北京奥运会餐饮供应企业。2005 年、2007 年与 2011 年，该公司三度荣获《财富》杂志发布的"卓越雇主——中国最适宜工作的公司"称号。2012—2014 年，李锦记健康产品集团三度荣获《镜报》颁发的"杰出企业社会责任奖"。

在将近 130 年的漫长时期，李锦记集团的发展经历了四个重要阶段（李新春等，2008），在曲折中不断壮大和繁荣。1888—1922 年：一代创业和李锦记成立时期。清朝末年，因从军考试得罪村中富户，为躲避豪绅欺压，李锦记创始人李锦裳离开祖籍，迁徙到珠海南水镇开设规模很小的茶寮，以煮蚝出售蚝汤为生并无意中发明了蚝油。1888 年，李锦裳创建李锦记蚝油庄，开启了李锦记集团艰难的百年创业历程。1902 年，李锦记蚝油庄在南水镇的一场火灾中化为灰烬，李锦裳被迫携带家人到澳门谋生。他仍以经营"李锦记"蚝油和日用杂货为业，因坚持采用南水的鲜蚝和诚信经营而得以在澳门立足并广受欢迎。1922 年，李锦裳在澳门谢世，他的创业活动是李锦记酱料事业的开端。

1922—1972 年：二代巩固开拓，开展进出口贸易时期。李锦裳去世后，其长子李兆荣无心经商，李锦记的公司业务由次子李兆登和幺子李兆南打理，其中李兆登负责对外市场开拓工作，李兆南则负责买原料及生产工作等。两兄弟不断开辟货源，学习酱料制作新工艺和改进生产技术，以蚝油、蚝汁调剂糖料等精工炮制新蚝油产品，逐渐将李锦记业务拓展到海外。1932 年，李锦记迁至香港，扩大生产和业务规模，重新设计商标和标签，建立品牌形象并正式开展海外贸易。1946 年，公司总部迁往香港，50 年代李锦记蚝油在香港、澳门和部分东南亚国家产销两旺。但受高档调味品的定位影响，直到 20 世纪 70 年代，李锦记仍然停留在传统的手工作坊式生产阶段。

1972—1992 年：三代四代共同创业，李锦记进入多元化发展阶段。1972 年，在付出较高代价收购李兆荣、李兆登股份后，李兆南退休，其子李文达接任"李锦记有限公司"主席，成为李锦记第三代掌门人。李文达在妻子蔡氏、妹妹李金叶、妹夫邓福泉及四子一女（李惠民、李惠雄、李惠中、李惠森、莫李美渝）的全力支持下，以前所未有的商业意识开拓进取，一方面进行内部结构调整，引进先进机器自动化生产，增加生产品种，使李锦记由手工作坊跨越到工业生产阶段；另一方面拓展业务范围，开拓海外企业和市场，在美国、日本、德国、英国、加拿大及东南亚等80 多个国家和地区开展业务，使公司迅速成为实力雄厚的跨国企业集团。

1992 年至今：李锦记进入战略创业新阶段，成功打造核心品牌"无限极"。1980 年后，李锦记第四代家族成员在国外完成学业后相继加入李锦记，为李锦记输入了国际领先的科学技术和经营管理理念，推动李锦记由百年老字号向现代化的企业集团迈进。李锦记陆续在内地建立工厂、铺设销售网络和捐助希望工程，在大连、福州、广州、江门等地建立原材料基地、酱料厂及食品工业城，逐渐开展大陆业务。1992 年 12 月，南方李锦记营养保健品有限公司在广东江门正式成立，后改为无限极（中国）有限公司，属于李锦记健康产品集团成员企业。该公司是集研发、生产、销售于一体的大型健康产品企业，其成立标志着李锦记进军中草药健康产品市场，以"弘扬中国优秀养生文化"作为新的使命，开启了以"无限极"为品牌的新战略创业阶段。1996 年 7 月，李锦记健康产品集团与香港科技大学合作成立"香港传统中药研究中心"，产研结合进一步升级。2002—2005 年间，南方李锦记的增长率达 100%。无限极（中国）有限公司成立的 12 年内，其业绩规模增长了 8 800%。李锦记严格进行质量控制，广东新会生产的一瓶酱油就设定 200 个质量监控点，并尽可能采用自动化设备，以减少人为因素造成的质量误差。2015 年 10 月，李锦记广东新会生产基地启用圆盘制曲系统，是世界第一套用面粉、黄豆为原料生产酱油的全自动设备，使新会厂的酱油年总产量达到 50 万吨。预计至 2019年，无限极品牌产品的年供应能力将超过 500 亿元。李锦记健康产品集团已经成为能够研发和生产包括健康食品、个人护理品、个人护肤品、家居用品和养生用品在内的 118 款产品，消费者高度认可的行业领军企业之一。①

10.2.2　"家族主义"与李锦记的治理结构

在中国，家族的事业及其财富传承常有"富不过三代"的现象，李锦记的企业集团走过了近 130 年历程而久盛不衰。目前李锦记家族的第四代成员成为集团业务的中坚力量，家族第五代成员也已逐渐成长起来。李锦记最为人瞩目和称道之处就在于其百年来成功的代际传承及持续创业，这种成就得益于其不同于普通家族企业的独特治理结构。一般来说，家族企业的治理都不可避免地受到家族主义的影响，尤其在创业早期，直接依靠家族成员及其姻亲进行管控。但随着企业的发展壮大，公司治理中的家族主义因素会逐渐淡化，家族控制、任人唯亲的家族主义治理不断转向两权分离、由职业经理控制并能进行专业化管理的经理主义（钱德勒，2004）治理。从世界范围来看，家族主义治理向经理主义治理过渡是一种历史趋势（徐华，2012）。兰德尔·卡洛克（2002）对家族企业治理模式的演进曾做过专门研究，一般的家族企业从创建期到成熟期会经历由亲族合力的人治管理转向现代专业化经营的制度管理（兰德尔·卡洛克，2002）。

儒家伦理笼罩下的中国，"家族主义"及其泛化对中国家族企业的治理影响更大。根据所有权与经营权的分割状况，控制权让渡与家族企业治理模式大体呈现以下规律（周源源、周扬波，2006）：纯家族治理（家族完全掌握控制权）→泛家族治理（家族成员与类家族成员分享控制权）→混合治理（家族和经理人分享控制权）→现代公司治理（即经理主义治理，由职业经理完全控制企业），如图 10—6 所示。图中横轴表示企业控制权让渡程度，纵轴表示家族企业治理模式演化阶段。O—A 区间属于企业初创期，所有权和控制权没有任何分离，企业完全被家族所控制。A—B 区间属于企业治理的成长期，在泛家族主义文化影响下，特殊主义取向的信任由家庭成员扩展到"亲缘、地缘、业缘"等外部类家族成员，家族成员与类家族成员分享控制权。B—C 区间属于企业治理的发展期，由于公司快速发展对人才、资源具有大量需求，企业逐渐吸收外部经理人掌握部分关键岗位，以同时解决信息不对称所致的低效率代理问题和控制权失控风险，这样企业的控制权由家族成员与外部经理人共同掌握，公司治理采

① 材料来源于李锦记健康产品集团及无限极（中国）有限公司官方网站，http://www.infinitus-int.com/? l＝zh-cn；http://www.infinitus.com.cn/。

取混合治理模式。此阶段如果缺乏正式有效的制度保障，会出现股权分散和控制权争夺情况，部分企业可能会收回原来让渡的控制权，回归到泛家族化治理，如图中 K 线所示，2010 年至 2011 年的"国美陈黄之争"及其结局就是 K 线的典型事件。C—D 区间属于企业治理的成熟期，受家族后继无人或企业主个人意向影响，企业尝试将特殊主义取向的人际信任转向普遍主义取向的、规范性的制度性信任，家族仅根据持有股份进行财务投资和通过股东会行使股东权益，公司控制权则由职业化的外部经理人掌握，企业完全实现两权分离，并建立规范的现代法人治理结构，家族企业沿着 D 线向公众公司发展，由此进入现代公司治理阶段。目前的家族企业，很多处于泛家族化和家族掌握临界控制权的阶段，即企业人治管理与制度化管理同时存在的混合治理阶段，如何吸纳外部人力资源优势，并能保证自身家族意志和家族利益的实现，是许多家族企业面临的共同问题。

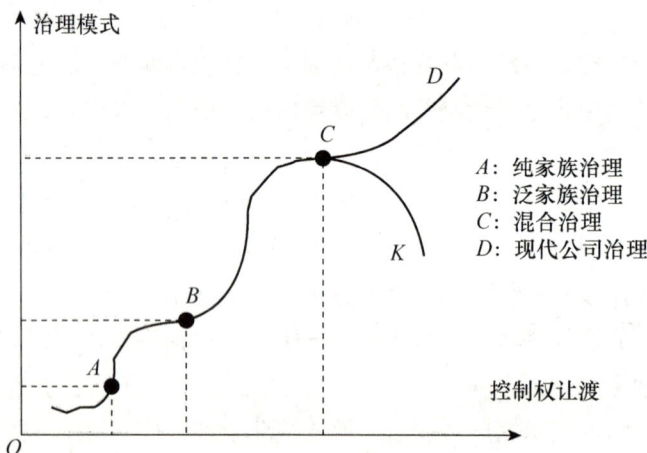

图 10—6　中国家族企业治理模式演化规律

资料来源：周源源、周扬波（2006）。

　　李锦记发端与兴起于宗法思想及家族观念浓厚的中国南方区域，同时在近代较早地接触西方制度文明，在家族企业治理方面走出一套与中国普通家族企业不尽相同的道路。即股权封闭，只允许具有李锦记家族血缘的家庭内部成员持有股份，通过一套正式与非正式的制度安排进行家族治理，培育和选择具有创业精神和经营才能的家族精英来治理企业，同时吸收部分外部职业经理人辅助治理。这种治理模式并未实现经典公司治理理论中的两权分离，也没有将控制权完全让渡给职业经理人，但却有效避免

了股权分散、内部人控制、代理成本较高和难以规避外部资本市场风险等
现代公众公司的治理弊病，开辟了一条中国家族企业治理新路径。这种治
理模式大体处于图10—6中的 B—C 区间位置，但不会沿循 D 线向公众公
司发展，而是坚持家族控制、职业经理参与的泛家族主义形塑下的混合治
理模式，走出一条与中国家族企业治理演化规律中的 D 线不同的上升发
展路径。

李锦记集团的公司治理首先着眼于李锦记家族的治理，将公司视为家
族事业之一部分，通过制度周密的家族治理涵盖和稳固公司治理。李锦记
第四代继承人之一、李锦记健康产品集团主席、无限极（中国）有限公司
董事长李惠森指出；李氏家族致力于探索的并不仅仅是一个家族企业的延
续，而是着眼于一个家族的传承。[①] 也就是说，在李锦记集团的控制者来
看，家族是一切事业的根本，李锦记的企业项目首先是一份家族事业，应
以繁荣及传承家业的家族主义思维来设计李锦记企业集团的治理结构，因
而李锦记的治理具有鲜明的家族主义色彩，如图10—7所示。

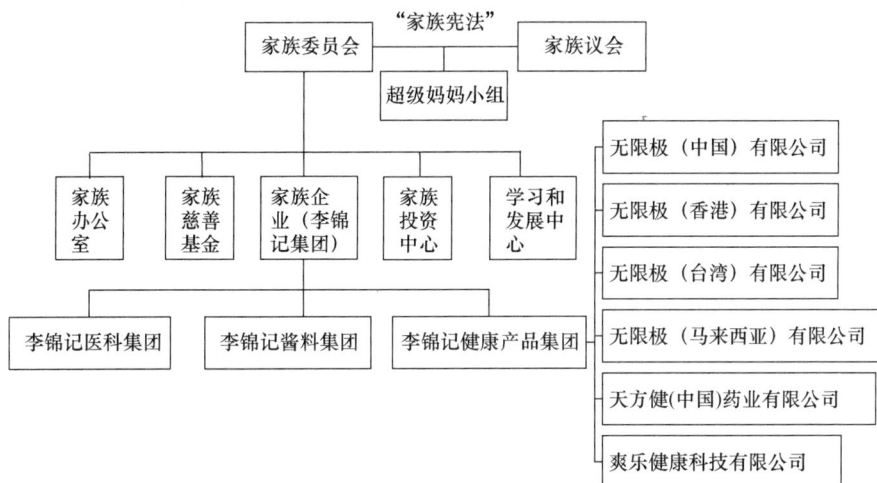

图10—7 李锦记的家族企业治理结构

资料来源：根据李锦记官方网站等整理。

李锦记家族治理的核心是作为家族利益最高代表机构和权力决策中枢
的家族委员会。2003 年，李锦记正式成立家族委员会，核心成员包括李

[①] 参见吴小丹、王泠欢：《解密香港李锦记家族传承密码》，凤凰财经网，2013-01-23，ht-tp://finance.ifeng.com/business/renwu/20130123/7594099.shtml。

文达夫妇及其五个子女。家族委员会是家族成员的正式沟通机制，主要讨论家族的发展规划、后代培育等事关家族整体及全局的重大事项，其基本任务是完善"家族宪法"、强化家族核心价值观以及家族成员培育等，同时增进家族成员之间的感情和交流。家族委员会每季度召开一次，会期四天。家族委员会并不坚持一言堂式的传统家长制决策方式，而是由进入委员会的家族成员轮流主持，在自然、友好、融洽的亲情氛围中各抒己见、民主决策。会议第一天由每个委员介绍自己与家庭上季度的情况，第二天和第三天讨论各项家族建设的重大议题，第四天则向参会人员的配偶和子女通报前三天会议内容及其他事项。家族委员会之外还有一个包括全体家族成员在内的家族议会，目前由李锦记第三代、第四代、第五代的 28 个成员（含配偶）组成。每年通过组织外出旅游等形式召集一次，讨论需要所有家族成员参与的家族事务，提供所有家族成员沟通交流的平台。为重视对后代子女的教育与培养，李锦记还专门成立"超级妈妈"小组，专门为家族配偶交流后代培养经验提供正式沟通渠道，成员包括家族内所有妈妈，目前由莫李美渝协调相关事务（郑宏泰、周文港，2013）。

　　李锦记家族委员会设立多个直属机构来执行委员会通过的决策事项。其中，学习与发展中心负责家族成员进修及培训，制定和实施后代成员的培养方案，强化家族价值观的承继和传播，负责人由第四代成员轮流担任。家族慈善基金主要负责整个家族的慈善事务，履行家族"思利及人"价值观和承担社会责任等慈善工作。以上两个机构目前由李惠中掌管。家族投资中心负责家族企业之外其他投资，以为其他家族创业提供支持，由李惠民掌管。家族办公室则是家族事务常设的支持机构，由莫李美渝主管。家族企业即李锦记企业集团，通过董事会及职业经理人集中管理家族的企业事务，现任李锦记集团主席为李文达。李锦记集团下设酱料、健康品及医科等集团业务，其中，李惠雄担任酱料集团董事会主席，李惠森担任健康品集团董事会主席，两者都由家族委员会选举产生，代行家族意志对家族核心企业业务进行掌控。根据已有资料可知，李锦记健康产品集团目前至少拥有在中国大陆、中国香港、中国台湾及马来西亚四地的无限极有限公司，天方健药业有限公司，以及 2015 年初成立的爽乐健康科技有限公司。

　　由上可知，李锦记正式设定的治理结构，深受中国儒家思想中的家族主义影响，家族经营的色彩十分浓重。从根本上来说，在李锦记，企业集团属于家族事业的一部分，家族整体利益的维护及家族的治理先于公司的

利益及其治理。与国内其他形式的企业以及其他家族企业将经营重心放在
"企业永续"不同，李锦记追求的首先是"家族永续"。秉持中国传统"家
和万事兴"的事业理念，在百年发展的历史经验及教训中，李锦记的创业
者认为，企业经济利益至上的经营理念将个人和企业利益置于家族利益之
上，很可能导致家族的四分五裂，家族的矛盾及动荡则会对企业产生十分
消极的影响，进而威胁整个家族的长远利益。因此，只有保障家族的团结
与和睦，将儒家伦理与现代公司治理和经营的先进制度相结合，企业才能
得到真正的永续发展。以美、德为代表的西方上市公司以董事会为核心的
现代公司治理模式，由于其治理弊病，也并不能保证图 10—6 中的 D 线
永远呈现上升态势。李锦记的家族治理模式及李锦记集团百年经营的成功
经验则表明，根植于中国本土的文化与制度资源，借鉴西方先进科学的治
理制度与方法，在图 10—6 中的 $B—C$ 区间，中国的家族企业可以大有作
为，有可能长期维持上升态势。因此，李锦记为中国本土家族企业勇敢地
探索嵌入在本土文化情境之中的有效治理模式提供了成功的经验样本。

10.2.3　家族治理中儒家伦理与经济理性的嵌入

与中国大多数家族企业类似，李锦记在创业初期属于典型的纯家族治
理（图 10—6 中的"A"节点），企业高层管理者及员工基本为家族成员，
家族治理与公司治理高度重合，企业经营及人员任用建立在中国传统的家
庭结构及以家族主义为核心的儒家伦理基础之上。但是，多年的经营经验
及教训表明，难以完全依靠天然的亲缘关系和传统家庭伦理支撑家族企业
的持续创业，婚姻、病故、分家等家庭变故容易对家族企业的稳定运行产
生重大消极影响（郑宏泰、周文港，2013）。李锦记百年兴旺的成功之处
就在于，它从历史的教训中汲取经验，既没有走向中国传统家族企业纯粹
家族治理的路子，也没有走向西方上市公司的现代治理模式，而是将中国
的儒家伦理与现代市场经济中的组织理性结合起来，融通两者长处，以儒
家伦理中的家族主义信任及家族价值观作为非正式制度，推己及人、思利
及人，加强家族企业的文化凝聚力；以经济理性、权力制衡、契约精神等
西方经营中的先进理念来进行正式制度建构，对家族进行自我约束，减少
儒家伦理的亲缘主义对企业经营的不当干预。

单纯依靠传统儒家伦理这种非正式规则来约束家族行为，李锦记发展
史上曾出现两次家庭分裂，每次都使家族企业陷入资源短缺等经营困境，
也对家族亲情造成重大伤害。1971 年前后，李氏家族发生第一次内乱和

分裂。李锦裳去世之后股份分给三个儿子，但长子李兆荣、次之李兆登两兄弟与幺子李兆南经营理念不同而激发矛盾，两者合谋意欲将李兆南股份买下，结果李兆南在儿子李文达支持下，以 460 万港币成功进行反收购，把李兆荣、李兆登两人股份买下。随后李文达接任父亲职务，成为公司第三代掌门人，但这次骨肉相残事件令其痛苦不堪。1980 年，李氏家族发生第二次家庭分裂，李文达的弟弟因患病不能参与公司经营，要求李文达成立股份有限公司并借机清算股权，两兄弟因股价问题对簿公堂。最终，李文达在厂房建设资金紧张的情况下，以 8 000 万港币的高昂代价收购弟弟全部股份，但使企业陷入内忧外患的财务困境，对李家兄弟亲情也造成莫大伤害。两次家变的创痛之后，李文达十分忌惮自己和五个子女因为企业事务发生家庭悲剧，并深刻思考如何将李锦记企业永续经营而不伤害家族情感。

除家族分裂对家族企业的生存环境产生致命影响之外，在股权开放的家族企业内，利己主义的家族还可能通过"隧道挖掘"行为掏空、转移和侵占企业财产（Claessens S. et al.，2002），损害非家族投资者和企业员工等相关方的经济利益。此外，在儒家伦理背景下，企业管理的正式制度容易受到差序格局的亲缘主义干预，在人员选聘、晋升、薪酬安排及业务外包、采购等方面容易偏私亲信，降低企业制度的公信力，间接侵占非家族成员的机会和利益。因此，家族企业虽与家族有千丝万缕的联系，但本质依然是营利性的经济组织，其运营需要遵循组织中理性计算系统设定的逻辑。无论古代还是现代，中国的家族企业都难以摆脱经济理性与组织理性的形塑，家族企业的关系远较家族中的关系理性化和正式化。关系本身在企业事务中不断被利益最大化逻辑所形塑、复制和再生产，结果是"自家人"之间的关系不断趋于理性化，使家族关系的治理在某种程度上契约化（杨光飞，2009）。

基于以上诸多考虑，李锦记第四代成员于 2002 年赴欧洲、日本等地考察家族企业永续经营的经验，将儒家伦理与西方市场经济体制下的组织理性结合起来，逐渐探索出具有中国本土特色的家族企业治理模式。该模式的核心思想有三个：一是公司作为家族事业的一部分，家族的治理重于公司的治理，家族牢牢掌握公司控制权，只有家族团结和谐，家族企业才能永续发展；二是清晰区分家族的治理与公司的治理，减少家族对公司治理的不当干预；三是家族的治理由非正式规则（儒家伦理中的家族文化价值观）与正式规则（治理结构设置与"家族宪法"）共同组成。

强调家族治理的正式制度安排，克制儒家伦理的消极影响，发挥儒家伦理文化凝聚与资源整合的特殊优势，是李锦记家族治理的成功之处。在李锦记治理的正式制度中，除家族委员会、家族议会、家族投资中心等图10—7中包含的正式结构设置之外，还有另外一项维持家族长治久安和平衡家族利益及企业利益的重要制度安排，即李锦记"家族宪法"。"家族宪法"由家族委员会制定和完善，是所有家族成员必须遵守的根本行为准则，旨在根据儒家伦理与经济理性，对家族成员行为进行自我约束，同时清晰确定家族治理与公司治理之间的界限及关系。

"家族宪法"以公私分明、唯才是举、依法治理的组织理性和契约精神对李锦记家族及公司进行最高层面的制度约束。在公司治理、代际承传、家族伦理等方面，"家族宪法"都有较为细致的规定。公司治理方面，李锦记坚持家族完全控股，股权不对外部非家族成员开放，家族内部无论男女，只要具有血缘关系，均具有李锦记公司的股份继承权；家族成员可以退出股份，但必须在家族内部市场转让股份；公司董事局中的家族董事由家族委员会根据经营才能及创业精神选举产生，为保障家族控制权，酱料和保健品两大核心业务集团的董事局主席必须是家族成员；为保障决策科学，董事局中必须有非家族成员担任独立董事，公司 CEO 可以聘请外部职业经理担任。

李锦记"家族宪法"关于公司治理的上述规定，厘清了家族委员会与公司董事局之间的职权界限，解决了困扰许多家族企业的一大难题，即家族与企业之间的混乱关系。同其他家族企业类似，在李锦记成立家族委员会之前，完全依循家族主义的情感逻辑对公司进行治理，几乎所有李氏家族的成员都在李锦记集团各层次公司的管理层任职，股权封闭的同时控制权也完全由家族人员掌握，公司股东既是家族成员，又是董事长，甚至同时还是总经理，家族对企业的过多干预对企业的发展带来严重影响。李锦记的"家族宪法"正是加强组织理性，将儒家伦理与现代资本市场和企业管理中的经济与组织理性融合起来，从家族治理与公司治理分离的角度来设定相关制度，通过治理结构和治理机制的科学设计，实现家族、股东、董事和管理层的独立与区分。其中，家族委员会是李锦记家族治理的最高机构，在结构上高于家族企业的董事会，但在事务上与董事会是平行关系，二者各司其职，家族委员会负责家族内部重大事务，公司董事会负责企业运营的战略决策。这样，李锦记从"家族宪法"的层面确立了股权封闭、家族控制（集团董事长及关键业务的董事会主席必须是家族成员）、职业经理人参与

（可以是家族培养的职业经理，也可以是外部非家族成员）的李锦记公司治理模式，这既能避免现代公众公司开放分散股权带来的外部资本市场风险，也能克服纯粹家族治理带来的人才匮乏、利益侵占、激励不足等弊端。

为增强组织理性，李锦记"家族宪法"在代际传承及家族伦理方面也有许多具体规定。如，家族委员会按季度组织召开并采取民主决策机制，家族成员年满65岁时退休，家族成员进入家族企业必须先在其他公司工作三到五年，进入家族企业后按照企业制度与其他普通员工一起工作和竞争。"家族宪法"对李氏家族成员进入家族企业设定了条件，即便在自家企业也不能享受特殊权利，就是为了避免亲缘、情感关系与经济、管理才能相互损害，既有助于家族的团结和睦，也符合企业的整体利益。在儒家伦理中，通过自我约束和以长期导向来对待生活是教化过程中至关重要的步骤。李锦记的"家族宪法"，遵循企业组织效用最大化的理性计算逻辑，以儒家的自律与自我约束思想设计用以消解儒家伦理消极影响的制度途径，这是李氏家族在百年经营中融通儒家伦理与经济理性而提炼出的卓越治理智慧。

10.2.4　"思利及人"与李锦记的"自动波"领导模式

公司治理、代际传承等领域之外，李锦记在企业文化及人力资源管理领域也具有鲜明的儒家伦理痕迹，并成功地将之转化为一种具有后现代主义色彩的领导模式。与家族文化基因重合的李锦记企业文化是"思利及人"，它凝聚了儒家伦理思想的精髓，并被巧妙地转化为一种现代企业集团的文化价值观，是李锦记中国式管理智慧的灵魂。在"思利及人"思想驱动下，李惠森在无限极有限责任公司等李氏家族企业发展出"自动波"领导模式，是道家"无为而治"思想和后现代主义者主体离心化与去中心性的"无形领导"与"自我管理"的一种实现形式。

"思利及人"在李锦记始于台湾某研究字画的老人送给李文达的一帧字幅，原文是颜真卿的《争座位帖》中的"修身岂为名传世，作事惟思利及人"。李文达亲笔题写"思利及人"并将之作为李锦记家族做人、行事及办企业的核心价值理念，同时也是李锦记企业处理与员工、供销商及社会等相关方利益关系的基本准则。在建设与推行企业文化的过程中，"思利及人"被李文达、李惠森等人释解为"做事之前先思考如何有利于我们大家"，即谋利时考虑他人利益，才能将自己事业做大。"思利及人"是儒家处理人与人之间利益关系时提出的一种忠恕伦理。"夫子之道，忠恕而已矣"（《论语·里仁》），忠恕作为儒家"合外内之道"的基本原则，在儒家伦理体系中具有十分重要的位置。元代学者戴侗在《论语》训诂中精辟地提出忠恕的内涵，"尽己致至之谓忠"，"推己及物为恕"（程树德，1990）。"己所不欲，勿施于人"（《论语·卫灵公》），"己欲立而立人，己欲达而达人"（《论语·雍也》），"推己及人""将心比心"等都是忠恕思想的体现，一个人只有将自己对甘、苦、利、害的体验推及他人，才能产生仁爱之心与恻隐之心，这是儒家仁义伦理的逻辑起点。儒家伦理的"忠恕"思想类似于西方心理学中的"通情"（empathy，移情与换位思考）机制，不同的地方在于，"忠恕"是一种"推己及人"的意义认知过程，而"通情"则是一种"推人及人"的情感体验过程（景怀斌，2005）。

"思利及人"是在利益获取认知中"推己及人"的体现，首先认可个人追求自身利益的合理性，但对利益的追求设定了某种条件，即只有当个人能够给别人带去利益的时候，个人才能获得自身的长远利益。"思利及人"被视为李锦记的文化基因和李锦记健康产品集团的核心竞争力。李惠森在李锦记推行"思利及人"时将之界定为三个基本要素：升到更高位置以俯瞰全局和顾及系统整体的"直升机思维"、超越自我局限以把对方视为自己的"换位思考"以及"关注对方感受"。这些价值观理念在无限极经营转型过程中留住经销商，以及激励员工获得成就感、归属感和以企业为家的过程中发挥了重要作用。在李锦记企业的经营中，"思利及人"还被转化为具有中国道家"无为而治"智慧的"自动波"领导模式。"自动波"领导模式折射的正是"思利及人"的文化基因，本质是对"思利及人"理念的具体落实、传承和发展，两者聚焦的都是个人与集体的关系，强调对人的关怀和尊重（李惠森，2012）。

"自动波"语义上指粤语中汽车的"自动挡"，被李惠森用以表达企业领导者凝聚共同价值观，依靠信念和制度，除公司发展战略、人才策略与企业文化之外，不干涉其他公司具体事务，即便领导者不在，公司员工也都坚守岗位、各司其职，所有成员致力于共同目标的领导模式。这种领导模式追求"太上，不知有之……功成事遂，百姓皆曰：我自然"（《老子》第十七章）的道家理想治理境界，是后现代主义者主体离心化和消解权力中心性的一种有意尝试，其经营企业的目的并非物质利益最大化，而是获得自由与快乐的情感体验。

在经营目的与人生哲学方面，李惠森首先将"健康、家庭和事业"三者的平衡作为公司运营的最高目标，让员工在心理上主观感知到"爽"，这是他在李锦记公司中推行"自动波"领导的深层次原因。基于此，他在家族及公司中发展出"爽指数"，用以衡量成员某时段在健康、家庭和事业等方面的综合感受。为实现这种经营理念，李惠森自 2000 年始，就不断探索、思考和实践其领导模式。

2009 年，李惠森及其核心管理团队在深圳开会，对其领导实践进行研讨总结，结合近十年的经验心得和中西方优秀管理智慧，对"自动波"领导进行优化和修正，最终形成了两元六维的"自动波"领导基本模式，如图 10—8 所示。"人才"在李锦记的"自动波"领导中是第一要素，企业的一切经营活动及员工行为最终都是为了满足人的需要及实现人的价值。另外，人才通过"思己及人"而融入团队之中才能发挥更大作用，团队利益的最大化同时也意味着个人利益的增长。因而，"团队"和"人才"是"自动波"领导中的两个基本元素，高效、高信的团队能够激发人才的经营潜能，而人才能力的发挥能够打造更为高效和高信的团队。围绕人才激励和团队效能，通过正确选拔人才，建立高信任氛围的工作环境，组建高效率的工作团队，明确团队共同目标，同时进行有效授权以激发个人潜能，最后通过"教练育才"推动员工与团队共同成长，提升员工的"爽指数"，降低"压力指数"，实现企业的永续经营和员工的快乐成长。

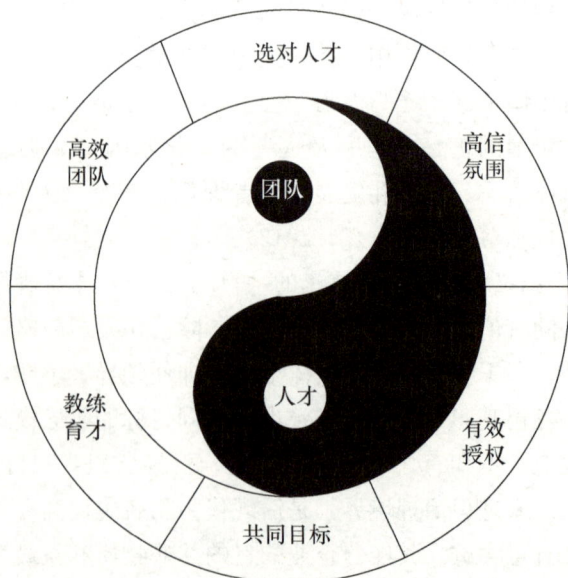

图 10—8　"自动波"领导模式的构成要素

资料来源：李惠森（2012）。

"思利及人"是以李锦记为代表的中国本土企业在动态开放的市场环境中勇于承担社会责任和践行社会伦理的重要体现。在"思利及人"理念影响下，李锦记的"爽指数"中对员工的满意程度进行了具体化的设计，并以不同指标进行评分，领导层随时抽查各部分的评分情况，同时帮助员工进行调整和改善。在此过程中，员工增强了对李锦记这一家族企业的公平感和公信力认同，在企业内部建立高度信任的环境氛围，进一步推动"思利及人"价值内化为企业利益相关者的一种文化信念。李锦记以家族经营企业，但将家族主义泛化到普通的企业员工，使员工与企业结成文化共同体和利益联盟，在工作中获得快乐体验。"自动波"领导赋予员工极大的工作自主权和成长空间，领导者在其间扮演引领者、教练者和激励者角色，而不是执行者、监督者和指挥者等管理角色，因而是一种去管理化和去中心性的新型领导模式。"自动波"领导对"爽"及"快乐"的追求，以及在工作场所对情感体验的强调，都使之具有丰富的后现代意象，是互联网时代和后工业社会中国本土企业探索"无为而治"领导境界的一种积极尝试。

10.2.5　儒家伦理"阻滞"还是"节制"资本？
——中国家族企业的未来走向

无论从"家族主义"到家族企业治理结构，还是从"思利及人"到"自动波"领导模式，我们都能发现儒家伦理与李锦记公司经营之间存在着千丝万缕的深层联系。无论从学者对李锦记家族企业的客观独立的外部研究，还是从李氏家族成员李惠森对李锦记多年经营管理实践的总结提炼，我们发现对儒家伦理与家族企业经营之间联系的评判都是正向、积极与肯定的。家族企业经营是在市场经济体制下释放资本活力的增值增效机制，是产权清晰、资产私有、通过雇佣劳动进行价值创造和追求效用最大化的资本主义组织形式。依照马克斯·韦伯的经典理论，儒家的亲缘主义伦理及以道义为导向的社会环境与资本主义的市场理性和商业化难以兼容，儒家伦理发展不出理性追逐财富的精神和效用计算逻辑，因而会阻滞中国资本主义的发展（韦伯，2012）。德国学者何梦笔（1996）也曾指出，在有数千年文化积淀的中国，非正式的制度因素更接近于文化内核。与正式的制度和法律体系相比，非正式规则更具有稳定性和难以改变，与人们的生活世界也更加契合，对人们行为的影响也更加直接和深远。韦伯甚至认为，即便作为中国传统社会最为正式化的律令"毋宁是编撰的伦理规范，而不是法律规约"。作为农业文明集大成者的儒家思想似乎天然排斥由工业技术缔造的现代市场经济体系，"从一个农业立国国家的观点来看，一个以商业为主的经济体系中好像是具侵略性的"（黄仁宇，2006）。在多数学者看来，基于儒家伦理的非正式规则大行其道，中国传统社会的治理属于人治模式，过多的人情、面子因素干扰制度的公信力，难以实现数字化的货币管理和标准化的制度约束，因而难以适应现代组织的治理需要，更与作为法人主体和有限责任契约的现代公司难以相容。然而，李锦记的经营实践则表明，儒家的家族价值观及忠恕伦理，与资本主义基于计算的经济理性并不完全相斥，只要具备高超的经营智慧，中国本土企业完全可以将儒家伦理转化为推动企业运营的特殊优势。

考察中国古代管理史可以发现，儒家已经开创出蕴含丰富经济理性的经理主义，尤其在明清时期的山西商号达到巅峰；如无近代西方列强对中国现代化进程的外部干预，中国经营中的家族主义与经理主义或可形成自然融通之势。中国的经理主义实践从政治体制治理中衍生，儒家由"内圣"而"外王"，由"齐家"推演到"治世"的整个伦理体系决定其"家族主义"伦理具有外推泛化的扩展色彩。根据儒家家族主义文化与差序格局的社会结构难以认定中国人不信任他人，难以将家族经营权交托给家族之外的人员，这也不符合中国历史的真实情况。传统中国社会中整个国家可视为天子的家族企业，由于规模过于庞大，天子无法管理全天下的行政事务，于是把国家的管理事务委托给由丞相统领的文官集团治理。这些文官是通过科举制度选择的具有儒家伦理修养及治理知识专长的职业团体，在"家天下"的古代社会，实质是天子治理家族事业的代理者。

明清时代，幕宾制度又使文官治理权进一步被师爷代理，获得正式任命的各级地方官僚难以了解地方行政细节，将财政与司法这两项最重要的行政工作委托给更为职业和专职的幕宾打理，由此形成钱粮师爷与刑名师爷两类政府治理的二级代理人（徐华，2012）。委托代理关系在企业中则集中体现为明清晋商集团开启的东掌制，即：股东出资，承担所有债务的无限风险责任，但不参与也不干预商号的经营事务，商号及其分号的经营事务交由大掌柜领导下的员工团队负责。大掌柜是由东家礼聘的非家族成员，经理以下的所有员工由其招聘，股东不得向掌柜推荐任何自己的亲属或朋友。通过法度森严的东掌分离制度，使东家与掌柜之间摆脱功利性计算和猜忌，经理人得以保持独立的道德人格与职业权威。

可见，中国传统社会并不缺乏效益导向的组织理性与经济理性。霍夫斯泰德父子（2010）考察了1970—2000年30年间，儒家伦理影响下的中

国、日本、韩国及东南亚国家与新教伦理影响下的美国、西欧国家的经济
表现。研究表明，这30年内，儒家文化圈的东亚及东南亚地区经济呈高
速发展态势，而新教伦理影响下的欧美地区的经济则增长缓慢或者没有增
长。虽然我们不能截取某特定历史时期的经验数据来总结普适性的规律，
但从表10—3儒家伦理与新教伦理在企业与经济领域中的差异中，我们可
以清晰地厘清强调长期导向、和谐关系与"以义节利"的儒家伦理对东
亚、东南亚国家经济发展的贡献。事实上，在霍夫斯泰德父子研究之后的
21世纪，儒家文化圈与新教文化圈所涵盖区域的经济表现依然大体沿袭
了过去30年的发展态势。无论基于事实，还是基于逻辑，我们都有理由
认为，在未来相当时期内，儒家伦理对于中国经济发展与中国企业经营依
然是不可或缺的价值推手和历史财富。

表 10—3　　　　　**儒家伦理与新教伦理在企业与经济领域中的差异**

比较项目	新教伦理	儒家伦理
价值导向	短期导向、竞争、理性追逐财富	长期导向、和谐、以义节利
代表区域	美国、西欧	中国、日本、韩国及东南亚国家
对世界态度	否定、主宰	肯定、适应
意识形态	以自我权利为中心	以社会责任为中心
工作价值观	自由、权利、成就和为自己考虑	好学、诚实、适应性、责任感和自律
人际关系	"相抗衡的体系"，高法治环境	"信用社区的群体"，高礼仪环境
经营重点	关注盈亏状况	关注人员状况与市场地位
利润认知	当年的利润很重要	未来十年的利润很重要
管理关系	管理者和工人在心理上属于两个阵营	充当管理者的所有者和工人共享相同渴望
奖赏规范	精英主义，基于能力进行奖励，社会关系及经济收入间的差距较大	均平主义，资历和地位更加重要，不欢迎广泛的社会和经济差距
忠诚行为	个人忠诚度随企业需求的改变而改变	投资于终生的人际关系网络（"关系"）
经济增长	1970—2000年间经济增长缓慢或无增长	1970—2000年间经济高速增长
储蓄率	低储蓄率，几乎不做投资（消费观）	高储蓄率，有资金用于投资（节俭观）
投资方向	投资于共同基金	投资于房地产

资料来源：根据马克斯·韦伯（2012）、杜维明（2013）和霍夫斯泰德（2010）相关观点
整理。

　　目前多数中国家族企业面临家族主义与经理主义之间的治理困境。家族主义难以满足日益扩大的企业经营对人才、资本、技术及创新等要素的需求，甚至抵制基于普遍主义的信用、公正、效率等价值要素的需求。基于这些原因，已经引入国内 20 多年的现代公司治理机制和经理主义往往在家族企业中形同虚设。两权分离、权力制衡及职业经营等现代公司治理的基本原则与儒家伦理之间的冲突被无限放大，似乎儒家伦理总是阻滞现代资本逻辑及其效力的发挥。然而，美国公司治理的资本主义（股东至上论）与经理主义同样面临各种困境，诸如劳资冲突、内部人控制、恶意并购、高昂的监督约束成本以及外部金融市场风险等。公司是现代社会物质与制度上的强者，不受约束和节制的资本逻辑如果在公司中横行将是人类的灾难，20 世纪 70 年代的"普强实验"①便是其真实写照。资本具有双重逻辑，"一种是借助物的力量而产生的创造文明的逻辑，另一种是从社会关系中产生的追求价值增殖的逻辑"（丰子义，2009）。前者是一种推动社会进步的文明力量，后者如不受制度机制约束则会在人与人的关系中形成统治、压迫、剥削和不公平等人权问题。"资本的本质是盈利，是人的贪婪和恐惧心理的化身，所以资本的不断扩张过程必然是一个侵犯他人权益的过程"（徐大建，2007）。因而，资本增殖机制是一种聚集财富的机械过程，它本身并不受到伦理和政治的规制，除非使用它的人主动地考量和节制这些要素。

　　如何对资本进行有效节制呢？新教伦理影响下的欧美国家在人性本恶的假设之下，通过《公司法》《证券法》、公司治理结构等相关法律、制度来约束资本之恶。儒家伦理与新教伦理不同，它在对待财富资本的态度上，并不鼓励理性地追逐财富和以财富的多寡来衡量人的成功与否，而是持有一种"以义节利"的审慎态度。"彼以其富，我以吾仁；彼以其爵，我以吾义，吾何慊乎哉？""天下有达尊三：爵一，齿一，德一……恶得有其一，以慢其二哉？"（《孟子·公孙丑下》）在孟子的思想中，道德、才能与权力、财富具有同等的尊严，拥有专长和道德的经理人与拥有资本的股

----

　　① 普强实验：20 世纪 70 年代，美国食品药品监督管理局发现，在市场上畅销的普强公司的新药帕纳巴具有能够致人死亡的副作用，普强公司召开了特别董事会之后却决定继续销售，因为药品撤市时间每拖延一个月，公司就能多挣 100 万美元。为研究这种现象发生的机理，宾夕法尼亚大学为此专门开发了一个角色扮演的实验。当以旁观者身份来看待该事件时，97% 的人表示应该将药品撤出市场。但当实验者扮演普强公司董事会成员时，董事会最终都没有做出将药品撤出市场的决定。该实验在十数个国家被重复近百次，但结果都很相似。

东相比，并不处于劣势地位。"君子喻于义，小人喻于利"（《论语·里仁》），"不义而富且贵，于我如浮云"（《论语·述而》）。在现代市场经济环境下，如果运用转化得当，儒家伦理依然可能成为一种"节制"资本追逐利润的本性和扩展企业社会责任的积极力量。

中国的民营企业家特别重视追求政治关联，企业政治行为在公司战略中具有重要位置。如果简单地从利己主义的经济动机出发来解释这一中国特殊情境下的经营现象，那么，随着中国各项制度的健全，企业的寻租空间不断萎缩，民营企业家从政治关联中获得的经济利益呈现降低趋势。照此逻辑，企业家的政治关联行为应该相对减少，追求政治联系的企业家的相对数量也会同步下降，但事实并非如此。李绪红等学者（2015）从"正心、诚意、格物、致知、修身、齐家、治国、平天下"这一个体"安身立命"的儒家伦理秩序中，建构了"儒家社会动机"模型，以此来解释中国民营企业家独特的企业政治行为和政治联系。研究表明，当企业还未获成功时，中国的民营企业家往往热衷追求政治联系以期获得经济利益。当企业获得某种程度的成功之后，个人利益动机较强的企业家会远离政治联系，但儒家社会动机强烈的企业家则会更为显著地加强这种政治联系。这些基于儒家社会动机的企业政治行为主要体现为运用各种社会影响力和法定角色监督、督促行政部门解决社会公平、民生和贪腐问题，这与古代中国士人"穷则独善其身，达则兼济天下"（《孟子·尽心上》）的安身立命之道十分契合。因此，儒家"内圣而外王"的利他主义伦理在节制资本的逐利本性与侵害行为，增加企业的社会责任和增进社会的长远福祉方面具有特殊的积极意义。

事实上，西方国家的家族企业在治理中也面临着家族化与公众化之间的控制权问题。为了避免公众公司的恶意收购、内部人控制等治理问题，西方国家的家族企业尽力保持家族控制，而并不青睐我们所引入的两权分离式现代企业制度。丰田、保时捷、宝马、菲亚特四个家族控制的汽车集团，在公司治理上采取了"家族控制—职业经理人管理"模式，在治理谱系中位于图10—6中的C阶段，即混合治理模式。米其林家族为了保持控制地位，拒绝股权分散，不惜承担无限责任，采用一种股份两合公司体制。具有理想主义情怀的全球各地优秀企业家们，不满意基于资本市场的公司控制权体系，又想超越家族所有权限制，正在努力尝试将家族控制与市场理性、资本约束与经理激励在治理体系中进行融合，探索公司治理的第三条道路（仲继银，2013）。

　　李锦记集团在家族企业公司治理与人员管理的制度创新领域积累了丰富的经验，为作为非正式规则的传统儒家伦理与作为正式规则的现代企业经营制度的结合做出巨大努力，提供了中国家族企业有效治理的一个成功范本。李锦记将每年清明前后的"祭祖"与"创业纪念"活动相融合，其开展的清明节活动包括为先辈创业者扫墓、参观灵堂、重温先辈创业的艰辛历程、召开李锦记企业家族企业创业表彰大会等，在维系传统家族主义信念及家族凝聚力的同时，将面向市场化与国际化的经济理性嵌入其中，将理性创业精神灌输给每个家族成员。总之，李锦记将家族的治理置于企业治理之上，确立家族核心价值观（思利及人），设立家族委员会，制定"家族宪法"，通过家族的团结和睦实现企业的永续经营。可见，现代公司治理并非只有美国式两权分离、专业经营的经理主义治理一条道路可循。如果我们恰当地将中国儒家伦理与西方治理制度及制衡机制结合起来，探索儒家伦理节制现代公司资本劣性的制度途径，融通家族主义与经理主义，则可能开辟一种具有中国本土特色和民族智慧的家族企业治理模式。

参考文献

[1] 阿·布罗夫. 艺术的审美实质 [M]. 高叔眉，冯申，译. 上海：上海译文出版社，1985.

[2] 阿莱霍·何塞·G. 西松. 领导者的道德资本——为什么美德如此重要 [M]. 于文轩，丁敏，译. 北京：中央编译出版社，2005：46.

[3] 阿利斯特·麦克格拉斯. 科学与宗教引论 [M]. 王毅，译. 上海：上海人民出版社，2000：185.

[4] 埃哈尔·费埃德伯格. 权力与规则——组织行动的动力 [M]. 张月，译. 上海：上海人民出版社，2005.

[5] 艾尔弗雷德·D. 钱德勒. 战略与结构：美国工商企业成长的若干篇章 [M]. 北京天则经济研究所，北京江南天慧经济研究公司，译. 昆明：云南人民出版社，2002.

[6] 爱德华·萨义德. 东方学 [M]. 王宇根，译，北京：生活·读书·新知三联书店，1999：8.

[7] 安东尼·唐斯. 官僚制内幕 [M]. 北京：中国人民大学出版社，2006：244.

[8] 奥利弗·E. 威廉姆斯，西德尼·G. 温特. 企业的性质 [M]. 北京：商务印书馆，2010：8.

[9] 鲍威尔，迪马吉奥. 组织分析的新制度主义 [M]. 姚伟，译. 上海：上海人民出版社，2008.

[10] 彼得·德鲁克. 21 世纪的管理挑战 [M]. 刘毓玲，译. 北京：生活·读书·新知三联书店，2000：180-181.

[11] 波普尔. 开放的思想和社会：波普尔思想精粹 [M]. 南京：江苏人民出版社，2000：136.

[12] 伯纳德·巴伯. 科学与社会秩序 [M]. 顾昕，等，译. 北京：生活·读书·新知三联书店，1991：306-307.

[13] 布迪厄，华康德. 实践与反思 [M]. 李猛，李康，译. 北京：中央编译出版社，1998：144.

[14] 蔡立新. 比较管理的演化分析方法：范畴、意义及应用路径 [J]. 比较管理，2010 (1)：90-100.

[15] 蔡元培. 中国伦理学史 [M]. 北京：东方出版社，1996：2.

[16] 曹俊峰. 康德美学引论 [M]. 天津：天津教育出版社，1999：312.

[17] 曹仰锋. 海尔转型：人人都是 CEO [M]. 北京：中信出版社，2014：97.

[18] 曾仕强. 中国式管理 [M]. 2 版. 北京：中国社会科学出版社，2003.

[19] 查尔斯·汉迪. 觉醒的年代 [M]. 周旭华，译. 北京：中国人民大学出版社，2006.

[20] 陈春花. 激活个体：互联时代的组织管理新范式 [M]. 北京：机械工业出版社，2015：133.

[21] 陈春花. 中国企业管理实践研究的内涵认知 [J]. 管理学报，2011 (1)：1-5.

[22] 陈嘉明. 现代性与后现代性十五讲 [M]. 北京：北京大学出版社，2006.

[23] 陈明哲. 管理学研究的"精一"、"双融"和"经世致用"：对陈明哲的访谈 [J]. 管理学报，2016，13 (1)：1-6.

[24] 陈佑清. 体验及其生成 [J]. 教育研究与实验，2002 (2)：11-16.

[25] 成中英. C 理论：中国管理哲学 [M]. 北京：中国人民大学出版社，2006：60.

[26] 程杞国. 从管理到治理：观念、逻辑、方法 [J]. 南京社会科学，2001 (9).

[27] 程树德. 论语集注 [M]. 北京：中华书局，1990：264.

[28] 崔之元. 鞍钢宪法与后福特主义 [J]. 读书，1996 (3).

[29] 大卫·雷·格里芬. 后现代精神 [M]. 王成兵，译，北京：中央编译出版社，1997：18-19.

[30] 戴国斌. 中国管理学研究的人本主义范式 [J]. 管理学报，2010，7 (12)：171-176.

[31] 戴茂林. 鞍钢宪法研究 [J]. 中共党史研究，1999 (6).

［32］戴茂堂. 人性的结构与伦理学的诞生［J］. 哲学研究，2004
（3）：85-90.

［33］戴木才. 论管理和伦理结合的内在基础［J］. 中国社会科学，
2002（3）：24-33.

［34］戴天婧，汤谷良，彭家钧. 企业动态能力提升、组织结构倒置
与新型管理控制系统嵌入——基于海尔集团自主经营体探索型案例研究
［J］. 中国工业经济，2012：128-138.

［35］丹尼尔·贝尔. 资本主义文化矛盾［M］. 赵一凡，等，译. 北
京：生活·读书·新知三联书店，1989.

［36］丹尼尔·雷恩. 管理思想的演变［M］. 赵睿，译，北京：中国
社会科学出版社，2000.

［37］邓勇. 论中国古代法律生活中的"情理场"——从《名公书判
清明集》出发［J］. 法制与社会发展，2004（5）：63-72.

［38］迪尔凯姆. 社会学方法的准则［M］. 狄玉明，译. 北京：商务
印书馆，1995：3-4.

［39］杜维明. 新加坡的挑战：新儒家伦理与企业精神［M］. 北京：
生活·读书·新知三联书店，2013：111-118.

［40］段钊. 企业管理学的范式确立与范式竞争［J］. 江海学刊，
2004（4）：64-69.

［41］樊浩. 伦理精神的价值生态［M］. 北京：中国社会科学出版
社，2001：170-174.

［42］樊浩. 中国伦理精神的历史建构［M］. 南京：江苏人民出版
社，1992：226.

［43］樊和平. 儒学与日本模式［M］. 台北：台湾五南图书出版公
司，1995：135.

［44］费尔巴哈. 费尔巴哈哲学著作选集：下卷［M］. 北京：商务印
书馆，1987：28.

［45］费孝通. 对文化的历史性和社会性的思考［J］. 思想战线，
2004（2）：1-6.

［46］费孝通. 反思·对话·文化自觉［J］. 北京大学学报（哲学社
会科学版），1997（3）：15-22.

［47］费孝通. 乡土中国［M］. 北京：生活·读书·新知三联书店，
1986：48.

［48］费孝通. 乡土重建［M］. 上海：观察社，1949.

［49］费耶阿本德. 告别理性［M］. 南京：江苏人民出版社，2002：12.

［50］丰子义. 全球化与资本的双重逻辑［J］. 北京大学学报（哲学社会科学版），2009（3）：24-30.

［51］冯务中，李义天. 几种人性假设的哲学反思［J］. 社会科学家，2005（5）：7-11.

［52］冯友兰. 觉解人生［M］. 杭州：浙江人民出版社，1996：34.

［53］冯友兰. 三松堂全集：第四卷［C］. 郑州：河南人民出版社，1986：549.

［54］弗里蒙特·E. 卡斯特，詹姆斯·E. 罗森茨韦克. 组织与管理——系统方法与权变方法［M］. 李柱流，等，译，北京：中国社会科学出版社，1985：706.

［55］福柯. 词与物——人文科学考古学［M］. 莫伟民，译. 北京：生活·读书·新知三联书店，2001.

［56］福柯. 权力的眼睛——福柯访谈录［M］. 严锋，译，上海：上海人民出版社，1997：223.

［57］福山. 信任：社会道德与繁荣的创造［M］. 呼和浩特：远方出版社，1998.

［58］高尔泰. 美是自由的象征［M］. 北京：人民文学出版社，1986.

［59］高华. 鞍钢宪法的历史真实与"政治正确性"［J］. 二十一世纪，2000（4）.

［60］高婧，杨乃定，杨生斌. 关于管理学本土化研究的思考［J］. 管理学报，2010（7）：949-955.

［61］高静美. 管理理论构建的哲学反思［J］. 浙江大学学报（人文社会科学版），2007（6）：81-89.

［62］高文武，张西林. 管理思想的演进与对理性和非理性认识的深化［J］. 武汉大学学报（人文科学版），2004（6）：661-664.

［63］高小玲，刘巨钦. 从人性假设的视角探究管理思想回归的内在历史逻辑［J］. 管理科学，2003（4）：25-31.

［64］葛荣晋. 简论中国管理哲学的对象和范围［J］. 哲学动态，2007（2）：16-19.

［65］古斯塔夫·勒庞. 乌合之众——大众心理研究［M］. 冯克利，译，北京：中央编译出版社，2000：22.

［66］顾威. 鞍钢宪法：引领企业高举自主创新大旗［N］. 工人日报，2009-09-06.

［67］顾文涛，韩玉启，吴正刚. 领导的伦理性质与伦理的领导性质［J］. 社会科学，2005（4）：86-92.

［68］郭英，高良谋. 泰罗主义、泰罗文本与心理革命辨析［J］. 外国经济与管理，2009（8）：1-10.

［69］郭重庆. 中国管理学界的社会责任与历史使命［J］. 管理学报，2008（3）：320-322.

［70］哈耶克. 致命的自负——社会主义的谬误［M］. 冯克利，等，译. 北京：中国社会科学出版社，2000.

［71］韩巍，席酉民. 和谐管理组织理论：一个探索性的分析框架［J］. 管理学家（学术版），2008（7）：3-16.

［72］韩巍，席酉民. 中国管理学界的社会责任与历史使命：一个行动导向的解读［J］. 管理学家（学术版），2010，3（6）：3-19.

［73］韩巍. 从批判性和建设性的视角看"管理学在中国"［J］. 管理学报，2008，5（2）：161-168.

［74］韩巍. 论"实证研究神塔"的倒掉［J］. 管理学报，2011，7（12）：980-989.

［75］韩震. 生成的存在：关于人与社会的哲学思考［M］. 北京：北京师范大学出版社，1996：30.

［76］何梦笔. 网络、文化与华人社会经济行为方式［M］. 太原：山西经济出版社，1996.

［77］赫伯特·西蒙. 管理行为［M］. 詹正茂，译. 北京：机械工业出版社，2004：64.

［78］胡国栋. 道德领导的理论意蕴与实现方式研究［D］. 大连：辽宁师范大学，2009.

［79］胡敏中. 理性的彼岸［M］. 北京：北京师范大学出版社，1994：119.

［80］胡永恒. 从清代视角看中国传统司法的"不确定性"［J］. 法制论丛，2008（6）：73-80.

［81］黄光国. 人情与面子：中国人的权力游戏［M］. 台北：巨流图书公司，1988.

［82］黄光国. "主客对立"与"天人合一"：管理学研究中的后现代

智慧 [J]. 管理学报，2013，10（7）：937-948.

　　[83] 黄群慧，张艳丽. 比较管理学学科理论体系构思 [J]. 社会科学，1993（2）：68-71.

　　[84] 黄群慧. 管理学发展的"多元学科方法论" [C] //中国企业管理研究会，中国社会科学院管理科学研究中心，中国社会科学院企业管理重点学科. 管理学发展及其方法论研究. 北京：中国财政经济出版社，2005：3-25.

　　[85] 黄仁宇. 中国大历史 [M]. 北京：生活·读书·新知三联书店，2006：310.

　　[86] 黄如金. 和合管理 [M]. 北京：经济管理出版社，2006.

　　[87] 黄如金. 和合管理：探索具有中国特色的管理理论 [J]. 管理学报，2007（3）：135-143.

　　[88] 黄如金. 论中国式管理的策略原则 [J]. 中国工业经济，2009（12）：96-106.

　　[89] 黄如金. 中国式管理的灵魂 [J]. 经济管理·新管理，2008（18）：60-68.

　　[90] 黄速建，黄群慧. 企业管理科学化及其方法论问题研究（上） [J]. 经济管理·新管理，2005（20）：4-22.

　　[91] 黄卓越. 儒学与后现代视域：中国与海外 [M]. 开封：河南大学出版社，2009：34.

　　[92] 吉尔特·霍夫斯泰德，格特·扬·霍夫斯泰德. 文化与组织：心理软件的力量 [M]. 李原，孙健敏，译. 北京：中国人民大学出版社，2010：235-236.

　　[93] 贾根良. "鞍钢宪法"的历史教训与我国跨越式发展战略 [J]. 南开学报（哲学社会科学版），2002（4）：30-37.

　　[94] 江宜桦. 儒家思想与东亚公共哲学——以"和而不同"意旨之分析为例 [J]. 华东师范大学学报（哲学社会科学版），2007（6）：1-10.

　　[95] 蒋兴旺. 国有企业领导制度研究 [D]. 大连：东北财经大学，2010.

　　[96] 景怀斌. "忠恕"与"通情"——两种人际认知方式的过程与特征 [J]. 孔子研究，2005（5）：38-46.

　　[97] 卡尔·波普. 历史决定论的贫困 [M]. 杜汝楫，邱仁宗，译.

北京：华夏出版社，1987：122-123.

[98] 康德. 实践理性批判 [M]. 韩水法，译，北京：商务印书馆，2002.

[99] 克莱·舍基. 人人时代：无组织的组织力量 [M]. 胡泳，沈满琳，译. 北京：中国人民大学出版社，2012：2.

[100] 克劳德·乔治. 管理思想史 [M]. 孙耀君，译. 北京：商务印书馆，1985：1.

[101] 克里斯托弗·霍金斯. 领导哲学 [M]. 刘林平，译. 昆明：云南人民出版社，1987：7.

[102] 克罗齐耶. 企业在倾听：学习后工业管理 [M]. 孙沛东，译. 上海：上海人民出版社，2009：31.

[103] 孔茨，韦里克. 管理学（第10版） [M]. 张晓君，等，译. 北京：经济科学出版社，1998：2.

[104] 兰德尔·卡洛克. 家族企业战略计划 [M]. 梁卿，译. 北京：中信出版社，2002.

[105] 劳思光. 新编中国哲学史：一卷 [M]. 桂林：广西师范大学出版社，2005：83.

[106] 雷丽平. 俄罗斯文化的形成、发展及其主要特征 [J]. 西伯利亚研究，2001（2）：41-44.

[107] 黎红雷. 人性假设与人类社会的管理之道 [J]. 中国社会科学，2001（2）：66-73.

[108] 李春成. 行政人的德性与实践 [M]. 上海：复旦大学出版社，2003：284.

[109] 李海舰. 互联网思维与传统企业再造 [J]. 中国工业经济，2014（10）：135-146.

[110] 李惠森. 自动波领导模式 [M]. 北京：中信出版社，2012：182.

[111] 李楠明. 价值主体性——主体性研究的新视域 [M]. 北京：社会科学文献出版社，2005：138.

[112] 李平. 试论中国管理研究的话语权问题 [J]. 管理学报，2010，7（3）：321-330.

[113] 李平. 中国管理本土研究：理念定义及范式设计 [J]. 管理学报，2010（5）：633-641.

[114] 李平. 中国本土管理研究与中国传统哲学 [J]. 管理学报，

2013，10（9）：1249-1261.

　　[115] 李涛. 科学主义与西方管理思想的形成和发展 [M]. 科学管理研究，2000（6）：34-37.

　　[116] 李维安. 应总结创建"中国式管理"模式与理论. 南开管理评论，2007（4）：1.

　　[117] 李鑫. 中国传统哲学与本土管理研究：讨论与反思 [J]. 管理学报，2013，10（10）：1425-1433.

　　[118] 李新春，何轩，陈文婷. 战略创业与家族企业创业精神的传承：基于百年老字号李锦记的案例研究 [J]. 管理世界，2008（10）：127-140.

　　[119] 李新春. 信任、忠诚与家族主义困境 [J]. 管理世界，2002（6）：87-93，133.

　　[120] 李亦园. 近代中国家庭的变迁：一个人类学探讨 [J]. "中央研究院"民族学研究所集刊，1982（52）：7-23.

　　[121] 李泽厚. 美学四讲 [M]. 桂林：广西师范大学出版社，2001：65.

　　[122] 李泽厚. 实用理性与乐感文化 [M]. 北京：生活·读书·新知三联书店，2005：224-229.

　　[123] 李泽厚. 世纪新梦 [M]. 合肥：安徽文艺出版社，1998：3

　　[124] 李泽厚. 中国古代思想史论 [M]. 天津：天津社会科学院出版社，2003：15.

　　[125] 李振刚，方国根. 和合之境：中国哲学与 21 世纪 [M]. 上海：华东师范大学出版社，2001.

　　[126] 里克曼. 理性的探险 [M]. 姚休，等，译. 北京：商务印书馆，1996：133-137.

　　[127] 梁漱溟. 中国文化要义 [M]. 上海：学林出版社，1987：17.

　　[128] 林志扬. 从人性认识的变化看管理理论的发展 [C] //中国企业管理研究会，中国社会科学院管理科学研究中心，中国社会科学院企业管理重点学科. 管理学发展及其方法论研究. 北京：中国财政经济出版社，2005：147-158.

　　[129] 刘刚. 后福特制研究——生产组织方式创新与企业竞争优势 [M]. 北京：人民出版社，2004：13-15.

　　[130] 刘式达，梁福明. 自然科学中的混沌和分形 [M]. 北京：北京大学出版社，2003.

[131] 刘文瑞. "管理学" 断想 [J]. 管理学报, 2007 (6): 703-705

[132] 刘晓善. 基于后现代组织理论的成本管理研究 [D]. 成都: 西南财经大学, 2007.

[133] 刘啸霆. 后现代认识论述评 [J]. 哲学动态, 1998 (8): 35-39.

[134] 刘译阳. 浅谈泰罗科学管理中的人本管理思想 [N]. 光明日报, 2005-09-23.

[135] 刘友红. 对西方管理学中人性假设误区的文化哲学辨析 [J]. 学术月刊, 2004 (10): 38-42, 37.

[136] 卢卡奇. 历史与阶级意识 [M]. 杜章智, 任立, 译. 北京: 商务印书馆, 1992: 47.

[137] 路红梅, 李河菊. 论人性的系统结构及其特征 [J]. 郑州: 郑州大学学报 (哲学社会科学版), 1999 (1): 38-42.

[138] 栾栋. 文艺理论的两块基石 [J]. 外国文学研究, 1984 (4): 27-31.

[139] 罗纪宁. 创建中国特色管理学的基本问题之管见 [J]. 管理学报, 2005, 2 (1): 11-17.

[140] 罗纪宁. 中国管理学研究的实践导向与理论框架——一个组织管理系统全息结构 [J]. 管理学报, 2010, 7 (11): 1646-1651, 1670.

[141] 罗家德, 王竞, 张佳音, 谢朝霞. 社会网研究的架构: 以组织理论与管理研究为例 [J]. 社会, 2008 (6): 15-38, 223-224.

[142] 罗家德, 王竞. 中国管理之自然系统特质 [J]. 管理学家 (学术版), 2008 (1): 58-70.

[143] 罗洛·梅. 人寻找自己 [M]. 冯川, 陈刚, 译. 贵阳: 贵州人民出版社, 1991: 125.

[144] 罗珉, 李永强. 西方后现代管理思潮评述 [J]. 财经科学, 2002a, (3): 16-20.

[145] 罗珉. 现代管理学 [M]. 成都: 西南财经大学出版社, 2002b.

[146] 罗珉. 后现代管理理论辨析 [J]. 管理科学, 2005a, (2): 8-13.

[147] 罗珉. 管理学范式理论的发展 [M]. 成都: 西南财经大学出版社, 2005b.

[148] 罗珉. 管理学: 科学主义还是人本主义 [J]. 四川大学学报 (哲学社会科学版), 2005c, (3): 16-20.

[149] 罗珉. 管理学前沿理论研究 [M]. 成都: 西南财经大学出版

社，2006a.

[150] 罗珉. 管理学范式理论述评 [J]. 外国经济与管理，2006b，(6)：1-10.

[151] 罗珉. 管理学发展模式的现代性、超现代性与后现代性的论争 [J]. 经济管理·新管理，2006c，(4)：4-10.

[152] 罗珉. 论组织理论范式的转换 [J]. 外国经济与管理，2008 (8)：18-22.

[153] 罗珉. 目标管理的后现代管理思想解读 [J]. 外国经济与管理，2009 (10)：1-7.

[154] 罗珉，高强. 中国网络组织：网络封闭和结构洞的悖论 [J]. 中国工业经济，2011 (11)：90-99.

[155] 罗珉. 互联网时代的商业模式创新 [J]. 中国工业经济，2015 (1)：95-107.

[156] 罗长海. 企业文化学 [M]. 北京：中国人民大学出版社，1999：276.

[157] 吕力. "中国管理学" 发展中的范式问题 [J]. 管理学报，2009，6 (8)：1008-1012.

[158] 吕力. 元管理学：研究对象、内容与意义 [J]. 当代财经，2010 (9)：52-58.

[159] 吕力. 论管理学与意识形态——兼与李平商榷 [J]. 管理学报，2011 (1)：28-36.

[160] 吕力. 后实证主义视角下的管理理论、实践与观念 [J]. 管理学报，2015a，12 (4)：469-476.

[161] 吕力. 文化深层结构视角下管理的中国经验、逻辑及其扬弃 [J]. 管理学报，2015b，12 (11)：1571-1578.

[162] 马尔库塞. 爱欲与文明：对弗洛伊德思想的哲学探讨 [M]. 上海：上海译文出版社，2005：118.

[163] 马尔库塞. 审美之维 [M]. 李小兵，译. 桂林：广西师范大学出版社，2001：9.

[164] 马克思，恩格斯. 马克思恩格斯全集：第 3 卷 [M]. 北京：人民出版社，2002：310.

[165] 马克思，恩格斯. 马克思恩格斯选集：第 1 卷 [M]. 北京：人民出版社，1995：294.

［166］马克思. 1844 年经济学哲学手稿［M］. 北京：人民出版社，2002：105.

［167］马克斯·韦伯. 社会科学方法论［M］. 韩水法，莫茜，译. 北京：中央编译出版社，2008.

［168］马克斯·韦伯. 新教伦理与资本主义精神［M］. 西安：陕西师范大学出版社，2002.

［169］马克斯·韦伯. 学术与政治：韦伯的两篇演说［M］. 冯克利，译. 北京：生活·读书·新知三联书店，1998：29.

［170］马斯洛. 存在心理学探索［M］. 李文湉，译. 昆明：云南人民出版社，1987.

［171］马斯洛. 马斯洛人本哲学［M］. 成明，译，北京：九州出版社，2003：357.

［172］迈克尔·欧克肖特. 政治中的理性主义［M］. 张汝伦，译. 上海：上海译文出版社，2003：2.

［173］麦金太尔. 德性之后［M］. 龚群，等，译. 北京：中国社会科学出版社，1995：38-23.

［174］蒙培元. 情感与理性［M］. 北京：中国社会科学出版社，2002：24.

［175］明茨伯格. 明茨伯格论管理［M］. 燕清联合组织，译. 北京：中国劳动社会保障出版社，2004：293

［176］牟宗三，等. 为中国文化敬告世界人士宣言［C］//封祖盛. 当代新儒家. 北京：生活·读书·新知三联书店，1989.

［177］南占江，南洋. 家庭是人类感情的物质体现［J］. 社会，1984 (2)：34-35.

［178］欧阳谦. 后现代主义的认识论转换［J］. 教学与研究，1996 (3)：70-75.

［179］帕森斯. 现代社会的结构与过程［M］. 梁向阳，译. 北京：光明日报出版社，1988：161.

［180］彭贺，顾倩妮. "直面中国管理实践"的内涵与路径［J］. 管理学报，2010 (11)：1665-1670.

［181］彭贺. 管理学研究中的"价值无涉"与"价值涉入"［J］. 管理学报，2011，8 (7)：949-953.

［182］彭贺. 也从批判性和建设性的视角看"管理学在中国"——兼

与韩巍商榷 [J]. 管理学报，2009，6（2）：160-164.

[183] 彭新武. 当代管理学研究的范式转换——走出"管理学丛林"的尝试 [J]. 中国人民大学学报，2007（5）：77-84.

[184] 彭正龙，赵红丹. 组织公民行为真的对组织有利吗——中国情境下的强制性公民行为研究 [J]. 南开管理评论，2011（1）：17-27.

[185] 普利高津. 确定性的终结 [M]. 上海：上海科技教育出版社，1998.

[186] 齐善鸿，邢宝学. 解析"道本管理"的价值逻辑——管理技术与文化融合的视角 [J]. 管理学报，2010（11）：1584-1590.

[187] 钱穆. 中国历代政治得失 [M]. 北京：生活·读书·新知三联书店，2005.

[188] 钱穆. 中国文化与中国人 [C] //刘志琴. 文化危机与展望——台湾学者论中国文化. 北京：中国青年出版社，1989：15.

[189] 乔治·弗雷德里克森. 公共行政的精神 [M]. 北京：中国人民大学出版社，2003：140.

[190] 邱国勇. 论孔子的"和合"思想及其现代意蕴 [J]. 学术论坛 2006（10）：61-63.

[191] 全球治理委员会. 我们的全球伙伴关系 [M]. 伦敦：牛津大学出版社，1995：23.

[192] 萨拜因. 政治学说史：下 [M]. 北京：商务印书馆，1996：633.

[193] 萨缪尔·亨廷顿. 文明的冲突与世界秩序的重建 [M]. 周琪，等，译. 北京：新华出版社，1988：55-56.

[194] 赛亚·伯林. 反潮流：观念史论文集 [C]. 冯克利，译. 南京：译林出版社，2002：22.

[195] 宋培林. 基于不同人性假设的管理理论演进 [J]. 经济管理，2006（11）：19-24.

[196] 宋培林. 基于管理人性观的西方管理理论的演进及其规律 [C] //中国企业管理研究会，中国社会科学院管理科学研究中心，中国社会科学院企业管理重点学科. 管理学发展及其方法论研究. 北京：中国财政经济出版社，2005：159-172.

[197] 苏东水. 东方管理 [M]. 太原：山西经济出版社，2003.

[198] 苏东水. 东方管理学思想的兴起 [J]. 上海企业，2005（10）：75-77.

［199］苏国勋. 理性化及其限制：韦伯思想引论［M］. 上海：上海人民出版社，1988：228－229.

［200］苏珊·朗格. 情感与形式［M］. 刘大基，等，译. 北京：中国社会科学出版社，1986.

［201］孙国东."邓正来问题"与"知识—法学路径"的社会—历史限度：以福柯话语理论为参照［J］. 社会科学战线，2011（3）：181－188.

［202］孙正聿. 思想中的时代［M］. 北京：北京师范大学出版社，2004.

［203］孙治本. 家族主义与现代台湾企业［J］. 社会学研究，1995（5）：56－65.

［204］泰罗. 科学管理原理［M］. 胡隆昶，等，译. 北京：中国社会科学出版社，1984.

［205］谭劲松. 关于管理研究及其理论和方法的讨论［J］. 管理科学学报，2008（2）：145－152.

［206］谭劲松. 关于中国管理学科定位的讨论［J］. 管理世界，2006（2）：71－80.

［207］谭劲松. 关于中国管理学科发展的讨论［J］. 管理世界. 2007（1）：81－91.

［208］汤普森. 行动中的组织：行政理论的社会科学基础［M］. 敬乂嘉，译. 上海：上海人民出版社，2007：18.

［209］陶伯华. 美学前沿：实践本体论美学新视野［M］. 北京：中国人民大学出版社，2003：285－287.

［210］特伦斯·迪尔，艾伦·肯尼迪. 企业文化：企业生活中的礼仪与仪式［M］. 李原，孙健敏，译. 北京：中国人民大学出版社：2008.

［211］童庆炳. 现代心理美学［M］. 北京：中国社会科学出版社，1993：51.

［212］托马斯·萨乔万尼. 道德领导：抵及学校改善的核心［M］. 冯大鸣，译，上海：上海教育出版社，2002：10－11.

［213］王德中. 泰罗科学管理中隐含人本管理思想吗——与刘译阳同志商榷［J］. 财经科学，2006（1）.

［214］王霁，彭新武. 领导哲学［M］. 北京：高等教育出版社，2008：254－259.

［215］王明辉，郭玲玲，方俐洛. 工作场所精神性的研究概况［J］.

心理科学进展，2009（1）：172-179.

[216] 王齐. 走向绝望的深渊：克尔凯郭尔的美学生活境界 [M].
北京：中国社会科学出版社，2000：52.

[217] 王书明，万丹. 从科学哲学走向文化哲学：库恩与费耶阿本德
思想的后现代转型 [M]. 北京：社会科学文献出版社，2006：35.

[218] 王学秀. 文化传统与中国式管理价值观选择 [J]. 科学学与科
学技术管理，2006（2）：156-160.

[219] 王志强. 南宋司法裁判中的价值取向——南宋书判初探 [J].
中国社会科学，1998（6）：117-130.

[220] 韦伯. 世界宗教的经济伦理：儒教与道教 [M]. 王容芬，译.
北京：中央编译出版社，2012.

[221] 韦政通. 伦理思想的突破 [M]. 成都：四川人民出版社，
1988：9.

[222] 维克托·迈尔-舍恩伯格，肯尼思·库克耶. 大数据时代：生
活、工作与思维的大变革 [M]. 盛杨燕，周涛，译. 杭州：浙江人民出
版社，2013.

[223] 乌尔里希·森德勒. 工业 4.0：即将来袭的第四次工业革命
[M]. 邓敏，李现民，译. 北京：机械工业出版社，2014：13.

[224] 吴国盛. 科学与人文 [J]. 中国社会科学，2001（4）：4-15.

[225] 吴佩军. 家族主义经营——对日本战前企业雇佣制度的考察
[J]. 史学集刊，2010（3）：76-82.

[226] 吴照云，余焕新. 管理的本质与管理思想的东方回归 [J]. 当
代财经，2008（8）：75-79.

[227] 席酉民，韩巍. 中国管理学界的困境和出路：本土化领导研究
思考的启示 [J]. 西安交通大学学报（社会科学版），2010（2）：32-40.

[228] 席酉民，尚玉钒. 和谐管理理论 [M]. 北京：中国人民大学
出版社，2002.

[229] 小艾尔弗雷德·D·钱德勒. 看得见的手——美国企业的管理
革命 [M]. 重武，译. 北京：商务印书馆，2004：90-122.

[230] 谢立中. 走向多元话语分析：后现代思潮的社会学意蕴 [M].
北京：中国人民大学出版社，2009.

[231] 谢水明. 人本管理是泰勒科学管理的实质 [J]. 中外管理导
报，2002（4）：58-60.

［232］熊平安. 管理移植与创新［J］. 求实，2004（5）：119-120.

［233］徐大建. 资本的运营与伦理限制［J］. 哲学研究，2007（6）：99-104.

［234］徐华. 从家族主义到经理主义：中国企业的困境与中国式突围［M］. 北京：清华大学出版社，2012：192-193.

［235］许斗斗. 西方启蒙社会的价值危机与批判——析霍克海默对启蒙运动以来西方社会的价值批判［J］. 广东社会科学，2004（6）：33-39.

［236］许激. 效率管理：现代管理理论的统一［M］. 北京. 经济管理出版社，2004：138.

［237］亚里士多德. 尼各马可伦理学［M］. 廖申白，译注. 北京：商务印书馆，2003.

［238］阎光才. 文化乡愁与工具理性：学术活动制度化的轨迹［J］. 北京大学教育评论，2008（2）：141-151.

［239］晏子. 晏子春秋［M］. 陈涛，译. 北京：中华书局，2007：299.

［240］杨伯峻. 孟子译注［M］. 北京：中华书局，1960：334.

［241］杨光飞. 家族企业的关系治理及其演化：以浙江异兴集团为个案［M］. 北京：社会科学文献出版社，2009：6.

［242］杨国枢，黄光国，杨中芳. 华人本土心理学［M］. 重庆：重庆大学出版社，2008.

［243］杨国枢. 家族化历程、泛家族主义及组织管理［C］//海峡两岸组织文化及人力资源管理研讨会宣读论文. 台北：信义文化基金会，1995.

［244］杨国枢. 中国人的心理与行为：本土化研究［M］. 北京：中国人民大学出版社，2004：26-27.

［245］杨天平. 科学主义、人本主义与西方教育管理学研究［J］. 外国教育研究，2005（11）：15-19.

［246］杨伍栓. 管理哲学新论［M］. 北京：北京大学出版社，2003：71.

［247］杨志刚. 礼与传统的创造性转化［J］. 复旦学报（社会科学版），1993（4）：38-55.

［248］叶明华，杨国枢. 中国人的家族主义：概念分析与实证研究［J］. "中央研究院"民族学研究所集刊，1998（83）：165-225.

［249］殷国强. "后现代管理"及其价值分析［J］. 全国商情，2008（1）：38-39.

［250］殷海光. 逻辑新引：怎样判别是非［M］. 上海：三联书店，2004：269.

［251］尤根·哈贝马斯. 现代性的哲学话语［M］. 曹卫东，等，译. 南京：译林出版社，2004：1.

［252］于晓霞，秦廷国. 管理的人性论反思及意义——由人性假设出发［J］. 哲学动态，2008（3）：78-81.

［253］余英时. 钱穆与现代中国学术［M］. 桂林：广西师范大学出版社，2006：31.

［254］俞晓军. 信息化时代的企业组织变动——组织论如何回答信息化的挑战［M］. 中国工业经济，1999（11）：74-77.

［255］袁闯. 管理哲学［M］. 上海：复旦大学出版社，2004：42.

［256］约瑟夫·A. 马克斯威尔. 质的研究设计：一种互动的取向［M］. 朱光明，译. 重庆：重庆大学出版社，2007：29.

［257］岳梁. 从现代性视域看泰罗管理理论在中国的悲剧［J］. 首都师范大学学报（社会科学版），2008（5）：140-144.

［258］韵江，陈丽. 管理学研究中的假设解构：方法论视角下的考察［J］. 管理学报，2009（11）：1430-1436.

［259］韵江，林忠. 管理学合法性的反思：基于跨学科研究的视角［J］. 经济社会体制比较，2007（3）：143-146.

［260］翟学伟. 人情、面子与权力的再生产［M］. 北京：北京大学出版社，2005.

［261］詹姆斯·麦格雷戈·伯恩斯. 领导论［M］. 常健，等，译. 北京：中国人民大学出版社，2006：12

［262］张岱年. 哲学思维论［M］//张岱年. 张岱年全集：第三卷. 石家庄：河北人民出版社，1996.

［263］张德. 从科学管理到文化管理—企业管理的软化趋势［J］. 清华大学学报（哲学社会科学版），1993（1）：28-36.

［264］张德胜，金耀基，陈海文，等. 论中庸理性：工具理性、价值理性和沟通理性之外［J］. 社会学研究，2001（2）：33-48.

［265］张福墀，杨静. 管理哲学［M］. 北京：经济管理出版社，2003：24-25

[266] 张康之. 公共行政中的哲学与伦理 [M]. 北京：中国人民大学出版社，2004.

[267] 张康之. 论信任、合作以及合作制组织 [J]. 人文杂志，2008 (2)：53-58.

[268] 张康之. 论组织整合机制中的信任 [J]. 河北学刊，2005 (1)：18-23.

[269] 张立文. 东亚意识与和合精神 [J]. 学术月刊，1998 (1)：25-29.

[270] 张立文. 和合学：21 世纪文化战略的构想 [M]. 北京：中国人民大学出版社，2006.

[271] 张树旺，刘素菊. 论科学与艺术在管理学研究中的意蕴 [J]. 管理学家，2009 (1)：25-30，78.

[272] 张哲诚. 国企掌门人的美国之旅 [J]. 南风窗，2000 (9)：8-12.

[273] 张中秋. 乡约的诸属性及其文化原理认识 [J]. 南京大学学报 (哲学·人文科学·社会科学版)，2004 (5)：51-57.

[274] 章玉贵. 发展中国管理学的可能路径 [J]. 上海管理科学，2009 (5)：1-3.

[275] 赵行良. 中国文化的精神价值 [M]. 上海：上海古籍出版社，2003：81.

[276] 赵庆杰. 现代性社会的伦理命运与道德困境 [J]. 道德与文明，2008 (4)：22-26.

[277] 郑伯埙，黄敏萍. 华人企业组织中的领导 [C] //杨国枢，黄光国，杨中芳. 华人本土心理学. 重庆：重庆大学出版社，2008.

[278] 郑伯埙. 差序格局与华人组织行为 [J]. 本土心理学研究，1995 (3)：142-219.

[279] 郑伯埙. 家长权威与领导行为之关系：一个台湾民营企业主持人的个案研究 [J]. "中央研究院"民族学研究所集刊，1995(79)：119-173.

[280] 郑伯埙. 家族主义与领导行为 [C] //杨中芳，高尚仁. 中国人·中国心——人格与社会篇. 台北：远流出版公司，1991.

[281] 郑伯埙. 组织文化价值观的数量衡鉴 [J]. 中华心理学刊，1990 (32)：31-49.

[282] 郑宏泰，周文港. 家族企业治理：华人家族企业传承研究 [M]. 北京：人民东方出版社，2013：172-175.

[283] 中国大百科全书总编辑委员会. 中国大百科全书·社会学卷[M]. 北京：中国大百科全书出版社，1991：441.

[284] 仲继银. 公司治理案例：世界顶尖公司的创立、传承与控制[M]. 北京：中国发展出版社，2013：251.

[285] 周建. 泰勒科学管理的范式观及其思想价值 [J]. 科学学研究，2002 (5)：510-516.

[286] 周建波. 中国管理学建构与演化——基于哲学四分法与管理文化结构的推演 [J]. 管理学报，2008，5 (6)：781-791.

[287] 周源源，周扬波. 家族企业控制权让渡及其治理模式演进的研究 [J]. 北方经济，2006 (12)：23-24.

[288] 周祖城. 基于卓越伦理的竞争优势 [J]. 南开管理评论，2002 (2)：59-66.

[289] 朱富强. 逻辑实证主义应用于经济学的内在缺陷——逻辑实证主义的"逻辑"批判 [J]. 江苏社会科学，2008 (4)：98-104.

[290] 朱华桂. 论中西管理思想的人性假设 [J]. 南京社会科学，2003 (3)：21-25.

[291] 滋贺秀三. 中国法文化的考察——以诉讼的形态为素材[C] //王亚新，梁治平. 明清时期的民事审判与民间契约. 北京：法律出版社，1998：3.

[292] 邹国庆，高向飞，胥家硕. 中国情境下的管理学理论构建与研究进路 [J]. 软科学，2009，23 (2)：135-139，144.

[293] Alexander Styhre. Kaizen, Ethics, and Care of the Operations: Management after Empowerment. Journal of Management Studies, 2001, 38 (6): 795-810.

[294] Andrew Collier. Christianity and Marxism: A Philosophical Contribution to Their Reconciliation. London: Routledge, 2001.

[295] Ann Taket & Leroy White. After OR: an Agenda for Postmodernism and Poststructuralism in OR. Journal of the Operational Research Society, 1993, 44 (8): 867-881.

[296] Antoni, Conny. Management by Objectives: an Effective Tool for Teamwork?. International Journal of Human Resource Management, 2005, 16 (2): 174-184.

[297] Antonio R. Damasio. Emotions and Feelings: a Neurobiologi-

cal Perspective // Antony, S. R. et al. Feelings and Emotions. London:
Cambridge University Press, 2004: 49-57.

[298] Antonio Strati. Aesthetic Understanding of Organizational
Life. The Academy of Management Review, 1992 (3): 568-581.

[299] Arunoday Saha. Basic Human Nature and Management in Ja-
pan. Journal of Managerial Psychology, 1990, 5 (3): 3-12.

[300] Bachelard, G. The Poetics of Space. New York: Orion
Press, 1964: 120.

[301] Barker, J. R. Tightening the Iron Cage: Concertive Control
in Self-Managing Teams. Administrative Science Quarterly, 1993, 38
(3): 408-437.

[302] Barley Stephen R. & Gideon Kunda. Design and devotion: Sur-
ges of Rational and Normative Ideologies of Control in Managerial Discourse.
Administrative Science Quarterly, 1992, 37 (3): 363-399.

[303] Barley, S. R. When I Write My Masterpiece: Thoughts on
What Makes a Paper Interesting. Academy of Management Journal,
2006, 49: 16-20.

[304] Barnard Chester I. Elementary Conditions of Business Morals.
California Management Review, 1958, 1 (1): 14-21.

[305] Barnard, C. L. The Function of the Executive. Cambridge,
Massachusetts: Harvard University Press, 1938.

[306] Barnard, C. I. Elementary Condition of Business Morals. Cal-
ifornia Management Review, 1958, 1 (1): 14-21.

[307] Beninis, W. Leadership Theory and Administrative Behavior.
Administrative Science Quarterly, 1959 (4): 259-301.

[308] Bernard James. Narrative and Organizational Control: Corpo-
rate Visionaries, Ethics and Power. The International Journal of Human
Resource Management, 1994, 5 (4): 927-951.

[309] Best, S. & Kellner, D. Postmodern Theory: Critical Inter-
rogations. New York: The Guilford Press, 1991.

[310] Blau, P. M. Exchange and Power in Social Life. New York:
Wiley, 1964.

[311] Blau, P. M. Bureaucracy in Modern Society. New York:

Random House，1956.

[312] Boje，D. M. & Robert F. Dennehy. Managing in the Post-modern World: America's Revolution Against Exploitation. Dubuque: Kendall/Hunt Publishing Company，1994.

[313] Boje，D. M，Gephart，R. P. & Thatchenkery，T. J. Post-modern Management and Organization Theory. London: Sage，1996.

[314] Boje，D. M. & Tom T. H. Can Chaebols Become Postmodern?. Problems & Perspectives in Management，2006 (1): 200—222.

[315] Bouchikhi，H. Living With and Building on Complexity: A Constructivist Perspective on Organizations. Organization. 1998 (2): 217—232.

[316] Bouée，C. Light Footprint Management: Leadership in Times of Change. London: Loomsbury，2013.

[317] Bowie，N. E. Challenging the Egoistic Paradigm. Business Ethics Quarterly，1991，1 (1): 1—22.

[318] Bowie，N. E. A Kantian Theory of Leadership. Leadership & Organization Development Journal，2000，21 (4): 185—193.

[319] Braverman，H. Labor and Monopoly Capital: The Degrada-tion of Work in the Twentieth Century. New York: Monthly Review Press，1974.

[320] Buffa，E. S. Modern Production Management. New York: Wiley Sons，1961.

[321] Burchell，C. G. & Miller，P. The Foucault Effect: Studies in Governmentality. London: Harvester Wheatsheaf，1991.

[322] Burgess，E. W.，Locke，H. J. & Thomas，M. M. The Family: From Institution to Companionship. New York: American Book Company，1963.

[323] Burrell，G. Modernism，Postmodernism and Organizational Analysis 4: the Contribution of Jurgen Habermas. Organization studies，1994，15 (1)，pp. 1—19.

[324] Burrell，G. Modernism，Postmodernism and Organizational Analysis 2: The Contribution of Michel Foucault. Organization Studies，1988，9 (2): 221—235.

[325] Cameron, K. S., & Quinn, R. E. Organizational Paradox and Transformation // Quinn, R. E. & Cameron, K. S. Paradox and Transformation: Toward a Theory of Change in Organization and Management. Cambridge, MA: Ballinger, 1988: 12-18.

[326] Campbell, D. T. Variation and Selective Retention in Sociocultural Evolution. General System, 1969 (16): 69-85.

[327] Cascy, E. S. Getting Back into Place. Bloomington: Indiana University Press, 1993: 4.

[328] Charles Handy. The Age of Unreason. London: Century Hutchinson, 1989.

[329] Charles Handy. The Empty Raincoat. London: Century Press, 1995.

[330] Chao C. Chen, Xiao-Ping Chen & Shengsheng Huang. Chinese *Guanxi*: An Integrative Review and New Directions for Future Research. Management and Organization Review, 2013, 9 (1): 167-207.

[331] Cheng, B. S., Farh, L. J., Chang, H. F. & Hsu, W. L. Guanxi, Zhongcheng, Competence, and Managerial Behavior in the Chinese Context. Journal of Chinese Psychology, 2002, 44 (2): 151-166.

[332] Chris Argyris. On Organizational Learning. Massachusetts: Blackwell, 1992: 216-217.

[333] Claessens S. et al. Disentangling the Incentive and Entrenchment Effects of Large Shareholdings. Journal of Finance, 2002, 57 (6): 2741-2771.

[334] Clark, Peter. Organization in Action: Competition between Context. New York: Routledge, 2000.

[335] Clegg, S. R. Postmodern Management?. Journal of Organizational Change Management, 1992, 5 (2): 31-49.

[336] Clegg, S. R. & Rouleau, L. Postmodernism and Postmodernity in Organization Analysis. Journal of Organizational Change Management, 1992 (5): 8-25.

[337] Clegg, S. R. Modern organizations: Organizations Studies in the Postmodern World. Newbury Park, CA: Sage publications, 1990.

[338] Collier, J. Theorizing the Ethical Organization. Business

Ethics Quarterly, 1998, 8 (4): 621-654.

[339] Cooper, R. & Burrell, G. Modernsim, Postmodernsim and Organizational Analysis: an Introduction. Organizational Studies, 1988, 9 (1): 91-112.

[340] Cooper, R. Modernism, Post Modernism and Organizational Analysis 3: The Contribution of Jacques Derrida. Organization Studies, 1989, 10 (4): 479-502.

[341] Cornelissen, J. P. Beyond Compare: Metaphor in Organization Theory. The Academy of Management Review, 2005, 30 (4): 751-764.

[342] Crockett, Carter. The Cultural Paradigm of Virtue. Journal of Business Ethics, 2005, 62 (2): 191-208.

[343] Crozier & Friedberg. Actors and Systems: The Politics of Collective Action. Chicago: University of Chicago Press, 1980.

[344] Crozier, Michel. The Bureaucratic Phenomenon. Chicago: University of Chicago Press, 1964.

[345] Cummings, L. L. The Logics of Management, Academy of Management Review, 1983, 8 (4): 532-538.

[346] Daft, R. L. Organization Theory and Design (10th edition). New York: South-Western Publisher, 2009.

[347] Dallmayr, F. R. Twilight of Subjectivity, Amherst: University of Massachusetts Press, 1981.

[348] Daniel Bell. The Coming of Post-Industrial Society. New York: Basic, 1973.

[349] Darmer, P. The Subjectivity of Management. Journal of Organizational Change Management, 2000, 13 (4): 334-351.

[350] David Hall & Roger Ames. The Democracy of the Dead: Dewey, Confucius, and the Hope for Democracy in China. Chicago and Lasalle: Open Court, 1999.

[351] David P. , Miguel A. A. & Joan E. R. Ethical Managerial Behavior as an Antecedent of Organizational Social Capital. Journal of Business Ethics, 2008, 78 (3): 329-341.

[352] Dews, P. Logics of Disintegration. London: Verso, 1987:

65－66.

[353] Dolan, S., Gareia, S. Managing by Value. Journal of Management Development, 2002, 21 (2): 101－118.

[354] Domenec Mele. Integrating Ethics into Management. Journal of Business Ethics, 2008 (78): 291－297.

[355] Drucker, P. F. The practice of management. New York: Harper & Row, 1954.

[356] Drucker, P. F. The Effective Executive. New York: Happer and Row, 1966.

[357] Drucker, P. F. Landmarks of Tomorrow: a Report on the New "Post-Modern" World. New York: Harper & Row, 1959.

[358] Drucker, P. F. Technology, Management and Society. New York: Harper and Row, 1970.

[359] Drucker, P. F. Management: Tasks, Responsibilities, Practices. New York: Harper and Row, 1973.

[360] Drucker, P. F. The New Productivity Challenge. Harvard Business Review, 1991, 69 (11): 69－79.

[361] Drucker, P. F. Management Challenges for the 21st Century. New York: Harper and Row Press, 1999.

[362] Drucker, P. F. Adventures of a Bystander (autobiography). New York: Harper and Row, 1979.

[363] Eddy, W. B. Public Organization Behavior and Development. Cambridge, MA: Winthrop, 1981.

[364] Edmondson, A. C. & Mcmanus, S. Methodological Fit in Management Field Research. Academy of Management Review, 2007, 32 (4): 1155－1179.

[365] Erhard Friedberg. Local Orders: Dynamics of Organized Action. London: JAI Press Inc. , 1997.

[366] Eric Abrahamson. The Emergence and Prevalence of Employee Management Rhetorics: The Effects of Long Waves, Labor Unions, and Turnover, 1875 to 1992. The Academy of Management Journal, 1997, 40 (3): 491－533.

[367] Eswar, S. P. & Raghuram, G. R. Modernizing China's

Growth Paradigm. The American Economic Review, 2006, 96 (2): 331-336.

[368] Etzioni, A. Modern Organizations, Englewood Cliffs, NJ: Prentice Hall, 1964.

[369] Etzioni, A. Toward a New Socio-economic Paradigm, Socio-Economic Review, 2003, 1 (1): 105-118.

[370] Fan, Y. Guanxi's Consequences: Personal Gains at Social Cost, Journal of Business Ethics, 2002 (38): 371-380.

[371] Farh, J. L. , Tsui, A. S. , Xin, K. & Cheng, B. S. The Influence of Relational Demography and Guanxi: The Chinese Case. Organization Science, 1998 (9): 471-488.

[372] Fayol, H. General and Industrial Management. London: Pitman, 1949.

[373] Follett, M. P. Dynamic Administration: The Collected Papers of Mary Parker Follett. New York: Harper & Brothers Press, 1941.

[374] Foster, W. P. Paradigm and Promises: Re-viewing Administrative Theories // Capper, C. A. Educational Administration in a Pluralistic Society: a Multi-paradigm Approach. New York: Prometheus Books, 1993.

[375] Fred Luthans. The Contingency Theory of Management: A Path out of the Jungle. Business Horizons, 1973, 16 (3): 67-72.

[376] Fukuyama, F. Trust: The Social Virtues and the Creation of Prosperity. New York: Free Press, 1999.

[377] Galbraith, J. R. Designing Complex Organizations. Reading, MA: Addison-Wesley, 1973.

[378] Geertz Clifford. Local Knowledge-Further Essays in Interpretive Anthropology. New York: Basics Books, 1983.

[379] Geertz, Clifford. The Interpretation of Cultures. New York: Basic Books, 1973.

[380] Gibson, J. L. Organization Theory and the Nature of Man. The Academy of Management Journal, 1966, 9 (3): 233-245.

[381] Ginés Santiago Marco Perles. The Ethical Dimension of Lead-

ership in the Programmes of Total Quality Management. Journal of Business Ethics, 2002 (39): 59-66.

[382] Granovetter, M. S. Economic Action and Social Structure: The Problem of Embeddedness. American Journal of Sociology, 1985 (91): 481-510.

[383] Greenwood, W. T. Future Management Theory: A Comparative Evolution to a General Theory. Academy of Management Journal, 1974, 17 (3): 503-513.

[384] Griffin, D. R. Spirituality and Society: Postmodern Visions. New York: State University of New York Press, 1988.

[385] Gunn, Bruce. The Paradigm Shift in University Management. International Journal of Educational Management, 1995, 9 (1): 28-40.

[386] Habermas, J. The Theory of Communicative Action: Life World and System: a Critique of Functionalist Reason. Boston, MA: Beacon Press, 1978.

[387] Haken, H. Information and Self-organization: A Macroscopic Approach to Complex Systems. Berlin & New York: Springer-Verlag, 1988.

[388] Halbesleben, J. R. , Wheeler, A. R. & Buckley, M. R. Everybody Else is Doing it, So Why Can't We? Pluralistic Ignorance and Business Ethics Education. Journal of Business Ethics, 2005, 56 (4): 385-398.

[389] Handy, C. *The Age of Unreason*. London: Century Hutchinson, 1989.

[390] Handy, C. The Age of Paradox. Cambridge. MA: Harvard Business School Press, 1994.

[391] Harvey, D. From Managerialism to Entrepreneurialism: The Transformation in Urban Governance in Late Capitalism. Geografiska Annaler, 1989, 71 (1): 3-17.

[392] Hassard, J. & Parker, M. Postmodernism and organizations. Newbury Park, CA: Sage Publications, 1993.

[393] Hayek, F. A. Law, Legislation and Liberty. Chicago: The

University of Chicago Press，1973.

[394] Heiner，R. A. The Origin of Predictable Behavior. The A-merican Economic Review，1983，73（4）：560−595.

[395] Hermann Haken. Synergetics，An Introduction：Non-equilibrium Transitions and Self-organization in Physics and Chemistry. Berlin：Springer Verlag，1983.

[396] Hodgkinson，G. P. & Rousseau，D. M. Bridging the Rigour Relevance Gap in Management Research：It is Already Happening. Journal of Management Studies，2009，46（3）：534−546.

[397] Horkheimer，M. & Adorno，T. Dialectic of Enlightenment. New York：Seabury Press，1972.

[398] Hoy，D. & Carthy，T. M. Critical Theory. Cambridge：Blackwell Publishers，1994：207.

[399] Hu，H. C. The Chinese Concept of Face. American Anthropologist，1944，44（3）：45−48.

[400] Huff，A. ，Huff，J. & Barr，P. When firms Change Direction. Oxford：Oxford University Press，2000.

[401] Hui，C. H. & Tan，C. K. Employee Motivation and Attitudes in the Chinese Workforce // Michael，H. B. The Handbook of Chinese Psychology. New York：Oxford University Press，1995.

[402] Ikuijiro Nonaka. The Knowledge Creating Company. Harvard Business Review，1991，69（11）：96−104.

[403] Isaack，T. S. ，Intuition：An Ignored Dimension of Management. The Academy of Management Review，1978，3（4）：917−922.

[404] Jacques Ellul. The Technological Society. New York：Knopf，1964.

[405] James L. Gibson. Organization Theory and the Nature of Man. The Academy of Management Journal，1966，9（3）：233−245.

[406] Jamil E. J. Public Organization Management：The Development of Theory and Process. Westport，CT：Praeger Publishers，1999.

[407] Jeremiah J. Sullivan. Human Nature，Organizations，and Management Theory. Academy of Management Review，1986，11（3）：534−549.

[408] Jessop, B. Regulationist Perspective on Fordism and Post-Fordism. London: Edward Elgar Publishing Inc. , 2001.

[409] Joan Ernstvan Aken. Management Research as a Design Science: Articulating the Research Products of Mode2 Knowledge Production in Management. British Journal of Management, 2005 (16): 19-36.

[410] Joanne Ciulla. Leadership Ethics: Mapping the Territory // Joanne Ciulla, Ethics: The Heart of Leadership. Westport, CN: Praeger, 1998.

[411] John R. Patton Intuition in Decisions. Management Decision, 2003, 41 (10): 989-996.

[412] Jose Luis Daniel. The Effect of Workplace Spirituality on Team Effectiveness. Journal of Management Development, 2010, 29 (5): 442-456.

[413] Julian Birkinshaw, Gary Hamel & Michael J. Management Innovation. Academy of Management Review, 2008, 33 (4): 825-845.

[414] Kast, F. E. & Rosenzweig, J. E. Organization and Management: A Systems and Contingency Approach (4th Ed). New York: McGraw-Hill, 1985.

[415] Kaufman, B. E. Emotional Arousal as a Source of Bounded Rationality. Journal of Economic Behavior & Organization, 1999 (38): 135-144.

[416] Kellner, D. & Best, S. Postmodern Theory: Critical Interrogations. New York: Macmillan, 1991.

[417] Kenneth Cloke & Joan Goldsmith. The End of Management and the Rise of Organizational Democracy. New York: John Willy & Sons Inc. , 2002.

[418] Khandwalla, P. N. The Design of Organizations. New York: Harcourt Brace Jovanovich, 1977.

[419] Kilduff, M. & Mehra, A. Postmodernism and Organizational Research. Academy of Management Review, 1997, 22 (2): 453-481.

[420] Koontz, H. The Management Theory of Jungle Revised. Academy of Management Journal, 1980, 5 (2): 175-187.

[421] Kuhn, T. S. The Structure of Scientific Revolutions (2nd Edition). Chicago, Illinois: The University of Chicago Press, 1970.

[422] Kuhn, T. S. Second Thoughts on Paradigm // Kuhn, T. S. The Essential Tension: Scientific Tradition and Change. Chicago, Illinois: The University of Chicago Press, 1977.

[423] Lakoff & Johnson. Metaphors We Live By. Chicago: University of Chicago Press, 1980.

[424] Laudan, L. Progress and It's Problems: towards a Theory of Scientific Growth. Berkeley: University of California Press, 1977.

[425] Lauden, L. Progress and Its Problem: Toward a Theory of Science Growth. New Dehli: Ambika Publications, 1992.

[426] Lawrence P. R. & Lorsch J. W. Organization and Environment: Managing Differentiation and Integration. Boston: Graduate School of Business Administration, Harvard University, 1967.

[427] Leibenstein, H. Aspects of the X-Efficiency Theory of the Firm. Bell Journal of Economics, 1975, 6 (2): 580-606.

[428] Leong, T. L. & Leung, K. Academic Careers in Asia: Across-cultural Analysis. Journal of Vocational Behavior, 2004, 64 (2): 346-357.

[429] Leung, K. Asian Social Psychology: Achievements, Threats and Opportunities. Asian Journal of Social Psychology, 2007, 10 (1): 8-15.

[430] Li, J. & Tsui, A. S. A Citation Analysis of Management and Organization Research in the Chinese Context: 1984-1999. Asia Pacific Journal of Management, 2002 (1). 87-107.

[431] Li, X. Can Yin-Yang Guide Chinese Indigenous Management Research?. Management and Organization Review, 2014, 10 (1): 7-27.

[432] Lindberg, E. & Wilson, T. L. Management by Objectives: the Swedish Experience in Upper Secondary Schools. Journal of Educational Administration, 2011, 49 (1): 62-75.

[433] Lindberg, L. N. , Campbell, J. L. & Hollingsworth, J. R. Economic Governance and the Analysis of Structure Change in the Ameri-

can Economy // Campbell, Hollingsworth &- Lindberg. Governance of the American Economy. New York: Cambridge University Press, 1991: 3-34.

[434] Lowenthal, D. Geography, Experience, and Imagination: Towards a Geographical Epistemology. Annals of the Association of American Geographers, 1961 (51): 241-260.

[435] Luo, J. D. Particularistic Trust and General Trust: A Network Analysis in Chinese Organizations. Management and Organizational Review, 2005 (3): 437-458.

[436] Lyotard, J. F. The Postmodern Condition: A Report on Knowledge. Minneapolis: University of Minnesota Press, 1984.

[437] Marianne, W. L. Exploring Paradox: Toward a More Comprehensive Guide. The Academy of Management Review, 2000, 25 (4): 760-776.

[438] Marques, J. The Spiritual Worker: an Examination of the Ripple Effect That Enhances Quality of Life in and outside the Work Environment. Journal of Management Development, 2006, 25 (9): 84-95.

[439] Martha S. Feldman, Brian T. Pentland. Reconceptualizing Organizational Routines as a Source of Flexibility and Change. Administrative Science Quarterly, 48 (1): 94-118.

[440] Maslow, A. H. Theory of Human Motivation. Psychological Review, 1943 (50): 370-396.

[441] Mathews, D. The Public in Theory and Practice. Public Administration Review, 1984 (44): 120-125.

[442] Max Weber. Essays in Sociology. New York: Oxford University Press, 1946: 155.

[443] Max Weber. The Protestant Ethic and the Spirit of Capitalism. New York: Harper Press, 1954.

[444] Mayo, E. The Social Problems of an Industrial Civilization, Boston: Graduate School of Business Administration. Harvard University, 1945.

[445] McClelland, D. C. Testing for Competence Rather Than for

Intelligence. American Psychologist, 1973, 28 (1): 1-14.

[446] McGregor, D. The Human Side of Enterprise. New York: McGraw-Hill, 1960.

[447] McGuire, J. W. Management Theory: Retreat to the Academy. Business Horizons, 1982, 25 (4): 31-37.

[448] Meiling Wong. Guanxi Management as Complex Adaptive Systems: a Case Study of Taiwanese ODI in China. Journal of Business Ethics, 2010 (91): 419-432.

[449] Michael Hammer & James Champy. Reengineering the Corporation: A Manifesto For Business Revolution. London: Nicholas Brealey, 1993.

[450] Michel Crozier. The Stalled Society. New York: Viking Press, 1973.

[451] Michel Foucault. Discipline and Punish: The Birth of the Prison. London: Penguin, 1977.

[452] Michel Foucault. The History of Sexuality. New York: Vintage Books, 1980a: 49, 102.

[453] Michel Foucault. Power/Knowledge: Selected Interviews and Other Writings by Michel Foucault, 1972-77. Brighton, England: Harvester, 1988b: 52.

[454] Michel Foucault. Afterword: the Subject and Power // Dreyfus, H. & Rabinow, P. Michel Foucault: Beyond Structuralism and Hermeneutics. Chicago: Chicago University Press, 1983.

[455] Michel Foucault. The Ethic of Care for the Self as a Practice of Freedom // James Bernauer & David Rasmussen. The Final Foucault. Cambridge, Mass: MIT Press, 1988a: 4.

[456] Michel Foucault. Technologies of the Self // L. Martin, H. Gutman & P. H. Hutton. Technologies of the Self. London: Tavistock, 1988b: 16-49.

[457] Miles, Raymond E. , Charles C. Snow. Causes of Failure in Network Organizations. California Management Review, 1992 (34): 53-72.

[458] Miller, G. J. Managerial Dilemmas: The Political Economy

of Hierarchy. London: Cambridge University Press, 1992.

[459] Mintzberg, H. The Structure of Organizations. Englewood Cliffs, NJ: Prentice Hall, 1979.

[460] Mintzberg, H. Managing Quietly. Leader to Leader, 1999 (12): 24-30.

[461] Morgan, G. Images of Organization. Beverly Hills, California: Sage Publication, 1986.

[462] Morse, J. J. & Lorsch, J. W. Organizations and Their Members: A Contingency Approach. New York: Harper & Row, 1974.

[463] N. Luhmann. Die Wissenschaft der Gesellschaft. Frankfurt am Main: Suhrkamp, 1998.

[464] Nelson, R. R. & Winter, S. G. An Evolutionary Theory of Economic Change. Cambridge, Mass: The Belknap Press of Harvard University Press, 1982.

[465] Noble, D. F. American by Design: Science, Technology and the Rise of Corporate Capitalism . New York: Oxford University Press, 1977.

[466] Ogilvy, J. This Postmodern Business. Marketing and Research Today, 1990 (2): 4-20.

[467] Oliver Sheldon. The Philosophy of Management. London: Routledge, 2003: 16-23.

[468] Ouchi, W. G. Theory Z. Reading, MA: Addison-Wesley, 1981.

[469] Parker, M. Post-modern Organizations or Postmodern Organizational Theory?. Organization Studies, 1992 (13): 1-17.

[470] Peters, T. J. & Waterman, R. H. In Search of Excellence. New York: Harper & Row, 1982.

[471] Peters, T. Thriving on Chaos-Handbook for a Management Revolution. New York: Alfred A. Knopf, 1988.

[472] Peters, T. J. Re-Imagine: Business Excellence in a Disruptive Age. London: Dorling Kindersley, 2003.

[473] Peters, T. Liberation Management: Necessary Disorganization for the Nanosecond Nineties. New York: Alfred A. Knopf, 1992.

[474] Phanish Puranam, Oliver Alexy & Markus Reitzig. What is

New about New Forms of Organizing. Academy of Management Review, 2014, 39 (2): 162−180.

[475] Pine, B. J. & Gilmore, J. H. The Experience Economy: Work is Theatre and Every Business a Stage. Boston: Harvard Business School Press, 1999.

[476] Ralph, D. Stacey. Complexity and Creativity in Organization. San Francisco, California: Berrett-Koehler Publishers, 1996.

[477] Rego, A. & Cunha, M. Workplace Spirituality and Organizational Commitment: an Empirical Study. Journal of Organizational Change Management, 2008, 21 (1): 53−75.

[478] Rhoads, J. K. Critical Issues in Social Theory. Pennsylvania: The Pennsylvania State University Press, 1991.

[479] Richard Shusterman. Pragmatist Aesthetics: Living Beauty, Rethinking Art. Boston: Rowman & Littlefield Publishers, 2000.

[480] Richard Whitley. The Fragmented State of Management Studies. Journal of Management Studies, 1984, 21 (3): 331−348.

[481] Robert Cooper & Gibson Burrell. Modernism, postmodernism and organizational analysis: an introduction. Organizational Studies, 1988, 9 (1): 91−112.

[482] Robert Handfield & Soumen Ghosh. Creating a Quality Culture through Organizational Change: A Case Analysis. Journal of International Marketing, 1994, 2 (3): 7−32.

[483] Robert P. Gephart Jr. Postmodernism and the Future History of Management: Comments on History as Science. Journal of Management History, 1996, 2 (3): 90−96.

[484] Robertr Chia & Bobin Holt. The Nature of Knowledge in Business Schools. Academy of Management Learning & Education, 2008, 7 (4): 471−486.

[485] Roethlisberger, F. J. & William, J. D. Management and the Worker. Cambridge, MA: Harvard University Press, 1939.

[486] Rolf Jenson. The Dream Society: How the Coming Shift from Information to Imagination Will Transform Your Business. New York: McGraw Hill, 1999.

[487] Rynes, S. L. Taking Stock and Looking Ahead. Academy of Management Journal, 2005 (48): 732−737.

[488] Saward, Michael. Co-optive Politics and State Legitimacy. Aldershot, Hampshire: Dartmouth Publishing Company Limited, 1992.

[489] Scott, R. Organizations: Rational, Natural and Open Systems. New Jersey: Prentice-Hall Inc. , 1998.

[490] Scott, W. G. & Hart, D. K. The Moral Nature of Man in Organizations: A Comparative Analysis. The Academy of Management Journal, 1971, 14 (2): 241−255.

[491] Senge, P, M. The Fifth Discipline: The Art and Practice of the Learning Organization. New York: Doubleday, 1990.

[492] Shweder, R. A. , Goodnow, J. J. , Hatano, G. , LeVine, Markus, H. & Miller, P. The Culture Psychology of Development: One Mind, Many Mentalities // Damon, R. & Lerner, R. Handbook of Child Psychology: Theoretical Models of Human Development. New York: Wiley, 1998.

[493] Simon, H. A. Administration Behavior. New York: Macmillan , 1976 (first published in 1945).

[494] Simon, H. A. Rational Choice and the Structure of the Environment. Psychological Review, 1956 (63): 129−138.

[495] Simon, Herbert A. The New Science of Management Decision. New York: Harper & Row, 1960.

[496] Smith, T. Technology and Capital in the Age of Lean Production. New York: State University of New York Press, 2000.

[497] Soteria Svorou. The Grammar of Space. Holland: Benjamin Publishing Company, 1994.

[498] Soule, E. Managerial Moral Strategies-In Search of a Few Good Principles. Academy of Management Review, 2002, 27 (1): 114−124.

[499] Sproull, L. S. & Paul, S. G. Technology and Organizations: Integration and Opportunities // Paul, S. G. & Sproull, L. S. Technology and Organizations. San Francisco: Jossey-Bass, 1990: 254−265.

[500] Stark, A. What's the Matter with Business Ethics. Harvard Business Review, 1993, 71 (3): 38−48.

［501］Sullivan, J. Human Nature, Organizations, and Management Theory. Academy of Management Review, 1986, 11 (3): 534-549.

［502］Swanson, D. The Buck Stops Here: Why Universities Must Reclaim Business Ethics Education. The Journal of Academic Ethics, 2004, 2 (1): 43-61.

［503］Swinth, R. L. Organizational Systems for Management: Designing, Planning and Implementation. Columbus, OH: Grid, 1974.

［504］Taylor, F. W. The Principles of Scientific Management. New York: Harper & Row, 1911.

［505］Thompson, J. D. Organizations in Action. New York: McGraw Hill, 1967.

［506］Tsui A. S. Autonomy of Inquiry: Shaping the Future of Emerging Scientific Communities. Management and Organization Review, 2009, 5 (1): 1-14.

［507］Tsui, A. S. Contextualization in Chinese Management Research. Management and Organization Review , 2006, 2 (1): 1-13.

［508］Urwick, L. F. Organization and Theories about the Nature of Man. The Academy of Management Journal, 1967, 10 (1): 9-15.

［509］Warren G. Bennis. Organizational Developments and the Fate of Bureaucracy. New York: McGrow-Hill, 1970.

［510］Weber, Max. The Theory of Social and Economic Organization. Glencoe, IL: Free Press , 1947 (first published in 1924).

［511］Weick, K. E. What Theory Is Not, Theorizing Is. Administrative Science Quarterly, 1995 (40): 385-390.

［512］Weisbord, M. R. Productive Workplace: Organizing and Managing for Dignity, Meaning and Community. San Francisco, California: Jossey-Bass, 1991.

［513］Wiersma, M. The Influence of Spiritual "Meaning-making" on Career Behavior. Journal of Management Development, 2002 (21): 497-520.

［514］Willam Berquist. Postmodern Thought in a Nutshell: Where Art and Science Come Together. San Francisco: Jossey-Bass publishers, 1993.

［515］Winter S. G. Schumpeterian Competition in Alternative Technological Regimes. Journal of Economic Behavior & Organization, 1984 (5): 287-320.

[516] Wren, D. A. The History of Management Thought (5th edition). Hoboken, NJ: Wiley, 2005.

[517] Xuhong Li & Xiaoya Liang. A Confucian social model of political appointments among Chinese private-firm entrepreneurs. Academy of Management Journal, 2015, 58 (2): 592-617.

[518] Yadong Luo. Guanxi: Principles, philosophies, and implications. Human Systems Management, 1997, 16 (1): 43-51.

[519] Yadong Luo, Qinqin Zheng. Competing in Complex Cross-cultural World: Philosophical Insights from Yin-Yang. Cross Cultural & Strategic Management, 2016, 23 (2): 386-392.

[520] Yang, K. S. Monocultural and Cross-cultural Indigenous Approaches: The Royal Road to the Development of a Balanced Global Psychology. Asian Journal of Social Psychology, 2000 (3): 241-263.

[521] Yang, K. S. Towards an Indigenous Chinese Psychology: A Selective Review of Methodological, Theoretical and Empirical Accomplishments. Chinese Journal of Psychology, 1999 (41): 181-211.

[522] Yaniv Hanoch. Neither an Angel nor an Ant: Emotion as an Aid to Bounded Rationality. Journal of Economic Psychology, 2002, 23 (1): 1-25.

[523] Yin, R. K. Case Study Research: Design and Methods. Newbury Park, CA: Sage Publications, 1994.

[524] Zedeck, S. Editorial. Journal of Applied Psychology, 2003 (88): 3-5.

[525] Zhao, S. & Jiang, C. Learning by Doing: Emerging Paths of Chinese Management Research. Management and Organization Review, 2009, 5 (1): 107-119.

[526] Zolkiewski, J. M. & Junwei Feng. Relationship Portfolios and Guanxi in Chinese Business Strategy. Journal of Business & Industrial Marketing, 2012, 27 (1): 16-28.

本书相关科研成果

1. 人性结构与管理性质 [J]. 哲学研究, 2012 (11): 120-124. (《新华文摘》2013年第7期观点摘编)

2. 理性的僭越: 管理与人类关系的哲学批判 [J]. 哲学研究. (2017年待用稿)

3. 企业民主的缺失与重建: 从鞍钢宪法到组织主人翁行为 [J]. 马克思主义研究, 2016 (1): 75-86. (人大复印资料《社会主义经济理论与实践》2016年第6期转载全文转载)

4. 中国本土组织的家庭隐喻及网络治理机制: 基于泛家族主义的视角 [J]. 中国工业经济, 2014 (10): 97-109. (人大复印资料《企业管理研究》2015年第1期全文转载)

5. 情感与计算: 组织中的逻辑悖论及其耦合机制 [J]. 中国工业经济, 2013 (8): 96-108. (人大复印资料《企业管理研究》2013年第11期全文转载)

6. 模块化生产网络中的劳资关系嬗变: 层级分化与协同治理 [J]. 中国工业经济, 2012 (10): 96-108. (人大复印资料《企业管理研究》2013年第1期全文转载)

7. 管理移植与创新的演化分析——基于鞍钢宪法的研究 [J]. 中国工业经济, 2011 (11): 129-138. (人大复印资料《企业管理研究》2012年第2期全文转载)

8. 微观权力、自我技术与组织公民行为——人力资源管理的后现代分析 [J]. 学术研究, 2016 (5): 107-114, 178;

9. 科学与人文: 现代性的主题分化与管理学的范式分裂 [J]. 自然辩证法研究, 2013 (11): 60-65. (人大复印资料《管理科学》2014年第1期全文转载)

10. 非理性解放: 后现代管理视域中的人性救赎 [J]. 伦理学研究. (2016年第6期待用稿)

11. 微观权力：后现代语境中权力的生物学解读［J］. 武汉大学学报（哲学社会科学版），2015（3）：46-52.（《中国社会科学文摘》2015 年第 9 期转载）

12. 科学哲学视角下管理学的学科属性、理论拓展与范式整合［J］. 管理学报，2016（9）：1274-1285.

13. 中国情境下的组织公民行为研究：结构、机理与效应［J］. 财经问题研究，2016（4）：3-12.（人大复印资料《管理科学》2016 年第 6 期全文转载）

14. 礼治秩序：中国本土组织的控制机制及其人文特质［J］. 财经问题研究，2014（12）：3-8.（人大复印资料《企业管理研究》2015 年第 4 期全文转载）

15. 鞍钢宪法的后现代管理思想解读［J］. 财经科学，2011（12）：54-63.

16. 组织管理中计算逻辑与情感逻辑的演化规律［J］. 管理现代化，2014（4）：47-49.

17. 基于演化视角的管理移植过程与机理——以鞍钢蒂森克虏伯汽车钢有限公司为例［J］. 东北财经大学学报，2015（4）：26-34.（人大复印资料《企业管理研究》2015 年第 9 期全文转载）

18. 管理学的意义虚无、境界考察及价值反思［J］. 云南财经大学学报，2014（5）：119-126.（人大复印资料《企业管理研究》2014 年第 12 期全文转载，《高等学校文科学术文摘》2014 年第 6 期全文转载）

18. 管理理论丛林分化的逻辑脉络及其整合的理论路径［J］. 云南财经大学学报，2013（4）：21-29.（人大复印资料《管理科学》2013 年第 11 期全文转载）

20. 后现代管理的理论论域及价值评判［J］. 云南财经大学学报，2012（6）：123-128.（人大复印资料《企业管理研究》2013 年第 3 期全文转载，人大复印资料《管理科学》2013 年第 3 期全文转载）

21. 科学管理的目的手段系统及其悖论［J］. 云南财经大学学报，2011（2）：141-147.

22. 现代管理学的范式分裂及其整合路径［J］，贵州财经大学学报，2012（2）.（人大复印资料《管理科学》2012 年第 6 期转载）

23. 博士学位论文《管理学范式的后现代整合及本土化研究》获评 2013 年度辽宁省优秀博士论文。

后记一：寻梦依稀故园情

"林花谢了春红，太匆匆，奈何朝来寒雨晚来风"（李煜《相见欢》），也许是因为滨海而多风雨的缘故，东财的春天让人感觉尤为短暂，来时姗姗迟，去时疾疾过。昨日犹是花满枝头、摇曳多姿、绿叶红萼、风起香飘，而今已经落英缤纷、残花败絮、碾瓣成泥了。花落犹有再开之时，而在这恬静校园里读博的日子却如滔滔东流之水，一去不复返了，所谓"年年岁岁花相似，岁岁年年人不同"（刘希夷《化悲白头翁》）。尽管"花自飘零水自流"，总是给人留下"落花流水两无情"的无奈，但所幸的是，在冷漠的时光面前有一些人文的东西似乎可以永恒，那便是三年来攻读博士学位的心路历程及一路上播撒的深厚情谊。这些砥砺心志、克己勤勉、学问精进及师生情笃、把酒言欢、患难与共的岁月留痕使人在"白驹过隙，忽然而已"的自然限制中，徒增了"胸中日月常新美"的旷世情怀，清淡、高洁却又幽远。

"人生天地间，忽如远行客"（无名氏《古诗十九首》），生命之有限常使人生发"哀吾生之须臾，羡长江之无穷"（苏轼《前赤壁赋》）的悲怆。既然注定是过客，就不可能真正有"与日月同辉"而亘古不变的事业，那么，如何证明我们曾经来此世上呢？把财富留给后人，终不免"到头来都是为他人作嫁衣裳"（曹雪芹《红楼梦》）；把名字刻在石头上，亦必会湮没在沧海桑田、海枯石烂的历史尘埃中。但有一种东西，可以让生命之树常青，从而使我们"俯仰无愧天地，进退不惭古今"，这便是精神的力量。古代无数先辈孜孜以求"太上有立德，其次有立功，其次有立言"（《左传·襄公二十四年》）的"三不朽"境界，大概也是由于这个缘故吧。

人生在世，总是需要精神支撑的，否则便如水上浮萍，随波逐流而毫无定着，最终迷失自我而喟叹终生。用以指导我们日常行动的精神则是志向或梦想，梦想赋予行动以力量，如苏轼所云："天下有大勇者，卒然临之而不惊，无故加之而不怒，此其所挟持者甚大，而其志甚远也"（苏轼

《留侯论》）。然而，梦想的真正价值远不在于它本身能否实现，而在于追寻它的过程中所体验到的充实与快乐。也就是说，梦想能够赋予生活某种意义。我是一个执着于在生命中追寻"意义"的人，自然会赋予我自觉选择的科研事业某种意义所在。

深受传统文化浸染的学者，常和大多数有所担当的古代士人一样，尊奉宋代大儒张载所言"为天地立心，为生民立命，为往圣继绝学，为万世开太平"为金科玉律。但时过境迁，这种精神的故园已渐逝渐远，目前的中国有此天下意识和悲悯情怀的知识分子少之又少了。罗素曾将"知识""爱情"以及"对人类痛苦发自肺腑的悲悯"作为人生的三大追求，愚才疏学浅，未敢轻言担当，但期冀能够延续罗素的博爱之心。每个时代都会存在各种亟待解决的社会问题，有太多的人将目光投向技术的进步与物质财富的增长，那么富足之后的生活如何过？物欲横流的社会中人当如何活？无梦而又无路可走的麻木与痛苦使现代主义"单向度"的发展思路山穷水尽，"没有梦想没有意义没有灵魂的欢乐，还会是一种人的欢乐吗"（李泽厚《世纪新梦》）？"秋来春去，红尘中谁在宿命里安排"，还有什么能够"让流浪的足迹在荒漠里，写下永久的回忆"（罗大佑《追梦人》）？这个时代需要有人关注增长与"进步"背后人之精神迷失与意义荒芜问题，这对群体来说是人之为人的重要标志，对个体来说则是一个过客证明自身存在的能量所在。

在心灵住世和价值归属方面，传统中国文化较西方文化殊为见长。近代德国数学家与哲学家莱布尼茨于 1699 年写道："如果说我们在手工技艺方面能与之（中国）相较不分上下，而在思辨科学方面略胜一筹的话，那么在实践哲学方面，即在生活与人类实际的伦理以及治国学说方面，我们实在是相形见绌了"（莱布尼茨《中国近事》）。托尔斯泰晚年在致辜鸿铭的书信中，指出了现代物质主义文明的破坏力量，并表达出对中国儒、道、释思想的敬仰和期望。源于自幼对国学的热爱，在思考物质、技术背后的精神、伦理问题的时候，我也较多地将目光投向中国传统文化。结合自己的学术志趣和知识基础，聚焦于当今时代的文化乡愁与发展失衡问题，我在大学时代便立志尝试借助传统的力量为重建现代社会的价值秩序和精神家园，提升弱势群体的尊严以促进社会公平而尽微薄之力。也许生命不能承受如此之重，但曾闻清代学者袁枚有诗云："苔花如米小，也学牡丹开"，知晓某种道路不能走下去抑或某种境界不可及，并不影响我对这种道路或境界"心向往之"。

　　管理活动与管理理论存在的问题是这个时代的社会问题在管理领域的自然蔓延，一样的是由"此夜曲中闻折柳，何人不起故园情"（李白《春夜洛城闻笛》）而生发的"文化乡愁"。18世纪德国著名浪漫派诗人诺瓦利斯曾说："哲学原就是怀着一种乡愁的冲动到处去寻找家园"。自追随高良谋先生攻读企业管理专业博士学位之后，我则以在企业中根植人文精神为目标，尝试重建管理的"精神家园"以使管理导向人之本性及长远福祉。由此，我将早岁确立的人生使命导入管理研究之中，具体到这本书，我选择的价值立场是在管理中处于弱势地位的员工，聚焦的问题是管理中的意义重塑和伦理升华，而解决问题的凭借基础则是中国传统的文化资源，尤其是儒家的德性元素。这些梦想使我的学术研究具有了明确的目标，浪漫也罢，幼稚也罢，任人评说，重要的是我总归有了自己可以坚守的梦，戴望舒在《寻梦者》中写道："梦会开出花来的，梦会开出娇妍的花来的"。

　　中国人的至高智慧是"尊德性而道问学，致广大而尽精微，极高明而道中庸"（《礼记·中庸》），包容、并存和多元是这种精神的真谛，其通往的境界则是"万物并育而不相害，道并行而不相悖"（《礼记·中庸》）以及"上善若水，水利万物而不争"（《老子》）式的自然无为。针对现代管理学的技术化和科学化所带来的伦理、价值和情感等问题，我并不完全倾向于"摧毁一切""情感释放""重塑价值"等后现代管理者倡导的激进的人文主义立场，而是借鉴蕴含于和合精神之中的东方德性因素，尝试在管理的情感逻辑与计算逻辑之间搭建贯通的桥梁，以此倡导在多元理论中对管理学进行范式整合与重建。这样做的同时，也将"教谕式调解"等东方思维模式推衍到管理之中，为建构更加契合中国人的"文化—心理"结构和中国社会独特的情境脉络，并能够更好地直面和指导中国管理实践的本土化管理学理论体系，开启一扇思维之窗。

　　这种研究取向是我的人生梦想在科研事业中的体现，但是追梦的过程总是有代价的。初见导师，我们就共同确立了后现代管理这一研究领域，自那时起，我就在不自觉中成为海外学者谭劲松教授所说的以非主流范式从事管理研究的"新人"或"外来者"。我所进行的研究不是由数据与符号堆积而自娱自乐的技术游戏，而是我本人对社会、人生和管理实践苦苦思索并进行逻辑推演与价值剖析的结果。跨学科的专业背景使我在科研中时常灵光乍现，但非主流的研究取向也使我成为孤独的坚守者而生发许多关于研究前景的困惑。因在周围环境中缺少合适的交流者并缺乏相关主题的研究文献，我只能钻进《中国哲学史》《通往奴役之路》和《权力与规则》《行动中的组织》等哲学、政治学和社会学等方面晦涩难懂、味如嚼蜡的典籍。我喜欢在幽静的校园里独行，尤其是在月白风清之时，多少个"长沟流月去无声"（陈与义《临江仙》）的夜晚，雨生亭畔、鉴桥水边、世纪园旁、之远楼头，"把吴钩看了，栏杆拍遍，无人会、登临意"（辛弃疾《水龙吟》）。

孤独往往能够赋予人坚忍之力量。坚者如磐石，虽岁月交替而不移；忍者如柔练，虽困苦艰辛而不摧。坚忍者，刚柔相济，百折不回，持之以恒也。抱守倔强之信念，愚非智者，唯有笨鸟先飞、刻苦勤勉、自强不息，以图日日精进、日新月异。我白日定力不够，易于心迷意乱而难以专注学术，因而惯于深夜习作。夜深人静之时，黄卷青灯之旁，焚香啜茗、含英咀华而神清气爽；伏案钻研、荡思八方而笔耕不辍；往往在沉思和书写中，不知东方之既白。有时进入创作状态久之，心似平原走马，易放难收，神思奔涌而身体倦怠，勉为休息而夜不能寐。亦有时入睡不久，灵感突现，急起而记之，不知是写作时做梦抑或做梦时写作，颇有"昔者庄周梦为蝴蝶，栩栩然蝴蝶也。……不知周之梦为蝴蝶与，蝴蝶之梦周与"（庄子《齐物论》）之感觉；亦有时白天为保证思维之连贯，预先熬一锅粥，而后研作不止，饥则食之，渴则饮之，终日宅居而不复他餐，几近废寝忘食。有人说，"身体和灵魂必须有一个在路上"，无数刻苦勤勉的身影也让我感受到了行路中的快乐。"学是学此乐"（王艮《乐学歌》），孔子云："一箪食，一瓢饮，在陋巷，人不堪其忧，回也不改其乐。贤在回也"（《论语·雍也》）！这种孤独清苦的求知与探索之乐，竟能得到圣人如此高度的赞誉而使我常常窃喜。

当然，支撑这一切的远不止是孔夫子的一句赞誉之辞，另外两种因素至为关键：一是内心的坚定，二是导师的扶持。寻梦就要坚持，坚持难免孤独，孤独时怎么办？只能服从自己内心的力量。泰戈尔曾吟诵道："小小流萤，在树林里，在黑沉沉暮色里，你多么快乐地展开你的翅膀！你在欢乐中倾注了你的心。你完成了你的生存，你点亮了你自己的灯……因为你仅仅服从了，你内在的力量"（泰戈尔《流萤集》）。这种内在的坚定是一种心力，"盖心力散涣，勇者亦怯；心力专凝，弱者亦强。……境不迫者心不奋，情不急者力不挚"（梁启超《论尚武》）。根据现代心理学的解释，心力是一种意志，"是人自觉地确定目的，并根据目的调节支配自身的行动，克服困难，实现预定目标的心理过程"。人一旦有了这种内心召唤的东西，便可以"千磨万击还坚劲，任尔东西南北风"（郑板桥《竹石》），这便是武林高手才能达到的从容淡定境界了。但真正练成这种高手的境界谈何容易，何况高手也有马失前蹄的时候。但每当我脆弱之时，总有一股更强大的力量支撑着我走下去，这便是导师对我的研究取向的坚定支持和鼓励，在有些时候这种力量甚至是我坚持不懈的唯一理由。在与导师共同走过的心路历程中，承载了太多难以言表的恩情和故事。

生命原是为了等候，冥冥之中似乎一切早已注定。因无意中而为之的一篇学术论文，我与恩师高良谋先生结缘于 2008 年春季。当时导师正主持一个后现代管理方面的课题研究，在搜集资料时查阅到我发表的《企业管理中的非理性因素研究》一文，认为我适合做管理哲学方面的学术研究，就主动联系，问我有无读博深造之想法。2008 年 12 月中旬，我首次到东北财经大学图书馆拜见导师，顷刻便留下十分美好的印象：高大、和蔼、客气甚至有些谦逊。在进一步的交谈中，导师向我简单描绘了他的研究志趣、目前承担的课题情况、读博以后的研究规划以及考博注意事项等诸多事宜。这次面谈之后，我便决定放弃报考各方面都已经准备较为充分的人大和南开两校的博士，在当年 12 月 16 日的邮件中我找到了这样一句记录当时感想的话："踌躇满志，力争努力上进以报知遇之恩"。古人云："凤翱翔于千仞兮，非梧不栖"（罗贯中《三国演义》），一向推崇"道法自然"的我自此决定长相追随，下定决心刻苦上进、有所作为以不辱没恩师识人之明。

"蓬生麻中，不扶自直"（《荀子·劝学》），高老师的许多行为和品格在无形中对我的成才有深远的影响。2009 年 9 月 7 日，我的第一堂博士专业课便是导师的"管理思想史"。他讲课时而声如洪钟、滔滔不绝，时而低声细语、娓娓道来。在此次课堂上导师重点强调了"继承"与"批判"、"作文"和"论文"的本质不同，要求我们"拒绝浮躁，拒绝平庸"，并告诫说"取得学术成就，关键是要有恒心、毅力和坚定的信念"；还要求我们维护和享受"学术的尊严与快乐"，秉承一颗"敬畏之心"来严肃地从事科研事业，"为学术而非学位而努力"，从而树立了学术事业和博士学位在我们心目中的神圣地位。这种学术精神的深度挖掘对于刚读博士而懵懂无知的我无疑是当头棒喝。导师崇学重教、尊重知识的品质对我学术态度和教学品格的塑造是一种影响深远而无形的力量。

"随风潜入夜，润物细无声"（杜甫《春夜喜雨》），导师对我个人的成长倾注了大量心血，我永远铭记如春风化雨般的厚重恩情。三年的读博岁月里，高老师为我的非主流研究取向提供了最大程度的支持、鼓励，并不时地鞭策我在比较管理、管理思想史和管理哲学领域奋力开拓，为我坚持做批判性的思想研究提供了良好的平台。其中，对"鞍钢宪法"和后现代管理的研究更是直接继承了导师的思想主张，在论文创作、修改和发表的过程中，我们走过了共同的心路历程并一起分享着学术的快乐。高老师对我的科研事业寄予厚望并严格要求，我们每一篇共同署名的文章都经过他十数遍的反复修改指导和精雕细琢才发表。记得在《管理移植与创新的演化分析——基于鞍钢宪法的研究》一文的终校过程中，导师让我下午5点多去他办公室修改论文，忙碌一天的他躺在沙发上逐字逐句地审读论文的纸稿，每发现一处字词需要改动就让我即时在他的办公电脑上更正，然后再重新打印一份交给他校对，如此反复，直到他认为完美无缺为止。此外，导师还曾带我去北京参加"比较管理"学术研讨会，为我提供了接触相关领域学者和前沿理论动态的宝贵学习机会。

高老师在学术上对我要求颇为严格，并通过无言的行动以其勤奋卓绝的精神直接鞭策我刻苦上进。2011年7月12日晚，学术状态颇佳，我修改论文到13日凌晨3点左右方上床休息。不久，在似梦非梦中，我隐隐约约听到手机铃声响起，微睁眼睛感觉窗外天色尚早，以为是别人误打的骚扰电话，遂漫不经心地拿起手机，顷刻间突然发觉导师熟悉的名字在屏幕上闪动，我马上一跃而起接通电话。导师说他已经开车来到我的宿舍楼下，让我马上出来商谈论文修改事宜。挂了电话后我才发现当时刚过凌晨4点半，顿觉一阵惊讶，但来不及多想就赶紧往楼下跑去。从宿舍楼出来时，导师已经站在车旁等我了，原来他6点钟要去沈阳出差，在这之前专门转到学校来和我商谈修改论文事宜。我本想邀请导师去宿舍座谈，但可能他着急赶时间或者觉得不方便，没等我开口就带我在路边的石阶上一起坐下，然后就认真仔细地向我说论文修改意见。当时路上空无一人，仅有几只早起的鸟儿在茂密的林间穿梭，鸟鸣清脆而林翳优美，在柔和的阳光下，斑驳的影子在我们身旁轻轻晃动。

高老师在生活上也曾给我无微不至的关怀。尽管"学术是一条孤独之路，要以降低生活质量为代价"是他给每届学生都强调的名句，但他并没有忽略我的生活，并常常给我各种资助。记得刚读博不久，一次去他办公室谈论文，当时有些感冒发烧，导师专门提醒我注意身体，短短的一句话让我内心倍觉温暖。导师对我学术上的期望和严格要求以及生活上的关爱也常使我惴惴不安，对科研不曾有丝毫怠慢。出于一种不想令他失望的敬畏之心，读博期间，我不轻易走出校园，多数时日都是在黑石礁周边区域活动，只要导师来电话，无论忙于何事都会马上赶到他办公室。导师在课堂上曾要求我们"拒绝浮躁，拒绝平庸"，并告诫说"取得学术成就，关键是要有恒心、毅力和坚定的信念"。这些教诲都坚定了我对未来科研和生活的信心。

　　读博期间，还有很多师长令我感激不尽。在博士论文预答辩过程中，东北财经大学夏春玉教授、东北财经大学卢昌崇教授、辽宁师范大学韩增林教授、清华大学李飞教授的指导和认可，给予从事非主流研究的年轻后学莫大的鼓舞和关怀。感谢东北财经大学工商管理学院的卢昌崇教授、郑文全教授，他们一直重视对中国传统管理思想的挖掘和整理，尤其是对晋商乔家字号的精深研究，使我在本土化管理研究方面受益颇深。另外感谢东北财经大学工商管理学院的邱国栋教授、李怀斌教授和李品媛教授在预答辩时提出许多中肯而又宝贵的修改意见，使我更加深刻地认识到我学术研究中的缺点和不足。尤为感谢和蔼可亲而又干脆直爽的李品媛教授在科研和生活等方面给我提供的诸多帮助。感谢林忠教授，在他的战略人力资源课堂上，我曾上过最富有温情的一堂课，至今犹记得 2009 年冬日的一天在他工作室里，林教授煮着热气腾腾的碧螺春茶，一边为我们削着红润的苹果，一边给我们讲解波特的"五力模型"，浓浓的茶香中充满欢声笑语。

　　感谢南开大学商学院齐善鸿教授，齐先生古风高存，对我的学术事业给予了耐心细致的点拨和开导，在与齐先生的邮件来往中，他回应和批注的句子常达数千字，甚至远远超过我写给他的拜教信，字里行间流露出的智慧和修为使人顿生"学术渊博而莫测，志趣高远而难知"的景仰，尤其他"道同即是亲人"的勉励曾令我备受鼓舞。感谢中国人民大学哲学院彭新武教授，作为国内管理哲学研究的集大成者，彭老师对我的研究取向给予了极大的鼓励，同时为本书的修改提出诸多具体建议。此外，读博期间，我拜读和参考了西南财经大学罗珉教授的大量书籍和论文，从中借鉴了许多智慧，也曾在他莅临东财之时当面请教相关问题并聆听他的教诲，在此谨表谢忱。辽宁师范大学孙立樵教授强调个人自身的修为，一直秉承厚德博学、严谨治学的师者风范，是我立志从事教育、为人师表的榜样，感谢他在我读博期间继续给予的鼓励和支持。辽宁师范大学政治与行政学院刘晨晔教授"以欣然之态做心爱之事"的生活态度和渊博学识令我十分敬佩，感谢他在我读博期间对我一如既往的关怀和照顾。

　　在读博的岁月里，与我风雨同舟，一起分享无数欢乐和忧伤的还有许多同窗挚友。我们在无数次的学术合作和鞭策鼓励中不断取得共同进步，同时也在峥嵘岁月中留下了绵绵悠长、愈久弥深的厚重情谊。三年来给我最大关怀和帮助的是师兄李宇博士，他在学术、思想和生活上给我提供的全方位帮助和耐心指导，洁若皑皑雪山、深如千尺潭水。感谢同寝挚友王磊博士，难得与具有广泛文史兴趣的他结缘于重商致用的财经高校，多少次，我们卧床长谈，常彻夜不眠。既是同门又为同乡的马文甲博士仗义豪爽而又心思缜密、热心周到，感谢他常常将好书、好茶及好消息与我一起分享。感谢工商管理学院的白景坤教授、高静美副教授和韵江副教授对我的学术指导。其中白景坤教授与我有相似的学科背景，在研究范式方面我们有许多共同话题，感谢他在组织理论方面对我的直接指导以及在学术研究方面对我的耐心开导；高静美副教授聪明睿智、古道热肠，总是能够站在对方的角度提出极富建设性的指导建议，在课题申报和论文修改方面给予我莫大的帮助；韵江副教授学术造诣极高，在论文指导过程中，他高屋建瓴、鞭辟入里的逻辑诘问常令我十分汗颜。感谢山东大学威海分校的张永成博士、江西财经大学的郭英博士、大连医科大学的张媛媛博士曾经给我提供的诸多帮助。此外，工商管理学院的青年老师陈文婷博士、王东波博士、李颖博士和丁秋雷博士以及工商管理学院在读博士生阎明宇、王涛、韩文海、金惠善、顾飞、王雅娟、鞠蕾和数量经济学院的张同斌博士都曾给我莫大的支持和帮助。其中，阎明宇博士豁达大度，曾给我无数大哥般的关怀和照顾；王涛博士作为老大哥经常和我结伴跑步，其淡定的人生态度令我无比钦佩；韩文海博士则是我最好的茶友和书友，时常怀念我俩在梁园坐而论道的美好岁月；作为同乡兄弟的张同斌博士与我分享了许多共同的科研、生活与情感经历。硕士期间的同舍好友中国石油大学王中伟博士、大连理工大学田志闯博士以及大连海洋大学杨蓬老师也都在我读博期间对我倾注了许多关怀，他们的安慰和支持一度是我攻克难关的重要精神动力。"忆昔午桥桥上饮，坐中多是豪英"（陈与义《临江仙》），诸多同窗无数次"草草杯盘共笑语，昏昏灯火话平生"（王安石《示长安君》）。那种"书生意气，挥斥方遒。指点江山，激扬文字"（毛泽东《沁园春·长沙》）的如诗记忆及其承载的深情厚谊，都足以令我追忆终生并在今后的日子里倍加珍惜。

　　在困顿时期，我常以"莫道浮云终蔽日，严冬过尽绽春蕾"（陈毅《赠同志》）来鼓励自己。假如说读博有"风刀霜剑严相逼"（曹雪芹《红楼梦》）的无奈，那么亲情则是"春风一夜吹乡梦"（武元衡《春兴》）的慰藉。我等凡夫俗子，达不到"相濡以沫，不若相忘于江湖"的"太上忘情"境界，自然倍加珍惜这些春风化雨、润物无声的亲情。终日汲汲于得失的我们"浮生着甚苦奔忙？盛席华筵终散场"（曹雪芹《红楼梦》），却不见"人生自是有情痴，此恨不关风与月"（欧阳修《玉楼春》），也许与灰色的博士学业相比，"当时只道是寻常"的点滴生活情感才是人生最为真实和幸福的源泉。

　　"如花美眷，似水流年"（汤显祖《牡丹亭》），作为高中同学，我与未婚妻相识已有一十三年，相恋亦近八载。多年来，温柔恬静、知书达礼而又大度宽容的她一直默默支持着我的选择和努力，同时也忍受和包容我的一切不是。每次来东财，她都带来许多熬夜备用的食物或早餐，或者清洗衣物，或者打扫卫生，她还是我许多文稿的第一读者和校对者，关怀可谓无微不至，可我却常常"以怨报德"。据说 AB 血型的人天生矛盾而善于哲学思辨，巨蟹座的人则敏感细腻而易于情绪化，不幸的是这两者我兼而有之。因思辨而能够对许多世事"看得破"，而敏感多情却使我对这些世事"忍不过"，由此常常因为一点点小事而向她大发脾气或进行较为苛刻的指责，无论她如何开导解释，依然我行我素。在科研受挫或不在状态之时，更会时常如此，感谢她每次都能谅解我这种过于情绪化的宣泄。我本淡泊简单之人，向往笑傲江湖的境界，却常常羁绊于尘网之中而不得不做许多有违她意愿的事情，"在这世上，我只有你一人，倘若你我之间也生了嫌隙，那做人还有什么意味"（金庸《笑傲江湖》）？感谢她多年来对我的理解支持和默默奉献，我未曾给予她什么，只能期冀今后让她过上幸福安定的生活，"若似月轮终皎洁，不辞冰雪为卿热"（纳兰性德《蝶恋花》）。

　　二十多年的读书生涯，我最亏欠的还是父母，"父兮生我，母兮鞠我，拊我蓄我，长我育我……欲报之德，昊天罔极"（《诗经·蓼莪》）。父母年事已高，至今不辞辛劳，为我操持他们所能做的一切。每次与他们通电，总有说不完的话，常常聊过一个小时尚觉意犹未尽，他们重复多遍的叮咛是一种无私忘我、深情似海的爱。感谢我的哥哥和妹妹，他们承担了太多本该由我做的事情，即使家里出了不幸的事故，他们也都一直瞒着我以不影响我的学业。凡此种种，无微不至的细腻关怀常在我心底涌现阵阵暖流，也使我时常抱愧于心。六岁的卓然和三岁的浩然两个小侄天资聪慧、活泼可爱，每次春节回家总能给我留下许多美好的回忆。此外，来大连之后有幸结缘大连开发区的高瑄阿姨一家，家庭与事业方面均卓尔不群的高阿姨待我视同己出，在我艰难的硕士与博士求学岁月里给予我莫大的亲人般关怀，对我及我爱人的生活、学业和工作都倾注了许多心思和爱护，在此谨表谢忱并献上深深的祝福。

　　"人似秋鸿来有信，事如春梦了无痕"（苏轼《出郊寻春》）。人情俱在，且日益绵长，但过往之事已经澄澈空明，"如梦幻泡影，如露亦如电"（《金刚经》）。"风来疏竹，风过而竹不留声；雁渡寒潭，雁去而潭不留影。故君子事来而心始现，事去而心随空"（洪应明《菜根谭》）。读博的岁月，多少是非，无论成败，都即将成为往事，"往事只能回味"，一任心事落花为泥，一任繁华过眼成烟。"回首向来萧瑟处，归去，也无风雨也无晴"（苏轼《定风波》），然则萧瑟之处的那些情与义，犹如碧水云天中的一抹虹，"此中有真意，欲辩已忘言"（陶渊明《饮酒》）。"往者不可谏，来者犹可追"，人生是一座待攀爬的高峰，"世之奇伟、瑰怪、非常之观，常在于险远，而人之所罕至焉"（王安石《游褒禅山记》），未来的路漫漫悠长。"寻常心不寻常"，以一颗从容淡定的寻常之心去体验不同寻常的学术之乐，"慢慢走，欣赏啊"，新的梦想留待新的征程。

胡国栋　谨识
壬辰年孟夏于梓楠楼

后记二：未经省察的人生不值得度过

本书初稿完成于 2012 年春，是当年的博士学位论文。近年来，在博士论文的基础上，受国家社会科学基金后期项目资助，得益于诸多前辈学者的指教和关怀，融合个人新近所思修改而成此书。为真实记录和再现该书撰写之初选择管理哲学与中国本土管理理论为志业的心路历程，完整保留了当初博士论文的原后记（即后记一）。

博士毕业之后，在东北财经大学任教近四年以来，我致力于管理哲学和管理思想史研究。在从事跨学科的管理研究过程中，我对科研的意义及管理学的认识与学生时代有所不同。首先，我不认为科研是一个痛苦的过程。自己的论文虽然也有反复修改达 20 遍以上的经历，但每次修改都有思想上的升华。科研应该是一件由兴趣和好奇心驱使的快乐之事，是对自己在某个领域思想积累的旅程，是以思想证明自己为"我"而非"他"的一个自我实现过程，而非为在某权威期刊发表论文而刻意为之的一种功利性过程。也许纯粹技术性的打磨过程难有惬意存在，甚至令人痛苦，但我相信以一颗"匠心"将论文反复磨砺之后，收获的喜悦不仅仅是论文得以发表。

其次，我对管理学的认识不限于科学主义范畴之内，而将之视为一种以应用为导向的跨学科的综合性知识系统。管理研究不应存有学科藩篱，任何有益于管理实践改造和使人能够通过管理获得一种"向上的力量"的知识，均可用于批判和建构管理的理论。中国的管理研究更应根植于本民族的文化脉络和学术传统之上，若离开对中国思想史的体悟，缺乏对中国社会的真切认知或脱离对中国企业管理实践的观察，即便在 *AMJ* 上发表一篇科学论文，那么它的价值也仅仅存在于那种有限的科学性方面，而可能远离管理实践，亦远离管理主体的精神世界。其实，管理尚存更多的文化艺术属性，需要根植于本民族厚重的历史传统和思想典籍之中，也需要直面中国企业管理实践。学术研究当有"根"。这种根性的挖掘仅仅靠科学的方法训练和权威论文的发表远远不够，更加需要扎根于本土历史典籍、学术传统和中国企业的管理实践，让管理研究"顶天立地"。

香港城市大学的周南教授曾告诫我：学术研究当"不离主流，不随大流"。考虑我所指导的硕士生顺利毕业及其学术前程，我近年也鼓励他们从事实证研究。但是，苏格拉底说过，"未经省察的人生不值得度过"，一个人有生之年所做的事十分有限，不可能穷尽所有的"想为"和"应为"的事业。我是个有唯美和浪漫情怀的人，对我来讲，学习和运用计量方法去研究各种实证模型，是对心性的一种折磨，也未必能最大程度上发挥我在管理研究中的特质。在我的研究中，更多的是攻读经典名著，通过缓慢而厚重的积累过程逐渐健全思想体系和提高学术敏感性，没有太多技巧、方法和辛苦可言。

时间或许能证明，今日的坚持，若许年后对中国管理研究可能会有一点点意义。但更为重要的是，早在自己读大学二年级的时候，喜欢拜读王国维、胡适、梁启超及冯友兰先生的文章，当时往往有种震撼和感动。这股力量影响我此后十数年做人和做学问的方向，至今依然如此。对于我的学术研究工作来说，别人的认可与否，和自己内心的愉悦与自由相比，并没有那么重要。选择在高校从事科研教育工作，当初就是为了获得"探索知识和与学生分享思想"的自由和快乐。如果把科研做得痛苦不堪且不问其意义所在，那么 12 年前"以学术为志业"的人生选择便是个错误。

对于管理的属性、管理与人类的长远福祉、中国古代管理思想的深度挖掘以及中国管理研究的理论体系、学科话语等元理论的研究永远不会过时。在管理学的学者圈子内，不会缺乏在《管理世界》发表文章的人，但可能缺乏以管理学者立场在哲学类期刊上刊发跨学科批判性文章的人。更关键的是，在从事此类研究的过程中，我能够很任性、很认真、很快乐。"我思故我在"，哲学的思维就是批判，管理研究需要哲学，人生亦复如是。

本书以"后现代主义"视角梳理管理思想演化的逻辑脉络并揭示其背后复杂的理论范式之争，尝试在后现代主义与儒学的对话中，为管理学理论范式整合及本土化研究开辟新的路径，但对后现代主义在组织与管理研究中的激进立场抱持较为审慎的态度。因此，本书特别注意结合西方后现代主义的解构价值与中国儒家学说的建构价值，在剖析西方经典组织与管理理论和占有大量理论前沿文献的基础上，结合本土情境以主位研究策略努力建构现象背后的结构"机制"。如，组织内情感与计算双重管理逻辑耦合的运行机制，礼治秩序的结构维度及其运行机制，德性领导的结构维度及运行机制，泛家族主义与中国本土组织的网络治理机制，管理移植的动态演化模型，（海尔）平台型企业的结构及其自组织机制等。这是本书在诸多管理哲学类作品中的一大特色。

当初着眼于建构组织与管理中的机制问题，主要动机是搭建哲学的思辨研究与管理学的实证研究之间对话的桥梁，由此把研究重心落脚到居于中层理论的机制与机理，上可抽象到形而上的"哲理"，下可为实证研究提出可待检验的理论命题以进行"数理"分析。而在本书主体内容完稿之后，我才发现这种对机制的强调，其实在不自觉中运用了巴斯卡的批判实在论（critical realism）的科学哲学理论。在该理论看来，有规律性的固定性的因果关系只存在于封闭系统之中，而由无数行动者参与的组织系统永远是一个"内在有意义"的开放系统，而"意义不能被测量，只能被理解"，科学研究的任务是辨认或建构产生结果的"深层机制"，而不是像实证主义那样专注于观察或计算事件的次数。在近两年的学术交流中，受台湾大学黄光国先生和中国人民大学贾根良教授的启迪，我越发认识到批判实在论对于矫正主流管理研究范式弊病和发展本土管理理论的重要性。如果说，后现代主义为管理学在科学主义与人文主义之间进行范式整合与本土化研究提供了重要思想资源，那么批判实在论则为两大范式的整合和建构本土管理理论提供了坚实的方法论基础，这恰恰是目前相关研究为实证主义研究者所诟病的薄弱环节。

拓荒的过程常会有诸多意外收获。为实现本书研究目标，笔者发现了诠释主义、后现代主义与社会建构论在构建组织与管理研究的多元范式中的重要价值；发现了中国的良知理性（实用理性）在克服西方组织与管理理论的深层次弊病中的巨大潜力；发现了与美国组织理论范式截然不同的欧洲组织理论（以法兰西组织分析学派为代表），围绕"行动者""场域""局部秩序""具体行动领域""游戏规则"等核心概念展现了一个嵌入了时间因素和背景因素的更具复杂性、真实性和富有生机的组织世界。这些新的理论发现，如同行走在浩瀚沙漠之中的远行者遇到的清澈溪流和绿洲，总是带来莫大的惊奇和喜悦。对管理学与哲学、社会学等跨学科知识的扩展及贯通，以及将本人多年坚守的文化信念和人生志趣延伸到组织与管理领域，这是我从学术研究中获得的最大乐趣。学术当"以欣然之态做心爱之事"，作为我学术生涯中的第一本专著，本书是我"不随大流"和与主流"在对话中进行斗争"的研究成果，尽管存在诸多不足，但它使我收获了批判与拓荒的快乐。

感谢台湾大学黄光国教授、香港城市大学周南教授、西交利物浦大学席西民教授、中国社科院程恩富教授、中国人民大学贾根良教授、南开大学齐善鸿教授、中国人民大学彭新武教授，几位尊长对我从事管理哲学研究给予了莫大的关怀和鼓励，本书的成稿承载着他们对青年后学的许多殷切希望。尤其是黄光国先生，以七十高龄，不辞劳苦，多次往来于两岸传授社会科学本土化的科学哲学知识，为中国社会科学研究的文化自觉和中华文艺复兴而奔走呼吁，其历史担当和天下情怀令人动容。难能可贵的是，他在百忙之中，为本书欣然作序，在肯定本书研究价值的同时也指出若干未来努力方向，这对年轻后学是弥足珍贵的鞭策。

感谢武汉工程大学吕力教授、深圳大学韩巍副教授、北京师范大学赵向阳副教授、中国人民大学原理副教授，他们为管理哲学与本土管理理论学术社群的形成和发展做出巨大贡献，其责任担当、学术勇气和理论洞见对我是莫大的激励。感谢《哲学研究》《中国工业经济》《财经问题研究》《学术研究》《管理学报》等刊物对我近年来从事管理哲学、儒家伦理与中国本土组织理论研究的支持，本书部分内容能够得以在出版之前刊发，受益于上述刊物编辑部诸多同仁的支持和大量辛苦工作，在此深表谢忱。感谢中国人民大学出版社王宏霞编辑，本书的顺利出版，得益于王老师在沟通协调和编校方面付出的大量辛苦工作。

感谢东北财经大学工商管理学院诸位领导和同事，学院宽松、自由的科研氛围和诸多同仁的支持，使我得以在繁忙的教学及家务中得以安心继续从事对管理的精神故园的“寻根”研究。感谢高良谋教授、郑文全教授、高静美教授、韵江教授、白景坤教授和东北财经大学 EDP 中心主任徐刚老师对我从事科研事业的指导和帮助。感谢李宇、陈仕华、尤树洋、王磊四位青年老师，在与他们的学术交流中，我获得许多有关管理研究的真知灼见。

感谢爱妻姜秋爽多年来为家庭所付出的一切，以学术为业的人往往执着于情怀而忽略身边人。年初，爱子胡之樵的出生为生活平添许多乐趣，愿他茁壮成长。“此中有真意，欲辩已忘言”。人生苍茫若浮云，唯有此爱难辜负。

胡国栋　谨识

丙申年冬于小平岛悦丽海湾

图书在版编目（CIP）数据

管理范式的后现代审视与本土化研究/胡国栋著. —北京：中国人民大学出版社，2017.3
ISBN 978-7-300-23883-8

Ⅰ.①管… Ⅱ.①胡… Ⅲ.①企业管理-研究-中国 Ⅳ.①F279.23

中国版本图书馆 CIP 数据核字（2017）第 009253 号

国家社科基金后期资助项目
管理范式的后现代审视与本土化研究
胡国栋　著
Guanli Fanshi de Houxiandai Shenshi yu Bentuhua Yanjiu

出版发行	中国人民大学出版社			
社　址	北京中关村大街 31 号		**邮政编码**	100080
电　话	010 - 62511242（总编室）		010 - 62511770（质管部）	
	010 - 82501766（邮购部）		010 - 62514148（门市部）	
	010 - 62515195（发行公司）		010 - 62515275（盗版举报）	
网　址	http://www.crup.com.cn			
	http://www.ttrnet.com（人大教研网）			
经　销	新华书店			
印　刷	涿州市星河印刷有限公司			
规　格	165 mm×238 mm　16 开本		**版　次**	2017 年 3 月第 1 版
印　张	27 插页 2		**印　次**	2017 年 3 月第 1 次印刷
字　数	448 000		**定　价**	78.00 元